转型期社会生活与文化变迁研究丛书

丛书主编：忻 平

从开封犹太文化到上海犹太文化

◎

唐培吉　王一沙　顾俊杰　高平平

龚方震　梅建华　顾伯荣　严惠民　等著

郑依柳　许步曾　徐　新　崔志鹰

上海大学出版社

图书在版编目(CIP)数据

从开封犹太文化到上海犹太文化/唐培吉等著.—上海:上海大学出版社,2019.3
(转型期社会生活与文化变迁研究丛书/忻平主编)
ISBN 978-7-5671-3501-7

Ⅰ.①从… Ⅱ.①唐… Ⅲ.①犹太人—民族文化—研究 Ⅳ.①K18

中国版本图书馆 CIP 数据核字(2019)第 058966 号

责任编辑　姜红莉
封面设计　缪炎栩
技术编辑　金　鑫　钱宇坤

从开封犹太文化到上海犹太文化
唐培吉　主编
上海大学出版社出版发行
(上海市上大路99号　邮政编码 200444)
(http://www.shupress.cn　发行热线 021-66135112)
出版人　戴骏豪

＊

南京展望文化发展有限公司排版
上海华教印务有限公司印刷　各地新华书店经销
开本 787mm×960mm　1/16　印张 18.5　字数 349 千
2019 年 4 月第 1 版　2019 年 4 月第 1 次印刷
ISBN 978-7-5671-3501-7/K·197　定价 70.00 元

目 录

绪论 …………………………………………………………………… 1

第一章 以开封为中心的中国古代犹太人 ………………………… 10
　第一节　天竺来的移民 …………………………………………… 10
　　一、从历史追溯故事说起 ……………………………………… 10
　　二、从七十姓到七姓八家 ……………………………………… 11
　　三、其他地方中国古代犹太人 ………………………………… 14
　第二节　特殊的历史轨迹 ………………………………………… 18
　　一、中国古代犹太人发展融合的五个阶段 …………………… 18
　　二、历史的高峰与转折 ………………………………………… 23
　第三节　异彩的文化遗产 ………………………………………… 26
　　一、中国古代犹太人的著作 …………………………………… 26
　　二、历史文物 …………………………………………………… 28
　　三、人物与故事 ………………………………………………… 31
　　四、遗址遗迹 …………………………………………………… 54
　第四节　开封犹太人与中华民族的融合 ………………………… 56
　　一、开封犹太人被融合的标志 ………………………………… 56
　　二、开封犹太人被融合的原因 ………………………………… 58
　　三、犹太教的儒家化 …………………………………………… 66

第二章 哈尔滨地区的俄罗斯犹太人 ……………………………… 69
　第一节　哈尔滨犹太人社区的兴衰 ……………………………… 69

一、哈尔滨犹太人的历史发展过程 …………………… 69

二、犹太民族凝聚力的纽带 …………………………… 74

第二节　哈尔滨经济发展中的犹太人 ……………………… 81

一、犹太人在哈尔滨经济发展中的作用 ……………… 81

二、哈尔滨犹太人经济贸易活动的特点 ……………… 86

第三节　日本占领东北后的犹太人 ………………………… 87

一、日本占领当局对哈尔滨犹太人的迫害与排挤 …… 88

二、哈尔滨犹太人和日本当局的关系出现转机 ……… 90

三、日本当局改变了亲犹政策 ………………………… 93

第四节　犹太复国主义运动在当年哈尔滨的影响 ………… 93

一、哈尔滨犹太复国主义运动组织的建立 …………… 94

二、哈尔滨犹太复国主义运动的开展 ………………… 96

第五节　哈尔滨犹太人社区与苏俄犹太人自治州的比较

　　　　………………………………………………………… 98

一、从这两个犹太人自治体产生和性质来看 ………… 98

二、从这两个犹太人自治体经济结构看 ……………… 100

三、从这两个犹太人自治体的宗教文化及复国主义运动

　　来看 ……………………………………………… 101

第三章　上海犹太商人的荣衰史 …………………………… 104

第一节　上海古代犹太人之谜 ……………………………… 104

一、中国古代犹太人是否来过上海？ ………………… 104

二、犹太商人来沪诸种迹象 …………………………… 105

第二节　第一批进入近代上海的犹太人 …………………… 106

一、万国商埠的上海 …………………………………… 106

二、首批进入上海的犹太人 …………………………… 109

三、上海犹太商人发展的三个阶段 …………………… 111

第三节　上海犹商盟主——沙逊家族 ……………………… 114

一、沙逊家族四代在上海 …………………………………… 114
　　二、沙逊集团的经营和管理 ………………………………… 119
　　三、沙逊财团的撤退对上海社会的影响 …………………… 126
第四节　巴格达来客——明智居士哈同 ……………………… 130
　　一、哈同的发迹 ……………………………………………… 130
　　二、哈同的"素质" …………………………………………… 135
　　三、哈同的中国文化情结 …………………………………… 144
　　四、哈同的悟性 ……………………………………………… 146
　　五、哈同和沙逊是同途殊归 ………………………………… 149
第五节　德国犹商淘金——安诺德兄弟 ……………………… 152
　　一、活跃一时的安诺德兄弟 ………………………………… 152
　　二、小安诺德兄弟经营失败 ………………………………… 157
第六节　后来崛起的巨贾——嘉道理家族 …………………… 158
　　一、嘉道理家族的东移中国 ………………………………… 158
　　二、嘉道理家族的创业 ……………………………………… 159
　　三、婚姻和家庭生活 ………………………………………… 160
　　四、返回远东，重振家业 …………………………………… 160
　　五、大理石大厦的落成 ……………………………………… 161
　　六、嘉道理家族的传统 ……………………………………… 162
　　七、两次集中营的生活 ……………………………………… 163
　　八、嘉道理家族"东山再起" ………………………………… 165

第四章　上海——世界反法西斯战争中犹太人的一叶方舟
………………………………………………………………………… 168
第一节　俄罗斯犹太人的南迁 ………………………………… 168
　　一、最早来沪的俄罗斯犹太人 ……………………………… 168
　　二、俄罗斯犹太人第二次南迁上海 ………………………… 169
　　三、第三次俄罗斯犹太人迁居上海 ………………………… 170

四、上海俄罗斯犹太人社区 …………………………………… 170
第二节　欧洲犹太人的东逃 ……………………………………… 172
　　一、希特勒法西斯掀起反犹狂潮，欧洲犹太人命运悲惨
　　　　………………………………………………………………… 172
　　二、欧洲犹太难民遭到西方国家拒绝 ………………………… 173
第三节　上海伸出了温暖之手 …………………………………… 175
　　一、上海是接纳外国人的自由港和庇护所 …………………… 175
　　二、日本当局对犹太人奇特的逻辑思维 ……………………… 176
　　三、中犹的历史文化渊源 ……………………………………… 177
　　四、欧洲犹太难民来沪的三阶段 ……………………………… 178
第四节　上海犹太难民的面面观 ………………………………… 179
　　一、因地制宜地设计生活 ……………………………………… 179
　　二、上海新居民的心态 ………………………………………… 184
　　三、不可思议的犹太法庭 ……………………………………… 186
　　四、"德国侵略者"对上海的利弊得失 ………………………… 187
第五节　患难与共，迎接黎明 …………………………………… 189
　　一、梅辛格上校的灭犹阴谋 …………………………………… 189
　　二、上海犹太隔离区的建立 …………………………………… 189
　　三、819天的煎熬和斗争 ……………………………………… 190
第六节　完成难民城的历史使命 ………………………………… 192
　　一、上海犹太人各奔东西 ……………………………………… 192
　　二、近代以来上海犹太人口的变迁 …………………………… 194
　　三、值得怀念的岁月 …………………………………………… 196

第五章　活跃有力的上海犹太宗教社团 ………………………… 197
　第一节　上海的犹太教会堂和学校 ……………………………… 197
　　一、上海的犹太教会堂 ………………………………………… 197
　　二、上海的犹太宗教学校 ……………………………………… 199

三、伦敦犹太协会在沪的早期活动 …………………… 199
　　四、斯密士主教来上海 …………………………………… 200
第二节　上海犹太协会和救援中国犹太人协会 …………… 201
　　一、上海犹太协会（英文简称 SJOA）是上海塞法迪姆犹
　　　　太人的主要社团 …………………………………… 201
　　二、"救援中国犹太人协会"的成立和活动 ……………… 202
第三节　上海犹太宗教公会和其他社团 …………………… 209
　　一、上海犹太宗教公会 ………………………………… 209
　　二、上海犹太总会 ……………………………………… 210
　　三、上海犹太商会 ……………………………………… 210
　　四、上海犹太圣裔社 …………………………………… 210
　　五、第二次世界大战期间上海犹太社团的活动特色 …… 211
第四节　犹太社团活动的特色及其消亡 …………………… 212
　　一、上海犹太联合委员会的成立 ……………………… 212
　　二、上海"犹联"的留守和善后工作 …………………… 212
　　三、上海"犹联"的自行结束 …………………………… 215

第六章　绚丽多彩的上海犹太文化 ……………………… 216
第一节　上海犹太人优质的教育和医务事业 ……………… 216
　　一、上海犹太学堂 ……………………………………… 216
　　二、上海犹太人的医疗卫生工作 ……………………… 217
第二节　上海犹太人独特的新闻出版事业 ………………… 218
　　一、早期的三份犹太报纸 ……………………………… 218
　　二、"二战"期间的上海犹太人报纸杂志 ……………… 219
　　三、上海犹太人在音乐和戏剧上的杰出贡献 ………… 221
第三节　爱因斯坦访问上海的前前后后 …………………… 237
　　一、爱因斯坦的二次访沪活动 ………………………… 237
　　二、爱因斯坦访沪的热烈反响 ………………………… 239

三、爱因斯坦对上海的观感和对中国人民的关切 …… 241

第四节　上海犹太人的复国主义活动 …………………… 242

一、在平稳中发展时期(1903—1929年) …………… 242

二、在曲折中前进时期(1929—1937年) …………… 245

三、在困境中斗争的时期(1937—1945年) ………… 247

四、在急变中结束的时期(1945—1949年) ………… 249

第七章　中犹友谊永葆青春 …………………………………… 252

第一节　中犹文化交相辉映 ……………………………… 252

一、犹太民族的独特性和历史观 …………………… 252

二、宗教型的犹太文化 ……………………………… 254

三、中犹文化的崇尚知识和重视教育 ……………… 259

四、中犹文化重视家庭伦理 ………………………… 261

五、犹太经济文化特色——经商理财 ……………… 262

六、善于吸取其他民族文化和历史经验是犹太文化特征

之一 ………………………………………………… 263

第二节　中犹人民友谊长存 ……………………………… 265

一、中犹民族的传统友谊 …………………………… 265

二、中以关系曲折发展 ……………………………… 266

三、中犹人民的交往、情谊和怀念日益加深 ……… 270

附录　上海犹太人的遗址遗迹 ………………………………… 275

后记 ……………………………………………………… 唐培吉　288

绪　　论

　　1986年我作为上海大学文学院派出的访问学者赴美国纽约市立大学讲授《中美关系史》课程。期间，该校唐德刚教授向我提议：双方合作研究犹太人，我认为这个研究项目是很有意义的，遂同意之。回沪后即和复旦大学时任副校长的庄锡昌教授商议，决定由复旦、上大(上大文学院前身是复旦分校，我原是复旦历史系派到分校任历史系主任)同纽约市立大学合作研究犹太人。后因唐德刚不知何故失约，就作罢。这时，上海有批学者如上海外国语学院朱威烈教授、社会科学院潘光研究员、国际问题研究所陈和丰研究员等亦对研究犹太人有兴趣，并得到上海国际关系学会金应忠研究员的支持，大家志同道合地于1988年8月18日在杭州刘庄召开"犹太历史文化讨论会"，成立全国第一个犹太学研究会，先后由朱威烈教授(上海外国语大学)、唐培吉(从上海大学到同济大学)任研究会理事长，金应忠研究员(上海社联)任历届秘书长。这在当时是个绝对敏感的问题，亦是令人高兴的事情，在全国和国际上影响很大，世界各地犹太人社团纷纷来电、来函祝贺，并同世界犹太人大会等团体进行学术交流。为加强对犹太学的深入系统研究，我于上海大学历史系成立了上海学研究所，其中一个研究课题就是"上海犹太人"。1989年撰写了《犹太学刍议》，阐述犹太学的必要性与可能性，界定犹太学的定义、对象与范畴，勾勒犹太学的研究框架，意图引起人们的关注与兴趣。此后研究会决定出版犹太文化丛书，由顾晓鸣教授(复旦大学)任主编。我先后在开封、哈尔滨和上海进行访问参观、搜集资料、查阅档案、进行座谈，对犹太民族移民中国的历史文化在思想上有了一点梗概，乃起了写作之念。这时，我已到同济大学工作，兼任《同济大学学报》(文科版)主编，就特意开辟了《犹太学研究》专栏，意欲发动和组织志同道合者共同研究犹太学。其时，我同多位学者合作撰写了《上海犹太人》，由三联书店1992年出版，作为"犹太文化丛书"之一。但终感没能全面反映古代和近代犹太人移民华夏大地为遗憾。于是就同开封原博物馆馆长王一沙相约，请他撰写开封犹太人历史文化，他慨然允诺，写就几章寄给我；同时我组织同济大学社科系高平平教授撰写哈尔滨犹太人，他亦如期完稿。这时，我已经退休，就此搁下。近日，我有时间与精力来完成全书统稿，更蒙受上海市社联副主席、上海大学原党委副书记忻平教授大力支持,上海大学出版社热忱愿意出版,本书才能问世。

犹太学刍议

一、问题的起缘

约在公元前20世纪,生活在巴比伦的希伯来(今犹太人)游牧部落,按照"上帝"的旨意,由亚伯拉罕率领,自美索不达米亚迁移到迦南(今巴勒斯坦地区),着手建立自己的国家①。这块位于地中海和阿拉伯大沙漠之间的土地,地理和气候条件极其复杂,既不适合集中居住,又难于统一治理。经过躲避天灾人祸的大迁移和争夺迦南地区的多次战争,终于在公元前13世纪到10世纪,建立了犹太王国,以扫罗、大卫至所罗门国王为鼎盛时期。②

犹太王国处在欧、亚、非三洲的交界地区,成为各国往来的交通要道,东西方贸易的运转中心,又是世界几大宗教的摇篮。因此,这个王国的经济、政治、文化、宗教,得以巨大发展,并向外辐射。然而,它又是各种矛盾的焦点,古代帝国必争之地,是个永远的多事之国。曾几何时,犹太王国分裂为二,时起内讧,外敌乘隙而入,北方的以色列王国和南方的犹太王国先后灭亡,后来虽发动过多次起义,企图恢复王国,始终未成。至公元前135年,罗马帝国哈德良皇帝残酷镇压了巴尔·科赫巴的起义。③ 从此,犹太人彻底失去了独立的国家,沦为到处流浪、寄人篱下的民族。

世界历史记载着不少这样的事例。许多古老的民族,由于其国家被灭亡,土地被侵占、异族统治的血腥镇压或者宽容融合,不是消亡了,就是同化了。但是,犹太人历尽2 000多年的沧桑,既没有被消灭,亦未被同化,奇迹般地生存下来,而且在人类社会中发挥了它的特有的作用。人们对这一历史现象感到不可思议,纷纷提出了各种各样的问题。主要有四个方面:

(一) 犹太人流浪达2 000年之久,且屡遭大规模的驱逐和屠杀,例如7世纪欧洲各国反犹浪潮、11世纪—12世纪十字军东征中对犹太人的杀害、15世纪西欧地区的驱犹运动、17世纪东欧犹太人的遭难、20世纪德国法西斯屠杀600万犹太人等,致使犹太人有时人口急剧减少。可是,犹太人仍能继续生存并能迅速增长。截至1985年的统计,全世界

---

① 《圣经·创世记》12·2。
② 阿巴·埃班著,阎瑞松译:《犹太史》,中国社会科学出版社1986年版,第35页。
③ 《辞海》,上海辞书出版社1979年版,第818页。

犹太人达 17 053 500 人,其中北美洲 7 610 700 人,亚洲 4 290 700 人,欧洲 4 110 200 人,南美洲 738 600 人,非洲 229 400 人,大洋洲 73 900 人①。究竟犹太人保持其持久生存和发展的奥秘何在?

(二) 犹太人迁居一地,一般均是遵照所在国和地区的法律和政策,忍辱偷生。可是,往往时隔不久,就遭到当地政府甚至居民的歧视、驱逐和杀害。犹太教早在公元前 14 世纪由摩西创立,在公元前 1 世纪诞生的基督教原是犹太教中的一个新宗派,在 6 世纪—7 世纪穆罕默德建立的伊斯兰教亦是大量吸取了犹太教的教义教规的。应该说犹太教和基督教、伊斯兰教是有着深远的渊源,可以和平地共同发展。但是,穆斯林教徒、天主教徒、基督教徒却对犹太人、犹太教徒严重对立以至残酷迫害。究竟是些什么因素造成犹太人和异民族、异教徒发生如此尖锐的矛盾冲突?

(三) 为什么处于艰难困苦、惶惶不可终日的犹太人竟会涌现出许多杰出的人才?例如古代的摩西、所罗门国王、耶稣、诗人哈列维、法学家、医学家、哲学家迈蒙尼德;近现代的思想启蒙大师门德尔松、哲学家斯宾诺沙、诗人海涅、无产阶级导师马克思、科学家爱因斯坦、心理学家弗洛伊德等。据 1980 年代统计,在美国获得诺贝尔奖的 100 多名学者中,约有半数是犹太人及其后裔。究竟是什么条件和素质造就的?

(四) 历史往往会出现令人难以捉摸的反差现象。经常受到歧视和迫害的犹太人,有时却会受到欢迎。例如 18 世纪普鲁士公国曾欢迎犹太人来居住,以发展其经济文化;第二次世界大战期间,日本政府让犹太难民在由它控制的上海虹口区居住,企图建立一个东方的"小维也纳"。犹太人迁居美国的历史不长,即已在美国占有一定的地位和起着相当大的作用。据 1985 年统计,美国 400 个大富翁中有将近 1/4 是犹太人,他们的财产总额达 200 亿美元②。美国的主要出版商和编辑有一半是犹太人;美国国家航空和航天局中的科学家有 60% 是犹太人。据 1974 年调查,美国犹太人中有 11 人当选州长,12 人当选参议员,92 人当选众议员,5 人任最高法院法官,7 人被任命为政府部长级官员,如基辛格。事实向人们提出:为什么犹太人能到处生根,并能使居住地区的经济和文化较快发展起来?究竟他们具有哪些不同于其他民族的特点和优点?

这些问题促使人们认识到:犹太人是一个松散型和紧密型相结合、地方性和国际性相结合的特异民族。他们分散居住在世界各国和地区,许多人已归化为居住国的人民;但是他们之间又有着紧密的联系,通过各种渠道互递信息、互相帮助,得以发挥超度能量。

---

① 《1986 年世界年鉴》,美国出版。
② 《福布斯杂志》,美国 1985 年出版。

他们继承和巩固自己的民族文化,又积极汲取和消化异民族文化的精华,并把两者加以融合发展,从而对人类社会作出应有的贡献。因此,不论研究古代的、近代的和现代的历史,也不论探讨世界政治、经济和文化,如果不正确解释上述这些社会现象,或者忽视犹太人的因素,那就不可能获得完整的科学概念和结论。必须研究犹太人的问题就这样被提出来了。

二、学科的应生

在 19 世纪初,西方高等学府已经没有关于犹太文化历史的课程,只有个别神学院开设犹太教义的课程,是为了培养犹太教的神职人员,这似乎表明犹太文化已经消失或者已经没有研究价值。

第二次世界大战后,美国学者开了研究犹太学的先声。哈佛大学和哥伦比亚大学首先开设有关犹太宗教、文化的课程;最早研究犹太学的代表人物是亨利·摩逊和萨伦·伯隆。30 多年以来,西方各国已出现研究犹太学的热潮,其中心不在德国,不在苏联,也不在以色列,而是在美国。目前,美国有上百所大学开设犹太学方面的课目,有十几个犹太学研究中心和研究团体。美国犹太学研究会(AJSA)每年 12 月召开年会,有上千名学者参加,有 300 多名学者提供论文。犹太学已成为一门崭新的学科活跃在国际学术讲台上,显示其绚丽多彩的思想内容和不可低估的社会价值。

在中国,改革开放之前没有什么人从事犹太学的研究,是否犹太人与中国没有关系?非也。在中国的古代、近代和现代都有犹太人,而且他们对中国社会产生了一定的以至较大的影响。

早在公元 11 世纪,即唐宋年间,犹太人从中近东通过陆上丝绸之路①和海上丝绸之路②,一批一批地进入中国,分别到开封、洛阳、敦煌、宁夏、北京、扬州、澉浦、杭州、广州、泉州等地,有的经商,有的定居,人数约十几万人至几十万人之众。其中以开封聚居的犹太人,历史最长,遗留的文物资料最多。1489 年在开封《重建清真寺记》的碑文中写道:"进贡西洋布于宋,帝曰:归我中夏,遵守祖风,留遗汴梁。"③中国把犹太教按译音称谓

---

① 怀德:《中国的犹太人》,加拿大多伦多 1942 年出版。
② 周去非:《岭外代答》,转引自潘光旦著《中国境内犹太人的若干历史问题》,北京大学出版社 1983 年版,第 54 页。
③ 金钟:《重建清真寺记(碑)》,(明弘治二年 1489 年)。现存开封博物馆。

"一赐乐业教"①,俗称"挑筋教"②。由于犹太教徒头戴青蓝小方帽或者缠青蓝色布,与回教徒头戴白帽或者缠白色布有别,当地人称呼他们为"青回回"或"蓝帽子回回",而称呼伊斯兰教徒为"白帽子回回"③。开封犹太人至19世纪下半叶已完全与我中华民族同化了。

18世纪鸦片战争后,中国开辟沿海通商口岸,犹太人作为外籍商人即随之而来,特别是冒险家乐园的上海,成为近代中国犹太人集居求富之地区。1845年,沙逊洋行在上海设立了分行,经营鸦片和棉纺织品的贸易④。犹太人以经商理财著称,他们采用种种合法和非法经营方式,很快发财致富。在上海就出现了沙逊、哈同、安诺德、嘉道理等大财团和大资本家。他们中间有的是贩卖鸦片大王,有的是房地产大王,有的垄断中国木材的出口,有的掌握了上海公用事业和公交事业的命脉。他们还搞多种经营,只要能赚钱,什么行业都干。仅沙逊集团在抗战前夕,其在上海的投资涉及10个行业的24家企业,这个家族平均每年利润达50万两银子,成为外商中的首富。这些犹太资本家对上海的经济、政治和文化有很大影响。他们创办报纸杂志,开设文化娱乐设施,宣扬西方文明。上海公共租界的公董局和法租界的工部局均有犹太商人的代理人。1935年,中国政府发生货币危机时,沙逊曾于3月27日提出《救济上海金融计划》,竟然有解救中国货币危机的野心,这可以算为突出的事例了。

1917年苏联十月革命后逃亡到中国的白俄中有一批犹太人。他们大多居住在东北地区,以哈尔滨为最多。1930年代后,其中一部分陆续南迁至天津、青岛、上海等地。这是现代中国犹太人的开端。他们有一定的人数,大多经营中小型工商业,也有些人从事文化教育工作,对当地社会有一定的影响。第二次世界大战期间,由于德国法西斯对犹太人的疯狂迫害,欧洲犹太人大批外逃,到上海的有2万多人,大多数是德国、奥地利的犹太人,还有波兰等国的犹太人。他们有较高的文化水平和技术才能,仅内科医生就有200多名。日本政府为了企图利用这批犹太人,同意犹太难民居住在由日军控制的虹口地区,并设想制订了"河豚计划",由于种种原因而未能完全实现。这些犹太难民中有后来成为民主德国首任驻华大使柯尼希,有美国卡特政府中的财政部长布卢门塔尔,也有犹太复国主义运动的激进分子。

上述历史事实表明:中国犹太人及其在中国的活动已经构成中华民族历史的一个组成部分。因而,改革开放后国内学术界逐渐认识到犹太研究的意义,并出现了一系列文章

---

① 陈垣:《开封一赐乐业教考》,上海商务印书馆1920年版。
② 阙名:《如梦录》,河南官书局本。
③ 诺耶:《中国犹太人》,载《北京公教会报》,1935年第22卷第267期、268期、第23卷第269期、270期。
④ 张仲礼、陈曾年:《沙逊集团在上海》,上海社会科学出版社1986年版,第6页。

和专著,在 2000 年后逐步形成高潮。至今国内一批犹太史研究专家已相继推出一系列富有影响的著述,如潘光旦、陈垣、王一沙、徐向前、张仲礼、沙博理、潘光、龚方震、顾晓鸣、徐新、徐向群、房建昌、金应忠、陈超南、肖宪、张星烺、吴泽霖、余建华、许步曾、江文汉、冯承钧、王建、方豪、唐培吉等。

同样,国内外的学术讨论和交流十分活跃,犹太文化历史日益受人关注。1988 年 8 月,一些志同道合的学者集会杭州刘庄,上海犹太学研究会应运而生。从此,我国有了第一个研究犹太学的机构,并立即得到国内外有关学术团体的赞赏和支持。1989 年中国犹太文化研究会成立,后全国各地成立犹太文化研究中心(所)。上海社会科学院的上海犹太研究中心、南京大学犹太文化研究所、山东大学犹太文化研究所等学科发展、研究成果及研究梯队等都有非常大的发展。

三、框架的勾勒

举凡一门学科的建立,必须有自己特定的框架。但是,亦不可能在学科初创之际即具有一个完整的体系,而是要在开展研究相当一段时间之后才能日趋完善。这是符合认识来源于实践的规律,亦是遵循实事求是的思想原则。犹太学亦然。

犹太学是以一个民族命名的系统综合性的新学科。它是研究犹太民族的特性、犹太民族的发展过程及其一般规律。通俗地讲即研究犹太人诸问题的学问。正如美国学的创始人特列梅因·麦克道威尔对美国学定义的论述:"美国学这门学科是一种思维过程,学者通过这个过程融化美国文明的各种复杂而且经常是矛盾的事实的细节……并从中勾画出一幅这些联合在一起的各个州的美国图像。在这样做的过程中,学者把多样性缩小成某种程度统一性。"①犹太学和美国学研究的目的是一样的,就是研究对象各不相同。

按照犹太学这样的定义,犹太学研究的对象为犹太人。由于犹太人自身发展的特殊性,致使学科对象不单是居住在巴勒斯坦地区的犹太人,而且包括散居在伊拉克、土耳其、印度、中国等亚洲国家和地区的犹太人;英、法、德、奥、苏联和波兰等欧洲国家的犹太人;美国、巴西等美洲国家的犹太人;还有大洋洲地区的犹太人。总之,凡是世界各国和地区的犹太人都属于研究对象。

犹太学研究范围是广泛的。它要全面系统研究犹太人的各种问题,诸如财政经济、政治军事、法律、文化教育、音乐艺术、宗教伦理、风俗习惯、思维方式、心理状态和生理特征

---

① 转引自中美文化研究中心编:《美国学译文集》南京大学出版社 1987 年版,第 8 页。

等；既要研究犹太人的现状，也要研究犹太民族的历史。因此这将是多方位的、纵横交叉的、立体型的研究框架。必须指出，犹太学是一门系统综合性学科，我们不可就犹太人的某一个方面问题加以孤立地进行研究，而必须从犹太人一切方面的总体上、相互联结上进行综合性研究，才能认清犹太民族区别于其他民族的根本特性，才能掌握犹太民族发展的基本规律，进行科学的抽象，得出科学的结论。由此可见，犹太学和研究犹太人诸问题的辩证关系，从某种角度上看，就犹太人任何一方面的研究，都可以属于犹太学的一部分；从另一种意义上讲，对犹太人任何一方面的研究，并不等同于犹太学。

科学地讲，犹太人诸问题就是犹太学的分支学科。只有对分支学科进行具体的深入的研究，才能使犹太学的研究有丰厚扎实的基础；也只有从犹太学的高度对分支学科从事研究，才能使分支学科有宏观导向和理论升华。所以，在创立犹太学的同时，必须把犹太文化、犹太宗教、犹太历史等分支学科建立起来，并积极地开展研讨，方可形成和充实整个学科的体系。

犹太学的学术专门名词、范畴、概念等，将在开展研究中得到提炼、概括、确定和发展。然而，我们必须掌握基本的名词和概念，例如"拉比""密西拿""塔木德""马兰内""格托""哈斯卡拉"等，了解犹太人的重大事件和重要人物，方能从事犹太学的研究。国外已经出版了犹太百科全书，我们应尽快译出，作为研究犹太学的有效工具。

犹太学研究的理论和方法，应以辩证唯物主义和历史唯物主义的理论方法作指导。在具体研究过程中特别需要掌握：

（一）历史唯物论。犹太人散居世界许多国家和地区，这些国家和地区的经济、政治和文化各不相同且发展不平衡，这些国家和地区的犹太人所处的地位和所起的作用亦各不相等；即使犹太人之间的经济思想、政治观点和意识形态、生活方式亦不完全相似，甚至截然相反。在这样扑朔迷离的复杂情况下，必须遵循历史唯物论的基本原则作为剖析和评价犹太人诸问题的基本准则，即看它在一定的历史阶段、一定的历史条件下，是推动社会向前发展还是阻碍社会进步。前者应该肯定，后者则应否定。决不能以某种需要以至从意识形态的对立面出发，作出违反历史的结论，更不能以政治风向为转移。例如在讲到西欧文艺复兴运动时，人们往往忽视了犹太人在介绍阿拉伯的希腊文化遗产中所起的重大作用。而我们杰出的诗人闻一多早在半个世纪前就明确指出："希伯来民族是对近代文明影响最大最深的四个古老民族之一。"[1]

（二）总体方法论。犹太学既是一门涉及犹太人各个方面的系统综合性学科，如果没

---

[1] 闻一多：《文学的历史动向》，《闻一多全集》，三联书店1982年版。

有一种总体概念,往往会把对犹太学的研究变成仅仅对某一分支学科的研究,或者把某一分支学科的研究就看作是对犹太学的研究,这实际上是等于否定了犹太学。因此,犹太学研究必须强调"总体思考",通俗的说法是要进行"跨学科"的研究、"战略性"的研究。它要求我们从总体概念考虑研究课题,以多维视野研究各分支学科,从各分支学科的联结点来分析问题,要探讨各分支学科之间的内在联系,从而揭示犹太民族生存、发展的一般规律,由此获得宏观的理性认识。这种科学的认识又为每一分支学科提供总体背景和理论导向,从而使犹太学的研究纳入良性的循环。

(三)比较辩证法。每一个民族,不论其大小,都有它自己本质上的特点,都只属于该民族而为其他民族所没有的特殊性。我们研究犹太人民族的特性,就需要同其他民族相比较。有比较才会有鉴别。2 000年来人类历史的发展使犹太人分离为德国犹太人、美国犹太人、苏联犹太人等。因此,我们需要将许多国家和地区的犹太人进行比较研究,找出其个性与共性。另外,有些特殊问题亦需作比较研究,例如许多国家的犹太人没有与该国的本民族同化,而中国的犹太人却和中华民族融为一体,这当然要作研究。可见,在犹太学研究中进行多层次多方位的比较研究,是一个重要方法。比较法并不是眼下有些人所说的是时新的方法,它早就有之。马克思主义者认为比较法就是辩证法。再引申一句,用辩证的观点进行比较研究,称之为比较辩证法或辩证比较法。

犹太学是一门新兴的学科,只要我们面对世界现实,不断开拓视野,其研究的理论和方法,将会发展丰富而形成自己的特色。

本书遵循《犹太学刍议》的指导思想和思维方法进行撰写,以历史唯物主义的观点与方法,记载了从中国古代以开封地区为中心,近代以哈尔滨地区,现代上海地区的犹太移民的历史全过程,综合论述了犹太民族的历史文化、宗教信仰、政治经济、民情习俗以及与中华民族的友谊与融合。

本书对开封地区犹太移民的论述:不仅对犹太移民定居开封的时间与地点进行了考证,而且对当时的一赐乐业教(即犹太教的译音)的活动作了确切的叙述;不单对开封犹太移民的家族家谱加以探讨,并且对代表性人物作出传略;不仅研究了开封犹太移民从宋、元、明、清到民国的历史发展过程,而且调查核实了他们迁移至全国13个省市和50个县市的情况;特别是对开封犹太移民的遗迹文物作了考证与记载,这是难能可贵的;更对犹太民族为什么能和中华民族融合的主要原因进行了深入探究。

本书对哈尔滨地区犹太移民的论述:首先分析了犹太人为什么从俄罗斯帝国迁移到中华大地的原因;然后考证了俄罗斯犹太人逐次迁居哈尔滨地区的历史过程;全面深入地论述了哈尔滨犹太人的社区兴衰、经济贸易活动以及其在哈尔滨经济发展中的作用;揭示了俄罗斯帝国和日本军国主义对当地犹太移民的排挤与迫害；记叙了哈尔滨犹太移民的犹太复国主义运动的梗概；进一步将犹太人在俄罗斯地区的情况和犹太人在哈尔滨地区的情况作了比较研究，得出了实事求是的结论。

本书对上海犹太人的论述：不仅考证了犹太人移居上海的时间与原因，而且分析了居住在上海的不同类别犹太人群体，如俄罗斯犹太人、英国犹太人、中东犹太人、德国奥地利犹太人与东欧犹太人，又将这些犹太人区别为塞法迪姆犹太人和阿什肯纳兹犹太人，更进一步研究了不同类别犹太人的不同特点；记叙了上海犹太人在上海活动的历史全过程，其中包括了上海犹太商人的荣衰史、俄罗斯犹太人三次南迁、欧洲犹太难民来沪的三阶段；探讨了上海犹太人在上海社会经济发展中的作用及其对中国文化的不同态度；特别是对第二次世界大战中犹太难民在上海避难，作了多方面的考察与研究，得出了上海是犹太移民或难民的一叶方舟，上海出色地完成了难民城的历史使命。

最后，本书对犹太文化和中华文化略作比较研究，以学习汲取犹太文化的精华；并进一步记叙了中犹（包括以色列）传统友谊的发展和中犹人民对中犹交往历史的怀念以及祝愿。

由此可见，本书是第一次对犹太人移居华夏大地作了全面的历史发展过程的研究，不仅时间跨度长，古代—近代—现代，更在探究犹太移民特点的各个方面，包括宗教信仰、社区活动、经济经营、文化教育、思想道德、民风习俗等，是如此宽广，所以，这是第一部全面系统论述犹太人迁居中华大地、和中华民族融合生活的文化历史著作，是具有一定的历史文化价值和理论价值的。本书的出版望能引起更多的文史工作者进一步拓展和加深犹太学研究，使这门学科得到更好的发展。

第一章 以开封为中心的中国古代犹太人

第一节 天竺来的移民

中国古代犹太人,在我们广阔的长江、黄河南北,如北京、扬州、宁波、开封、宁夏以及安徽、山西、云南等地,都留下了他们的踪迹。岁月流逝,月转星移,随着历史的发展变化,中国犹太人先后都与当地的汉民族自然融合,其中历史最长影响最大,并留下许多历史文化遗产,当推居住在河南开封以及从开封迁移到全国各地的中国犹太人。①

一、从历史追溯故事说起

同其他民族一样,在中古时期迁移入中华的犹太人也有他们自己多种多样的历史传说。这些传奇色彩很重的历史故事,或相互矛盾,或互为补充,从一开始就为中国古代犹太人的历史增添了许多神秘气氛。

有一则故事说,从西方来到中国的一批犹太移民,是在北宋(公元960年)初来的,他们受到了开国皇帝赵匡胤热烈友好的接待,宫廷摆宴,御诗赐姓,把原来希伯来姓名的犹太人,赐姓为李、赵、艾、张、高、金、石七姓。其中张姓随带一家仆人,也跟着主人改姓张氏,号称"滴溜张"云云。据说这就是至今流传在中州的中国犹太"七姓八家"的由来。

真实的历史实际是如何的呢?上述的传奇故事,只是对历史的折光反映,或者说是中国犹太后裔们对他们祖先历史美好追忆的"再塑造"。根据中国古代犹太人自己的文字记载,历史的本来面目是这样的:

宋朝时期,有一批从天竺(现印度)来的犹太人,拖儿带女,驰马、水舟和陆车,历尽艰辛,来到了繁华的东京(现在河南开封市)。他们向宋朝皇帝"进贡西洋布",受到了皇帝热

---

① 本章所说的中国古代犹太人,主要是指以河南开封为主的中国犹太人。侨居的外籍犹太人不在其内。

情友好的接待,并给予了非常宽厚的待遇,皇帝对客人们说:"归我中夏,遵守祖风,留遗汴梁。"

上述内容,就是人们常常称颂的"约法三章"。

这些温言感情和宽厚礼遇,自然使这批漂泊四海的犹太移民感到无限慰藉。事隔数百年以后,他们的后裔依然以深挚的感恩戴德的心情,把这段历史当成佳话,郑重铭刻在一赐乐业教清真寺的石碑上。①

这些向宋朝皇帝"进贡西洋布"并允准定居在东京的犹太人,共有"李、俺、艾、高、穆、赵、金、周、张、石、黄、聂、金、张、左、白十七姓等。"②他们的姓名原是用的希伯来文。"李、俺……"云云,自然都是在以后漫长的历史进程中渐次改变的。其中的二李、二金和二张,中国古代犹太人及其后裔称之为"同姓不同家(家族)",即同一姓氏的不同家族,这批犹太移民,如以五口之家计算,约有 350 人左右。从此,这一批犹太移民就在东京(今开封)安家落户,直到现在,李、俺(后经明成祖赐姓为赵)、艾、张、高、金、石七姓的后裔,仍然居住在开封以及从开封迁移至全国几十个市县。

二、从七十姓到七姓八家

在中国古代犹太历史上,有不少争论纷纭的问题,其民族构成,就是其中之一。前一节中叙述过的这批进入并定居在开封的中国犹太人的民族构成,在他们自己的记载里,原本说得明明白白。但到后来,特别是到民国,议论纷呈,参差不一。争论的中心问题是:中国犹太人到底有几姓几家?

综括起来说,不同时期和不同的人(包括某些中国犹太人或其后裔),先后或同时提出了五种不同的答案:

(一) 70 姓说:这一说法见于明弘治二年(1489 年)一赐乐业教清真寺《重建清真寺记》碑,也是中国古代犹太人自己最早的说法。

(二) 73 姓说:这也是中国古代犹太人自己的说法。见清康熙十八年(1679 年)一赐乐业教清真寺《祠堂述古碑记》碑。

(三) 七姓八家说:自从清朝初年中国犹太人李、赵(俺姓改)、艾、张、高、金、石七姓从躲避水灾的河北返回开封重建家园以后,这一说法逐渐流行,"七姓八家"的故事,比如《赵

---

① 见明弘治二年(1489 年)开封一赐乐业教清真寺金钟(有文字可查的中国犹太第一个生员,即秀才)《重建清真寺记》碑。河南开封博物馆藏。

② 同上碑。

匡胤赐姓的七姓八家》传奇，就是这样说的。

（四）17姓说：这一论说首先见于我国著名学者陈垣教授的文章《开封一赐乐业教考》。他的立论根据是：中国古代犹太人虽然在自己的石碑上记载说，初来开封定居的有70姓，但实际能够查到的，只有"李、俺、艾、高、穆、赵、金、周、张、石、黄、李、聂、金、张、左、白"17姓。因而认为，中国犹太人在明弘治二年（1489年）《重建清真寺记》碑上记载的70姓系17姓之讹。

（五）74姓说：这是近些年来，有一位中国犹太后裔提出来的新论。①

究竟是怎么一回事呢？中国犹太人初来时到底是几姓几家，在以后的历史发展过程中有时候增多，有时候又减少，哪一说符合历史的实际呢？

要回答上述问题，我们只有从历史发展的自身轨迹中去追寻。

原来，当年犹太人在北宋年间初来开封定居的时候，原是70姓（家族）。清康熙十八年（1679年）《祠堂述古碑记》碑上所增加之姓，当是陆续后来者。明弘治二年（1489年）碑的撰文者是开封府儒学生员金钟。康熙十八年碑的撰文者赵映乘出自著名的中国犹太人书香世家的俺城（赵诚）——赵映乘家族（赵映衮本人也是儒学生员）。他们同是中国犹太人中的士大夫，一颇有学识，又是当时名士。一致坚持此论，并有此据。陈垣教授在其所著《开封一赐乐业教考》一文是所提出的异议（原文是：70姓或疑为17姓之讹，因碑中所列17姓，而教众之知名者，又无在此17姓之外也），同时也有学者提出质疑：中国古代犹太人的石碑所记载的每一事实，容或不尽契合史实，然而煌煌巨碑，在隆重建碑过程中自然经过当事人的酌商、撰稿、审文、书丹、雕刻以及郑重的树碑仪式，对于他们为时不太久远的重大历史竟会颠倒错讹如此，实属不可思议。因而17姓误为70姓迨不可能。

至于"赵匡胤赐姓七姓八家"的故事，只能归它为传说故事，正如各个民族都有自己的历史传说故事一样。然而自清朝初年以来，居住在河南开封的中国犹太人却有七家（七姓家族），而且直至今天，李、赵、艾、张、高、金、石七姓后裔仍然居住在开封以及从开封迁移至全国各地，这又是怎么一回事呢？

前文已经提到了，北宋（960—1127年）年间，犹太人初来开封落籍时，共有70姓（家族），约300余口人。至最盛时期（元至明初），曾发展至73姓，500余家。按八口之家计，约有5 000人左右。在以后的岁月里，或因宦游各地，四海经商，或为躲避开封日益频繁而严重的水灾，流移各地。到了明朝末年，开封中国犹太人剩下了10～12姓家族。② 崇

---

① 根据王一沙访问金效静的谈话记录，王一沙藏。
② 见利玛窦、金尼阁：《利玛窦中国札记》（上册），第11章《萨克逊人、犹太人和基督教的教义在中国人中间的迹象》。

第一章 以开封为中心的中国古代犹太人

祯十五年(1642年)九月,开封遭受到其历史上第二次人为的毁灭性水灾,城内37.8万余人口,幸存的只有几万人。中国犹太人死里逃生,侥幸逃往河北避难的只有200余家约2 000人。此后10年,即在清顺治十年(1652年)以后,中国犹太人随同汉、回等民族陆续返回了开封。他们在重建家园的同时,新修了13部《道经》(《摩西五经》),重建一赐乐业教清真寺,重新建立自己的宗教活动和社团生活中心。当时共议、集资建寺者,是李、赵(俺姓改)、艾、张、高、金、石七姓;新建13部经卷,亦由七姓家族分别承担。上述七姓家庭,在明时期和清朝初年,都是开封名门显姓,社会地位高,且有的掌握一赐乐业教教权。李祯家族自金(约当时南宋)、元(1271—1368年),历经明(1368—1644年),清(1644—1911年),世位掌教、满喇。① 赵氏家族累代官宦,前后两将军(赵诚、赵承基),清初一门两进士(赵映乘、赵映斗)。赵氏弟兄都是现任文武官员,赵承基且是开封府中军守备(后擢升为游击、参将)。艾姓一门三医官、两满喇。石自后、张文瑞均系满喇。高氏家族有贡士高选。② 金氏家族的"老祖"和"少祖"有或文或武的官员。③ 事事均由七姓家族决定,处处均由七姓家族出头。因而在康熙二年(1663年)《重建清真寺·碑阴题名》上,中国犹太人首次提到"李、赵、艾、张、高、金、石七姓"。至于其他各姓家族,或早经流散,或在洪水浩劫中罹难,或因卑门微姓,泯没不见经传。

说到自从清朝初年开始传布开来的"七姓八家"说,也有各种不同的论说。有说是"李、李、艾、张、高、金、石"的,也有说是"张、张、李、赵、艾、高、金、石"的,也有说是"李、赵、艾、金、高、石、张,路上死了立早章"的。④ 人言各殊,莫衷一是。

根据历史资料和笔者实际调查结果,已知从北宋开始居住在开封以及从开封迁移至全国数十个市县的中国犹太人(包括其后裔)计有74个姓氏(家族)。其中包括:

李氏家族同姓不同家(家族)2个;

---

① 掌教:教长,约略相当于基督教的总主教。
满喇:中国古代犹太人自己解释说:"《正经》熟晓,劝人为善,呼为满喇。"相当于基督教的牧师。由于职责不同,又分为初学满喇、挑幸满喇等名目。
② 中军守备:守备,武官名,正五品。中军守备,性质相当于卫队长和副官长。以守备而统领大梁道的武装,故称大梁道中军守备。
道:行政区划名。明、清在省、府之间所设置的监察区。有分巡、分守等道的区别。长官称道员。
进士:礼部会试中试的称进士。清制,会试中者为贡士,殿试赐出身者称进士。但习惯上凡经礼部会试中试的统称进士。恩进士:恩科进士。礼部会试本有定期,凡遇国家庆典而额外会试者称恩科,中试者称恩科进士,简称恩进士。
游击:参将之下有游击官,次于副将一级。
③ 老祖:清朝初年,中国犹太人七姓私墓代替了中国犹太公墓。金氏家族在开封城南蔡庄建置本族坟墓的第一代祖,称为"老祖"。第二代祖称"少祖"。
④ 立早章:指中国犹太章氏家族。"章"字由上下结构组成,故称之立早章,以区别于由"弓""长"组成的中国犹太教张氏家族。

赵氏家族同姓不同家2个(其一为俺姓改);

张氏家族同姓不同家2个;

金氏家族同姓不同家3个(包括清朝年间进入中国定居开封的一家金姓家族)。

另外,据说中国犹太人或其后裔,也有移民到加拿大和美国等国家的,有的还在近年特来开封"寻踪问祖"。①

因此,我们可以得出以下结论:

70姓说:系至北宋(960—1127年)年间初来开封定居的中国犹太人;

73姓说:元(1271—1368年)、明(1368—1644年)时期中国犹太人黄金时期的家族数字;

10~12姓(家族):清朝末年,居住在开封的中国犹太人只剩下了这些家族。

7姓(家族):开封毁灭性水灾以后,即在清朝(1644—1911年)初年从河北避难地返回开封重建家园的犹太家族;

74姓说:清朝年间,又自海外移入一家犹太人(金氏家族),连同元、明时期的73姓,74姓,系指总体而言。

如果再加上章姓,则共有75姓。

三、其他地方中国古代犹太人

明正德七年(1512年)中国犹太人一赐乐业教清真寺,《尊崇〈道经〉寺记》碑的记载:"业是教者不止于汴,凡在天下,业是教者,靡不尊是经而崇是道也。"

可惜的是,碑文的作者(居住在扬州的中国犹太人左堂)没有具体指出,究竟当时全国各地都是哪里居住着信仰一赐乐业教的中国犹太人。但根据史书、一赐乐业清真寺的碑文,明、清基督教传教士的记述以及中国犹太后裔的回忆(得自先人们的口述),我们可以得知,在明、清(1368—1911年)两朝及其以前的中国如下地方,都曾有过中国犹太人的踪迹。这些地方包括杭州、宁波、扬州、宁夏、泉州、北京、广州、南京等地,兹分述如下。

居住在杭州的中国犹太人:根据现在能够掌握的资料,在元朝(1271—1368年)时期,杭州居住着不少犹太人。他们伙同基督教徒和突厥人居住在杭州城厢第二区。那里有一座门,就称"犹太人的门"。居住在开封的中国犹太人还知道,居住在杭州的犹太人还有自

---

① 指加拿大犹太人盖里·布希(Gary Bush)。

己的礼拜寺,其建筑规模,甚至比开封的一赐乐业教清真寺还要大。① 但这里的犹太人与居住在开封的中国犹太人的联系,似乎没有宁波、宁夏等的犹太人那样密切。明弘治二年(1489年)和正德七年(1512年)居住在开封的中国犹太人,曾经两次修寺。宁夏、扬州和宁波的中国犹太人为此曾经积极参与,或帮助购买土地,扩大寺院;或伙同建碑;或合力修经,表现出亲切的同族之情和"教亲"之谊。然而却始终没有看到杭州的犹太人对此有什么表示,到了明朝末年,居住在杭州的中国犹太人皈依了伊斯兰教,循至连历史痕迹也难以查找了。

居住在宁夏的中国犹太人:在元、明时期居住在宁夏(现在宁夏回族自治区)的中国犹太人与居住在开封的中国犹太人声息相通,有事相帮,关系非常亲密。那里的犹太知识分子较中原地区的知识分子更早地跻入封建士大夫之林,成为中国封建社会统治人物。金瑄是弘治年间(1488—1505年)人,他的祖父曾官居光禄寺卿,属于"小九卿"之列。② 他的伯祖金胜曾任金君卫千兵,也是颇有地位的武官。③ 弘治二年(1489年)重建开封一赐乐业教清真寺的时候,金瑄为清真寺置买供桌、铜炉、瓶、烛台。其弟购置工地一段,扩大寺院基址。金瑛还与开封同族金礼并力建置该年五月的《重建清真寺记》碑。此后23年,即正德七年(1512年),居住在开封的中国犹太人建立《尊崇〈道经〉寺记》碑的时候,宁夏金氏家族也前来支援。该碑碑亭就是宁夏金润出资建立的。上述历史事件说明,宁夏犹太金氏家族政治和社会地位相当高,有相当雄厚的经济实力,且同开封犹太社团和一赐乐业教息息相关,很有可能彼此两个金氏家族原本就是一家。

然而,经过明朝末年的战乱,特别是崇祯十五年(1642年)九月开封经历了其历史上第二次毁灭性水灾,在清朝(1644—1911年)初年,中国犹太人重返开封,再造家园,并合力重建中国犹太社团"精神中心"——一赐乐业教清真寺的时候,却不见了宁夏中国犹太人的踪影。这说明彼此已经断绝了交往,也有可能宁夏的中国犹太人早同当地民族互相融合了。

居住在宁波的中国犹太人:根据中国犹太人明、清石碑自己的记述,明朝(1368—1644年)时期居住在宁波的中国犹太人至少有一支即赵氏家族,并和居住在开封的中国

---

① 见[法]荣振华、[澳]莱斯利著,耿升译:《中国的犹太人》第二章《文献》四、《宋君莱神甫有关中国犹太人的书简》,中州古籍出版社1992年版。
② 小九卿:指太常寺卿、太仆寺卿、光禄寺卿、詹士、翰林学士、鸿胪寺卿、国子监祭酒、苑马寺卿、尚宝寺卿。光禄寺卿:掌皇室酒醴膳食之事。
③ 见开封一赐乐业教清真寺明弘治二年(1489年)《重建清真寺记》碑。现存开封博物馆。

犹太赵氏家族是"本家"。① 那里的中国犹太人似乎为数不少,且拥有相当数量的希伯来文《摩西五经》。明天顺年间(1457—1464年),居住在开封的中国犹太人,派遣石斌,李荣(满喇),高鉴、张瑄等赴宁波取《摩西五经》一部(时称《道经》)。居住在宁波的中国犹太人赵应又捧经一部,送至开封一赐乐业教清真寺。自此,开封一赐乐业教清真寺才有了完整的希伯来文《摩西五经》。清康熙年间,中国犹太生员(秀才)赵映衮在《祠堂述古碑记》碑里说:"天顺年,赵应由宁波奉经归汴,而经传焉。是时有经如有源也。"这都是历史,然而在清朝初年及其后,中国犹太人也再没有提到过宁波的同族"教众"。这是由于那里的中国犹太人迁回开封了呢,抑或是也同当地民族互相融合了? 史籍阙如,留待以后考证。

居住在扬州的中国犹太人:现在我们已经知道,明朝或元、明时期,居住在扬州的有金、左两家(族)中国犹太人。有学者提出,可能还有高姓家族,开封一赐乐业教明正德七年(1512年),《尊崇〈道经〉寺记》碑的撰文者四川布政司右参议左唐,学者们论证,他就是居住在扬州的犹太人。② 在这年七月,中国犹太人重建开封一赐乐业教清真寺的时候,扬州犹太人金溥伙同开封犹太人俺、李、高等同族的人,"请《道经》一部、立二门一座"。③ 有学者提出,为同碑书丹的"赐进士出身,徵士郎,户科给事中,前翰林院庶吉士淮南高渚"可能亦是居住在扬州的中国犹太人,④但因佐证不足,难以确论,姑记于此,以待进一步探索。

居住在扬州的中国犹太人,是否与居住在开封的中国犹太人继续保持联系以及结果如何? 自正德七年(1512年)以后,未再见有文字记述。

居住在泉州的中国犹太人:泉州(现在福建省泉州市),自唐(618—907年)置州,宋朝(960—1279年)设郡,元(1279—1368年)为泉州路,明(1368—1644年)改泉州府,不仅为闽东重镇,且为一海运发达的海口。中外商业汇集是很自然的,这里从什么时候起有犹太

---

① 根据王一沙访问赵平宇的谈话记录,王一沙藏。赵平宇是听自先人的传授。清康熙十八年(1679年)赵映衮《祠堂述古碑记》碑,亦可窥见端倪。

② 布政司右参议:明制,各省设承宣布政使司(简称布政司),以布政使为长官。下设左右参政和左右参议,分领各道,管理粮、屯田、水利、抚民、驿传及请军等事务。论证左唐为中国犹太人,见潘光旦《中国境内犹太人的若干历史问题》附录《史料汇编》六、《氏族与人物》。

③ 明正德七年(1512年)《尊崇〈道经〉寺记》碑。现存开封博物馆。

④ 书丹:用朱笔在碑石上写字,以待镌刻,称为书丹。
徵士郎:应作徵仕郎,亦作徵仕郎。明以徵事郎为从七品升授之阶。
户科给事中:明制,按六部(史、工、礼、户、刑、兵)分为六科,各设都给事中一人,左右给事中各一人。均为正、从七品官。其职务为稽察六部百司之事,章奏均经其手,权势较重。与御史合称台垣,台指御史,垣指制诰、史册、文翰之事。其官属自学士以下有侍读,侍讲、编修、检讨、皆作为文学侍从之臣,称翰林官。
庶吉士:于新进士中择其文章书法皆优者充庶吉士,以学士、侍郎充教官,以督其课业,使之历练职事,以待任用。

第一章 以开封为中心的中国古代犹太人

人前来侨居经商,又自什么时候起,这里曾居住有中国犹太人,史文阙如。但在元代这里确曾居住有犹太人,这是有明白的文字记载的,元泰定帝年间(1324—1328年),罗马教士安德鲁亲自接触过居住在那里的犹太人。时间长了,甚至想招引犹太人皈依基督教。费尽心机后,却连一个也没有引诱来。①

居住在北京的中国犹太人:清朝雍正、乾隆年间(1723—1795年),法籍天主教宋君荣(Antoine Gaibol,1689—1759)神甫,曾在河南开封听中国犹太人亲口向他讲道,他们听他们的先人们说到,不到100年以前,北京还居住有几个犹太家族。他们并且还保存有一部"犹太《圣经》"。后来收在叫作"番经场(厂?)"那里。为此,西方传教士们(如法国耶稣会士白晋神甫和宋君荣等)还曾闻讯前往访察。从番经场追寻到住着和尚的寺庙,终究杳无踪影。当宋君荣听到这段历史故事的时候,北京的中国犹太人已经皈依了伊斯兰教。②

如果再往前追溯,学者论证说,元代大都已有犹太人的足迹。忽必烈承位,南宋宝祐四年(1256年)后,他的叔父乃颜起兵反对。乃颜是一个受过洗礼的基督教教徒,他带兵的旗帜上就标志着十字架,在忽必烈的有效反击下,乃颜兵败,束手被杀。这时,就有非基督教教徒出来讥笑说,你们的上帝的十字架"如何如何不管用"。忽必烈不赞成这种轻浮的言行,因而就"痛责"了那些非议的人。其中就有"回回教徒"(伊斯兰教徒),有"偶像教徒"(佛教徒),还有"犹太人"(一赐乐业教教徒)。③ 忽必烈推崇基督教的耶稣、伊斯兰教的摩诃末(穆罕默德)、佛教的释迦牟尼和犹太教(中国古代犹太人称一赐乐业教)的摩西为"四位圣人"。④ 可见这位元朝开国雄主对于犹太人及其信仰的宗教是相当尊重的。

至于元大都(现在北京市)的中国犹太人是否就是上述宋君荣神甫所听说的那部分中国犹太人,只好留待以后继续研究了。

居住南京的中国犹太人:清道光廿三年(1843年)在英国伦敦出版的费因(James Finn)所著《中国的犹太人》(The Jews in China)一书里,曾经写道,明朝(1368—1644年)时期或者从更早的时候起,南京(现在江苏南京市),曾居住有犹太人,最后只剩下了4家(家族?)。到了明朝末年,这些中国犹太人都皈依了伊斯兰教。葡萄牙耶稣会士曾德昭(Avarez de Semmedo),崇祯年间(1628—1644年)在南京的时候,有一位伊斯兰教徒曾向他介绍过上述历史。

---

① 转引自潘光旦《中国境内犹太人的若干历史问题》第三章《中国其他有过犹太人的地方》。北京大学出版社1983年版。
② 见[法]荣振华、[澳]莱斯利著,耿升译:《中国的犹太人》第二章《文献》四、《宋君莱神甫有关中国犹太人的书简》。中州古籍出版社1992年版。
③ 见《马可·波罗游记》二卷《大可汗怎样保护基督的十字架》。
④ 同上书,讲"大可汗为什么不变成一个基督教徒"。

居住在广州的中国犹太人：唐朝(628—907年)末年，伊斯兰教旅行家阿布才伊特(Aboul Zeydal Rassan)曾来到中国旅游。他曾说到，唐末黄巢起义，在广州贸易的回教徒(伊斯兰教徒)、犹太教徒、巴尔布人(袄教徒)等十二万人皆死于难。① 且勿论所数死难人数确切与否，阿氏提到九世纪时，广州曾有犹太人的足迹，当是可信的。然而他们是侨居的犹太商人呢，还是定居在广州的中国犹太人呢？这些都是难以定论的研究课题。

其他如洛阳、敦煌、东平(山东东平县)和大名(河北省大名县)等地，学者们也曾提出，曾先后或同时居住过犹太人。但因历史资料缺乏，这里难以评述。

上述地方的中国犹太人，到了清朝(1644—1911年)初年，皆已杳无踪影，也就是说，他们中绝大部分已经同所在地方的其他民族自然融合了。

第二节 特殊的历史轨迹

一、中国古代犹太人发展融合的五个阶段

中国古代犹太人在特殊的中国文化传统的历史背景和条件下，自北宋(960—1127年)至清朝(1644—1911年)末年，经过千年的岁月，终于走到了历史最后旅程，中国犹太人和汉、回、满等民族自然融合了，一赐乐业教的宗教活动自行窒息了，这一为世人瞩目的特殊历史轨迹，共分为五个阶段。

(一)落籍皇都：北宋时期(960—1127年)

(二)生息发展：金、元时期(1127—1368年)

(三)黄金时期：明代(1368—1644年)

(四)灾难与振业：明末清初(1644—1661年)

(五)民族自然融合：清代(1661—1911年)

现依序分述如下：

(一)落籍皇都

这一历史时期的半个世纪，在宋王朝的宽厚友好的对待下，中国犹太人政治上得到保障，生活上环境安定。摆在他们面前的，首先是熟悉和适应新的文化传统和生活秩序。比如学习中国的文字和语言，理解宋王朝的法令政策，应迎华夏社会风尚，协调全新的社会关系，循至在生活和经济活动中渐次改变希伯来文姓名为汉文华名。善于适应环境和开

---

① 转引自潘光旦《中国境内犹太人的若干历史问题》第三章，北京大学出版社1983年版。

拓生活道路的犹太人，顺利地完成了上述历史赋予的任务，从而在新的历史地理条件下，以繁华的东京为中心，发展起来了自己的工商业。这一历史时期的传说故事和《御诗赐姓》《立早章的故事》里天子做媒的美丽传说，就是上述历史事实的折光反映。①

由于长期的历史经验的积累，犹太人不仅善于适应环境，随遇而安，很快"落地生花"；而且善于窥测形势，闻声而动，及时"择善而居"。靖康元年(1126年)正月八日至二月十日和靖康二年(1127年)十一月廿五日至闰十一月廿五日，金兵两次围攻东京(现在开封市)的战争过程中，东京人民备受惊慌折磨之苦。特别在京城陷落以后，又遇到严酷劫掠。靖康二年三月，金兵掳掠徽、钦二帝，皇亲贵族以及图书、文物、金银财帛和技艺、工匠甚至优伶、娼妓等，车载马运而去。在此浩劫中，大部分士大夫、豪门巨富以及百工技艺如名师工(厨师)、炒李(炒栗子李家)、宋五嫂(鱼羹名手)，直至著名娼妓"白牡丹"(李师师)等，都纷纷向江南流去。主要的去向，就是南宋建京都临安(现在浙江杭州市)，而昔日"八方争凑""人间繁阜"、人口不下150万的国际性大都会——东京因沦落而变得残破空凉，"人物稀少"。在这样的历史巨变中，中国犹太人自然也会有一些人随着奔向江南的人流南去。中国犹太人历史上第一次分散，就在这个时候。元、明时期(1279—1644年)，居住在杭州的中国犹太人相当多，建造的中国犹太人礼拜寺甚至比开封的一赐乐业教清真寺还大，那里的中国犹太人或其中的一部分，很可能就是从东京流移去的。

然而中国犹太人的大部分，怀念对他们"深仁厚泽"的北宋王朝，留恋同他们和睦相处的东京人民，依依难舍惨淡经营的家园，因而忍受战乱的纷扰，怀着对异日美好的希望，继续留在大宋故都；或外出躲避一时，风波稍一平静，复又返回家园。金、元及其以后仍然居住在开封的中国犹太人，就是历史明证。

(二) 生息发展时期

这一时期历金(约当南宋时期，1127—1279年)及元(1279—1368年)，约200余年。金、元两个王朝，承北宋之后，继续对中国犹太人和一赐乐业教推行宽厚友好的政策。中国犹太人不仅享有宗教信仰和宗教活动的自由，且在城乡可以自由购置土地，在这样的历史背景和条件下，中国犹太人终于在金大定三年(南宋隆兴元年，1163年)在汴京(金改北宋东京为南京，也称汴京)闹市区，创建了后世闻名的一赐乐业教礼拜寺。元王朝的开国皇帝忽必烈(1271—1294年)为了巩固其统治的需要，除尊崇喇嘛教(喇嘛教系西藏地方化了的佛教，也称藏传佛教)以外，对于其他宗教如基督教、"回回教"(伊斯兰教)、"偶像

---

① "御诗赐姓"的故事和"立早章的故事"，详见王一沙著《中国犹太春秋》第五部分《传说故事》，海洋出版社1992年版。

教"(指佛教)和犹太教(中国古代犹太人自称一赐乐业教,即中国化了的犹太教)等也很尊重。他曾说道:"我崇拜和敬爱所有他们四位圣人。"他所说的"四位圣人"(有的译作"四大先知")是指基督教的耶稣、伊斯兰教的穆罕默德,佛教的释迦牟尼和犹太教的摩西。每逢上述各宗教的"重要节日"(宗教节日),他即与他那些"达官贵族",以"最隆重的礼节"加以祝念。①

正是在这样的情况下,中国犹太社团和一赐乐业教的宗教活动和经营的手工业以及商业,都得到进一步的发展。金至元十六年(1279年),中国犹太人第一次大规模地重建一赐乐业教礼拜寺②。居住在全国各地的如中书省的大都路(现在北京市)、大名路(现在河北大名县)、江浙行省的杭州路(现在浙江杭州市)、庆元路(现在宁波市)、泉州路(现在福建泉州市)、甘肃行省的宁夏府路(现在宁夏回族自治区银川市)、河南行省的扬州路(现在江苏扬州市)以及汴梁路(现在河南开封市)的中国犹太人,特别是人口比较集中的汴梁犹太手工业者和商人,经营成效卓著,名噪全国各地。以至引起了元王朝的瞩目。元天历二年(1329年)三月,皇帝特别下诏书说,凡僧(佛教徒)、道(道教徒)、也里可温(基督教徒)、术忽(中国犹太人)和答失蛮(伊斯兰教徒)"仍旧制纳税"。③ 至正十四年(1354年)五月,明令招募中国犹太殷实富户从军,说明以下几方面问题:

1. 当时中国犹太人所经营的手工业和商业,已经有了相当大的规模。
2. 中国犹太社团涌现出了引人注目的巨商豪富,经济实力相当雄厚。
3. 中国犹太人无论在经营手工业、商业以及居住、迁徙和从军等方面享受的权力和应尽的义务,都同汉、回等民族以及其他宗教教徒一样的。

(三)黄金时期

这一阶段在明代(1368—1644年),约100多年。这一时期的历史情况,在下面将详细叙述,这里从略。

(四)灾难与振业

明末清初为时虽只有短短二三十年,但天翻地覆,风云剧变,影响巨大。

明王朝(1368—1644年)覆亡前夕,李自成领导的农民起义军,从崇祯十四年(1641年)二月十三日至十五年(1642年)九月十八日,曾先后三次围攻河南省会开封城。李自成第三次攻城时,接受以往两次强攻失败的教训(面对坚城,后有援敌),改为重兵临城,"围而勿攻",伺机打援,围困敌兵的战略。从崇祯十五年五月二日开始第三次围攻开封

---

① 见《马可·波罗游记》第二卷《这里讲大可汗为什么不变成一个基督教徒》。
② 见明弘治二年(1489年)《重建清真寺》碑。现存开封博物馆。
③ 《元史·文宗纪》。

第一章 以开封为中心的中国古代犹太人

城,至九月十八日,城内明统治者守军果然援绝粮尽,十室十空,"万灶皆冷",人自相食①。明统治者不甘坐以待毙,并探知围城起义军,都是依附大堤驻守,李自成的老营(指挥部)正设在旧年黄河黑岗口决口冲路上的闫家寨村。乃密遣间者与明河北巡按御史严云京策划②,分别在黑岗口(现在开封城西北)、马家寨口(现在城西北中庄西)和宋家寨(现在柳园口一带)掘开黄河,当时黄河水面与城内周王府殿宇檩梁等高,河床高悬,号称"悬河"。掘口一开,浪高丈余的洪水如奔马一样呼啸而下,一日夜之间,竟把古城开封淹没。明军政头目及周王亲属虽乘船逃脱,全城 378 000 多人得以幸存者只有几万人。起义军也蒙受灾难,老营将士和大部义军看见大水,即向西南避去。这是开封历史上由统治者人为造成的第二次毁灭性水灾,③也是中国犹太人受到的第一次大灾难。

在这次浩劫中,中国犹太人从开封泽城中得以泛波逐浪逃往河北等地的,有"二百余户",约 2 000 人(每户按八口之家计)。一赐乐业教清真寺则随同古城一并沉没于泥沙之下。④

此次浩劫之后廿年,即在清康熙二年(1662 年),开封新城得以在一片废墟上重建。顺治十年(1653 年),中国犹太人即随同汉、回等民族,陆续返回开封。先后从河北避难地回来的开封人,只有李、赵、艾、张、高、金、石七姓家族,即所谓"七姓八家"(家族)。其余四姓(明朝晚期,居住在开封的中国犹太人只剩下了 10~12 个家族),或流移他乡,或竟在洪灾中罹难。

中国犹太人从河北避难地归来,喘息未定,即相继投入三项历史任务,即随同汉、回等民族披荆斩棘,重建开封城、家园和自己社团的"精神中心"——一赐乐业教清真寺。这里只着重叙述中国犹太人重建清真寺和新修一部希伯来文《道经》(《摩西五经》)的经过及其意义。

清初,有一位第一个在清朝做官的中国犹太人,名叫赵承吉。顺治年间(1644—1661 年),他任大梁道中军守备,率兵维护开封地方秩序。他利用职权之便,派兵守护一赐乐业教清真寺旧址,立定界桩,保护被泥沙掩覆的寺院居宇。后由贡士高选和生员高维屏、李法天等呈报开封府转呈河南布政使司(东司)批准,复由李、赵、艾、张、高、金、石七姓公议,并采用各家(七姓家族)集资、统一规划,而又有各家分工,承揽各部工程的办

---

① 《元史·顺帝纪》。
② 间者:侦察情报人员。
③ 见李光壂《守汴日记》、白愚《汴围湿襟录》。
④ 见康熙二年(1663 年)《重建清真寺记》碑和康熙十八年(1679 年)《祠堂述古碑记》碑。现存开封博物馆。

法,齐心合力兴工。比如,前殿 3 间、教祖(亚伯拉罕)殿 3 间等,系有由七姓集资兴建。而后殿 3 间,则由进士、兵巡漳南道按察副使赵映乘独自捐俸资独修建。圣祖(摩西)殿 3 间,大门 3 间,二门 3 间以及铜炉、瓶 6 副①,归高登魁、高登科修建和配置,其他如行殿、诵经堂以及甬道、牌坊、石狮甚至凤灯、竹篱围墙等,均由各家分工并出资修建和购置②。

新建成的开封一赐乐业教清真寺,虽按金、元、明时代原来规格,却比前代"更为完备"。院宇长 100～400 余米,宽约 50 米,面积约 5 000～20 000 余平方米。殿宇峻伟,粉光漆亮,树木葱葱,雕梊精美,各级地方长官、社会名流以及中国犹太人自己的头面人物的题联匾额,交相掩映,熠熠生辉,俨然成为"中原胜境"③。

在重建清真寺以前,中国犹太人就已经开始抢救和新修《道经》的工作了。他们的祖先自从在明天顺年间(1457—1464 年)从宁波取来希伯来文经典以后,久已没有同海外犹太人联系,自然明白,一旦神圣的经典沦丧,将会带来不堪设想的严重后果。因而当开封城还是一片汪洋的时候,纵然人迹罕至,飞鸟不入,他们却已经开始冒险抢救经卷。

他们首先派了一位青年勇士,就是贡士高选。他受族人郑重委托,并在父亲东斗的勉励下,深入水泽,捞获漫漶残损《道经》7 部。李承俊也奋力捞获《道经》3 部。《道经》被携往河北避难地方,精心翻晒,由一赐乐业教掌殿李祯检校梳理,"去其模糊,裁其漫坏,参互考订。"又经过"顺治丙戌三年(1646 年)进士教人赵映乘编序次第",纂辑成完备的《道经》(希伯来文《摩西五经》)一部,安置在"尊经龛"里。这就是洪水灾祸以后,中国犹太人由残溃旧经拼凑出来的标准本《圣经》。根据这一标准本,掌教李祯又誊录了一部,放置在旧经即标准本的左方。满喇李承先也誊录了一部,放置在旧经的右方。其他 10 部,都是有七姓家族分别承揽誊录的。一赐乐业教清真寺建成以后,把 13 部《道经》珍藏在后殿尊经龛里,仍按旧制,中间的一部,用以纪念圣祖摩西;左右各 6 部,纪念 12 支派的祖宗。新修的经典都是用特制的墨,以希伯来文写在经过特别鞣制的羊皮上,俗称"羊皮写经"。同时他们还整修了《方经》数部和《散经》数十册。这就是现在大部分仍然存世的著名的一赐乐业教经卷。

为了纪念重建寺和新修经并作为振兴中国犹太社团的盛事,中国犹太人勒石建碑,再次阐明一赐乐业教的宗旨和教义,这就是著名的康熙二年(1663 年)《重建清真寺

---

① 铜炉瓶:铜炉、铜瓶,为向真天(耶和华)祷祭焚香用。一炉两瓶为一副。
② 见明末清初中国犹太人"中文—西仳来文《七姓登记册》"。该书现存美国俄亥俄州辛辛那提希伯来联合大学图书馆。
③ 见康熙二年(1663 年)《重建清真寺记》碑和康熙十八年(1679 年)《祠堂述古碑记》碑。

记》碑。

（五）民族自然融合

中国古代犹太人同汉、回、满民族相融合，也是长期渐进的过程。这一过程，自开封犹太人定居开封以后就开始了。根据有文字可考的历史资料，在明代初期，中国犹太人已把希伯来姓名统统改变为汉字姓名。突破族内通婚的戒条，与汉、回等民族通婚，在明末清初，已属常见现象。至清咸丰年间，开封犹太人自己把原先视作神圣的《圣经》出卖，并自己拆毁了一赐乐业教清真寺，标志着开封犹太人的宗教观念已十分淡薄，宗教生活已经消失。到此，民族的融合已基本完成，有关民族融合的问题，在后面的章节里还将详细讨论。

二、历史的高峰与转折

明王朝(1368—1644年)对待中国犹太人，不论在政治、经济、宗教信仰以及子弟求学和社会就业等方面，同汉、回等民族不分畛域，无论彼此。用中国犹太人自己的话说，就是"一视同仁"，[①]加以他们善于适应华夏文化传统和高度发展的中国封建社会。他们忠心拥戴封建王朝，封建王朝则切实支持和庇护他们。从而促使中国犹太人步入了其历史上的黄金时代。这一历史时期的明显标志是：

（一）人口繁衍发展至73姓、500余家

经过北宋、金（约当南宋时期）、元至明朝中期，开封以及与开封犹太人有联系的中国犹太人，繁衍生息以及陆续新移入的达到73姓、500余家，约4 000～4 500余人，较北宋时期初的70姓约350人增加了约11倍多的人口。这是中国犹太人自己统计的他们历史上的最高人口数字。

（二）中国犹太人和封建王朝形成了特别亲密的关系

这里的因果渊源，需要从俺三赐姓说起。著名的"逆取顺守"的永乐皇帝朱棣(1403—1424年)，原是封藩在北平（元大都改）的燕王。为人英毅果敢，宏图大略，野心勃勃。其父太祖在日，潜心歛羽，不敢觊觎九鼎。但自他的哥哥太子标早死，朱元璋又从私念出发，屠戮功臣，自剪羽毛。待孤弱的皇孙朱允炆（惠帝）继位，朱棣即秣马厉兵，趁机夺取了皇位宝座。由于他是"以下犯上"，依靠武力"篡夺"而获得皇位的，自会受到一些"勋旧老臣"的不满和抵制。加以他自己是以"拥兵自重"起家的，因而除了对于异己的勋旧大臣极尽排挤之能事外，对于封藩在全国各地的藩王，特别是实力强大的藩王，异常猜忌。封藩在

---

① 建明弘治二年(1489年)《重建清真寺记》碑。

开封(明初改称北京)的他的同母弟周王朱橚,自然也不在例外。

这时,有一个名叫俺三的中国犹太人,原在河南中后卫当军丁。永乐十八年(420年)十月,俺三等人几次上书,告发周王朱橚"图谋不轨"。次年二月,永乐皇帝按问得实。周王朱乃顿首谢罪,并献还三护卫武装,俺三以"奏闻有功",获得殊奖。廿一年(1423年),赐俺三姓名为赵诚,并加官晋爵,拔擢为"锦衣卫指挥佥事"。廿二年(1424年)八月,调为浙江都指挥佥事。

就是在这样的历史背景下,当弘治二年(1489年)五月中国犹太人重建一赐乐业教清真寺的时候,特在殿堂尊显地方建立了一座"万岁碑",上面大书"大明皇帝万万岁",用以表达中国犹太人和一赐乐业教对于明朝皇帝的衷心拥戴。从此明朝统治者愈以支持和庇护中国犹太人和一赐乐业教。这对于中国犹太社团及其宗教的活动和发展,无疑带来莫大裨益。一赐乐业教清真寺"万岁碑"与中国犹太人尊崇的最高神——真天(耶和华)同尊共奉的规制,一直延续到清咸丰四年(1854年)清真寺毁废为止。其影响之大,可见一斑。

(三) 中国犹太士大夫阶层的形成及其影响

明代,中国犹太士大夫阶层的出现并非偶然的历史现象。他自然与华夏古老文化传统的强大融合力有关,也同明王朝加强科举制度,侧重科举取士的政策有关,更和中国犹太人善于顺应时代潮流和适应历史环境有关。

在这一时期,中国犹太人中的一批知识分子,通过读孔孟之书,循科举之路(个别有皇帝赏识拔擢),得以飞黄腾达,跻入封建士大夫之林,从而悠游宦海,变成为中国封建社会的贵族阶层和统治人物。其中有生员、举人、贡士、进士或皇帝赏拔而充当光禄寺卿(小九卿之一,居住在宁夏的中国犹太人金某)、都指挥佥事(将军赵诚),参政(居住在扬州的中国犹太人左唐)、知县(高年)、王府长史(王府相、艾俊)、游击(张美)、千总(金胜)、医官(艾应奎)等人。

中国犹太士大夫阶层的出现,对于中国犹太社团和一赐乐业教的存在和发展,产生了积极的和深远的影响。他们率先学习并接受华夏传统文化思想,习练并践行于中国封建王朝的典章政策,促进一赐乐业教宗教改革,沟通封建统治者和中国犹太社团的关系,从而不仅是民族自然融合的积极推动者,也是热心的带头人。

(四) 中国犹太人经营的农业和工商实业大发展

较之元代,中国明代犹太人经营的手工业、商业和农业经济,都有了长足的发展。他们遵纪守法,财源亨通。种田的,按时纳税;做工的,依例服役;做商贾的,照纳赋金。① 这

---

① 见《明史》卷七十二,《职官志》卷七十八《食货志》。

时善于经营商业的中国犹太人,出现了"名著于江湖"的富贾和"获利于通方"的豪商。腰缠万金的大商人,权势威重的士大夫以及掌握教权的职业神职人员,形成了中国犹太社团内的豪门显姓。赵(俺姓改)、高、艾、李、金、左、周、张等家族,就是比较突出的例子。俺三自从被永乐皇帝赐姓为赵诚并加官晋爵以后,平步青云,累代官宦,直至清朝中叶。掌教李氏(李未氏改)、满喇李荣、李良,在正统十年(1445年)曾"自备资财,重建(一赐乐业教清真寺)前殿三间"。天顺五年(1401年)黄河泛滥冲损清真寺,"李荣复备资财",修建殿宇,使其"焕然一新"。成化年间(1465—1487年)增建的后殿三间,则是由高铉、高锐、高鉴兄弟纳献的资财。弘治二年(1489年)重建清真寺的时候,居住在宁夏的中国犹太人金瑛,自解私囊,购置土地一段,扩大寺院基址。这些历史说明,上述人等都是相当富有的人,满喇李荣等,自是靠任神职积蓄。金瑛的祖父曾任光禄寺卿,他的伯祖金胜当过金护卫千兵。他们的财富可能来自宦囊积蓄。高氏弟兄家族曾出了个当知县的高年,可能还兼营商业。总之,这些经济实力雄厚的中国犹太人,不外三种类型:豪商巨贾、朝中新贵和神职人员。他们的家族不仅是本教的中间砥柱(比如在明代的277年间,仅重建和修葺清真寺就达7次),也是中国犹太社团的决定力量。

(五)异常活跃的一赐乐业教的宗教活动

中国犹太人宁波取经,频繁的修寺活动,宗教革新及开封一赐乐业教清真寺成为全国其他地方的中国犹太人所向往的"圣地",反映了中国犹太社团和一赐乐业教壮盛发展的势头。

明朝以前,开封一赐乐业教清真寺保存的有什么样的经卷?甚至有完备的经卷,史籍阙如,难以确知。著名的13部《道经》(希伯来文《摩西五经》)俱备,则是明朝中期的事。天顺年(1457—1464年),中国犹太人选派石斌、李荣(满喇)、高鉴、张瑄等人往宁波(现在浙江宁波市)取来希伯来文《摩西五经》(习惯称道经)一部。居住在宁波的中国犹太人赵应,又给开封一赐乐业教清真寺送来一部。然后辗转照录,遂称13部,其中一部奉献磨西,其余12部寄念12宗派。成化年间(1465—1487年),高鉴、高锐、高铉弟兄捐资增建的后殿,就是珍藏《道经》的圣地,因而又称"至圣所"。自从永乐十九年(1421年)重建一赐乐业教清真寺,至万历年间(1573—1620年)清真寺因火灾重建,在不足200年之内,中国犹太人先后7次重建或增建、修葺清真寺,平均28年大兴土木一次。这是因为,明朝时期黄河南徙,逼迫开封,甚至黄河主流就咆哮在开封城下。加以堤防失修,黄水频繁溃决,明清时代,黄河在开封附近决口竟达44次,其中四次洪水进城(崇祯十五年又人为地造成开封历史上第二次毁灭性水灾),给包括中国犹太人在内的开封人民造成了严重危害。每一次大的洪水灾害,一赐乐业教清真寺就损坏一次,中国犹太人就重建或新修一次。并在此过程中扩大寺址,增修殿宇,总是保持金碧辉煌、建筑风格壮丽的特有风貌。频繁而阔绰的修寺活动,反映了一赐乐业教壮盛的宗教活动势头,壮盛的宗教活动势头,又说明了中国犹太社团兴旺发达的气概以及中国犹太人雄厚的经济实力。

第三节 异彩的文化遗产

中国古代犹太人自落籍华夏,历时1 000多年。开封一赐乐业教清真寺不仅是居住在开封的中国犹太人宗教活动和社团生活的中心,而且也是全国其他地方如宁夏、宁波、扬州等地的中国犹太人所向往的"圣地"。悠久的历史、峥嵘的岁月,中国古代犹太人和一赐乐业教必然给祖国文化宝库增添了具有特殊价值的历史文化遗产。这些珍贵文化遗产大体包括以下几方面:中国古代犹太人的著作、历史文物、口传历史资料(包括历史传说故事)、遗迹遗址以及坟墓等。至于其他精神领域或文化思想的内容如中国古代犹太人的人生哲学、平衡术(处世哲学)和工商业经营之道等,当另文阐述。

一、中国古代犹太人的著作

现在已知中国犹太人的著作共5类14部。这些是:

(一) 专著

1.《〈圣经〉纪变》,清初赵映乘著。赵映乘字涵章,顺治三年(1646年)进士,历任按察副使、河官。熟读儒经,精通希伯来文。顺治年间(1644—1661年),中国犹太人在重建一赐乐业教清真寺的同时,新修13部希伯来文《道经》(《摩西五经》),间或也称《圣经》),赵映乘曾参与考订整修。他的这部专著,就是记述《道经》在明崇祯十五年(1642年)九月开封洪灾中沦没以及抢救和新修过程的。惜已散失。《祥符县志》等地方志书中存有著录。

2.《四竹堂记异》240卷,赵映乘著。"四竹堂"系赵氏家族(俺姓改)的堂号①。据赵的后裔说,此书系笔记体的奇闻轶事集。已失传。康熙四年(1695年)《开封府志·艺文》和乾隆四年(1739年)《祥符县志·乙部史类》里均有著录。

3.《劫难图》30册,赵映乘绘制。顺治七年(1650年),赵映乘由刑部郎中出任"兵巡

---

① 堂号:旧时名门显姓多有家族代号,俗称堂号。据中国犹太人赵映乘的后裔赵平宇先生对笔者说,四竹堂原是赵映乘的书斋名,后被作为赵氏家族称号。

福建漳南道按察副使"①,那时八闽未清②,犹有拥兵割据,反抗清朝统治的地方武装。永定(现在福建西南永定县)苏荣、朱以泰等称兵苦竹乡,张思选等也树帜一隅,负险对抗。赵映乘愤然誓众:"吾辈受爵朝廷,而今狂寇至此,复何面目对苦竹居民白骨?"。因绘制《劫难图》30册,上报巡抚张学圣。随后偕同游击贺国相,进兵围剿。苏荣等被俘,张恩选败死。《劫难图》就是为这次军事行动做样本的写实图录。已佚。

4.《明道序》10章,赵映斗著。赵映斗系赵映乘的弟弟。顺治年间进士,③曾任云南省云南府宜良县知县。这部著作是清朝初年中国犹太人从河北返回开封,重建一赐乐业教清真寺和兴修13部《道经》(《摩西五经》),重振一赐乐业教的历史背景下,他对本教教义、戒律的阐述和发挥。已散失。有学者提出,此处的孤本可能现存在梵蒂冈天主教资料库。

5.《中国古代犹太人文集》,此书收录了散存在碑刻、古今文籍以及新发现的中国犹太人手稿,包括明金钟(生员)、左唐(进士,四川布政司右参议)、艾田(举人)、清赵映乘(进士、按察副使)、赵映斗(恩进士、知县)、赵映衮(生员)、艾应奎(医官)、李起唐(生员)等人的碑文、题联、书札等,由王一沙编辑、注释。

(二)画集

6. 石镡《兰草画册》,石镡字仲韶。清道光至咸丰(1821—1861年)年间人。他是仅有的中国犹太人画家。擅长画兰,风格飘洒,朴质传神。除《兰草画册》珍藏在他的后裔家外,尚有所画中堂、四扇屏存世。④

(三)谱牒

7. 中文—希伯来文中国犹太七姓《登记册》,清初,由中国犹太人写成,未署撰写人姓名,似出自不止一人的手笔。有人误作"七姓家谱",疑是明末清初中国犹太人入葬犹太公墓的登记册,现存美国俄亥俄州辛辛那提希伯来联合大学图书馆。

8.《石氏家谱》,最近一次续谱在1949年,续至"育"字辈止。如石育礼、石育廉等。已知有两部,一部原存石氏家族族长家,另一部由其后裔带往郑州。据说,有一尉氏县的石姓老人,在"文化大革命"初期,曾携着自己的家谱来寻访开封犹太人石姓后裔"核对家

---

① 兵巡漳南道:清沿明制,凡按察司副使、佥事所任之道员称为巡道。正四品及五品分察巡道有兵备、提学、抚民、巡海、清军、驿传,水利及屯田等专职。兵备巡察称兵巡。
② 八闽:指福建省,元代分福建为福州、兴化、建宁、延平、汀州、昭武、泉州、漳州八路。明改为八府,故有八闽之称。
③ 恩进士:见第一章注⑦。
④ 中堂:悬挂在厅堂正中的大幅字画。
四扇屏:挂在壁上的字画条幅,以四、六、八条字画联合组合而成。四幅者称四扇屏。

谱",因惧于"运动"的声势,未及查出结果,又匆匆返回尉氏去了。

9.《赵氏家谱》,已知有两部,系两门不同家支的家谱。其中一部在"文化大革命"期间被焚毁,另一部被一个古董商骗去。

(四)辑录

10. 李氏《中医验方汇集》,清朝末年李起唐(鼎年)辑录。李是金(约当南宋时期)利末·五思达(后改为汉姓李)——清(1664—1911年)李祯(掌教)的后裔。中国犹太人的最后一位秀才(生员)。他生于中国封建王朝末世,绝意仕途,设馆陋巷,"以教育英才为己任"。他秉承先人热心社会公益、济世救人的良好传统,在执教之余,兼攻医术,舍药舍方,救死扶伤。① 他广征博采,收集了234个民间经验药方,治疗140种疾病,包括常见病和一些疑难病症,如胎死腹中、"人面疮"(肿瘤的一种)、精神病以及性病等。该书已由王一沙整编、注释成册。

11.《百禄会文抄》,李起唐辑录。清朝末年,开封民间流传一种公益性兼互助性的社会组织。参加这类组织的人,既互相援助,又扶危济贫。李起唐曾组织或参与组织了一个这样的民间社团,称"百禄会"或"双益会"。参加的人多是比较清寒的知识分子或失意政客。他们每周济一人,预先发信给各个成员,称为"启"或"白"。② 起唐把这些启、白(包括他自己起草的)录存了下来,共77篇。此外,还有其他文稿87篇、杂记10篇。有王一沙梳理、注释成册,名曰《百禄会文抄》。

12. 石氏《民间验方汇编汇集》甲、乙:这两集《民间验方汇集》均系清光绪年间(1875—1908年)由著名万福楼金店的创办人石维峋的家族辑录的。以现在的医疗分科来观察,他汇集的民间验方可治疗的疾病,包括内科、外科、儿科、妇科、骨科、五官科、皮肤科、肿瘤科以及花柳(性病)诸般病症,甚至还有"春药"的单方和配方。③

二、历史文物

现在存世的重要的中国古代犹太人和一赐乐业教清真寺历史文物包括石碑、经卷、祭器、手稿、盥洗用具、万岁碑、画作、祖像、墓葬出土文物以及其他。

(一)石碑:一赐乐业教清真寺内原有4块石碑,现存3碑(以建立年代先后顺序)

1. 明弘治二年(1489年)《重建清真寺记》碑:中国犹太人生员(秀生)金钟撰文。这

---

① 舍药舍方:为了济世救人,无代价地把药方(多是验方称或单方)或药物赠送给病人,称舍药、舍方。
② 启:旧时称书礼为启。白:告语、告白,亦指书信。
③ 春药:治疗男性阳痿,女性性冷淡或助长性兴奋、性快乐的药。

是中国犹太人建立的第一块石碑。在碑文里,中国犹太人叙述了他们的祖先和宗教的历史、进入并定居河南开封的经过、本教的宗旨、教规、戒律、宗教生活以及风俗习惯和"忠君报国"的政治倾向。特别引人注目的是,中国犹太人引用儒教经典来解释本教教义,或者以本教教义、教旨去印证儒家经典,体现出中国犹太人革新宗教的倾向。此碑现存开封市博物馆。

2. 明正德本年(1512年),《尊崇〈道经〉寺记》碑:四川布政司右参议左唐撰文,他是居住在扬州的中国犹太人。此碑内容的主要特点是:突出叙述经过引用儒经解释过的《道经》(《摩西五经》)的经义以及认真诵读《道经》和实践经义的重大意义。同时,具体阐述一赐乐业教教众(实即全体中国犹太人)应当遵循的伦理道德、政治方向("忠君报国"思想和人生追求)。碑文还提示:当时中国犹太人为了强调学习和实践《道经》(经过重新解释的)以及似乎有意同伊斯兰教(清真寺)区别开来,特将本教"清真寺"之名改为"尊崇《道经》寺"。此碑也保存在开封博物馆。

3. 清康熙二年(1663年)《重建清真寺记》碑:碑面正文为太子太傅、原刑部尚书刘昌撰,碑后《碑阴题名》则由中国犹太人撰写,未署具体撰稿人姓名。此碑是在开封历史上第二次毁灭性水灾以后,中国犹太人重建一赐乐业教清真寺("精神中心")和重振"中国犹太社团"的历史背景下树立的。因而重新阐述了祖先历史、教义、教规、伦理道德思想、鲜明的忠君爱国态度以及重建礼拜寺和新修13部希伯来文《道经》(《摩西五经》)的经过。刘昌虽非中国犹太人,但他与中国犹太人的头面人物赵承基(固原西路参将)、赵映乘(进士、按察副使)和艾显生(著名医官)等都是莫逆之交,且对中国犹太人社团和一赐乐业教的历史和现状,知之甚多。因而受中国犹太人的请托,撰写碑文。碑文的观点和内容,体现中国犹太人的思想和要求。至于《碑阴题名》,则是中国犹太人自己对重建寺和新修经的全过程的追述,并第一次提出"李、赵、艾、张、高、金、石"七姓。此碑已佚,幸有完整的拓片存世。

4. 康熙十八年(1649年),《祠堂述古碑记》碑(《赵氏建坊并开基源流序》碑):生员赵映衮撰文。此碑原建立于一赐乐业教清真寺南侧赵家祠堂内,系赵氏家族(俺姓改)为记述其先祖,特别是金代(约当南宋,1127—1279年)俺都剌、明代(1368—1644年)的俺三(永乐帝赐姓名为赵诚)、清代(1644—1911年)的赵承基、赵映乘等在创建、维修一赐乐业教清真寺和取经(希伯来文《道经》即《摩西五经》),修经的特殊劳绩。原碑现存在开封市博物馆。

(二)经卷

5. 希伯来文《道经》即(《摩西五经》)13部。开封一赐乐业教清真寺旧藏13部希伯来文《道经》,据中国古代犹太人自己称述,原是明代天顺(1457—1464年)年间从宁波取来。神宗(1573—1620年)年间,失火毁损,重新修订。现存的系清顺治(1644—1661年)年间在洪水后根据旧经重新修成的。他们用特制的墨,写在经过特别鞣制的羊皮上,俗称"羊皮写经"。清朝晚期和民国初年,13部《道经》中的10部,先后被海外传教士"购"去(个别也有外国外交官插手)。分别保存在英国、美国、奥地利等国的大学图书馆、教会组织或国家图书馆。现存在国内的3部,据说其中的一部已经被毁掉,一部被一伊斯兰教阿訇收存,另一部流落到商丘地区(另说,仍在开封)。

6.《方经》和《散经》,清咸丰元年(1851年)以前,开封一赐乐业教清真寺里珍藏的经卷,除了希伯来文《道经》以外,还有57部《方经》和数册《散经》。包括《先知书》(《约书亚书》《师士记》《撒母耳记》等)、礼拜书(《以赛亚书》《耶得米书》等)和历史书(《以斯贴记》《尼希米记》等)。咸丰元年(1851年)亦被英国基督教史密斯的代理人蒋荣基和邱天生购去。

(三) 祭器

7. 三足铜香炉,现存加拿大安大略皇家博物馆。

(四) 手稿

8.《百禄会文抄》、李氏《中医验方汇集》,系李起唐(生员)手笔。石氏《中医验方汇集》,石维峋(嶙青)家族手本。

(五) 谱牒

9. 中文—希伯来文中国犹太人七姓《登记册》抄本。现存美国俄亥俄州辛辛那提希伯来联合大学图书馆。

(六) 教众宗教活动时的盥洗用具

10. 雕花石盆,除开封市现存2~3只以外,另有3只,分别保存在美国和加拿大。

(七) 万岁碑

11. 万岁碑为明、清时期中国犹太人在一赐乐业教清真寺建署的用以表示对封建皇帝衷心拥戴的皇帝万岁碑。上面分别写着"大明皇帝万岁万岁万岁"和"当今(大清)皇帝万岁万万岁"。安放万岁碑的小木阁,雕刻精美,称为"龙楼"。现在保存在加拿大安大略皇家博物院。

(八) 画作

12. 兰草四扇屏、中堂:石镈(仲韶)绘。

(九) 一赐乐业教清真寺遗物

13. 灵阳玉磬,一赐乐业教掌教或满喇举行宗教活动时,有节奏地敲击,作召集教众或昭示作息用。现存加拿大。

14. 经筒,珍藏希伯来文《道经》(《摩西五经》)用。金黄色,雕刻异常精美。现存加拿大。

(十) 祖像

15. 石海臣夫妇画像,石海臣夫妇系清朝末年人。衣冠顶戴,工笔描绘。现存其后裔家。

16. 石维峋夫妇画像,石即创办于清光绪卅年(1904年)的著名万福楼金店的掌柜(经理),现存其子石珙家。

(十一) 墓葬出土文物

17. 瓷茶壶、银手镯、怀表、鸦片烟枪等,1992年从石中玉祖坟出土。

(十二) 其他

18. 练字石(带胡桃木架)、书斋题额等,系赵佩鹤(中国犹太人的最后一位县官)遗物。

三、人物与故事

(一) 人物

1. 一赐乐业教清真寺的创始者——俺都刺与利未·五思达

金大定三年(1163年),中国古代犹太人在汴京(今开封)闹市区土市子街东南,创建自己的圣殿,在中国的当时民族风俗影响下,古代犹太人取名为"一赐乐业教清真寺",这是古代犹太人在中国建立的第一座自己的圣殿。现在开封顺河回族区的南北教经(挑筋)胡同即其遗址。

古代犹太人自从北宋年间进入并定居开封,至此已经有一百多年历史,他们在中州站稳了脚跟,发展了经营,安定了生活,亦活跃了自己的宗教活动。他们清醒地意识到,为了团结社区的犹太人,加强维系民族的精神世界的纽带,必须及时建立自己的宗教活动中心——一赐乐业教清真寺。此时,古代犹太人已具备相当的经济实力,能够购买京师地区的昂贵土地,兴建能与世界名都地位相匹配的规模可观的清真寺。而且金朝与宋朝一样,对古代犹太人的风俗习惯和宗教信仰是尊重的,对一赐乐业教采取支持和保护政策。在这样的历史背景下,俺都刺与利未·五思达完成了这一创举。

俺都刺是俺三(赵诚)——赵映乘家族最早的祖先,受到中国古代犹太人的尊敬,他就是一赐乐业教清真寺的设计者和工程组织者。他的后裔子孙现在仍然居住在开封市和北京、武汉以及新疆和阗等地。

利未·五思达则是一锡乐业教清真寺的掌教,他是李祯——李起唐家族最早的祖先。他的后裔子孙也仍然居住在开封以及全国其他许多地方。

正是由于俺都剌设计和建造了圣殿,五思达担任了圣殿的掌教,中国古代犹太人才有了自己的宗教活动中心,开始团结犹太人开展自己的宗教活动,加强了古代犹太人之间的凝聚力。

令人遗憾的是,这一由俺都剌亲自设计、施工创建的清真寺到了民国初年,竟由他的不肖子孙赵允中为首,把明、清石碑(四块中的三块)连同遗址,一一出卖给了以威廉姆·查尔斯·怀特为主教的基督教中华圣公会。

2. 重新解释一赐乐业教教义的教人

明朝(1368—1644年)中期,中国古代犹太人悄悄而平静地进行了一次宗教改革,对于一赐乐业教的影响很深。这集中反映在二块碑文上,一是明弘治二年(1489年)《重建清真寺记》碑文,由金钟撰文;二是明正德七年(1512年)《尊崇道经寺记》碑文,由左唐撰文。他们将犹太教义向儒教方向解释,即犹太教义儒教化。

他俩把犹太教的宗旨立为"以善为师,以恶为戒"。根据这一宗旨,要求教众"立心制行"的规范是:

父子关系是"父慈子孝"(父亲慈爱子女,子女孝顺父母);

君臣关系是"君仁臣敬"(君对臣要仁爱,臣对君尊敬);

兄弟关系是"兄友弟恭"(兄对弟友爱,弟对兄尊重);

夫妇关系是"夫和妇顺"(丈夫对妻子和睦,妻子对丈夫柔顺);

朋友关系是"朋友有信"(朋友之间讲究信实);

贫富关系是富者应"扶弱济贫"(帮助孤弱,赈济贫穷)。据此,进一步对仕、士、农、工、商提出了职业道德要求:

仕(做官的)应"致君泽民"、"折冲御侮而尽忠报国"(即尽事君之礼,加恩泽于民,挫败来犯之敌,尽忠皇帝,报效国家);

士(知识分子)应"德修厥躬,而善著于一乡"(即自己刻苦修养,成为乡中著名的善德善行的人);

务农的应"农耕于野,而公税以给"(即要在田野农耕,要按时交纳国税);

工匠应"工精于艺,而公用不乏"(即习就一身好技艺,按规定服劳役);

商人应"名著于江湖,获利于通方"(即在国内出名,生财有道)。

实践伦理道德,追求美好生活:要求教众通过"尊经"、"修道"(即虔诚地学习经典,潜心学习与实践教义);遵行纲常伦纪,以求得"天休滋至"(即真天的赐福);"人人有德善之称,家家遂俯育之乐"(即人人有美德善行,家家得享受养老扶幼的天伦之乐)。

以上见正德七年碑文。

关于天道观:经过重新解释的经义认为:"天(雅赫维)"是世界的主宰,"轻清在上,至尊无对。天道不言,四时行而万物生。"(即真天的轻清之灵驻在上空,无比的尊贵。天是不说话的,然而在他的安排下,春夏秋冬顺序而行,万般生物按时而生)。因而教众在"日用之间,不可顷刻而忘乎天"(即在日常生活中应该时时刻刻敬念着真天,而不能忘怀。)见弘治二年碑文。

关于圣经观:碑文写道:"道之大,源出于天",即"圣经"或称《摩西五经》,直接来之真天的启示,而经义是古往今来人们日常生活所共同遵循的道理,目的是"劝人为善,戒人为恶"。因而教众应该尊经、读经并实践经义,否则就要迷失方向,走上歧途。见弘治二年碑文。

一赐乐业教与儒教之关系:金钟、左唐俩人都认为二者"大同小异"。

"是经文字虽与儒书汉文异;而揆厥其理,亦有常行之道。以其同也。"就是说:用希伯来文写的"圣经"和用汉文写的儒书,虽然文字有别,而考究其道理,也有人们日常生活应该遵循的道理,二者是相同的。见正德七年碑文。

金钟是中国古代犹太人,是开封府儒学增广生员(乃增额的秀才),左唐是中国古代犹太人,进士,曾任四川布政司右参议。他们在乘立碑之机,将犹太教义儒教化,对中国古代犹太人影响极大,不仅使中国古代犹太人由于其宗教教义与中国占统治地位的儒学相应,使进入中国的主流社会,与中国人同等待遇的学习、生活、从事各行各业,并能入朝当官;更使古代犹太人在意识形态上接受儒学的思想文化,在潜移默化中逐步与中华民族融合为一体,而同化了。金钟、左唐俩人连这两通石碑一并而流芳千秋。

3. 修订希伯来文《摩西五经》的教众

高选、李祯、李承先、李承俊、赵映乘等在清朝初年,在抢救和修订十三部希伯来文圣经(《摩西五经》)过程中建立了特殊功勋。当年大水冲淹了开封,后来在大水与泥沙中抢救出七部残渍的《摩西五经》和26帙《散经》的是高选,李承先亦捞获《摩西五经》三部。他们把这些水渍泥污的残经携带到上次水灾逃到河北的犹太人社区。经掌教李祯、满喇李承先和进士赵映乘等参互考订、补缀编整,纂成完整的《摩西五经》一部。然后,再由七姓家族分工承揽,辗转抄录,恢复了十三部希伯来文的《摩西五经》。这些经书都是用特制的墨,以希伯来文写在经过鞣制的羊皮上,故又称"羊皮写经"。

李祯、李承先、赵映乘等都是精通希伯来文,他们同石斌、李荣、高鉴、张瑄和居住在宁波的赵应等,都是对一赐乐业教传经有功的人。

4. 宁波取经的教众

中国古代犹太人非常珍视他们的"道经",即希伯来文的《摩西五经》,然而他们的道经《摩西五经》是在什么时候、从什么地方得来的呢?众所周知,唐代高僧玄奘是去西天(在今尼泊尔境内)取经的。按照《西游记》的描绘,往西天取经的有唐僧一行"四众",如果加上神龙变幻的"白马",共是神人"五众"。中国古代犹太人的希伯来文《摩西五经》也是从开封以外取来的,不过不是向西天取经,而是向东方的东海之滨的浙江宁波。饶有兴趣的是,中国古代犹太人往宁波取经的也是"四众"即石斌、李荣、高鉴、张瑄等四人,再加上宁波的赵应,也是"五众"。

李荣是一赐乐业教的满喇,是神职人员,也是家资丰厚的富翁。他曾两次捐资修葺一赐乐业教清真寺。家在宁波的赵应是居住在开封赵映乘的本家。石斌等四人赴取经一部;其后,赵应又从宁波送到开封"道经"一部。康熙十八年(1679年)的《祠堂述古碑记》记载:"天顺年,赵应由宁波奉经归汴,而经传焉。是时有经如有源焉"。说明赵应从宁波送给开封一部《摩西五经》,这样,一赐乐业教就有了经典传授了,有了经典就好像水之有源。

从明、清石碑的记载里,表明开封一赐乐业教清真寺原有一部《道经》,这次以从宁波先后取来二部,共是三部。经过辗转抄录,成为十三部,一部纪念摩西,十二部纪念犹太民族十二支派。明崇祯十五年(1642年)洪水淹开封城,摩西五经沉入地下,清初中国古代犹太人从泥沙中捞取开来经,经过重新复制,又恢复了13部经卷,这就是现在仍然存世的希伯来文的羊皮写经的《摩西五经》。

5. 出卖寺产的赵允中

20世纪初基督教圣公会派遣威廉姆·查尔斯·怀特(中文名怀利光)任中国河南教区教主,他对中国古代犹太人特别感兴趣,不仅调查收集古代犹太人的各种情况,而且眼见开封地区犹太人与汉族同化和犹太教的消亡,他打起了贩卖一赐乐业教清真寺文物的主意,以牟取暴利。怀特看中了犹太人赵氏家族的赵允中,遂故意吹捧抬高赵允中的地位,然后由赵允中出面代表清真寺出卖寺内具有重大历史文物价值的石碑。而赵允中又是什么样的人呢?道光二十一年(1841年)洪水冲淹开封后,古代犹太人赵子健家族迁移到一赐乐业教清真寺西南临近的赵氏词堂栖居,他的妹妹与一姓葛的"葛姑爷"结婚,生下一子,后"葛姑爷"去世,赵妹改嫁,遗下一子无人抚养,赵子健乃收为养子,改名赵允中。因与另一中国犹太人高木匠争夺地基发生纠纷,赵子健竟被高木匠手刃致死。赵弟赵子方约同赵允中又伺机将高木匠杀死,他们主动投案,得以从轻发落。民国成立后双双出狱。从此,赵允中竟成了赵氏家族的"英雄",但他飞扬跋扈,好吃懒做。他被怀特请为座上常客,一拍即合,于是一连串的交易就发生了。"买卖"一赐乐业教清真寺的明、清石碑,

第一章 以开封为中心的中国古代犹太人

"买卖"清真寺旧址,事事均由赵允中代表出头;甚至连其养父赵子健家箱笼里珍藏的灵阳玉磬和赵家墙壁上《词堂述古碑记》碑,亦都一一通过赵允中到了怀特之手,然后飘洋过海到了基督教圣公会中国河南地区主教怀特故乡的英国。当然,在怀特主教的眼中和他所写的书中,赵允中是"中国古代犹太人的代表"、"开封犹太人现任首领"。但在中国古代犹太人的心目中,其养父赵子健的侄媳雅琴老人气愤满怀地说:"赵允中是那一家的'族长'?有我公公在(指赵子方),哪里有他的份儿?"年过七十高龄的石秀英老人气呼呼地呵斥道:"你提到的赵允中那小子吗?他可是个破甲(家)乌龟呵!"

基督教主教怀特用卑鄙手段廉价收购中国古代犹太人一赐乐业教清真寺石碑与犹太人的文物,激起了中国古代犹太人强烈的愤怒和抗议,在开封闹市区贴出了"反对外国人盗运中国石碑!"的大幅标语,城内沸沸扬扬,惊动了官府,出面干涉。几经周折,最后由中国犹太后裔"代表"和以怀特主教的中华圣公会,并由河南地方当局派出代表参加,达成以下三条协议:

(1) 这些石碑(指中国古代犹太人一赐乐业教清真寺的石碑),不得由外国人运离开封。

(2) 由圣公会在天一教堂内建亭保护。

(3) 中国学者研究此碑,圣公会须给予方便。(据曾友山主教自述)

经过中国古代犹太人与开封当地百姓的一番正义的斗争,终于使这些具有重大历史价值的一赐乐业清真寺的石碑迄今仍保存在开封。

6. 转折时期的犹太后裔

当中国古代犹太人的历史转折时期,即当民族自然融合的历史发展最后阶段,在宗教神职世家李祯——李敬胜家族内,不论是亲族关系、经济生活或宗教信仰,都呈现出彷徨无主和松散离析的现象。这就是李敬胜生活的历史背景。

李敬胜(1862—1908年)是一个朴实勤劳的普通的中国犹太人,却由于生活中的一段历史插曲,使他得以名载史册。他出身于小康之家,有一个哥哥,人称"李二爷",自幼被其母亲送往鸿影庵出家,成为中国古代犹太人历史上第一个出家当和尚、并且当了僧官。

李敬胜终年劳动,勤奋不息。先在开封广州文庙街开磨坊,卖面粉;后在眼光庙街(现改名为光明街)设粪场(卖肥料)。光绪中年,他又在河道街创办一家酒店,自名"敬胜酒楼",笑颜迎客来,温言送客去,小小营生,颇有兴旺景象。然而好景不长,一场南柯甜梦很快又幻灭了。原来他资产微薄,兼有债务,讨债者追索,而自己赊出去的欠账却要不回来,竟致亏累垮台。正当他沉沦谷底,彷徨无主之时,却听到了上海外籍犹太人所组织的"救援中国犹太人协会"招引的信息,因而在1901年4月6日,手携12岁幼子树梅,怀着忧郁而又憧憬着一线希望的复杂心情,踏上了走向上海的征途。

那时,英籍犹太人亚拉伯罕在上海开设一家颇有名气的"义丰洋行",他根据"救援中国犹太人协会"的协议,把李敬胜父子收留下来,让李敬胜在他洋行中打杂,两年才过,李敬胜一病不起,长眠于上海犹太人公墓。那时李树梅年仅15岁,继承父业在洋行打杂。后来,亚伯拉罕见李树梅勤奋老实,又聪明能干,乃提拔他在洋行里管账。关于李树梅如何怀念乡关,叶落归根,终于回归开封的故乡,见下文《传说故事,叶落归根》。

石庆昌(1881—1928年)出生在一个亦官亦商的家庭,那时石家是"人财两旺",真是"花月正春风"。开封寺后街、三圣庙街、教经胡同、会馆胡同、石桥口等通街幽巷,都有他家的深宅别院。鼓楼街开着"庆丰银楼",还在大金台投有股份。此外,放着高利贷,"本利生金"。他生长在这样锦衣玉食之家,不免养成挥金如土的纨绔公子的习气。于是斗鸡走狗、吃喝嫖赌,无所不为。会馆胡同(现改名为明照胡同)的那一个房屋,就是他为了宿妓方便,特意购置的"行乐宫"。他吸食鸦片,沉湎于吞云吐雾,影响所及,他的夫人也染上了这一不良嗜好。坐吃山空,加上挥霍无度,他的家庭开始衰落。寺后街那一个临街大院(即现在的河南大旅社),就是在他一次这豪赌中输掉的。

石庆昌出世时,中国古代犹太人已经走上民族自然融合的最后历程。虽然家运中衰,生活却依然优裕,因而从他身上体现了不少转折时期的种种痕迹。他自幼受过良好的教育,通读经书,知识丰富。对于本族历史和一赐乐业教的掌故,知之甚多。清真寺虽然已经毁弃,宗教活动已经息止,他却依然坚守着某些旧有的宗教礼仪和风俗习惯。其中有的是因袭祖风,有的只保留某些痕迹,有的甚至是不伦不类的蜕变现象,然而他却是诚心诚意,做起来认认真真。

春节到了,左邻右舍家家贴门神,刷桃符。他的家庭虽亦像汉族一样欢度春节,然而却有其自己别样的方式。他亦挂上春联,却拿一支新笔蘸上朱砂,在春联眉头画上一条横杠杠,并郑重其事地向其子女解释说:"这红道道儿,原本应该用公羊血的,后来用鸡血,现在用朱砂代替了。"这分明是逾越节的痕迹。

汉民在春节期间,总要男男女女换上簇新的衣帽。而石庆昌却要特选一套全新"洁净的"衣服,即没有见到过猪或猪肉的衣服,然后祭祖、拜节,阖家共尝新节饭。春节祭祖,汉族是要荤素大供。石庆昌交代家人煮些甜羊肉,专供祖先。街坊们吃团圆饺,石家元旦第一餐,却由他带领妻子儿女,手握小刀切吃甜羊肉,喝甜羊肉汤。他有爱子石中玉,孤根独苗,掌上明珠,偏惯的儿子嫌甜淡羊肉没有滋味,撒娇任性不肯张口,因而特许在儿子面前放一碟酱油,有时还由妻子陪着同吃。

农历五月,乡下新麦登场。石庆昌又要嘱咐家人,炕些饼子(不发酵的麦面做的),煮甜羊肉汤,间或备上点酱油,算是过谷熟节(即犹太人《摩西五经》中的收获节)。

民国七八年间石庆昌的女儿出嫁。按照汉族的习俗姑娘在上花轿前,惯常是吃个熟鸡蛋。石庆昌则让女儿吃羊肉,喝羊肉汤。

上述种种,石庆昌总是诚诚恳恳、郑郑重重去做,然而在他的家庭里,也都是及身而止。奇怪的是,石庆昌却是信仰佛教。他、他的妻子、弟弟、弟媳、妹妹等,都是佛教徒。他弟弟家里,且高燃"长明灯",光焰冉冉,昼夜不息。

石庆昌跟着父母也染上了鸦片瘾,后来决心戒掉,竟而得了"烟后痢",百药无效,于1928年去世,时年48岁。他有两个妻子,嫡妻孙氏,汉族,是孙举人的千金,生有一女,名素梅;如夫人孟氏,汉人,生子中玉。石中玉后在北京民族学院毕业。他对于中国古代犹太人和一赐乐业教的历史博闻强记,很多都是得自于"家传身教",特别是他父亲石庆昌的传授。

7. 政治活动家

赵诚(俺诚),明朝(1368—)初年人。他是我们所知道的仅有的被中国皇帝"赐姓"的中国犹太人,也是有籍可考的最早的著名的中国古代犹太人著名医生(在明弘治二年《重建清真寺记》石碑中有记载)。只是由于他特别突出的政治功绩,反而把他的医生名声掩盖了。

俺三原是河南中护卫军丁,当他得知封藩在开封的周王朱橚(永乐皇帝同母弟)图谋"不轨",窥视皇位,曾数次向永乐皇帝"奏闻"(揭发)。永乐帝按验得实,采取了相应的防范措施,并对周王加以处理。因念俺三"奏闻有功",特外开恩,赐俺三姓名为赵诚,并加官晋爵,授以锦衣卫指挥,升任浙江都指挥使佥事。俺氏——赵氏家族从此平步青云,跻入封建统治者阶层。

永乐十九年(1421年),在周王支持下,中国三代犹太人重建一赐乐业教清真寺,赵诚(俺三)倡先在清真寺的显尊地方,设创了一座"大明皇帝万万岁碑"。这不仅直接表达了赵诚和中国古代犹太人对大明皇帝的忠诚拥护,还巧妙地传达了周王朱橚对他的皇帝哥哥的新的恭顺的政治态度。因而不管是永乐皇帝或他弟弟周王都是很高兴的,从而也使中国古代犹太人得益匪浅。明朝一代,是中国古代犹太人和一赐乐业教的"黄金时期"。中国社会经济的发展,中国古代犹太人自己的积极经营,各族人民的和睦相处、互相支援等等因素,自然是其基本原因;但与赵诚这些举动所造成的良好政治条件,也不无密切关系。正因为这样,赵诚所创设的"皇帝万岁碑",直到清朝末年,一赐乐业教宗教活动止息之日,仍一直沿用。

8. 著书立说的学者

赵映乘字涵章,希伯来文名字叫摩西(moshen)。明末清初人。他是经永乐皇帝"赐改姓"为赵的俺三的六世或七世孙。父亲赵光裕,希伯来文名叫亚伯拉罕(Abhraham)。赵映乘先是明朝廪膳生员,清明治二年(1465年)中举,次年登进士第。他是清王朝建立政权后第一个中进士的中国古代犹太人,也是继其哥哥赵承基之后,最早在清朝做官的中国古代犹太人知识分子。由此,他接续他的明代祖先赵诚之后,他的家族又成为中国古代犹太人七姓社团中最为显赫的家族。

赵映乘多才多艺,精通希伯来文,儒学造诣亦很高。顺治初年,贡士高选冒险涉水,从泥沙中捞获的希伯来文《摩西五经》残本散页,赵映乘曾参与考正修订,并撰写《〈圣经〉纪变》一书,以记其事。他既潜心儒学,可对本教事务也极热心。顺治十年(1653年)重建一赐乐业教清真寺的时候,他捐俸银千两,以为表率。顺治七年(1650年)赵映乘由刑部郎中出任福建汀漳兵巡道按察副使。那时,福建不少地方团伙各立旗帜,抗争不息。永定(现福建西南永定县)苏荣、朱以泰等拥兵苦竹乡;声势相当大的张恩选等,聚众逞强,负险对抗。赵映乘为此发愤誓言:"吾辈受爵朝廷,而令狂寇至此,复何面目对苦竹居白骨?"(见康熙版《祥符县志》卷23)

为了削平地主武装团伙,赵映乘因绘制《劫难图》30册,上报福建巡抚张学圣,并偕同游击贺国相,挥兵进剿。苏荣等被俘,张恩选败死。局势初定,赵映乘即整刑狱,设立学校,致力教化。这些事迹在《祥符县志》、《开封府志》以及《河南通志》里都有记载。

康熙初年调任湖广下江防道。由于公务劳碌,卒于任所。赵留下三部著作:除上述《〈圣经〉纪变》、《劫难图》30册外,还有《四竹堂纪异》240卷。这三部著作的内容和性质各有特点,《〈圣经〉纪变》是关于宗教方面的;《劫能图》是他福建汀漳一带平定地主武装割据而作的政治图案;《四竹堂纪异》所说是搜奇拾异的杂记。顺治三年(1646年)他参加殿试所写的《进士策》(进士论文),据说保存在上海徐家汇天主教堂藏书楼,但至今尚未查得。

赵映斗是赵映乘的弟弟。康熙元年(1662年)恩进士;次年出任云南府宜良县(云南今县)知县。还在顺治十年(1653年),赵映斗准备应试的时候,就同他哥哥、大梁道中军守备赵承基等积极筹划重建一赐乐业教清真寺;康熙十七年(1678年)7月又参与建立在清真寺里的赵氏词堂。他是一个高度儒学化了的古代犹太人,他一赐乐业教清真寺题联,从思想观点到语言词藻,直是"儒学真传"。他同他哥哥一样也精通希伯来文,对于《摩西五经》有深入的研究,著有《明道序》10章。他有两房妻室,漆氏、房氏,都不是犹太妇女。清《云南府志》载有赵映斗宦绩。《祥符县志》有赵映斗的传略。民国年间《新纂云南通志·清初仕于滇之一赐乐业教徒》里,也有他的传略。

李起唐字鼎年,清末民初人。他是中国古代犹太人的最后一位黉学秀才,屡试不第以后,绝意仕途。因在陋巷设馆,潜心教堂,以"教育英才"为己任。执教余暇,兼攻医术,颇

第一章 以开封为中心的中国古代犹太人

有建树。他虽然是一位十足的儒士,笃信仁义道德,力践纲常伦纪;却也受佛、道影响,以"戒恶向善"为宗旨的一赐乐业教,自然特别在他的思想里烙下深深的痕迹。存"好念头"、行"善事",就是他的生活信条。

李鼎年并不是把自己关在书斋里,口讲好话,心存善念而独善其身的人。在半封建半殖民地社会日益深化的艰难岁月里,他积极参与社会公益事业,实践他的生活信条。他组织或参与组织了兼有储蓄互助性质的"百禄会"(双益会)。他所交结的朋友多是寒素儒士、低级官吏或失意政客,他们所赒济救援的对象除了上述亲朋会友,还有社会上孤弱无依的鳏寡孤独等。他所辑录的《百禄会文抄》,就是这些活动的记录。

为济世救人,李起康攻研医术,广征博采,收集了很多民间常用的经验药方,辑录了230多个药方,可以治疗一百四十多种疾病,包括"胎死腹中"、"人面疮"、"行哭行笑"(精神病的一种)等疑难杂症。为了便于病人对症采用,他还附加有注文。

李氏的上述两种亲笔录文,已经笔者整编并注,前者书名《百禄会文抄》,后者名《李氏中医验方汇集》。

9. 悬壶济世的名医

艾应奎,字文所。他的父亲即著名的艾田,艾田与他的儿子艾显生、艾复生,都是明末清初有名医。明朝末年,他在开封土街角短工市(现名东司门)以东大街(现名财政厅东街)开设了"艾文所药局",即炮制和经销药材的地方。清乾隆版(1736—1795 年)《祥符县志.人物.方技》篇里有他的传记,写道:"艾文奎,字文所。祥符人。好文,更称良医。精脉理,疗病多中。"他有五个儿子:丛生、永胤、显生、达生、复生。显生和达生都是本教满喇;显生和复生则都是"门里出身"的医生。艾应奎也是一个虔诚的一赐乐业教信徒。顺治十年(1653 年)在重建清真寺和新修 13 部希伯来文《摩西五经》时,他率领子孙们积极参与。新建的清真寺落成以后,七姓代表人物和社会名流多为新寺点题联送匾,其中艾应奎祖孙三代人最多,共计 12 副。他自己的题联是:

生生不已常生主,
化化无穷造化天。

意即宇宙间万物的生息繁衍是没能止息的,造物的是常生主;世界上万事万物的纷繁变化是没有穷尽的,主宰的造化天。这题联显示艾应奎崇敬真天(雅赫维)的虔诚思想。

10. 著名画家

石锌,字仲韶,清道光——光绪年间(1821—1908 年)人。他是中国古代犹太人仅有的画家。当时开封有句谚语说:"石子玉织的好汴绸,石镎画的好兰草"。

石镎画的兰草,写真传神,潇湘自然。他生活在民间,待人诚恳,平易近人。据说,不管左邻右舍,远庄近村,只要找上门来,无不慷慨应诺,而且自备纸张,精工细描,一丝不苟。以故得之者皆大欢喜,称之为"兰草先生"。然而他的画作传世不多,仅有的几幅,子孙视若镇家之宝。现存者计有:

中堂一幅,上有徐金源题字;

画册一本;

四扇屏一副(四条)。

1986年,台湾省正中书局出版的由开封旅台同乡会编写的《漂,开封志》,把石镎列入第八章《汴梁古今人物表》,称石镎为"名画家"。(该《志》把石镎误书作石纯)

11. 工商企业家

石璞字子玉,生于康熙年间,是一位能工巧匠,也是精明干练的工商企业家,是名噪中州的"石子玉汴绸庄"的创始人,深受中国古代犹太人及其后裔尊重和引以为自豪的人。

在中国历史上,开封也是一个历史悠久的丝绸基地。夏朝(约公元前26—前21世纪)末年,儒家推崇的我国最早的"圣人"之一的伊尹,生在空桑(现河南杞县空桑村),耕于有莘之野(传说在开封县陈留镇东)。空桑就是盛产蚕桑的地方。唐代,汴州(开封)生产的绢,曾是地方贡品。宋代东京(开封)的丝织业进入全盛时期,绫锦和绢,都是中外驰名的高级丝织品。祥符县(开封府的附廓县)的贡品方纹绫,则是民间织造的著名产品。明代开封的丝绸染织工场,生产花素生缣、乌绫包头、秋罗和绢,都是当时的名牌产品。到了清朝,开封的丝织品又有了自己的时代特色。景文洲和中国古代犹太人石璞开创的"石子玉汴绸庄",就是著名的场家。

石子玉汴绸庄是一个规模颇大的自产自销的手工工场和零整批销店。前门面,后机房。这里织造的各色绫、绸和纱、绉,遐迩驰名。传说曾经受到康熙皇帝的嘉奖。尤其黄绫,色彩绚丽,质地细密,轻软飘洒。地方大员用以上贡皇室,号称"黄绫"。

石璞为了开创基业,创立牌子,打开销路,惨淡经营,费尽了心机。他特别注意生产工艺,精益求精,日新又新。同时,讲究经营之道,追求物美价廉。开创伊始,为了广开销路,在农村和城市街道设办"首帕会",推行"打印法"。具体做法是:通过推销人员和小商小贩,游街串行,广设网络,城乡老年妇女纷纷参加此会。凡参加"首帕会"的,顾客可以先取货,以后分批付款;每交一次款,在账簿上打一个收款钤记,称为"打印钱",直到把欠款交齐为止。这种买卖方式,双方互相信任,和谐亲密,成为汴绸的良好传统。

石璞开设的汴绸庄,在他自己和其后裔的经理下,兢兢业业,历经雍正、乾隆、嘉庆、道光、咸丰、同治、光绪、宣统、民国,直到日本侵略军占领开封,凡二百余年。开封沦陷期间,由于日本特务敲诈扼杀,破产停业,被景文洲所取代。

现在开封市北土街南头路西一带,就是当年石子玉汴绸庄的发祥地。

赵国璧幼名悦儿,字廷珍,生于清道光年间(1821—1850年),是一个具有开拓精神的很精明的工商企业家,终其一生,创办了两个工商企业:永盛长百货店和北门糟坊。累资钜万,名噪中州。特别是永盛长百货店,规模之大,营业之盛,堪称当时开封之冠。

永盛长百货店位于开封河道街东头路南,经营各色蜡烛、时新玻璃器皿、瓷器、搪瓷器,还有花素布匹和江南河北水果。临街门面,后院作坊,制造蜡烛、玻璃器皿。赵国璧惨淡经营,勤俭持家,自奉朴素,虽家资豪富,饮食衣着,一如常人。光绪二十七年(1901年)10月,慈禧、光绪从西安返京,路过开封,赵国璧曾代表开封商界,参与承办"皇差"。这一方面反映他富有,另一方面也说明他的优越的社会地位。

清宣统元年(1909年4月9日)永盛长间壁的福顺钱店,因"下油"(油炸食物)不慎失火,延及左邻右舍,永盛长商店全部化为灰烬。赵国璧毕生心血,一旦付之东流,自此抑郁失志,不再经营商业。北门一处糟坊,门面卖酒,后院糟坊酿酒,亦委托亲戚代管。这时,他的儿子赵佩鹤已登进士第,先后在山西兴县和河南扶沟县任知县。由商而官,转成"书香门第"。现在赵国璧的后裔,还保存着一些百货店的旧商品。

石维峋(1870—1933年)是中国古代犹太人又一个工商企业中的佼佼者。石维峋字嶙青。他的父亲石承续贪食鸦片而倾家荡产。维峋幼年,家境清贫,衣食难继,曾随母亲寄食姑母家。年方十余岁,在开封西大街万宝楼银楼当学徒。他勤奋刻苦,学得一手精湛技艺。三年出师后,他自己开设了一个小小的银货铺子,自产自销。由于货色精美,经营作风信实,生意越做越火红。光绪三十年(1904年),他和谢姓、沈姓等人合股开办了一个位居闹市、规模不算太大的银楼,名为"万福楼",人们惯称作万福楼金店。石维峋任掌柜,经营有方,产销两旺,很快发展成为中原地区第一流金银首饰店了。

万福楼临街门店有五间,后面深院是工匠、店员等40余人,多数都是能工巧匠,内分钻工、穿工、包金、珐琅、点翠等工艺工序。门面货柜里,琳琅满目地摆列着时新花枝(银花)、金钗、凤冠、项链、项圈、手镯、耳环、戒箍、翠牌以及童帽装饰如虎头、八仙等等,应有尽有。还根据顾主爱好,随意定做奇巧样品。民国早年的河南督军赵倜,就曾指名定做过银鸦片烟枪和银便壶等。

万福楼金店之所以名满中州,除了花样多,货色全,做工巧,款式新以外,还有一个很关键的一着,即"取信于人"。他们的方法是什么呢?曾经在万福楼当过店员、石维峋之次子石琪告诉笔者说道:头一条就是银色好。除了必要的合金(即按比例掺兑其他原料),

金要真金,银要足银。第二条,价格实。不论城乡、男女、老幼、识货不识货、或亲朋好友,或陌生远客,一样对待,统同是一副面孔,一样价钱。旧时一两银子兑换1.43银元,凡是经万福楼卖出的货物,不论新、旧、整、破,一律可在本店按银价回收,而且"人涨(银价)我不涨,人落我不落。"统依出售时银价折算。凡是万福楼制造和经销的货品,均打有"汴省"、"万福"或"足赤"、"足银"等标记,很容易识别的。为防假冒,万福楼的萬字暗缺一笔。

万福楼金店营业蒸蒸日上,遐迩闻名。石维峋逝世后,由他长子石珩继任掌柜。1948年夏,万福楼因失火焚毁。

12. 入朝做官者

艾俊,明正统十二年(1447年)举人。后任德州(现山东省德州市)德王府长吏。王府长吏,掌管王府政事,亦作王府相。他也是中国古代犹太人早期的封建士大夫之一。

赵承基,清顺治十年(1653年),开封人民排水披沙,着手在被大水冲淹的一片废墟上,重建开封,恢复家园。在这历史关头,中国古代犹太人同汉、加等民族一起,同甘共苦,胼手胝足,做出了历史贡献。其中有一位特别受人尊敬的人物,就是赵承基。那时,赵承基任大梁道中军守备,率兵维护地方秩序。他带领部队,在蚊蝇孳生、泥沙弥漫中,开辟道路,架设桥梁,远招近引,号召回汴复业。同时,他和他的弟弟赵映斗测定一赐乐业教清真寺界址,劝导同族人返汴重建家园。在中国古代犹太人 重建一赐乐业教清真寺过程中,他起到了倡导和鼓舞的作用。其后,赵承基升任陕西固原(现宁夏回族自治区固原县)西路游击。这期间,他因事返汴,看到新建的一赐乐业教清真寺殿宇辉煌,巍峨壮丽的景象,激动感慨不已。乃倡议建立碑雕,以纪念重建宗教活动中心和新修十三部经书的盛事。由工部尚书刘昌撰文,云南按察副使李光座书写的著名康熙二年《重建清真寺记》碑。基督教圣公会派驻河南主教威廉姆·查尔斯·怀特在他书写的《中国犹太人》一书中,误把李光座当作中国古代犹太人。此后,赵承基升任陕西固原西路参将,正三品。继赵诚之后,成为赵氏家族也是中国古代犹太人的第二位将军。

金勇,清雍正、乾隆间(1723—1795年)人。曾任天津盐道,正四品。金氏后裔称誉了为"老祖"。归葬开封蔡庄新茔。他的后裔金子如(1915—1982年)追忆得之先祖的"家传"说,中国古代犹太人义地(公墓)废弃以后,金勇是金氏家族新建祖茔的第一代祖,故称"老祖"。他的儿子金承恩(占鳌),曾任把总,正七品。茔序金勇之次,称"少祖"。现金氏茔地树木葱茏,自金勇至金子如,已历七代。

赵佩鹤字紫荷,同治、光绪年间(1862—1908年)年间人。进士出身,先后任山西兴县和河南扶沟县知县。他是赵国璧的第二个儿子,凭借家资富饶的优越条件,专力向学,遂循科举道路,列籍仕林。与上述金氏家族先官后商或由官而商的途径不同,而与石氏家族相近似。但石氏因经商致富,纳捐得班;赵佩鹤则是苦学成才,由科第出身。

13. 古代犹太人信息的传递者

中国古代有犹太人居住生活这一令人惊诧的信息是怎样传递到海外世界的?

明万历三十年(1605年6月24日),一位艾孝廉(有多种说法:一说是艾田,另一说是计偕,再一说则认为前两说都无直接证据,因此艾孝廉就是艾孝廉)在北京会见了他仰慕已久的意大利籍耶稣会士利玛窦。起初,主客双方谁也不真明白对方是何等人也。艾孝廉并不知道利玛窦是不同于一赐乐业教的耶稣会士,利玛窦也不明白这位不速之客是信仰一赐乐业教的中国犹太人。双方经过深入对话,反复探询,才终于弄清楚了对方的身份。虽然,对于艾孝廉来说,他毕竟没有真正懂得各自的教派以及彼此的历史渊源。然而,从此以后,利玛窦开始知道了居住在开封的中国犹太人和一赐乐业教内幕的一些情况。他经过进一步调查,开始向世界宣扬中国古代犹太人的事迹,才引起了世界人士的瞩目。寻踪探迹的、采访报道的、著书立说的、甚至窥测机会瞄准中国古代犹太人和一赐乐业教珍贵文物资料,暗中下手脚的,接踵而来。追根究底,都是从艾、利会晤肇端。

在历史上,关于艾孝廉的事迹很少,却因为一个偶然的机会,竟然在世界史册上知了名。如果艾孝廉地下有知,也会感到意外的。

14. 儒教化过程中的犹太妇女

赵高氏,清顺治、康熙年间(1644—1722年)人。她是"诗礼传家"的赵氏家族赵映黻的妻子。赵映黻早年谢世,赵高氏青春丧偶,"苦节四十余年"。清《祥符县志·烈女》为这位不幸的封建礼教的牺牲者立了"烈女"传。吃人的礼教,不知坑杀了多少可怜的妇女。带头儒化—汉化的赵诚——赵映乘犹太家族,也把封建礼教因袭下来了。中国古代犹太妇女在"三纲四常"压抑下饮恨而殁的不知凡几。赵高氏只是其中有史籍可查的一个例子而已。

金慧璋,清末民初人。她是金士奇的掌上明珠。通史知书,心灵手巧,待人和气,而性情刚烈。她的父亲下世后,依例由长兄理家。但长子金荣璋挥霍无度,与第四房妻子双双吸食鸦片。金慧璋苦口干舌规劝兄嫂,反被仇视。金氏家族为此"三天一争吵,三年三搬家",三处房产都出卖了,就在将军庙胡同(现改名为胜利东街)那一处仅剩的宅院被变卖后,在金荣璋垂头丧气地带领全家搬往南乡蔡庄的头一天,泪干声噎的金慧璋,穿戴齐整,拜过祖宗,吞食鸦片,抱恨自尽。

石素梅,民国初年人。父亲石庆昌,母亲孙氏,出自名门孙举人之家。他是父母仅有的千金,下有幼弟,庶母孟氏所生。石素梅热爱生活,追求婚姻自主。她有一位姑表兄,名叫孙小肥,长得眉目清秀,性情温和。中山装,大背头。当时正在南京中央大学就学。孙小公因在姑母家小住,两人青梅竹马,由惯熟而亲近,竟致互相爱慕起来。她且喜且羞地向父母倾吐自己的肺腑,却被父母固执地拒绝了。然而石素梅是个痴情女,从此心情郁结,竟酿致成了精神病。日本帝国主义侵略军占领开封期间,她痴痴癫癫,到处流浪,最后竟悲凉地在宋门里救济院里死去,是年34岁。

(二) 传说故事

1. 汾州古槐下发生的故事

一支筋疲力尽的犹太人,拖儿带女,赶着驼马,跋涉渡过万水千山,心神不定地暂时歇脚在山西汾州地界一个村野的古槐下。他们刚一驻足,有疾病的赶紧治病;年事高的静静地休息;身强力壮的忙乎着总是料理不完的事情;妇女们一面照顾小孩,一面赶做着衣服;刚刚懂事的孩子们正在利末老人指点下,读着希伯来文经书。月华初上,一个大家关心的聚会已经开始了,这次聚会的中心议题是:

"我们应该向何处去?"

"这儿很太平,我们就在这儿落脚罢!"拖着孩子的妇女首先提出了她们的主张。

"这儿山多水少,天气干旱。我们应该继续向那天天流水,长年鱼米的江河大平原去。"身强气盛的小伙子们却这般说。

"不",一位满面皱纹的老人提出反对意见:

"我们活着,应该生息在中国天子脚下;过世以后,要去伊甸园同我们的祖先一起享福。我们应该毫不迟疑地走向世界上最繁华的地方——东京(即开封)去!"

一时,会场上七嘴八舌,议论纷纷。于是,德高望重的利末老人走了来说道:

"按照真神的安排,我们应该派一位代表进京朝见大宋皇帝,如果他拒绝前去,我们再作另外打算;如果他欢迎我们,我想那一定是真神的启示,我们自然别无选择。"

利末老人的话引起了热烈的欢呼,并且一致推举他做代表,去见大宋皇帝。

第二天,利末老人由三名助手和十名随从作陪,带着珍贵礼品,朝东京进发。他们携带的礼品是:

五色棉花若干包;

五色棉籽若干袋;

五色西洋布若干段。

守候在大槐树下的男男女女,老老少少,一面心情地快活地生活,一面抱着热切的希望,耐心而又焦急地等待着。大约经过了四个安息日的光景,利末老人派代表终于忙忙地骑着马赶回来了。他乐不可支地告诉大家一个意料之中也是意料之外的喜讯:

第一章　以开封为中心的中国古代犹太人

北宋皇帝不仅热烈欢迎四海无家的犹太人来到东京,并且允许他们归化为大宋臣民,落籍皇都。

于是,在一片欢呼声中,这一批犹太移民动手束装上路。

(根据高松涛口述,他是一位牙科医生)

2. 御诗赐姓

犹太人派出六个的代表,外带一位携带贡品的人,走进皇宫,朝见宋朝皇帝。迎接代表是六位大臣,连同皇帝本人,恰恰亦共是七位。宋朝皇帝摆设御酒,接待客人。

当他看到华光闪烁的五彩布匹的时候,不禁啧啧称赞,连连夸美:"巧夺天工!"

皇帝举起金杯,向客人劝酒。他看到客人高鼻深目,奇装异服,紧小华帽,叽里咕噜,好奇地问:

"你们来自何天?"

皇帝口不离天,也引起了代表们的好奇。代表们通过通事回答了皇帝的提问。皇帝大笑说:

"呵呵!原来自唐僧取经的西天!"

利末老人摇摇头,连忙请通事纠正:

"不,我们来自更远更远的地方。"

皇帝举起第二杯酒,一面亲切地问:

"为什么要来到中国?"

"那是真神的安排。"代表们肃敬地回答。

"真神!?"皇帝放下手中金杯,一面瞪大眼睛:"你们的真神是个什么样?"

利末老人恭肃站起,回答说:

"我们的唯一的真神是,

无比的高,无比的大,

无比的贵,无比的尊,

无比的能,无比的圣,

无法描绘,名叫超神。"

皇帝又纵声笑了起来,一面用手指向云空:

"这不就是天吗?——我们同顶一重天。"

代表们感到又惊又喜,互相递了一个眼色。于是主人对着主人笑,客人对着客人笑,主人客人又互相对着笑,连殿角的灿灿金菊都笑得摇摇摆摆。

然后,皇帝提朱笔,准备宣旨论赏。然而迟疑了一阵,又把朱笔放下。他问通事:

"我还没有问到客人姓甚名谁?"

通事一面指指点点,一面叽里咕噜。皇帝俯首、侧耳、瞪大眼睛、摇摇金冠,还是弄不明白。

于是皇帝纳闷,代表着急,通事犯愁,大臣发慌,连蹲坐在御座下的一只玉色小猫都屏住了呼吸。

正在宾主尴尬难忍的时刻,还是皇帝拿出了主意。他提笔挥就了一首六言四句诗,诗文写道:

"万国共顶一天,

百姓四海一家,

既是骨肉手足,

何用叽里咕噜。"

并指出,连同皇家御姓并六姓文武大臣的姓氏,赐给七个犹太人代表。改称的七位犹太代表的姓氏,分别是:

赵、李、艾、张、高、金、石。

在宋朝皇帝的启示和认同下,犹太人一并将其真神、真教、真经和教亲的称呼都改换了。这就是:

"真神"——"真天";

"真教"——"天教";

"《真经》"——"《天经》"

"教亲"——"天民"。

(根据老工人高福、牙医高松涛、退休干部赵平宇等口述)

3. 七姓八家的传说

犹太人渡过千山万水,来到了繁华无比的东京(开封)。那时,赵匡胤黄袍加身不久,听说有了天外来客,亲自迎接他们。他热情待客,接受了犹太人进贡的西洋布、五彩棉花和五彩棉籽,并拿出很多礼物,回赠给犹太人。他召集朝中最显赫的几家文武大臣陪伴客人,并按照自己和这些大臣的姓氏,对犹太人分别赐姓为赵、李、艾、张、高、金、石七姓。其中,张姓随带一家仆,也跟着主人改姓为张,号称"洋溜张"。这就是"七姓八家"的来源。(根据白赵氏、老工人李金彪口述)

七姓八家传说之二。"李、赵、艾、高、金、石、张,路上死了个立早章。"章家在向往中国的旅途中,因过河落水而死。他们的仆人愿意改姓章氏,继续前来中国。却遭到了争议,有的承认,有的反对。

犹太人披星星，戴月亮，越千山，涉万水，万里迢迢向往中国的过程中，原有李、赵、艾、张、高、金、石、章等八姓家族。章姓家族不幸在中途病死以后，只剩下其他七姓，称为七姓八家。

据有的中国古代犹太人后裔说，1948年10月开封解放的时候，"立早章"家还住在开封南关，以后迁往上海去了。

章字由立、早二字合组而成，故称"立早章"。以此区别于左右结构的"弓长张"。弓长张指中国古代犹太人七姓家族中的张氏家族。

（根据石珙、高松坡口述。石是老工人，高是农民。）

4. 关于挑筋教的传说

"我们的祖先的宗教叫挑筋教"，一位仪态文雅的高姓后裔对笔者说："《圣经》上说，十二支派的始祖雅各率领着他的妻子、仆人在夜间渡过雅博渡口。遇到了天使，与雅各角力，天使战雅各不过，正在摔跤的时候乘机向雅各的大腿窝摸了一把。于是雅各的大腿就扭伤了。为此，雅各的子孙有一个习惯，即在吃牛羊肉的时候，必先挑去其大腿窝的筋。这就是挑筋教的来历。"

然而油漆工人艾殿元却另有解释，他说：

"我曾听得我的父亲（艾子如）讲过，我们这一教名叫挑筋教的意思是，凡宰杀牛羊，都应该送到清真寺里，由教长（掌教）宰杀，并把踝子骨上的筋挑断。有人认为把牛羊里的筋全部剔除出来，这是不合理情的。因为，一来太麻烦，二来不可能。"

此外，另有一个后裔则说：

"我们的祖先吃牛羊肉剔筋，这是因为筋血不干净。挑断牛羊筋，正如回民宰杀牛羊时的放血一样。"

（根据干部石育廉、老工人艾殿元等口述）

"我们这一教叫挑筋教。"

认同这种说法的，可由两位男女老人作代表。一个是年已花甲的石秀英老人，一个是医术高明的高松涛医生。高医生说：

"听老人们讲过，当初，我们的祖先从外邦进入中国的时候，曾经在山西洪洞县大槐树下落脚。因为是挑着来经卷的，名字就叫挑筋教。"

5. 十二祖母庙和十二支派

早年，石氏家族修建的开封双龙巷东口至曹门里石桥口涵洞北口的东侧，有一座小小的古色古香的小庙，叫十二祖母庙。里面端坐着慈眉佛目的女神像，以圆钱图案作服饰，斑斑点点，非常别致。

"这座庙和我们很有点儿关系。"已经退休的老人石育廉对笔者说:"这座庙供奉的神不就是十二祖母吗？这十二祖母就是我们十二支派的祖先。十二祖母庙就是我们的庙,十二祖母就是我们的神。"

按:关于十二祖母庙,汉民也有自己的说法。开封南郊农民出身的老干部王宴春认为:十二祖母是姜子牙封的神。他的根据是《封神演义》,他说:

"十二祖母庙里供奉的十二祖母是:文圣祖母、武圣祖母、送生祖母(像前有十二属相)、接生祖母、辟谷祖母、大姑娘祖母、二姑娘祖母、三姑娘祖母、莲花祖母、眼光祖母、无极祖母(坐中座)、天地老祖母(风雨老祖母)。"(根据退休工人石育智口述)

6. 十二个金牛犊儿的故事

石子玉(名璞)是清康熙年间(1662—1722年)的一个能工巧匠,他织造的绫绸,人人称赞。

有一天夜里,做了一个离奇的、却是非常非常好的梦。他梦见十二个金光耀眼的一般模样的小金牛犊儿,亲昵地依偎着他,并向他一个劲儿地点头。他高兴地用双臂扑过去,小金牛犊儿们却早已蹦蹦跳跳地跑开了。而且一路蹦跳,一路频频回转身来,向他点头致意。他穷追不舍,当追到邻家后院草场的时候,小金牛犊们纷纷翻过一个筋斗,就无影无踪了。

他一沉醒来,犹感兴致满怀。然而认为这只不过是一个奇怪的梦而已,毫不介意。

然而第二天夜里,他同样做了一个这样的梦。

而且第三天夜里,还是照样做了这样的梦。

"胡梦颠倒而已,"家人有的说:"这有什么可奇怪的?!"

"这样的梦"家人有的不以为然:"一定是真天(雅赫维)的启示。"并由此推断说:"十二个小金牛犊儿出没的地方,一定是一块宝地。"最后,家人一致商定,用重金将这块宝地习下来。

春风得意,一切都顺利地办妥了。然而期望碰到的连他们自己也捉摸不定的好事,却一直没有发生。

在一个偶然的时机,他发现那个草场院子里的一个角落,有塌陷的迹象。每逢阴雨连绵,院子里的积潦就汩汩地从那里向下宣泄。他决心修整一下。

但当他动手修整院落的时候,意外的事情竟然发生了。那个塌陷的角落下边原来是个空洞。深挖下去,竟然发现了一个金色的宝盒。他颤抖着双手,小心翼翼地打开盒盖来,却一下子被吓呆了。原来里面整齐地摆列着一色熠熠生辉的十二个金元宝。

石子玉和他一家欣喜若狂。他们感谢真天的恩赐,即用这十二个金元宝做本钱,创建了一个织造手工工场，织造他拿手的黄绫、黑绸、彩罗等丝织品。

这就是后来名噪中州的石子玉汴绸庄。

（根据石育廉、石中恩口述）

7. 石子玉汴绸庄的好汴绸

石子玉汴绸庄设在开封北土街南头路西。前门面，后机房。白天，顾客们来来往往；入夜，门前院后灯光摇曳，绰绰人影依然进进出出。

这一年，康熙皇帝南巡归来，驻跸开封。在一个满天星斗的晚上，他带领几名侍卫，微服夜游。他们踏着月光，经寺后街，绕道书店街，走过东大街，却又从土街角一直向南遨游。当他走到石子玉汴绸庄门前的时候，借着灯光，只见店房里绫罗绸缎五光十色，又隐隐听得一片叽叽呀呀的声音。康熙皇帝问道：

"这是干什么来着？"

随从的地方官员告诉他：

"这是在织汴绸。"

康熙皇帝走进店里去，仔细观看了很久，连连称赞道：

"好汴绸！好汴绸！"

从此，河南地方大员就把石子玉汴绸庄织造的黄绫，作为地方贡品供应皇室。"石子玉汴绸庄的好汴绸"，更是远近驰名。

（根据石育廉口述）

8. 钦差联宗被拒绝以后

现在赵家的子孙管他们的高曾祖叫"嬷嬷爷"。也就是老祖宗的意思。那时候（清嘉庆、道光年间），"嬷嬷爷"正在朝做官。这一赵氏家族，自经明朝永乐皇帝"钦赐"汉姓赵以后，平步青云，世代书香，祖祖辈辈居官。当年有句谚语说："赵家有六斗七升芝麻官儿"。说的是，赵家明、清两代做官的人太多，就像六斗七升芝麻那样，数亦数不完。

这一年，有一位姓赵的钦差大臣，路径开封城北门里一外坟园。有一派奇异的景象，简直把钦差大臣惊呆了。他只见这家坟园，大可十亩，碑雕林立，松森柏翠，花鲜草茂，蝶翻蜂闹，地气氤氲，缥缈如流。他不禁暗自琢磨道：

"这家坟主非是凡人，后世子孙必是大富大贵。"

他派人打听，才知是"嬷嬷爷"家的坟茔。不禁喜出望外。于是，钦差大臣兴兴头头登门拜望"嬷嬷爷"。他赔着笑脸向"嬷嬷爷"企求道：

"兄台姓赵，小弟也姓赵。咱们原是同宗同源。既是一家人，不如明白联宗罢了！"

"嬷嬷爷"对于钦差大臣的屈尊,很感意外。然而心里盘算,还是直言回绝道:

"大人和卑职虽然都姓赵,实际既非同族,也不同教,生活习惯也不一样。交结为朋友则可,联结成宗族,实在不敢从命。"并连连向钦差大臣表示歉意。

钦差大臣乘兴而来,扫兴而归。一团失望忿怨之意,化为一腔嫉恨报复之气。回到朝廷,于是鼓唇摇舌地向皇帝进谗道:

"奴才这次去到河南开封,查访得一件重大事情,不敢不明白回奏。"

皇帝吃惊地问他:

"你有什么重大发现吗?"

钦差大臣装着十分忧郁的模样,郑重回答:

"奴才在开封亲眼看到,前固原参将赵承基的坟茔,王气太盛;地脉流金,树木端拱,青草骑马带刀。这兆示着,后世子孙必有王者兴。这可是关系到我大清王朝的头等大事呵!"

"有什么对策吗?"

"奴才早已谋得良策在此。叫做抑制生者,镇压王气!"同时,弓下腰来,毕恭毕敬地把一本密折双手捧上。

此后不久,意想不到的事情相继发生了。

"嬷嬷爷"清白无辜的罢了官。从此,诗礼簪缨之家,变成了庶民百姓之家了。

开封地方官奉敕,在赵家坟第一代祖穴头,修建了一座巍峨的马神庙。从此,赵家祖茔从开封城北,迁移至曹口外十方院附近。

(根据赵相如口述,他是中国社科院的副研究员)

9. 破戒

早年,中国古代犹太人忌食猪肉。因为,"猪属于最不洁净的动物。"受过良好教育的石中玉曾向笔者讲述过他的家史里的一段故事。

我曾祖父是前清乾隆——嘉庆年间人。他虽然金榜无名,却很富有,捐了一个四品官。有一次皇帝赐宴,叫作满汉全席。这等宴席是推辞不得的,也是难得参加的。他当然遵旨"领宴"了。我的曾祖父就是在这样的场合下,开始吃了猪肉。跟着,我们家庭也破戒,吃起猪肉来。

赵子方(1848—1930年)是被永乐皇帝"钦赐"赵姓的俺三(赵诚)的后裔。他的家族虽然早已破戒,"动了大肉"(猪肉),但仍然不愿意自己在家族养猪。然而他的老伴(汉族)却在母家养成了喂猪的习惯。她把这一习惯也带进了赵家,偏爱自己养猪。老头子很不高兴,却又奈何不得,于是想了一个主意,吓唬老伴说:

"瞧罢咧！啥时候咱家养猪,啥时候咱家倒霉！"

"倒霉！?"老伴伶牙俐齿地反唇相讥:"我娘家成辈子养猪,为啥一点儿也不倒霉?"

老头子语塞,只好偷偷地把猪仔赶跑。

(根据赵平宇口述)

10. 白莲教李头领

清朝嘉庆年间(1796—1820年)有一支白莲教起义军,以无比的胆略,直捣清王朝的神经中枢——北京紫禁城。

那时,有一位中国古代犹太人,高鼻深目,个头不大,却英勇机智,义胆包天。人们惯常称他为"李头领",反把他的真实姓名失传了。

这位李头领参与决策,并同义军一道,神差鬼使般进入北京,并用里应外合策略,突入皇城。因为众寡悬殊,袭击失败了。李头领下落不明。有的说他英勇牺牲了;也有人说,他其实是逃进深山练艺去了,准备再举。

(根据黄利民、吴雪莉口述,吴是河南大学英文教授,黄是吴的儿子)

11. 蓝帽回回的清真寺

河南开封朱仙镇有三个伊斯兰教清真寺,即东大寺、北大寺、南大寺。

听说,早年还有一个西大寺。

有一位回民老太太说:

"这西大寺不是我们的清真寺。那是外来的教派,蓝帽回回的清真寺。"

(根据黄利民、吴雪莉口述)

12. 慈禧的"活凤"冠

光绪二十七年(1901年)冬天,慈禧太后和光绪皇帝从西安返回北京,路过河南省会开封,驻跸在当年乾隆皇帝居住过的行宫。

慈禧在开封的日子,过得并不开心。光是废黜大阿哥,就使她费尽心机。然而她也遇上了一件赏心悦目的事,那就是她得到了一顶十分惬意的"活凤"冠。

这顶凤冠是河南大吏进上的。上色赤金,文采闪烁,蟠龙舞凤,花枝招展。最夺人目光的是,花枝丛中的两只点翠凤凰竟像鲜活的,双目睁睁,左顾右盼;舌尖战战,上下伸展。慈禧太后几天来的郁郁寡欢,当她乍一看到这一贡品时,先是目瞪口呆,继而把玩不释,接着竟而对镜梳装起来。"照花前后镜,花面交相映。"宫监们忙乱着伺候了一阵之后,只见"老佛爷"脸上的阴云渐渐地消散了。又听见她自言自语说道:"这顶冠,巧就巧在把这两只凤凰做活了。"

她于是下谕,重重封赏这位心灵手巧的工匠。

这位受宠若惊的工匠,就是中国犹太人石维峋。

石维峋从此名声大噪。不久,他就伙同他的师兄弟们创办了著名中州的万福楼金店。

13. 晒经祈雨

1981年3月29日,笔者专程去到河南新乡市,拜访石秀英老人家。这位当年仪态秀丽、衣装入时的"石大姑娘"(怀特著《中国犹太人》第三卷插图16B中有她的玉照),如今已是子孙绕膝的"老奶奶"了。

她异常虔诚地对笔者讲述了下面晒经祈雨的故事:

"早年,我们的先人在教经胡同礼拜寺里,保存着二十四筒《经》,那真是极为神灵的《经》。每逢大旱,河水落,水井干,禾苗快要枯死的时候,我们的先人就要晒经祈雨。那时,把《圣经》一筒一筒地搬在太阳光下曝晒。二十四筒真经搬晒完,老天就哗哗地下起瓢泼大雨来了。"

14. 石中玉城隍庙受戒

石中玉父亲石庆昌因吸食鸦片,虽年方40,却一直身体虚弱,又因戒烟,日益显得病体恹恹,大有不起之态,因而就发生了石中玉代父到城隍庙受戒赎罪的故事。

"受戒"的仪式隆重而神秘。肃敬地上过供银,布列供品。一声棒响,殿堂里忽然钟鼓齐鸣。烟雾缭绕中,石中玉手戴"刑枷",头顶红帽,身着红衣红衫,足蹬红袜红鞋,项勒红色脖圈。自顶至踵,一色火红,手戴"刑枷"表示"服刑",也就意味着"赎罪"。根据《圣经》,人都是有罪的,终生永世过不完"赎罪节"(中国古代犹太人称为"大戒")。自此以后,石中玉身着大红,直到年满12岁,才脱红换装。

15. 石驸马和北京石驸马街

1980年11月9日下午,访问石育廉。石育谦对作者讲了一个故事。

"早先,我们家保存了很多祖影像。其中有一位身穿红袍的,他是清朝的驸马。他自招为驸马,一直住在北京。北京不是有一条石驸马街吗?那就是他住的地方。"

(作者注:关于北京的石驸马大街命名的来历,自有北京的历史故掌或北京人的历史传说。这里所记载的,只是中国古代犹太人或其后裔自己的传说。)

16. 李二爷出家

中国古代犹太人李家是个大家族,到李敬胜一代已经逐步衰落。李敬胜的哥哥,人称"李二爷",从小娇生惯养,却自幼多灾多病,从会吃饭的时候就吃药,百药无效,众医束手。愁苦无状的母亲,只好抱着刮瘦的病儿,奔向寺庙,向慈悲的佛祖求救。

那时候,寺庙的主持用以表达佛旨和断决病人命运的,有不同的方法。抽签对簿以外,还有一种颇为蹊跷的办法,即取决于寺庙主持的随意进止。比如,求卜占运的人在同

第一章　以开封为中心的中国古代犹太人

主持对话时,如果主持开口讲第一句话时的一瞬间是驻足在门槛以里,这兆示着,只消把病儿讨个说法,"寄寺三年"(由寺方养活),然后归俗。据说,这么一来,病人终生即可"消灾免难"、"逢凶化吉"。否则,如果主持在讲第一句话时正是迈出门槛以外,这示意着必须把病儿舍归寺院。头七年,由父母送米面到寺院供养,以后任凭寺院,终生永世,父母再也不得过问。据说,这样一来,病儿亦就可以"遇难成祥"、"脱去烦恼"了。于是,无知无识的小"二爷",就糊里糊涂地被送进了开封双龙巷鸿影庵里做了小沙弥。这个故事发生在清朝同治、光绪年间。

后来,小二爷果然健康长寿,而且做了大和尚,居然还做了"僧官"。他还收了两个小徒弟,一名觉明,一名觉晓,再后,他的徒弟又收了两个徒弟,法名常缘、常世。

(根据周李氏、李荣新口述,李是退休干部)

17. 叶落归根

李荣新向笔者叙述了一段亲身经历过的,他们祖孙三代的辛酸往事。

他的祖父名叫李敬胜,清咸丰、光绪年间(1851—1908年)人。那时,正是中国由封建末世跌入半封建半殖民地社会的历史转折时期。社会动荡不安,工商业举步维艰。李敬胜虽然毕生勤劳,却走不尽的坎坷道路。他开磨坊,设粪场,创办酒楼,都一一在风雨飘荡中关闭了。正当他失业万般无奈的时候,适逢在上海的外籍犹太人组织了所谓"救援中国犹太人协会"。几次三番地招引在开封的犹太人 前去。在这样的历史背景下,李敬胜携着他的12岁幼子李树梅,在光绪二十七年(1901年4月),怀着迷惘而又憧憬着一线希望的心绪,去了上海。

父子二人即被英籍犹太人亚伯拉罕收留下来。那时,亚伯拉罕在上海开设着一所洋行,叫做义丰洋行。他让李敬胜在自己里干点杂活,借以糊口。两年以后,李敬胜一病不起。伶仃孤苦的李树梅才年15岁,即从此踏上人生的艰辛的历程。他接续父亲,也在洋行里"打杂儿"。以后,亚伯拉罕看着他心地老实,手脚勤快,又让他管账。李树梅20岁那年,他返回开封,同一个生长在农村的姑娘成了婚,然后双双回到上海。

年青夫妇尽管生计并不宽裕,仍然节衣缩食,每月挤下几块钱储蓄起来。1925年,一件出人意外的喜事发生了。李树梅中了"万国储蓄会"的头彩奖,获得了奖金2 000元。他就用这一笔钱,托一个姓李的亲戚,在开封一赐乐业教清真寺旧址所在的草市街,购置了一所房产,这就是他的儿子李荣新所住的那个地方。

在上海,李树梅接受了一些由外籍犹太人传授的"犹太教教育",学习了某些宗教礼仪,守安息日,过宗教节。守安息日这一天,他虔诚地从星期五晚上太阳落山时候起,直到星期六的晚上星星出来的时候止,才肯吃东西。过"避难月",他在楼下另搭一临时简陋草棚,住在里面。白天不进饮食,到了晚上才肯用饭。然而,也不过只此而已。他对于外籍犹太人所指点的其他关于中国犹太人应该如何如何的事情,渐渐不怎么热心,甚至非常淡漠起来了。

李树梅夫妇生下三男一女。不幸次子、幼子和爱女相继夭折,夫妇哀伤至极,饱含眼泪,按照犹太礼仪,把亡子们埋在上海静安寺路犹太公墓,爱女埋在马霍路他的父亲坟墓的旁边。这两处坟地当时虽然都是犹太坟地,李树梅终究感觉是临时寄厝死者亲属之所。这时,李树梅夫妇膝下只剩下长子荣新,在附近的一所学校里上学。

连连的不幸,曲折的羁旅生涯,频频招引起李树梅日益增长的乡思。而且越是到了晚年,思念乡关心情也越加迫切。他不断地向妻儿们说:"要回开封去!"然而中原动荡,日本帝国主义侵略军的蹂躏,却使他望眼欲穿,有家难归。1945年8月,日本帝国主义战败投降。欣喜若狂的李树梅立即交代儿子说:

"我老了。树木再大,总要叶落归根。咱们打点回老家去罢!"

这样,祖孙三代在上海寄居了45年之后,就像当年他的父亲携带他去上海一样,终于也携带儿子并老伴踏上了归途,回到了开封。

(根据李新口述)

四、遗址遗迹

中国古代犹太人和一赐乐业教的遗址遗迹包括清真寺遗址、工商企业遗址、家宅遗迹以及其他建筑遗址等。

(一)一赐乐业教清真寺遗址,开封一赐乐业教清真寺不仅是居住在开封的中国古代犹太人的宗教活动和社团活动中心,也是当年居住在全国其他地方如宁波、扬州、宁夏等地的中国犹太人所向往的地方

至金大定三年(南宋隆兴元年,1663年)创建,前后经过9次重建和比较大规模的维修,至清咸丰四年(1854年)毁废。一赐乐业教清真寺自行毁废,说明中国犹太人的宗教活动自行息止,也意味着中国犹太人与汉、回、满等民族自然融合的历史进程,已经迈向了最后阶段。在开封市顺河回族区南北教经胡同一带,就是当年一赐乐业教清真寺的旧址。至今,闻名而来的中外来访者,犹络绎不绝。

(二)中国犹太人经营的工商企业遗址

1. 万福楼金店遗址,清末民初年间,遐迩驰名的万福楼银楼,习惯称作万福楼金店。由石维峋(字嶙青)联合谢庭芝、王相臣、沈爵安、何腾川等共6家联合创办,以"货真价

实"、手工精巧、货色齐全、"包管来回"①著称。自光绪卅年(1904年)开张,至1948年6月因着火焚毁,先后由石维峋及其长子石珩任掌柜(经理)。现在开封市鼓楼于西头路北万福礼品店已是万福楼旧迹,前部门面大楼犹是原来风貌(门面图饰已改)。

2. 石子玉汴绸庄遗迹,石子玉汴绸庄是清康熙年间(1662—1722年)由石子玉(名璞)创办。自产自销,零售批发,名噪中州。所织绸、绫、织、锦,色质俱佳。尤其黄绫,质地密致,色泽绚丽,为地方大吏上贡皇室,号称"贡绫"。该庄旧址原在开封北土南头溯溪,最后一个商店在三圣庙前街(现在改名三胜前街)北头路东。抗日战争期间,被日本特务敲诈逼勒破产,卖于景文洲汴绸庄。现在,三胜前街北头路西处三间门面房旧址,就是当年遗迹。

(三) 家宅遗迹遗址

1. 石家宅院一,现在开封市寺后街中段北河南旅社,原是石氏家族旧宅第之一。三进院,第一进院仆夫住守,二进院客厅、书房,三进院内眷居住。清朝末年,"石家公子"赌场豪兴,一掷千金输掉了的,就是这所宅院。民国年间改建为河南大旅社,系当时达官富商下榻的去所。

2. 石家宅院二,原一赐乐业教清真寺北街即今北教经胡同(本名北挑筋教胡同)从西往东第4、5、6三个大院,系"石家旧院"。

3. 赵家宅院一,南教经胡同21号。原系一赐乐业教清真寺南侧赵姓祠堂旧址。清道光廿一年(1841年)水灾后赵氏一家移居到这里,至今其后裔仍居住在那里。

4. 赵氏宅院二,全抄米胡同。原系开封著名商业企业家赵国璧宅院。现在还有他的后裔在那里居住。

5. 赵家宅院三,三眼井街北头路西有一院落,据中国犹太后裔说,这里原是他们的先祖赵承基(中国古代犹太人第二位将军)的马厩。昔年称"赵家大院"。

6. 高家宅院,县前街(原名府前街)与中间偏南路西大院。清末民初,著名的中医"高师爷"就居住在这里。

7. 金家宅院一,大厅门街西头路北。原是金氏家族旧宅第。民国早年,金荣障因"贪食鸦片"(吸鸦片烟)卖与别家。

8. 金家别墅,在开封城南蔡庄(现在属于开封县范村乡)。那里原有枣园,村东北即历史悠长的金氏祖坟。

9. 李家宅院,在草市街北头路东(西斜对北教经胡同)。

---

① 万福楼金店"包管来回"有三层意思:一、买回后认为不满意,可以重换或退货;二、货品(金银首饰)用旧或用破,可以送归原店,按当时金银价收回,买主可以再购新货,不买亦可;三、买主不慎将金银首饰损坏,可以按金银价退货,或另换新货品,补相当的手续费即可。

(四)其他建筑遗址遗迹

1. 高宝春镶牙馆遗址,原在马道街北头路西,清末民初时期是开封市设备先进、技术高超的最早的镶牙馆。先是由日人高满开设,高满回国后,由高宝春继续经营。该镶牙馆后迁址至北土街。

2. 石桥遗迹:清代,由著名石子玉(石子玉汴绸庄的创办人)的高孙修建。在开封曹门(东门,其南为宋门)里惠济河上。下有涵洞,北至双龙巷东口。至今仍沿旧名,称其地为石桥。

(五)中国古代犹太人坟墓

清朝以前,中国古代犹太人在开封城西北原有一处规模相当大的公墓。明崇祯十五年(1642年),开封城被人为的洪水灾害淹没,中国犹太人公墓被淤没其下。顺治至康熙年间(1644—1772年),中国犹太七姓(李、赵、艾、张、高、金、石)开始各自建立各家族的坟墓。中国犹太公墓遂被七姓私茔所代替。时迁势移,各家坟墓有的因家支繁多而分置新茔,有的因水浸沙压置建别处,甚至由于种种事故受到破坏。现在保存的几处古茔,列述如下:

1. 金氏祖茔,在开封市南开封县范村乡蔡庄村头。清雍正至乾隆年间(1723—1745年)建署。其"老祖"(祖坟入葬的第一代祖)金勇系天津盐道(四品)。一脉相承,直至现在,保护最为完好。

2. 艾氏祖茔,原在开封东郊白塔村后地,后移至北郊私访院村北。昭穆失序,已非原来规格。

3. 石氏祖茔,石氏家支繁多,分布在开封东郊、南郊和西郊。

石维峋家支祖茔,现分布在东郊乡里村,郭屯大堤跟。

石中思家支祖茔,现在东郊。

4. 赵氏祖坟,

赵连城家支祖茔,在开封东郊范村。

赵国璧家支祖茔,已迁至朱仙镇。

至于高、李、张三姓家族的祖茔,仅知方位,均已掩于地下。

第四节 开封犹太人与中华民族的融合

一、开封犹太人被融合的标志

中国犹太人自北宋年间(公元960—1257年)进入中国并定居开封,经过1 000多年的潜移默化的漫长岁月,至清朝(1644—1911年)末年,终于同汉、满、回等民族自然融合在一起了。这在犹太历史上是罕见的现象。诚然,世界上弱小民族遭到类似犹太民族那种国破家亡、流散各地的命运的,可以说不胜枚举,他们几乎无一例外地灭绝了,或者被周边民族同化。但是在这一点上,犹太人又是唯一的例外,自公元135年被罗马帝国逐出家园,在世界各地流散,时间长达1 800多年,期间充满血泪和苦难,受尽迫害、排斥和杀戮,而最后竟能复国。这主要应归功于犹太教这一犹太全民族遵从、信仰的宗教来维持全民族的同一性和凝聚力方面的卓越贡献。犹太人是以犹太教这一宗教为其民族文化核心的民族。犹太人不管流散到何方,世界上不管哪个角落的犹太人,都永远有一个共同的精神支柱,那就是犹太教。犹太人从来未曾主动放弃过自己的宗教信仰。中国开封犹太人在这一问题上也不例外。开封犹太人的被融合,是一个不知不觉,潜移默化的过程,是一个宗教观念日益淡薄、逐步远离的过程。所以,开封犹太人被融合的标志就是他们独特的宗教信仰的消失,而被融合的原因主要的也应从以宗教为核心的犹太文化和以世俗伦理为核心的中华文化的碰撞、交流中去寻找,尽管其他的原因也不容忽视。

中国犹太人的祖先初来中原定居的时候,共有70姓(家族),元、明鼎盛时期,一度达到73姓、500余家。明朝晚期,有踪迹可寻的中国犹太人只有居住在河南开封的10~12家(家族),到了清朝初年,从河北避难地(为躲避洪水灾难而去)返回开封的中国犹太人只剩下了所谓"七姓八家"。原本不大的中国犹太人社团,这时也只剩下了一渠涓涓细流。

明朝以前,中国犹太人原在开封西北郊有一规模颇大的公墓,翠柏葱葱、碑雕如林。生则共同诵经,死则丛葬义地。生生死死,都显示中国犹太人强盛的内部凝聚力。然而,自从中国犹太人七姓从河北避难地归来后,在犹太公墓已被黄河洪水淤没,特别是犹太社团观念愈益淡漠,而七姓八家(家族)意识愈益强化的形势下,七姓家族各自另建自己的茔域。七姓私茔代替了中国犹太人公墓。清朝中期,中国犹太人中懂得希伯来语言文字的已经很稀少。嘉庆年间(1796—1820年),一赐乐业教的最后一位掌教谢世,后继无人。从此,中国犹太人再没有人能够用希伯来文念诵神圣的《道经》(即《摩西五经》)[①]。预示着中国犹太人的宗教生活将偏离正常轨道。

咸丰元年(1851年),在外国传教士的策划下,中国犹太人中的"当权者"把六部希伯来文的《道经》出卖给了英国基督教圣公会香港主教乔治·史密斯(George Smith)的代理人蒋荣基和邱天生。把原来被中国犹太人视作神圣的《道经》当作可以赚钱的商品出卖,说明这个时期的中国犹太人的宗教信念已经淡薄到了无可挽回的地步。

---

① [法]荣振华、[澳]莱斯利著,耿升译,《中国的犹太人》,中州古籍出版社1992年版,第8页。

终于,到咸丰四年(1854年),中国犹太人自己动手拆毁自己的一赐乐业教清真寺。①并把木石琉璃砖瓦出卖。一赐乐业教清真寺的毁废,显示着中国犹太人的宗教活动已经自行终止,也意味着中国犹太人社团的"精神中心"已经消逝了。

特别是血统上的融合,民族自然融合推进到了历史的新阶段。到明末,族内通婚的禁区已被突破。清朝初年,中国犹太人与其他民族通婚已是常见现象,至清朝晚期,族内婚姻反成罕见现象。渐渐地,中国犹太人在体质与相貌上,与周边民族已经很难区别了。

二、开封犹太人被融合的原因

开封犹太人最终被融合进中华民族的大家庭中,是诸多综合因素相互作用的结果,单列其中一项而忽视其他方面,很难得出科学的结论。但也不能因此而否定综合因素相互作用这一系统工程中关键因素的主导功能。这一关键因素,我们认为便是以宗教为核心的犹太文化与以世俗伦理为核心的中国文化在碰撞、交流中的契合。同时,比较历史上欧洲犹太人在欧洲各国碰到的同样的问题,将有利于我们更清楚地分析、判断、理解这一问题,解释犹太人在中国、在欧洲的不同命运。

(一) 中国历代政府一贯采取容犹、亲犹的政策

在欧洲历史上,一些国家的政府与教会在反犹、排犹的同时,曾经推行过强迫同化的政策,强迫犹太人放弃自己的犹太教信仰,改信基督教。只要犹太人接受基督教的洗礼,放弃对耶和华的忠贞,接受耶稣的权威,成为基督教徒,那么他们就可以取得与基督教徒同样的身份、地位与权利,迫害、驱逐、杀戮以及被卖作奴隶等悲惨命运将不再降临到他们头上。然而在中国,反犹、排犹从来未曾有过,政府也从未歧视、迫害过犹太人。自犹太人定居开封始,宋朝及以后历代王朝也从来没有强迫他们同化的意图。据明弘治二年(1489年)开封犹太人所立的《重建清真寺记》碑的碑文记载:犹太人来到开封后,"(宋)帝曰:归我中夏,遵守祖风,留遗汴梁",②不仅允许他们定居开封,而且允许他们保留自己世代相传的宗教信仰和传统习惯。于是,犹太人便在开封建起犹太教会堂,供奉犹太经典,举行宗教仪式。

此外,定居开封的犹太人,都无条件地取得了与当地中国人同样的身份、地位、权利。"求观今日,若进取科目而显亲扬名者有之,若布列中外而致君泽民者有之,或折冲御侮而

---

① 《一个美国犹太人的见闻》,[美]达维·布朗著。转引自怀特《中国的犹太人》。
② 《重建清真寺记》碑,明鸿清二年(1489年)立,现存开封博物馆。

尽忠报国者有之,或德修厥躬而善著于一乡者亦有之矣。逮夫农耕于野,而公税以给。工精于艺,而公有不乏。商勤于远,而名著于江湖;贾志于守,而获利于通方者,又有之矣。"① 文官、武职、地主、农、商、工,应有尽有。政府也允许他们参加科举考试。事实上,从唐代开始,隋以来通行的科举考试:从异域来的人,不问国籍,都可以参加,法律绝不加以限制,社会也绝不歧视。唐代有一个叫李珣的波斯人,就参加过科举考试。② 从现存开封的三块碑的碑文可以看出,犹太人中有许多是进士出身。在明清两朝,犹太人中就有人担任过锦衣卫指挥、江都指挥佥事、布政司右参议、给事中、翰林庶吉士、游击等。

在中国犹太人,由于无条件地取得了与中国公民完全平等的身份、地位、权利,可以自由地生活在主体民族——汉民族的中国,社会交往扩展至各个领域,有着全方位的社会关系,无须放弃被他们视为神圣的宗教信仰来作为取得这一切的交换条件,没有猜疑、隔膜和敌视、刺激,他们意识到自己在这个新的环境中与周围的其他人没有什么两样。可以从事任何职业,则为他们全面接触、介入并接受中国社会生活、文化风俗、思想观念,创造了条件。这就使他们不断弱化其犹太人的独特属性,消除了犹太人的排它性的心理因素,渐渐融入汉民族之中,自然同化和融合也正是在这样的环境中开始的。

反观欧洲,犹太人则成了刻薄的小商贩与贪得无厌的高利贷者的代名词。莎士比亚名作《威尼斯商人》中,高利贷者夏洛克的狠毒无情曾给人们留下了深刻的印象。其实,这种看法是不公正的。在基督教、天主教、伊斯兰教的统治下,犹太人与他们周围主体民族的公民处在完全不平等的地位上,他们被剥夺了从事许多正当职业的权利,只好从事经营小商业、贩卖旧货、放债、医疗、星象占卜等被基督教徒们视为低贱而不屑为之的职业。20世纪40年代,德国政府更明确规定,犹太人不能担任公职,不能做律师、医生、教师、编辑。客观上,欧洲历史上的反犹、排犹,以及那种只有接受基督教洗礼才能取得与基督教徒同样身份、权利的强迫同化政策,只能反过来强化犹太人的民族感情与宗教感情,使他们更清醒地意识到自己作为犹太人与周围主体民族之间的区别,从而在两者之间产生猜疑、隔膜与敌视,形成一道难以填平或逾越的鸿沟。两者之间的关系犹如水和油的关系,无法渗透、交融在一起,如此,自然同化或融合的发生几乎是不可能的。这种情况,与犹太人在中国的情况截然不同。

19世纪前后,在俄国则更是实行"集体隔离"的政策。与欧洲那些强迫犹太人同化的国家不同,当时的沙皇政府并不强迫犹太人同化,但却同样地反犹、排犹,歧视犹太人。他

---

① 《尊崇道经寺记》碑,明正德七年(1512年)立,现存开封博物馆。
② 潘光旦:《中国境内犹太人的若干历史问题》,北京大学出版社1983年版,第37页。

们把犹太人圈进隔离区,使其一直过着与世隔绝的生活。"大多数犹太人按照自己的习俗生活,他们被俄国政府圈进犹太人居住区。他们特有的、传统的宗教和社会组织把他们紧密地团结在一起,……这个庞大的社团有着自己的语言,很少与当地居民交往,……这个社团在地理上形成了一个彼此相连的土地,而且理所当然地建立了自己的管理机构,从而使它逐渐地具有了一个居住在自己世袭土地上的真正的少数民族的特点"。① 在被隔离的环境中,这些犹太人形成了更为独立的世界观,……他们的生活与宗教密切地交织在一起。犹太史和宗教上的许多有影响的人物和事件在他们的思想和心灵上占有重要地位"。② 俄国政府虽然没有强迫实施同化,但这种种族隔离政策却人为地使犹太人完整、纯洁地保存自己的宗教信仰和历史传统,以及独特的民族个性、生活方式、风俗习惯提供了客观条件。在欧洲,一些国家的政府与教会还实施过个人隔离的政策。1215 年,罗马教皇英诺森三世召集第四次拉特兰公会议,颁布了一批直接针对欧洲犹太人的法令。③ 这些法令的目的便是使犹太人在社会上比以前更加独立。犹太人必须穿上特殊的服装,佩戴标志,以示区别。这实际上是对犹太人实行隔离。无论是集体隔离还是个人隔离,都在犹太人与主体民族公民之间人为地掘了一道深沟,犹太人与基督徒的社会交往被压制到了最低限度,使犹太人在苦难与屈辱中牢记自己是作为犹太人而存在的,自己与周围其他的人是有着严格区别的。

在欧洲各国对犹太人采取或驱逐、或隔离、或强迫同化时,犹太人力图保持民族的传统性与自己的犹太属性,顽强地抵抗着同化。然而,到了 19 世纪,由于资产阶级民主革命,自由、民主、平等、博爱等思想广为传播,人类平等与天赋人权的观念开始深入人心,这就使得犹太人对居住国开始充满希望,他们把自己解放的希望与资产阶革命的成功联系在一起。正是在这样的背景下,他们自己提出了平等与同化的主张。一方面,要求给犹太人以人的地位并承认与其他民族一样拥有天赋的人格与权利;另一方面,认为犹太人必须被同化,"应使犹太人成为这个或那个历史的民族中的一员,换言之,犹太人不应单纯是人,而应成为法国人、英国人、德国人等等"。④ "十九世纪那些开明的犹太人表示要彻底加入占多数的民族中去。他们甘愿放弃自己信仰中的一切民族成分,而作为单个的人加入西方各民族"。⑤ 犹太复国主义的创始人西奥多·赫茨尔也曾梦想通过同化来解决犹太人的问题,"在一段时间里,他也曾认为同化是解决犹太人前途的最好方法","当时,他

---

① 阿巴·埃班:《犹太史》,中国社会科学出版社 1986 年版,第 299 页。
② 同上,第 300 页。
③ 同上,第 166 页。
④ 同上,第 290 页。
⑤ 同上,第 291 页。

第一章 以开封为中心的中国古代犹太人

倾向于通过接受洗礼和与非犹太人通婚完全同化犹太人这一途径来解决犹太人问题。"① 但是,事实证明,这不过是犹太人自己一厢情愿的想法。在美国独立战争和法国大革命100年后,犹太人在欧洲仍被视为异己,反犹、排犹的浪潮依然不断,犹太人被迫害、歧视和杀戮的命运并没有改变。虽然这时宗教矛盾不像以往那么严重,然而种族矛盾却突出了。19世纪以后,种族优劣论在欧洲广为传播,那些以优秀种族自居的人视异族为劣等民族,提倡把他们隔离、驱逐,甚至消灭。后来,纳粹希特勒在欧洲集体屠杀犹太人600万就是这种种族优劣论的最无耻表现。种族矛盾主要旨在消灭对方,自然不存在改造或同化的问题。无情的现实使犹太人自我同化的梦想终归于破灭。在欧洲,犹太人就是犹太人,作为一个群体,永远也不可能和欧洲其他民族融合为一体。

比如赫茨尔,正当他热心宣传同化论时,德雷福斯事件以及由此在全法国乃至全欧洲引起的反犹浪潮彻底动摇了他的同化信念,②大街上"杀死犹太人"的吼声是他永远也不会忘记的。从此,他开始制订解决犹太人问题的新计划,转向了犹太复国主义,认为犹太人只有恢复自己的国家,重建自己的家园,赢得独立,才可能最终真正解决自己的问题。当时,许多犹太人都是在同化梦破灭后转向犹太复国主义的。此外,犹太人的自我同化主张反而使自己作为犹太人的独特性进一步突现出来,正因为自己不同于周围的其他民族,所以才存在是否需要同化的问题。由此,在提出自我同化主张的这些犹太人的内心世界也引起了矛盾与冲突,对于冲突,使他们害怕有失去犹太民族身份的风险,以及有可能产生背离传统观念那样的过失感,这是一种很难坦然处之的尴尬境地。

然而,欧洲犹太人的这种尴尬处境以及窘迫的心理状况,以及上述激烈的种族矛盾冲突却没有发生在中国开封犹太人的身上。在处理不同民族之间关系以及在对待其他民族的态度这一点上,中国历代王朝都主张国外一体、兼容共存、友好相处,对汉民族以外的民族一般都能够兼容并蓄,平等对待。在政府政策指导和影响下,在一般的民众心理上,并不存在种族歧视、种族优劣的观念。即使与少数民族的冲突,一般也仅限于对统治权的争夺上,与汉民族内部对政权的争夺并无二致。这与种族之间仅仅就因为种族的不同而起的矛盾无关,更与仅仅只因为宗教信仰的不同而起的宗教矛盾不相干,中国历史上没有西方与穆斯林世界的那种"圣战"。中国开封的犹太人,与其他和汉民族生活在一起的民族一样,共同生活在一个平等、融合的民族关系中,种族的差异与种族矛盾从来未像欧洲或伊斯兰教国家那样成为困扰甚至危害他们的社会问题。另外,由于开封犹太人完全有保

---

① 阿巴·埃班:《犹太史》,中国社会科学出版社1986年版,第306页。
② 同上,第274页。

持自己宗教信仰与历史传统、文化风习的自由,他们并没有失去犹太人民族身份的风险。同时,如前所述他们具有与周围居民同样的身份、地位、权利,又使他们有了平等意识到自己与周围其他的人并没有什么两样,因此,开封犹太人从来没有意识到,也没有必要去考虑自己是否存在一个与周围其他民族的同化问题。开封犹太人的被融合,完全是在不知不觉中之中完成的,是一个潜移默化、无意识的渐进过程。所以,他们也就根本没有类似欧洲那些主动被同化主张的犹太人的那种背离传统观念的过失感与窘迫心理,欧洲自我同化论者的尴尬处境,也从没有在他们身上发生。这正好应了中国的一首古诗:"有心栽花花不开,无心插柳柳成荫。"

(二)宗教矛盾与冲突,一直是犹太人在欧洲遭受悲惨命运的主要原因(如前所述,19世纪后,种族矛盾成为另一重要因素)

在欧洲历史上,特别是中世纪,无论是基督教还是伊斯兰教,都是封闭式的,容不得异教与异教徒,异端的权利得不到承认。尽管基督教与伊斯兰教都是从犹太教中分化出来的,在教义上也有许多共通之处,但这并不能改变犹太人被视为异端而遭受迫害的命运。犹太人在宗教问题上也绝不妥协,宁死也不愿改宗,不管处境险恶,却仍然顽强地维护着自己的宗教特性。由于"犹太人固守自己的教规,这在基督教徒中引起了恐慌与怀疑,因为基督徒认为犹太人是真正宗教的否定者。"①于是,驱逐、迫害、杀戮便降临到犹太人的头上。在这种情况下,要想消除双方的猜忌与敌视,弥合两者的矛盾,互相融合,达到同化,几乎是不可能的。

然而,宗教信仰上的差异,却从来没有成为困扰、危害中国开封犹太人的问题。中国历代王朝,对来自异域的宗教往往持宽容与友好的态度。佛教在中国的生根立足,就证明了这点。甚至在佛教传入中国的早期,就有帝王笃信佛教。南北朝时梁武帝萧衍就曾舍身同泰寺;达摩来华,以禅家机锋试梁武帝,发现他没有慧根后,却也可以自由地跑到嵩山,建起少林寺,面壁去了。景教教士抵达长安后,收到了唐太宗李世民的礼遇,他们的著作被译成汉文。唐太宗下诏谕纳景教,甚至还命人为他们在长安及其他地方建立了景寺。②1692年,清王朝康熙帝下诏开放整个中国,允许传播基督教福音。欧洲著名哲学家、外交家莱布尼茨因此认为康熙是当时世界上最伟大的君王。③ 同样,当犹太人来到开封后也受到了宋王朝的礼遇。他们建起了犹太教会堂,有自己的宗教经典,有传播教义的人,自由地信仰着自己的宗教。当然,中国历史上也曾有过小规模的对某些宗教教派的取

---

① 阿巴·埃班:《犹太史》,中国社会科学出版社1986年版,第263页。
② 秦家懿、孔汉思著,吴华译:《中国宗教与基督教》,生活·读书·新知三联书店1990年版,第209页。
③ 同上,第217页。

缔,但这是因为他们在政治上危及到了朝廷的统治,与宗教信仰差异无关。如白莲教秘密结社、举行起义而被取缔;1617年朝廷对天主教组织的驱逐,也是因为他们秘密结社、秘密活动。所以,只要不危及政治统治,任何宗教都可以在中国自由、平等地存在,开展传教活动。犹太教来到中国后,与政府持合作态度,没有秘密活动,甚至没有在犹太人以外传教,吸收教徒,尽管传教不受任何限制。这样,他们就完全生活在一个安全而有自尊的环境里,不像他们在欧洲的同胞那样,因与政府及教会的冲突而生活在恐怖与屈辱中。

英国著名历史学家汤因比在他的巨著《历史研究》中,曾以险恶环境的挑战与人类的应战来论述文明的生长与发展,认为在某种意义上恶劣条件反而有利于文明的进步。这与中国古代生于忧患而死于安乐的思想是一致的。欧洲政府与教会对犹太人的迫害,反过来促进了犹太人的民族团结,强化了他们的民族认同感。而宗教就成了失去家园、流散世界的犹太人团结的主要精神纽带,愈是宗教迫害,这一纽带就愈显出其重要性,联系也愈加紧密。犹太人之所以能在几千年的流亡中如此执着地忠于自己的宗教,顽强地维护自己的民族与宗教特性,并从中汲取力量,抗拒同化,生存下来,这固然有犹太民族自身的特殊原因,也与欧洲国家对他们的宗教迫害所形成的险恶环境有不可分割的内在联系。反观中国开封的犹太人,他们安居乐业,环境对他们不构成特殊的威胁。没有宗教迫害,反而使宗教的重要性以及在维系犹太人成员中的作用与功能显得无足轻重。宗教在开封犹太人那里仅仅是寄托情感与精神的方式,是一种生活习俗。像欧洲那样以宗教为纽带的团结也显示不出有何重大的意义。由于没有必要依靠团体的力量来对付、策应险恶环境的挑战,人们更愿意以个人的身份,以个人的努力在社会上争得更高的地位与荣誉,民族认同感不断弱化,这就为了个别同化与自然融合创造了有利的条件。

除了中国历代王朝对于来自异域的宗教执行宽容与友好的政策外,中国文化的内在精神与特质及其恢弘气度也是关键的因素。在近代中国文化趋向保守以前,它对外来文化与宗教都持兼容与开放的态度。在中国历史上,既没有代表中世纪黑暗的血腥的"宗教裁判所",更没有刀光剑影的"十字军东征"(十字军东征的一个口号就是:"杀死一个犹太人,以拯救你的灵魂。");无神论与崇拜其他神灵在中国古代法律上不是一个罪名,而在欧洲却是一个可怕的罪名。苏格拉底被判死刑的罪名之一便是提倡无神论。在中国,范缜却可以他的《神灭论》在皇宫摆擂辩论。在中国没有类似西方那种全社会、全民族的宗教狂热,也没有异教与异教徒的概念。中国文化是极为入世、现实的文化,重在于运用伦理道德调整现实社会生活中各种各样的人际关系,如君臣关系、父子关系、兄弟关系、夫妻关系、朋友关系等。不追究宗教超验意义上的精神寄托和终极意义。入世现实的世俗此岸世界,是中国人生活的根本和意义所在。这一方面是外来宗教包括犹太教兼容于中国社会的文化原因;另一方面,又使它很容易在社会日常生活的过程中同化、融合外来文化。

(三) 在开封犹太人被融合的原因中,婚姻与人种血统问题值得注意

流散世界各地的犹太人的一条宗教戒律就是实施族内通婚。这一戒律对维护犹太民族的纯洁性有着重要的作用,也是他们抵抗被周边民族同化的手段之一。犹太人的这一戒律,也被当初来到中国并定居开封的中国犹太人所遵守。然而,由于开封犹太人的人数不多,以后的人口数量也未大量增加,这就使内婚制的维持有一定的困难,通过族外婚来解决婚姻问题就成为必须的了。同时,中国的犹太人一直是与中华各民族混杂居住的,中国政府从未实施过对犹太人像欧洲那样的"个人隔离"和"集体隔离"的歧视政策和措施,这就为中国的犹太人与中华各民族通婚,创造了很自然又很自由的有利条件。所以,渐渐地,中国犹太人抛弃了"族内通婚"的戒律,开始与汉族及其他民族通婚。在中国的犹太人,犹太男子对外娶妻、犹太女子外嫁是常见的现象。这样,族外通婚就使得血统的纯洁性无法保持。由于血统的融合,遂使民族的自然融合又向前大大推进了一步。

前文已经提到,根据现有文字记载的资料表明,在明朝晚期,中国开封犹太人已经同苏、孔、孟、柳等40多个姓氏的汉族人及其他民族的妇女结婚。自那时起至清朝末年,这种与其他民族通婚的历史已有300年左右。这样,中国开封犹太人不断把自己的女儿出嫁给汉族或其他民族的男子,或者把其他民族的女子娶进自己的家里。嫁给汉人或其他民族的犹太女子,其所生育的子女,根据中国的传统习惯都从父姓,而生活方式与教育方式,也完全按中国的传统进行,从衣食住行、风俗习惯到世俗礼仪,都已远离犹太特性,而完全成为中国式的。至于汉族女子进入犹太人家庭后,也同时把中国人的特性带进了犹太家庭。中国人注重现世世俗生活的现实主义态度,宗教观念的单薄倾向也会给她所嫁入的犹太人家庭带来深刻的影响。由于生活在同一家庭之中,这种影响是在日常生活的衣食住行、笑语言谈中慢慢发生作用,具有润物无声、潜移默化的功能。这种家庭式的潜移默化,以及周围其他人的平等、自然的人际交往关系,便使中国开封犹太人慢慢地适应、习惯,并最后接受了中国人的生活方式、风俗习惯、思维方式、价值观念。从而使他们身上的犹太属性越来越少,中国属性越来越多,直至最后完全融合进了中国人之中。今天的开封犹太人的后裔,包括体质与外貌特征,一切都很难与中国人相区别了。

(四) 语言在开封犹太人被同化的过程中,也扮演了重要的角色,它起了媒介的作用

从社会语言学角度来看,语言是保存文化,传播文化,沟通心理的工具,是保持了一个民族社会成员同一性的媒介。只要民族的社会成员中有足够程度的同一性,民族的社会就能够继续生存下去而不致解体。语言则是维系这一同一性的关键。秦始皇统一天下后

的第一件大事就是书同文、车同轨、行同轮,这绝非偶然。《圣经》中的上帝为阻止人类修成通天塔而变乱了人类的口音。语言的同一性,是维持社会同一性和民族内聚力的基本要素之一。宗教诚然能维持社会成员的同一性,但宗教也必须通过语言这一中介才能达到目的。宗教教义与历史传统必须借助于语言才能传达到每个人的心中。在欧洲的犹太人,一部分仍旧使用希伯来语,一部分使用希伯来语与古德语的结合——意第绪语,更多人则是用他们所在的当地语言。犹太人的宗教经典、历史传说很早就已经被译成当地语言。如早在公元3世纪,《圣经》《摩西五经》及其他犹太教先知书就开始被翻译成希腊文。这就为他们与当地语言为媒介来保持犹太宗教与历史传统的独特属性提供了保证,然后以宗教作为维持犹太成员同一性的工具。当耶路撒冷陷落后,犹太教神职人员对保持犹太母语就已经非常重视,声称使用希伯来语是做一个虔诚犹太人的先决条件,使用希伯来语的人仍被看作是生活在圣地的人。犹太人在会堂祈祷主要也用希伯来语。

中国开封犹太人的情形却完全是另一回事。一方面,他们及其后代来华后主要就是以汉语作为交际工具,特别是他们的后代,懂希伯来语的越来越少。清朝嘉庆年间(1796—1820年),一赐乐业教最后一位懂希伯来语的掌教谢世后,以后再也没有一个人懂希伯来语了。另一方面,中国开封犹太人也从来没有把他们带来的《圣经·旧约》《摩西五经》及其他犹太人先知书翻译成汉语。这样,无论是以犹太母语希伯来语还是以汉语为中介来保存宗教与历史传统的独特性以及保持犹太成员的同一性都成为不可能。犹太经典在不懂它语言的犹太人那里,就成了死去的典章文物,不再是他们的精神导师和行为的领导者,不再是他们判断是非善恶、罪与非罪的立法。它所具备的功能已无法发挥,对犹太人的精神领域,也已不成影响,已经愈来愈变得毫无意义。1851年,开封遭黄河大水淹没,冲毁了犹太会堂,一些犹太人竟然争相盗卖犹太教原先视为神圣的经书,宗教经典在他们心目中的地位已经可想而知了,犹太人那种对自己宗教的狂热信仰在这时的开封犹太人那里已经荡然无存了。

中国文化对开封犹太人的融合,汉语也起了重要的媒介作用。汉语维系汉民族同一性的功能同样作用于已经以汉语为母语的开封犹太人。在日常社会生活中,汉语不断把汉人的风俗习惯、生活方式、历史文化、思维方式、价值观念传播到犹太人中去,两者的心理距离越来越近。他们的孩子,和许多中国孩子一样,念私塾、识汉字,读儒家经典、诗歌辞赋,然后参加科举考试,以博取功名;入仕做官,以求出人头地。这样,汉语成了他们生活、思维的工具,儒家的宗法伦理观念和礼教,以及统治的精神通过语言深入他们意识的深层。在文化心理结构中,儒家思想已取代犹太教义。

三、犹太教的儒家化

我们知道，中国传统文化的内在精神与特征，以及兼容并蓄的恢弘气度，使其在对待外来文化与宗教的态度上都持兼容与宽容的开放态度。正因如此，异域的宗教来到中华大地后，一般不会与中国文化产生剧烈的矛盾、冲突和斗争。反而是在与中国文化充分交流后开始中国化，中国文化的精神与特征深深影响了他们。

从现存开封的三块犹太人所立寺碑的碑文来看，其中国化的倾向十分明显，中国文化的精神已渗透到犹太人的观念中，儒家的祖先崇拜与伦常礼教已经成了他们的思想意识和日常生活的组成部分。

（一）在犹太教的祖先与中国人的祖先之间攀上了血缘关系

"夫一赐乐业(以色列)之立教也，其由来远矣。始于阿耽(亚当)，为盘古氏十九世孙，继之女娲，继之阿无罗汉(亚伯拉罕)"。① 中国人的神话传说中的祖先，如开天辟地的盘古氏、造人的女娲，同时也被中国开封犹太人认可为他们的祖先。

（二）以儒家天道观阐释犹太教的起源与某些祭祀仪式、宗教节日

"罗汉悟天人合一之旨，修身立命之原，知天道无声无臭，至微至妙，而行生化育，哉顺其序。……而惟以敬天为宗，使人尽性合天，因心见道而已。"②"思其天者，轻清在上，至尊无对，天道不言，四时行而万物生。观其春生夏长，秋敛冬藏，飞潜动植，荣悴开落，生者自生、化者自化，……祖师忽地醒然，悟此幽玄，实求正教。"③这显然是以儒家天道人道即是一道的天人合一的宇宙观来解释宗教起源，与《圣经·旧约》中亚伯拉罕与上帝立约、摩西受上帝之命制定律法与教义已是大相径庭。且其中还隐含了中国式的思维方式，即通过对自然及其周边万物经验式的直觉感验而顿悟得道。

再如，"春日万物生发，祭用芹藻，报生物之义也，仲秋万物荐熟，祭用果实，报成物之义也。"④这明显是受到了董仲舒天人感应说的影响，与中国古代，特别是明清两朝的一个朝廷制度，即春夏因万物生长，繁盛而行赏赐，秋冬万物凋零、肃杀而行刑法异曲而同工。

甚至，他们还以《周易》来解释犹太教的宗教节日。如七日礼拜制，《圣经·旧约》上明明白白讲清是上帝创造世界时，干了六天完成工作，第七天休息。而开封犹太人对此的解

---

① 《重建清真寺记》碑，清康熙二年(1663年)立，现存开封博物馆。
② 同上。
③ 《重建清真寺记》碑，明弘治二年(1489年)立，现存开封博物馆。
④ 《重建清真寺记》碑，清康熙二年(1663年)立，现存开封博物馆。

第一章　以开封为中心的中国古代犹太人

释是:"易曰:七日未复,复其见天地之心乎!"①对礼拜的功能解释,则援引了孔子克己复礼的思想:"礼拜者,去靡式真,克非礼以复于礼者也。"对赎罪节(开封犹太人称之为大戒)是这样解释的:"一日大戒,敬以告天。悔前日之过失,迁今日之新善也。是《易》于'益'之大象有曰:'风雷益,君子以见善则迁,有过则改。'其斯之谓与!"对于赎罪的这一中国儒家式的解释与《圣经·旧约》及犹太教教义中关于人类因始祖犯罪而获原罪的原罪说,在根本上已经完全不同了。

(三)以儒家伦常与仁义说来阐述犹太教教义

"其儒教与本教,虽大同小异,然其立心制引,亦不过敬天道,尊祖宗,重君臣,孝父母,和妻子、序尊卑,而不外于五伦矣。"②然教是经文字,虽与儒书字异,而揆厥其理,亦有常行之道,以其同也。是故道行于父子,父慈子孝;道行于君臣,君仁臣敬;道行于兄弟,兄友弟恭;道行于夫妇,夫和妇顺;道行于朋友,友益有信。道莫大于仁义,行之自由恻隐羞恶之心;道未大于礼智,行之自有恭敬是非之心。③ 并且,从碑文中可以看出,在具体的礼仪制度上,如祭祖、冠礼、婚礼、葬礼以及其他礼仪,也都完全按中国古代儒家的一整套礼制举行了。

这一方面说明,开封犹太人在精神领域已经深深地打上了儒家文化的烙印,儒家伦常礼教的观念在他们心灵中已占据比犹太教教义更重要的地位。另一方面说明,中国儒家文化对外来文化有着强大的同化和融合的力量。这一同化和融合的力量来源于儒家文化的内在精神与特质。儒家文化积极入世的态度与在现实社会生活中的实践意义,使它具有世俗化的倾向与浓厚的人情味,它来源于现实社会与日常生活,又行之于现实社会与日常生活,很容易为人们所接受。犹太人来华并定居开封后,儒家文化正是这样渐渐地成为他们日常生活中的一部分,并进入其精神领域的。"畏天命,守王法,重五伦,遵五常,敬祖风,孝父母,恭长上,和乡里,亲师友,敬子孙,务本业,积阴德,忍小忿,戒饬勉之意,皆寓于斯焉。呜呼! 是经也,日用常行之道,所著者有如此"(着重号为笔者所加)。④ 世俗日常生活成了人生的重心,宗教生活的比重日益减少。并且,世俗生活日益带着他们远离自己的宗教。越到后来,在行为方式、思想意识、精神追求、生活态度、价值观念等各个方面,儒家思想占据了主导地位,而犹太教义和思想对他们的影响则反而越来越小。宗教仪式活动也日益趋于形式化,即便是形式化的仪式也越来越不严格。中国社会及周边公众重现

---

① 《重建清真寺记》碑,清康熙二年(1663年)立,现存开封博物馆。
② 《重建清真寺记》碑,明弘治二年(1489年)立,现存开封博物馆。
③ 《尊崇道经寺记》碑,明正德七年(1512年)立,现存开封博物馆。
④ 《尊崇道经寺记》碑,明正德七年(1512年)立,现存开封博物馆。

实、轻玄想、重今生、重世俗、轻宗教,无宗教狂热的氛围,也淡化着他们对宗教的热心,消磨着他们的宗教理念。明清时,尽管开封犹太人还在热心立碑,重建犹太会堂,但在感情与心理上,已不同于宋朝他们刚来开封时,它更类似于中国对修家谱、建家族祠堂的心情,具有家族化的倾向,而作为特殊宗教各团体存在的意义则越来越小。清末,犹太会堂再次被大水冲毁,经典散佚,而这时,已再没有人去重建它了。中国开封的犹太人已完全融入了中国社会,犹太教也已经完全儒家化。

　　以上,我们约略考察了开封犹太人被融合的原因,与犹太人在欧洲的同化问题作了比较,并考察了在中国的犹太教的儒家化。中国历代王朝的中外一体政策和对外来宗教的宽容态度;中国儒家文化的入世精神、世俗化倾向和实践意义,以及它对外来文化和宗教的兼容性;加上婚姻的溶解力和汉语的中介作用,终于使开封犹太人被彻底融合了。他们的被融合完全是一种自然融合,这恰好符合了老庄道家哲学中顺其自然、无为而治的思想。不人为、不执着、不刻意追求,处事于有意无意之间、有形无形之中,最后则无为而无不为,完成了自然融合。今天,开封犹太人后裔,无论气质相貌、衣食住行、生活方式、风俗习惯,还是语言文字、思维方式、思想意识、价值观念、心理结构,都已完全中国化。他们不再有自己独特的宗教信仰,更不再遵守犹太教的礼仪制度,对犹太教的历史传统、著名人物,甚至自己祖先在开封的历史也知之甚少。

　　一些以色列学者曾说:"开封的犹太人命运很好,没有受迫害;但结果不好,被同化了。"①但我们不这样看。欧洲历史上的犹太人备受欺凌,被迫害、驱逐、杀戮。甚至19世纪、20世纪,当西方高唱自由、民主、平等、博爱时,他们仍然没能摆脱这一悲惨的命运。人权、平等、宗教信仰自由对他们只是纸上谈兵的空话。而历史上的开封犹太人的平等权利却得到了普遍尊重,他们与当地居民友好相处,安居乐业,已是乐不思蜀,乐而忘蜀了。即便他们遭受的灾难,也是和汉民族共遭受共抵抗的,可谓同命运、共患难。人类应当是平等的,人的权利理应受到尊重,人的尊严必须得到维护。因种族、肤色、宗教的不同而遭受歧视、迫害、杀戮的悲惨命运,是人类的悲剧,也是人类的不幸。欧洲犹太人不也曾梦想成为当地民族平等的一员吗?中国开封的犹太人不正是平等地生活在汉民族大家庭中,并成为其中一分子的吗?所以,中国开封犹太人,不仅命运是好的,而且结果也是好的。

---

①　达洲、振堂等:《中国人看以色列》,新华出版社1990年版,第132页。

第二章 哈尔滨地区的俄罗斯犹太人

第一节 哈尔滨犹太人社区的兴衰

位于中国东北松花江中游,松嫩平原中南部的名城——哈尔滨,在19世纪末时还只是一个临江的普普通通的渔村。渔村的名字叫"哈尔滨",在满语中的意思是"晒渔网的场子"。村中的居民大多以打渔为生,小小的村子由几十间泥砖砌成的小屋组成。

中国的近代是一个多灾多难的年代。大大小小的帝国主义都来争食中国这块"肥肉"。美丽富饶的东北平原早就是沙俄帝国主义垂涎之物。19世纪中叶以来,积极对外推行扩张主义政策的沙皇俄国,利用一切机会,以巧取豪夺的方式,不断蚕食中国北方领土。1858年,沙俄趁英、法侵华联军进攻天津,威胁北京之际,用武力迫使清政府订立《中俄瑷珲条约》,割去了黑龙江以北,外兴安岭以南60多万平方千米的中国领土,并把乌苏里江以东的中国领土划为中俄共管。两年后,沙俄通过另一个不平等条约——《中俄北京条约》,将这块方圆40万平方千米的所谓"共管区",划入了自己的版图。1896年,沙皇俄国以中俄共同防止日本侵略为幌子,贿赂收买清政府的使臣,从而达到引诱清政府订立《中俄密约》,即所谓《御敌互相援助条约》的目的。正是该条约使沙俄获得了在黑龙江、吉林两省修筑直达海参崴的铁路权。从此,沙俄侵略势力进一步渗透到吉林和辽宁地区。

一、哈尔滨犹太人的历史发展过程

(一) 最早进入哈尔滨的犹太人

1897年,沙俄根据《中俄密约》成立了中国东方铁路公司(简称中东铁路公司),并着手开始修筑中东铁路。1898年,当一堆肩扛手提各种勘察仪器的俄国工程技术人员沿松花江顺流而下,行至哈尔滨渔村时,优越的地理环境立即吸引了他们,经过初步勘测,哈尔滨被选为中东铁路的交汇点。俄国有关当局因而决定把哈尔滨作为中东铁路公司的未来管理中心。随之一批又一批的俄国工程人员来到了哈尔滨,在这些工程人员中有为数不多的,可谓最早踏入哈尔滨的犹太人。

最先移居哈尔滨的犹太人和最早进入中国东北地区的犹太人,这是两个不同的概念。根据现有资料表明,最早进入中国东北的犹太人,时间大约在1860年前后,人员类型主要是军队中的士兵。据史料记载,1854年5月,沙俄西伯利亚总督穆拉维约夫亲率1 000名远征军,分乘70余艘船只,沿石勒喀河下驶,第一次武装侵入中国的内河黑龙江。此后中俄在1885年、1860年先后签订两个不平等条约,沙俄军队便依约开进中国东北地区。众所周知,沙皇俄国长期以来一直推行反犹主义政策,对境内犹太人歧视迫害的形式之一就是强迫未成年的犹太少年充当世袭兵。许多犹太男子从12岁时起就应征入伍,服役期长达25年。据有关资料统计,从1843年至1854年的11年中就有29 115名犹太少年被征募入伍,其中许多人在成年后被编入边防军,大多数是在西伯利亚远东地区条件最艰苦的沙俄军队中服役。当驻扎在远东地区的沙俄军队奉命进入中国领土后,自然也就有大批犹太士兵出现在中国东北地区。

(二) 移居哈尔滨的犹太人的三个阶段

1. 最早移居哈尔滨的俄罗斯犹太人(1898—1903年)。最早移居哈尔滨的犹太人,时间上大约是1898年以后,人员类型主要是两种:(1)从事铁路建设的工程技术人员及其家属;(2)从事各种商业活动的商人。

从移民一词的特定含义看,军队士兵还不能算是真正的定居者,而最早踏入哈尔滨的两种人员被称作犹太移民更确切一些。以色列中国问题研究学者艾琳·埃伯教授(Prof. Irene Eber)也是从这一角度来认定这一问题的,他认为"第一批犹太人来自西伯利亚,是在那里从事有利可图的畜牧饲养业和乳制品制造业的人"。① 以色列学者茨韦亚·锡克曼-鲍曼(Tzvia Shickman-Bowman)亦如此认定:"首批到达东北的犹太定居者来自西伯利亚。他们给俄国工程师带来了建筑材料,给筑路工人运来了货物和食品。"②

最早一批进入哈尔滨的犹太人中,工程技术人员已无案可查,但在犹太商人中,据资料记载有一位名叫格雷格瑞·萨姆松诺维奇(Gregorie Samsonovitch)的犹太人,他是1898年从西伯利亚来到哈尔滨的,其身份是一名来自中东铁路公司供应物资的一家公司的商业代表。③

在1902年时,哈尔滨定居的犹太人已逾数百人,从人员结构上看,定居哈尔滨的犹太

---

① Irene Eber:"Passage Through China: the Jewish Communities of Harber, Tiehtsin and Shanhai", P. 9、P. 27.

② Tzvia Shickman-Bowman:"The socioeconomic structure of the Harbin Jewish community 1898–1931".

③ Irene Eber:"Passage Through China: the Jewish Communities of Harber, Tiehtsin and Shanhai", P. 9、P. 27.

第二章 哈尔滨地区的俄罗斯犹太人

人绝大多数是商人,有畜牧业商人、乳制品制造业主、毛皮收购经销商,土特产经销商,以及各类小商小贩,还有一些工匠手艺人和医生。直到那时,哈尔滨犹太人还未正式联系起来。犹太人之间的交往只限于家庭成员或亲朋好友之间,作为维持犹太民族的最重要的因素——宗教关系,还没有正式建立起来。初来乍到为生活而奔波的各类犹太人,当务之急是营造一个新的生存环境。

1903年,对于哈尔滨的犹太人来说,无疑是一个很值得记取的年代。这一年的7月14日,中东铁路干线自满洲里经哈尔滨到绥芬河,支线由哈尔滨到旅顺、大连全线正式通车。"丁"字形的铁路网在东北的建成,大大促进了哈尔滨的发展;同时加速了欧洲移民的到来。到年末,哈尔滨的犹太人已达500余人。为了在犹太人中建立正常的联系渠道和协调相互间行动,他们发起成立了哈尔滨犹太人社区,并从西伯利亚的奥姆斯克和契塔请来了第一位专职主持犹太人社区宗教生活的拉比——沙凡尔(Rabbi Shevel Levin)。哈尔滨社区的犹太人经过选举,正式成立了"哈尔滨犹太人协会"。[①] 其宗旨是帮助当地犹太人解决各种需求。该协会接受中东铁路管理局的行政管辖。[②]

哈尔滨犹太人协会成立后的所做的第一件事就是决定筹款为社区新建一座犹太会堂。1907年哈尔滨第一座犹太会堂建成并投入使用。这座建在炮队街(现通江街)的犹太会堂,在日后相当长的一段时间里,既是哈尔滨犹太人宗教活动的主要场所,也是哈尔滨犹太人团结友爱的象征。

2. 哈尔滨犹太社区建立发展时期(1904—1929年)。中东铁路的全线竣工,为沙皇俄国的势力深入中国东北地区提供了种种便利,野心勃勃的沙俄扩张主义者为了进一步控制中国的整个东北地区,以移民的方式加速中国东北地区的"俄国化"。当时执政的沙皇尼古拉斯二世曾亲自发出呼吁,要求并鼓励俄国人前往中国东北定居。为了吸引更多的俄国人前往中国东北定居,尼古拉斯二世专门颁布"优惠"移民政策。此外,他还特别鼓励俄国境内的犹太人移居中国东北。他声称:任何愿意移民到中国"满洲天堂"的犹太人都将得到宗教自由、无限制的商业权利和进入没有限额的学校。[③]

1905年日俄战争后,清政府为了恢复和加强对东三省的统治,防止出现日俄分割或独占东三省的局面,于是主动加快东三省的对外开放步伐。1905年底,清政府应日本政府要求,同意将东三省的16个主要城市开辟为商埠。哈尔滨市是其中一个主要城市,当时除沙俄外,有日本、英国、美国、德国、荷兰、比利时等15个国家在哈尔滨市设立了领事

---

① 黑龙江省档案局,158-1-138卷。
② 《满洲帝国十周年》,哈尔滨协和会和白系露人局1942年版。
③ Tokayer & Swartz 中译本,第35页。

馆,36个国家约10万人的侨民居住在这个城市。短短几年中,哈尔滨就发展成一个国际性的现代都市。与此同时,清政府着手对东三省的行政体制进行改革,1907年4月下令在东北设行省,推行督抚制,任命汉族官僚徐世昌为东三省总督,唐绍仪、朱永宝、段芝贵分任奉天、吉林、黑龙江巡抚,意在加强对东三省的政治控制。但这些措施并未能从根本上阻止沙俄侵略势力在东三省的渗透。

　　随着中东铁路的全线营运,以及沙俄采取的鼓励俄国境内的犹太人前往中国移居政策的实行。一批又一批的俄国犹太人纷纷移居哈尔滨及毗邻地区。1904—1917年哈尔滨犹太人社区迅速扩展。至1917年底,哈尔滨的犹太人已增至8 000余人,比1903年的500人增加了16倍。在14年间犹太人社区人口增加如此之快,主要有下述原因:

　　(1) 沙俄政府为确保在其中国东北的既得利益,在国内实行鼓励犹太人移居中国东北的政策。日俄战争后,沙俄在丧失了东三省南部的势力范围后,便重新调整和部署其远东战略,采取以中东铁路的基地、以中东铁路公司为执行部门,加紧对中国东三省北部的控制和掠夺。为配合这一侵略扩张战略的实施,在国内,沙俄政府实行鼓励俄国居民移居中国东北政策。一批能干而又富有的犹太人也就趁机走出隔离区,移居中国从事经商贸易。

　　(2) 沙俄在日俄战争中被击败,导致大批在沙俄军队中服役的犹太人士兵乘机脱离所在部队,其中部分落脚在当时就是十分容易进入的新兴城市——哈尔滨。

　　(3) 俄国爆发的"二月革命"流产后,沙皇政府进行了疯狂的反攻倒算,而对一切罪过归于犹太人的司空见惯的做法,使俄国境内犹太人中一部分便进入中国,加盟于哈尔滨的犹太人社区之中。

　　(4) 哈尔滨犹太人在经济上的卓越成就,吸引了一批与之有关系的亲朋好友投奔哈尔滨。比如,犹太富商索斯金,他是1902年因不思上进而被其父一气之下送到哈尔滨的,结果浪子回头,仅在2年中他就干出了一番大事业。1906年其父与家人为躲避俄国掀起的迫害犹太人行动,举家迁往哈尔滨,与儿子共同开发在哈尔滨的产业。

　　在上述因素作用下,哈尔滨犹太人社区人口数在此期间获得了急速增长,犹太人社区的经济也粗具规模。在以哈尔滨为中心的东北地区,犹太人创办的工厂、商号、公司如雨后春笋,一批犹太家族实业家脱颖而出,如经营木材和粮食的大商人索斯金,经销毛皮的赞多维奇父子,从事制糖业的莱夫·金克曼,开设远东一流饭店的约瑟·开斯普,经营烟草公司的伊·阿·老巴托兄弟,掌握社区银行的金融家雅格布·弗利泽,此外还有榨油、酿酒、果汁生产、制烛、矿泉水饮料等各类企业。

　　1917—1929年是哈尔滨犹太人社区继续发展时期。其间,1920年是哈尔滨犹太人社

区发展的最盛时期。具体表现是:

① 哈尔滨犹太人社区的人口达到了历史的最高数 1.5 万人之多。造成人口再次激增的直接原因是 1917 年俄国发生的十月社会主义革命。在此之前,俄国的犹太人都被限制在指定的区域内生活(称为"隔都"),人身自由受到很大的限制。十月革命后,限制犹太人居住的"围墙"和各种条令随革命的成功而被取消,犹太人在政治、社会上获得了完全的解放。他们能在国内外自由迁徙,甚至置身于新政权的最高领导层之中。但是,在苏维埃革命胜利之初,由于新生的革命政权面临政治、经济等一大堆复杂而紧迫的问题,无暇顾及这群苦难的人们。相反,现实给予犹太人的是残酷的战乱和因战时共产主义政策的施行而使犹太人原先生存手段的丧失。因此,大批俄国犹太人出走波兰、罗马尼亚、立陶宛,也有部分俄国犹太人穿越西伯利亚来到了哈尔滨及其毗邻地区。哈尔滨犹太人数量的激增显然是犹太人社区兴旺的一个重要标志。

② 哈尔滨犹太人社区经济在中国东北经济领域中的影响已渗透到了各个方面,占据了举足轻重的地位。一大批犹太商人积极活跃在东北的各行各业,对以哈尔滨为中心的东北北部经济的发展作出了重要贡献。在金融界,犹太人也开设了自己的银行,并积极参与哈尔滨股票交易所的各项活动。从 1924 年起,哈尔滨股票交易所的董事长一职一直由犹太实业家卡巴尔金担任。在国际进出口贸易中,哈尔滨犹太人更是大显身手,许多大宗的粮食出口贸易和纺织品进口贸易都是犹太人所为。

③ 哈尔滨犹太人社区成为当时中国境内最大的,也是建设最为完善的一个犹太人社区。哈尔滨犹太人经济地位的不断提高,带动了犹太人社区的各项事业的全面发展。1919 年,经过民主协商和召开社区大会,哈尔滨犹太人社区第一次以民主选举的方式产生了社区委员会的执行机构,负责指导和处理与犹太人有关的各项事务。与此同时,各种社会、政治、文化组织和机构相继成立。像旨在帮助年迈、孤儿、穷人的福利机构,各种旨在复兴犹太人家族的犹太人政治组织,以及促进犹太人社区内文化、教育、卫生事业的图书馆、学校、医院都纷纷建立。1918 年,坐落在经纬街上的新教堂也建成并投入使用。在 20 多年中,哈尔滨犹太人在战乱不断的环境中,以犹太民族特有的开拓精神,营造了一个欣欣向荣的犹太人社区,这充分证实了犹太民族吃苦耐劳,富于创造精神的民族特性。

3. 哈尔滨犹太社区的衰落时期(1936—1960 年),历史进入 1930 年代时,哈尔滨犹太人社区逐步趋向衰落。仅在 1930 年代的前半期,哈尔滨犹太人社区的人口就锐减了 2/3。导致社区衰落的原因有几个方面,(1) 1928 年苏联当局将中东铁路公司管理权交还给中国,使不少犹太人的商业活动受到影响和限制;(2) 1929 年首先从美国爆发的世界性的大萧条于 1930 年起影响到哈尔滨犹太人的经济活动,许多从事国际贸易的犹太商因此受到沉重打击。然而,最大和最主要的打击是1931年爆发的"九·一八事变"。1931年日本帝国主义对东三省的进攻和占领给以哈尔滨为中心的犹太人社区带来了灾难性的打击。不过,衰落的趋势不是呈一泻而下之势,其间,1936年起情况曾出现好转。但是,到太平洋战争爆发时,哈尔滨犹太人的情况又陷入十分困难的境地。好在犹太民族经历了2 000年的磨炼,已适应了流散的生活环境,无论何时何地,只要能生存发展,他们就努力地去生存发展,而当生存发展的机遇被堵塞时,他们又将毫不犹豫地去寻找新的犹太人天堂。

从1940年代后半叶开始,哈尔滨犹太人社区已处在最后瓦解之中。中华人民共和国成立后,中央人民政府从未颁布任何排挤或敌视犹太人的政策,但哈尔滨的犹太人不断地自发出境前往以色列、澳大利亚等地。1950—1952年的3年中,哈尔滨犹太人大约有2 000人离境。到1953年末,哈尔滨犹太人已减少至453人。到1960年时,哈尔滨犹太人仅剩100人左右。① 1985年,当最后一名孤寡犹太老妇人无疾而终时,犹太人在哈尔滨的历史被悄悄地画上了一个句号。前后跨越2个世纪,约100年的哈尔滨犹太人社区成为一种历史,成为中国近现代历史上的一度闪着光芒的流星。

二、犹太民族凝聚力的纽带

犹太民族在公元135年由巴尔·科赫巴领导的犹太人最后一次起义被罗马人镇压后,耶路撒冷被夷为平地,从此犹太民族开始了近2 000年的流散生涯。在这漫长的20个世纪中,犹太民族受到各种歧视和迫害,多次受到灾难性的放逐和灭绝性的屠杀。但是,散居于世界各地的犹太民族是在极其险恶、漫漫无期的时空中,居然顽强生存,繁衍后代,而且始终保持其民族的特性,这在世界众多民族发展史上可谓一大奇观。从19世纪末到1950年代中国哈尔滨犹太人社团的兴衰,可对犹太民族生存奇观的奥秘略见一斑。

19世纪末中东铁路的开建,使最早的一批犹太人出现在当时还仅是一个小渔村的哈尔滨,直到1903年中东铁路通车时,定居在哈尔滨的犹太人仅有500人。尽管在这为数并不庞大的犹太人中有从事各种职业的人员,但作为犹太民族与生具有的各种特性,使他们很快地凝聚为一个在哈尔滨这座新兴城市中颇有影响的群体。再说哈尔滨的犹太人绝大多数来自同一地区,他们无论是在风俗习惯、文化传统,还是思想形态、组织形态上都具有更多的相似之处,因此更容易形成一个统一的共同体。在随后的30年中,随着犹太社

---

① 《黑龙江省志·外事志》,第137页。

区人口的迅速增加,犹太人在哈尔滨乃至整个东北地区的作用越来越大。是什么因素使处在流散中的犹太人无论走到世界的何方,其超凡的民族凝聚力都会在各个方面体现出来,并以一个严密、和谐的整体出现在其他民族之中,发挥着重要作用。概括起来主要有以下诸方面的原因:

(一)犹太民族在长期流散中创造并保持的独特社会形态——犹太社区

犹太民族流散在世界各方,但他们绝大部分实际上都生活在大同小异的犹太社区之中。犹太民族的整体是建立在世界各地无数的犹太人社区之上的。犹太社区是犹太民族构成的基本社会组织形式。这种犹太社区产生于该民族的迁徙和流散中,它自成体系,具有鲜明的民族特征,是一种相对独立的民族自治体。

哈尔滨犹太人正式组织起来的时期是1903年,当时人口总数500余人。为了建立正常的联系渠道和协调相互之间的行动,他们发起成立了哈尔滨犹太人社区。社区的组织机构为社区委员会,凡是年满20岁的犹太人每年交纳相当于当地货币2元的会费,都可以成为该委员会的成员。社区委员会定于每2年举行一次选举,产生至少有11人组成的执行委员会。执行委员会对外代表全体犹太人,对内负责处理和安排社区的各项活动,协调各机构之间的关系。执行委员会经过协商和选举,产生主席、副主席、秘书长及司库各1人。执行委员会下设几个特别委员会,如教育委员会、难民委员会、经济委员会、财会委员会等。各委员会主任均由执行委员会成员担任,负责处理社区日常事务。这种组织形式是典型的犹太人散居自治组织形式,反映了犹太民族素来实行自我管理内部事务的传统。

在哈尔滨犹太人社区中的所有领导人之中,亚伦·摩西·吉赛列夫拉比(Rabbi Aaron Moses Kiseleff)和亚伯拉罕·考夫曼医生(Dr Abraham Kaufman)发挥了卓越的领导作用。前者被誉为哈尔滨犹太人的精神领袖,后者是哈尔滨犹太人社区的行政领袖。

吉赛列夫拉比从1913年起就担任社区拉比,他坚持犹太传统,维护犹太人之间的团结,以自己的一言一行把整个社区维系在一起,在社区中享有极高的威望,普遍受到社区犹太公众的敬仰和爱戴。

考夫曼医生1885年出生于俄国正统犹太人家庭。1903年毕业于彼尔姆的一所中学。1904—1908年在瑞士伯尔尼大学学习医学,期间被选为伯尔尼犹太大学生联盟副主席。1908年返回俄国途中,在伏尔加河流域和乌拉尔一些城市进行犹太复国主义思想宣传。1912年考夫曼移居哈尔滨。1919—1931年、1933—1945年,他以非凡的组织才能和忠心耿耿献身犹太人事业的精神,赢得了社区公众的信赖,在社区的主要领导职位上,为捍卫犹太人的各项权利进行了不懈的斗争。特别是在与日本当局进行联系交涉的10余年中,他的外交才华和政治家风度尽显风采。

在考夫曼出任哈尔滨犹太人社区主要领导期间,他还担任犹太民族委员会和基金会在中国的代表、世界犹太复国主义组织和犹太代表处的全权代表和中国犹太复国主义组织主席。在此同时,他还领导着哈尔滨犹太人几乎所有的文化机构和社区机构。1945年8月苏军攻占哈尔滨后,考夫曼曾是哈尔滨热烈欢迎苏联人的代表团成员之一,但不久被苏联人逮捕,并押往西伯利亚集中营。他被指控为从事间谍活动和犹太复国主义活动而判处25年徒刑。他被监禁11年,1956年无罪获释。以后他在哈萨克住了5年,1961年获准移居以色列,晚年他作为医生在拉马特甘的诊所工作,并撰写回忆录和远东犹太人社区史。1971年逝世。

(二)犹太民族善于组织起来的民族特性①

在犹太人社区的基本社会形态中,通常有不少沟通内外关系的各种社会团体。这种社会团体独当一面,从事某一方面的事务工作,诸如社会工商界、妇女界,或者是与外界犹太社团的联系。在哈尔滨犹太人社区中,仅以1926年为例,社区中建立的社会团体就有如下一些:

1. 哈尔滨犹太人协会理事会

该会设于哈尔滨道里街19号。36位理事全部由哈尔滨市的犹太人工商企业家组成。

主席:姆·伏·考夫曼,秘书:格·兹·艾泼施坦、尤·阿·巴拉沃伊,司库:勒·科·古尔维奇。

理事会成员:(除上述人员外有下述人员)姆·阿·基谢列夫、依·赫·索斯金、姆·雅·叶利金、斯·依·拉维阔维奇、依·斯·富立捷、什·什·列文、阿·勒·奥古思、姆·雅·卡尔谢博依姆、波·姆·撒皮洛、勒·勒·高尼克曼、雅·科·波俩阔夫、勒·姆·谢列尔、阿·勒·古特曼、斯·依·阿扎尔希、姆·勒·巴赫、姆·赫·比涅斯、阿·阿·瓦特涅尔、德·阿·古日赫-施维里、勒·依·叶里叶维奇、斯·依·依伏俩特、波·姆·卡思、勒·奥·古奇马尔、雅·姆·米刹希科尔、兹·兹·萨皮洛、格·兹·达列夫斯基、阿·耶·保古俩耶夫、阿·雅·罗金别尔格、什·特·奥古涅夫、波·特·斯·马尔、波·雅·利别尔曼、阿·波·拉伯波尔特。

理事会常务委员会成员:建设委员会主席:尤·阿·巴拉沃伊,社会援助委员会主席:雅·科·波俩阔夫,文化教育委员会主席:斯·依·拉维阔维奇,宗教委员会主席:

---

① 《黑龙江省志·外事志》,第137页。

第二章　哈尔滨地区的俄罗斯犹太人

阿·姆·基谢列夫,监察委员会主席:波·姆·卡思。

2. 世界犹太复国组织远东局

该局设于哈尔滨市道里经纬街 39 号,局长是阿·依·考夫曼,副局长是阿·德·拉维阔维奇,秘书是阿·斯·依慈古尔。

3. 犹太民族基金会远东局

该会设于哈尔滨市经纬街 39 号。理事会主席:格·兹·艾泼施坦,副主席:伏·格·宗达维奇,波·德·科别利奥维奇,秘书:勒·伏·格林菲尔德,司库:依·斯·考夫曼,工作成员:什·什·列文、波·伏·古劳格尔、叶·依·里特维、依·姆·斯特里热夫斯基、赫·德·马都尔斯基。

4. 犹太妇女爱国组织

该组织为世界犹太妇女复国组织的分支机构,总部设在伦敦,哈尔滨的分部设在道里经纬街 39 号。理事会主席是恩·伏·伏利则尔,副主席是勒·依·宗达维奇,司库是恩·依·特洛茨卡娅,理事会成员有:波·伏·吉尔芬凯尔、尤·依·雅布洛娃、姆·姆·卡俩斯卡娅、波·赫·法因盖尔什、斯·斯·茹尔斯阔夫斯卡娅。

5. 犹太复国组织哈尔滨市委会

该会设于哈尔滨市经纬街 39 号。主席是斯·格·雅布洛夫,副主席是阿·德·拉维阔维奇。

6. 远东犹太人难民事务管理中心

主席是格·姆·齐尔科里-里夫申茨,主任是姆·比尔曼,秘书是什·德·加尔别林。

7. 哈尔滨犹太人慈善会

该会设理事会和监事会。理事会成员有:阿·姆·马尔达霍维奇、依·依·切尔年科夫、雅·阿巴多洛依斯基。监事会成员有:德·斯·鲁特施坦、阿·勒·密科列尔、勒·依·叶里叶维奇、阿·雅·斯洛博斯基。

哈尔滨犹太人社区中众多的组织把该地区的犹太人紧密地维系在一个空间,通过这种有形的联系,流散在哈尔滨地区的犹太人以一个完整的、实力雄厚的社团整体活动在中国东北地区,显示其存在的重要作用。

(三) 犹太人世代相传的民族宗教信仰

犹太教是世界上最古老的宗教之一,它有成文的经典和行为规范。犹太教是犹太人世代信奉的民族宗教。它是维系犹太人成为一个完整体的精神纽带。即使在中世纪宗教迫害极其疯狂的年代,也只有极少数犹太教徒放弃自己的信仰,转而接受新教洗礼,成为基督徒,而大部分犹太人面对死亡也不改变宗教信仰。如 14 世纪定居西班牙近 1 000 年的犹太人,他们表面接受洗礼,实际仍坚持犹太教的信仰。最终被西班牙裴迪国王下令驱逐出西班牙。

犹太民族古代史的一个最大特点是史实与传说融为一体。这点与我们中华民族的远古史十分相似。中国古代有三皇五帝的传说,黄帝、炎帝和神农等传说中的人物,后来都成为中华民族的象征和民族凝聚力的一个重要来源。同样,在犹太经典《圣经》记载的像亚伯拉罕、雅各、摩西等传说中的人物,要比实际发生过的历史更深刻地影响着这个民族的发展和精神面貌。比如在《圣经》中记载着犹太人祖先亚伯拉罕与上帝立约的故事,上帝认可他们是"上帝特选子民",不同于别的民族,并保证其后裔"极其繁多",如天上"众星",如地上"尘沙"。这种"上帝特选子民"的意识在犹太民族当中根深蒂固,代代相传。然而,犹太教又认定犹太人在上帝眼中行邪恶,上帝决心惩罚他们,让他们在世上受苦受难,以赎其罪。但是上帝又无时不刻在眷恋着这些"特选子民",赎罪是为了新生,到一定时候,上帝就会派救世主弥赛亚降临人世,拯救犹太人脱离苦海,回到"流着奶和蜜的地方"。犹太人这种赎罪和等待救世主的宗教信仰,自始至终支撑着这个四海流散,饱受苦难的民族。也正是出于这一原因,信奉犹太教成了犹太人比生命更重要的事。虔诚的犹太教徒在一天三次的祈祷中重复着这句悼词:"吹响我们自由的伟大号角,高举起召集我们流亡者的大旗,我们要从各地聚集在我们的国土上。"

由于宗教是维系犹太民族的唯一精神纽带,犹太会堂自然就是各地犹太人社区的中心,拉比是社区的精神领袖。哈尔滨犹太人在1903年正式组织起来之时,他们首先列入议事日程,并付诸实施的不是别的,正是建立犹太人的宗教生活。几乎与社区成立的同时,他们从西伯利亚的奥姆斯特和契塔请来了第一位专职主持社区宗教生活的拉比——沙尔凡·莱文(Rabbi Shevel Levin)哈尔滨犹太人社区正式成立后所办的第一件大事,是决定筹款兴建一座能满足社区犹太教成员从事社区礼仪活动之需要的犹太会堂。1907年,哈尔滨第一座犹太会堂在中东铁路公司拨给的土地上建成并投入使用。该犹太会堂建筑雄伟,具有浓郁的俄罗斯风格,能容纳数百人。在相当长的一段时间内,它既是哈尔滨犹太人社区的主要宗教活动场所,也是哈尔滨犹太人社区团结与兴旺的象征。1918年,随着哈尔滨犹太人的不断增多,在经纬街上又建了一座新教堂。新教堂比第一座教堂更大,更富有建筑特色。这座新教堂至今仍存在,现在是哈尔滨市公安局的招待所,虽已在建筑上作了多次整修、改装,但犹太教堂的建筑特色依然清晰可辨。

哈尔滨犹太教的领导机构是"犹太教公会"。这一宗教领导机构除组织和管理教堂事务外,还办有犹太教会学校,地点在当时的道里马街8号。学校的拉比是列宾。此外,犹太教教会还拥有一个新祈祷室,设在当年马家沟原镰刀街,还有犹太教会医院、慈善院,以

第二章 哈尔滨地区的俄罗斯犹太人

及犹太教会公墓。总之,犹太教是犹太人生活的一切所在,一个犹太人从出生到死亡都与犹太教相随相伴,密不可分。

（四）犹太民族具有的强烈的集体互助精神

一个犹太人从小到大,无论是在家庭或社团之中,所接受的有关集体至上的教育是日积月累的。他们普遍认为个人只能作为相互依靠的集体的一分子而存在。这种观念已被犹太人视为一个公认的准则而世代相传,并成为犹太民族的一个优良传统。

犹太民族所具有的这种强烈的集体互助精神主要体现于保持犹太群体的团结和谐和随时随地准备帮助那些需要帮助的犹太同胞。如东欧一些国家的犹太社团成员,为了清除互相之间存在或可能存在的隔阂,在赎罪日前夕的礼拜时,往往真诚地向相遇者招呼,道声"请宽恕我"。此时听者一定是全神贯注,并立即回答"我宽恕你"。即使是社团首领和深孚众望的长者也不例外。如果正在闹不和的双方故意互相避开,那么熟悉他们的第三者就会主动上前,让其中一方先开口,使双方能握手言和。①

犹太民族是一个务实的民族,最能体现他们集体协作精神的是犹太同胞之间的团结互助。他们认为提供帮助是"富人的责任",获得帮助则是"穷人的权利"。② 早在中世纪时,波兰犹太人社团每当筹集向国王缴纳的税款时,富人往往自觉地分担穷人应交纳的那一部分。千百年来,在欧洲的犹太居住区接济贫穷的犹太人已蔚然成风,每个犹太人家庭不论其经济境况如何,都有一个专门攒钱的小盒子,这是他们准备施舍给比他们更穷的人家的。

犹太民族这种慷慨解囊,相助民族同胞的集体协作精神在当年哈尔滨犹太人社区内也充分得到体现。比如1906年在道里药铺街设立的犹太妇女慈善会,经常把募集的钱款购买衣服和燃料以及其他生活必需品发放给贫困的犹太人。1921年该会开办了一所劳动学校,类似于技工学校。该校的教育实行全部免费制,教育对象是那些家庭比较贫困的犹太女孩,曾办过几期缝纫班,以帮助这些孩子在日后能有一个固定的职业。1925年,著名的大粮商索斯金的夫人担任犹太妇女慈善会主席,他本人就是该会的主要捐款人之一。

哈尔滨犹太人社区内的犹太免费食堂成立于1918年,设在哈尔滨著名犹太实业家约瑟夫·拉宾诺维奇建造的一座砖石结构的2层楼房内。它除了向生活在"莫沙夫·兹克里姆"敬老院中的老年犹太人提供免费饭菜,还向那些长期患病以及社区中所有穷人供应免费餐。在它存在的20年(1918—1938年)中,该机构为贫困犹太人提供的免费午餐超

---

① 戴维·C.格罗斯:《犹太纪事》,纽约,1981年版,第83页。
② 斯蒂芬·D.伊塞克:《犹太人和美国政治》,纽约,1974年版,第117页。

过100万份。

吉米鲁特·柴赛德协会和埃兹拉社,这是两个专门向哈尔滨犹太穷人发放无息贷款的机构。吉米鲁特·柴赛德协会成立于1916年;埃兹拉社成立于1924年。该金融机构的资金主要来源于协会成员每月交的会费、捐款,一些社区组织拨出的补助金,以及组织各种义演的收入。这两个机构先后发放的贷款多达数千笔,在这两个机构的扶助下,数百名原先一贫如洗或生活贫困的犹太人走上自食其力的谋生道路。

米歇梅兰特·朱力姆就诊基金会。该基金会由哈尔滨著名犹太社会活动家考夫曼医生及其他一些犹太名流于1920年发起成立,目的是为哈尔滨及居住在中东铁路沿线的贫苦犹太人提供免费医疗。最初,该基金会只拥有两间不大的诊所。稍后,哈尔滨犹太人社区发起为该基金会的捐款活动,在筹措了足够资金后,该基金会建造了一座宽敞的医院大楼。大楼的用地由一位富有的犹太寡妇捐赠。新医院于1933年开张,为病人提供包括牙科在内的良好医疗服务。

廖沙夫·兹克尼姆敬老院。该敬老院建于1920年,它的房舍由哈尔滨著名犹太商人拉宾诺维奇捐赠。院内收养的人数在20~25人。他们或是上了年纪的老人,或是患有疾病,且在哈尔滨举目无亲,或其亲人由于种种原因而无法照料的老人。敬老院的开支主要来自捐赠、集资和成员交纳的会费。

上述慈善事业的开展,是哈尔滨地区犹太人更紧密地凝聚为一个和谐的整体,这正是犹太民族集体协助精神的具体体现。

(五)犹太民族历来重视教育的优良传统

任何一个民族,其凝聚力的强弱,主要取决于支配这一民族的共同的思想基础的强弱,而这种共同的思想基础的形成,除客观环境的因素外,主要是取决于教育的程度。犹太人历来是极为重视教育的。犹太人的教育主要包括二方面内容:1.传统的宗教教育;2.科学文化知识教育。宗教教育是塑造一个犹太人作为民族合格成员的起码道德准则,科技文化教育则是谋生的本钱。这种"可以随身带走的财富",使犹太人无论走到哪里都能创造出一番业绩。上述两种教育都离不开学校这一教育的场所。学校在犹太人的生活中具有十分重要的地位。在《塔木德》中记载的三位伟大拉比之一,约哈南·本·札凯拉比有句名言:学校在,犹太民族在。犹太民族是这么认识的,也是这么实践的。在2 000年流离颠沛的生涯中,他们不论环境多么险恶,流散到哪里就把学校办到哪里,他们坚信不疑这样一条真理:知识是夺不走的财富。早在1921年,当移居巴勒斯坦不久的犹太人正同阿拉伯人频繁冲突时,耶路撒冷的希伯来大学就在前线隆隆的炮火声中奠基开工,并在愈演愈烈的交战中于1925年建成。今天,仅400多万人的以色列却拥有6所世界一流的高等学府。犹太人如此重视教育,舍得在办学上投资,完全是因为在他们看来,学校是一口保持犹太民族生命之水的活井。

当年在哈尔滨犹太人社区建设过程中,那种重视教育的民族传统是显而易见的。早在1907年,哈尔滨犹太人协会就开办了第一犹太国民小学,不久又开办了第二犹太国民小学。1919年又开办了犹太中学。此外,个别企业家也曾开办各类私人学校。这些学校无论是教学方式还是教学内容,都严格按照犹太人的民族传统进行安排。对学龄学前的犹太儿童,则可以进哈尔滨犹太人协会办的犹太幼儿园。

犹太人的教育是终身的,对于成年人的教育主要是通过社区新闻出版事业的渠道。当时在哈尔滨犹太人社区已出版过几十种报纸、杂志。1917年,哈尔滨青年犹太复国主义者小组出版了自己的周刊杂志——《锡安》。1918年,考夫曼主编了杂志《犹太之声》。1919年比尔曼主编了杂志《我们的语言》。1920年哈尔滨犹太人社区出过一本犹太人刊物——《巴勒斯坦流亡者》。同年,哈尔滨犹太人协会理事会出版了自己的机关刊物《哈尔滨犹太人理事会公报》和刊物《犹太人生活》。这是一本反映东亚一带犹太人生活的文艺杂志,很受犹太人欢迎。除刊物外,哈尔滨犹太人社区还办有一份十分有影响的大众晚报《喉舌报》,主编是依斯·考夫曼,每日4版,1930年时每期发行量达5 000多份。

1912年,哈尔滨犹太人集资在道里药铺街建造了一座犹太人公共图书馆,该馆有各种藏书13万多册。图书馆白天晚上都开放,来此阅读的犹太人络绎不绝,尽管当时的中国北方战乱不断,但犹太人追求知识的气氛依然很浓。

犹太民族正是通过传统宗教和文化教育,形成了稳定的人生观和较高的文化素养,这是他们牢固的民族凝聚力产生的重要前提,也是他们对外表现出高度一致性的重要原因。

第二节　哈尔滨经济发展中的犹太人

一、犹太人在哈尔滨经济发展中的作用

犹太人精明、极善经商且很有钱,这种说法如今似乎已成为人们的一种共识。其实犹太人并不是一个生下来手里就拿着钱的人。直到《圣经》时期,犹太社会在性质上还是一个典型的农业社会。犹太人善于经商,这只是大流散之后的事,而且是为生计所迫。大流散时期的犹太民族,无论到哪里,他们总是作为一个新来的移民群体出现,很难融入主体民族社会的分工体系之中。这样,犹太人就只能在一个封闭的分工体系的边缘活动,从

事那些沟通不同分工体系的商业活动。再说，犹太人流散的地区还盛行基督教，在基督教的观念里，对土地或者其他物质形态的财富倍感亲切，但对财富的抽象形式——钱，却持严厉谴责的态度。在他们眼里，与钱打交道的商业、金融业是一种卑污之举，这种卑污之举只能由他们认为的卑污之人——犹太人来从事。因此，在中世纪基督教社会中，犹太人被剥夺了拥有土地的权利，也不许他们从事手工业（因为犹太人手艺极好，有可能使基督徒丢失饭碗）。那时欧洲各国的犹太人大多被指定在单独的市区里定居，形成单独的犹太人社区，历史上称为"隔都"。

当蒸汽机的吼声宣判中世纪专制政体的死刑，当钱的纯粹形式——资本，成为西方社会体制的本名时，历史给善于经商的犹太人开辟了一个无比广阔的天地。犹太人走出长期封闭的隔都参与现实社会经济生活之中，他们拼命地赚钱，因为钱是他们四海流散得以生存的唯一实在的依靠，是散居四方的犹太共同体借以相互支援的最便捷的手段，是他们重建家园的资本。20世纪初在哈尔滨出现的犹太人社区，就是犹太人在现代经济社会中大展宏图的一个缩影。在短短的几十年间，犹太人的足迹遍布中国东北社会经济生活的各个领域，他们的财富呈几何级数增长，一个现代哈尔滨城市的出现，与犹太人在中国东北经济领域中的辉煌业绩是难以分开的。

最初，由于中东铁路的修建使大批外国技术和行政管理人员聚集在哈尔滨，这些人在哈尔滨当地市场上根本找不到他们日常习惯使用的生活用品。这种状况很快被善于经商的犹太人所注意，1902年，在哈尔滨出现了首批十几家犹太人商店，他们主要经营一些日常用品，生意都很兴隆。① 以后，随着中东铁路建成，俄国居民一天天增多，对日用品的需求量日益增大，仅仅靠贩运已远不能满足需求。日俄战争期间，一大批军队的用粮和生活必需品，其数量更是惊人，面对中国东北丰富的资源，犹太商人开始着手就地取材生产这些生活必需品。在20世纪20年代前，在哈尔滨陆续出现了一批拥有现代机器设备的轻工业工厂。如面粉加工厂、啤酒厂、白酒厂、榨油厂、制糖厂、肥皂厂、白蜡厂、香烟厂等。

中国东北原有的榨油业生产水平是相当低的，使用的是笨重而原始的设备。犹太人开设的榨油厂，使用的是当时最先进的机器设备，不仅产品质量好，而且生产量成倍地增加。比如，犹太实业家罗曼·卡巴尔金（Roman Kabalkin）新创办的英中东方贸易有限公司，于1914年在哈尔滨老城区投资开设了一家大型油厂，它不仅生产大量清洁的食用豆油，还生产色拉油（使用的商标为：Acetco）和豆饼。产品除供应本地区外，还远销欧美等

---

① 《满洲帝国十周年》，第316页。

第二章 哈尔滨地区的俄罗斯犹太人

地。犹太人榨油厂的出现,使当地人开设的原始油坊纷纷破产倒闭。

在制粉业中,犹太人的工厂虽占据的比例不大,据1919年统计数字表明,全哈尔滨地区有21家制粉厂,其中4家是犹太人开办的。但是,犹太人开设的制粉厂由于设备先进,加工量在总量中占据相当比重。比如,犹太商人博纳(Bonner)明达莱维奇(Mindalevich)拥有的面粉厂日产达5万千克,这个产量在当时是首屈一指了。

在制糖业方面,犹太人独占鳌头。莱夫·金克曼(Lev Zickman)是一位来自波兰的犹太实业家。据说他是把甜菜引进东北地区的第一人。1907年他在哈尔滨南面的阿什河开办了一家制糖厂,并教授附近农民种植甜菜。以后,他又陆续开办了另外3家制糖厂。

波兰籍犹太人伊·阿·老巴托与其弟阿·阿·老巴托早在1902年就创办了哈尔滨老巴托烟草公司,制作出售烟丝。1904年开始生产俄式卷烟,产量逐年递增,到1914年时已有设备26台,雇用工人达1 000人之多。1930年时,烟厂纯利润达到1 000万银圆。该公司在哈尔滨的卷烟生产中一直占据首位。

犹太人在哈尔滨从事旅馆业的也不少,最著名的是约瑟·开斯普,他开办的马迭尔饭店是当时哈尔滨规模最大,设备最先进、最豪华的饭店,拥有100多个客房。他本人还是一个大珠宝商,经销钟表、金银和珠宝玉器。

在哈尔滨开设西药房的大多数是犹太人。哈尔滨犹太人协会主席波·姆·考夫曼本人就是一个药房老板。他开设的中央大药房设在水道街(现兆麟街)。哈尔滨药铺街(现红旗街)就是因犹太人最早在此开设药铺而得名,当年这里还集中了一批犹太人的几个机构,诸如诊所、慈善会、图书馆等。

在金融业方面,哈尔滨犹太人先后开设过两家银行。一家是1922年创办的远东犹太商业银行,另一家是1923年成立的犹太国民银行。远东犹太商业银行主要由一些有成就的商人和实业家共同创办,像索斯金、斯基代尔斯基、卡巴尔金都是它的股东。银行行长由犹太金融家雅各布·弗利泽(Jacob Frizer)担任。银行的服务对象是向拥有一定规模的实业界人士和商贾提供流动资金和扩建资金。远东犹太商业银行在1936年关闭。犹太国民银行是一家由会员集资兴办的银行,初建时会员420名,1934年增至1 814人,其中工商业者734人、手艺人329人、工商机关职员336人、房产主180人、自由职业者175人。该行最初集资合大洋5 812圆,以后逐年增加,1934年改组为股份有限公司,资本达10万元(伪满币),共2 000股,每股50元。该行主要服务对象是中小工商业者、普通劳动阶层,主要业务是提供银行借贷,促进犹太人的工商活动。1946年哈尔滨光复后,该行继续营业。中华人民共和国建立之后,人民政府重发给该行新的营业许可证。1959年7月

16日该行无力继续经营,申请关闭。①

　　哈尔滨股票交易所也是犹太人从事金融活动的一个重要领域。1924年,卡巴尔金当选为哈尔滨股票交易所董事会董事长,索斯金和斯基代尔斯基都是董事会成员。由于他们经营有方,证券交易办得十分活跃。对本地区经济发展起到了推动作用。1928年,卡巴尔金再次当选,连任董事长职务,索斯金被选为副董事长,斯基代尔斯基的儿子所罗门也被选入董事会。1931年"九·一八事变"后,哈尔滨股票交易所的业务受到很大冲击,卡巴尔金想方设法使其维持下去。1934年在日本占领当局的压力下,卡巴尔金不得不辞去董事长一职。

　　除银行和证交所外,哈尔滨犹太人还办过一些小型的借贷机构。"哥米鲁斯·赫谢特·爱兹洛"是犹太人的一个发放无息贷款的联合会,联合会下设若干协会,"莱里协会"就是其中之一,它建于1913年,专门向小商人、小手工业者发放小额贷款。

　　哈尔滨犹太人的经济是一种完全开放型的现代经济体系,对外贸易在其中占据了很大的比重,尤以毛皮产品和粮食、豆油为主要出口项目。中国东北绵绵森林是动物王国,毛皮资源极为丰富,野生动物诸如东北虎、棕熊、黑貂、松鼠、水獭、河狸等,加上羊和矮种马饲养业的发展,使中国东北成为世界上有名的毛皮生产基地。当时的哈尔滨是东北两大著名的毛皮贸易中心之一,每年12月,来自世界各地的毛皮商会云集哈尔滨,收购各类毛皮。当时在哈尔滨,属于犹太人的毛皮贸易公司不下数十家,在这些公司中,有赞多维奇(Zondovich)父子创办的赞多洋行,该行是当时有名的一家毛皮专营公司。除此之外,赞多洋行在沈阳、天津、纽约都设有分行,每年销售额在100万元以上。伯恩斯坦(M. Bernstein)父子开设的公司是一家以美国纽约为总部的毛皮公司,他们在哈尔滨设有分支机构,每年大量的资源来自哈尔滨的毛皮交易市场。其他有名的犹太毛皮经销商有戈尔德曼(B. Goldman)、布伦纳兄弟(The Brenner Brothers)、甘特贝扎布(Gutbezahi)、戈尔德(Gold)等。

　　在粮食出口方面,罗曼·卡巴尔金(Roman Kabalkin)是远近闻名的粮食出口商。他于1906年定居哈尔滨,在这之前一直从事俄国的粮食出口生意,事业上很成功。到哈尔滨后,他继续自己的粮食贸易业务,利用新建成的中东铁路把中国东北的粮食和大豆出口到欧洲。

　　1909年,卡巴尔金趁粮食贸易形势大好之际,在英国伦敦开设了大豆出口公司,为吸引到英国人的投资,他特地将公司起名为"英中东方贸易有限公司"。第一次世界大战期

---

① 《黑龙江省志·金融志》,第148—149页。

第二章　哈尔滨地区的俄罗斯犹太人

间,世界许多地区粮食短缺,价格猛升,卡巴尔金的粮食出口公司趁机做了几笔大的粮食出口生意,赚了不少钱,使其公司实力猛增。卡巴尔金开设在哈尔滨的大型油厂,是当时中国东北地区是设备最先进、产量最大的一家油厂,产品种类齐全,远销欧洲各国及美国。

赛米翁·索斯金(Semion Soskin)也是一个犹太人大粮商,他1880年生于俄国克里米亚地区一个富裕的犹太人粮食商家中。青少年时代由于优越的家庭环境,反而养成了他懒惰、不思上进的恶习。1902年,其父在几番教育无效之后,一气之下把他送到中国的哈尔滨。在这一打击之下,索斯金决心改邪归正,自立自强,创一番事业。最初,他发现中国东北的木材市场大有可为,便做起木材生意,仅一年之后他已一跃成为哈尔滨地区木材供应商中的一位佼佼者。与此同时,他创办的索斯金有限公司在商界也开始略显身手。1904—1905年的日俄战争使他的公司有了一个巨大的发展机会,战争期间,他与沙俄军队签订了为军队建造3座公共浴室、两家配有冷冻库的食品店,以及一家面粉厂合同。这批项目的签订使他的公司声名大震,而且赚了大笔的钱。索斯金的公司规模日益扩大,但他并不以此为满足,面对日俄间的这场战争,他清楚地看到战争必将使粮食的需求量大增,价格上涨。于是他抓住时机,四处收购小麦、高粱、小米、大豆。果不出他所料,沙俄不断向中国东北增兵,对粮食需求猛增,索斯金成了沙俄军队军需的主要供应商,其公司生意极为红火。

第一次世界大战前后,索斯金与其兄艾萨克合作开始向欧洲、日本和中国南部地区销售东北小麦、大豆、油料和豆饼的贸易业务。当年称作粮食街的哈尔滨道外北马路曾布满了索斯金的大粮库。到1923年,他的公司出口的小麦、大豆和油料达250万吨,这一数字意味着占据中东铁路每年出口量的1/4。

在其他行业中,犹太人也颇有建树,如实业家克罗尔(G. I. Kroll),是一位20世纪初移居哈尔滨的犹太人,他采取拾遗补缺的经济发展策略,在20年中,他陆续开办了酿酒厂、蜡烛厂、果汁厂、矿泉水厂等。

在文化事业上,1910年犹太人丹尼诺夫在哈尔滨开设了第一家剧院。犹太商卡斯帕在他的大饭店里建起了娱乐中心,开设有剧场、酒吧、弹子房等项目,并每天都放映美国、欧洲、亚洲各国的电影,或上演戏剧、歌舞、芭蕾舞等各种演出。这些行业的设立,促进了当地消费产业的发展,也极大地丰富了哈尔滨犹太人的业余生活。

20世纪以来的40多年时间里,犹太人在哈尔滨地区的不懈努力,取得的经营业绩是令人瞩目的。犹太人那种乐于创业,敢于开拓,善于经营的特点,不仅促进了中国东北经济的繁荣,而且对改变中国长期封闭,保守的经营观念起了很大的推动作用。犹太人在哈尔滨总人口中所占的比例是极小的,据统计,1920年哈尔滨总人口有30万人,而犹太人总数在最高峰时也只有1.5万人,仅占总人口的1/20,但犹太人在哈尔滨经济生活中的作用是巨大的,不论他们当年的主观动机是什么,无可否认,犹太人对中国东北经济的发展,对现代都市哈尔滨的崛起,是有不可抹杀的历史贡献的。

二、哈尔滨犹太人经济贸易活动的特点

哈尔滨犹太人在经济事业上的成功与这种经济本身所带有的时代、地域和民族特点是分不开的。概括起来,哈尔滨犹太人社区经济有下述四方面特点:

(一) 哈尔滨犹太人经济是一种发展工商、外贸和金融三位一体的现代城市经济

工商是犹太社区经济的基础产业,主要是从东北地区资源特点出发建立的各类轻工业,以粮食、油料加工,毛皮加工为强项。这些产品的很大部分不是为了满足本地区的需求,而是为了进入国际市场进行国际贸易,换取外汇,再用外汇购入欧洲的优质纺织品及其他必需品,运回中国东北市场销售,或购买欧美先进的机器设备,改善工厂的技术构成,以提高生产效率。金融业为工商和外贸提供必需的资金,起到集资和调节各行业间资金余缺的作用。哈尔滨犹太人社区的经济,实际就是一种大流通、大循环式的现代开放型经济,它以立足本地区资源、劳动力优势为基础,以不断开发跨国界的无限市场为手段,获取最大的利润为目标。这是哈尔滨犹太人社区在短短几十年中取得如此巨大发展的重要原因。

(二) 哈尔滨犹太人社区经济以中东铁路为命脉

交通是经济发展的前提,不管是公路、铁路、水路,有路则经济兴,无路则经济衰。当年哈尔滨犹太人社区经济的迅速崛起,与中东铁路有不可分割的关系,可以这么说,没有中东铁路,就没有现在哈尔滨的出现,也就没有当年盛极一时的犹太人经济。当年犹太人中生意做得最大的要算是索斯金公司了,据有关资料统计,该公司单在1920—1930年向中东铁路支付的运输费就超过1 000万金卢布,公司每年出口的粮油产品高达250万吨,按每车皮装载50吨计算,每年中东铁路要为索斯金公司提供5 000个车皮,这就是说不到4天要为他发一趟挂有50节车皮的列车。仅就这个数字,我们就可以看到中东铁路在犹太人经济中的重要作用。此外,铁路附近的木材、矿产都是借助于中东铁路而得到全面开发的。

(三) 哈尔滨犹太人社区经济是以私有制为基础的慈善型福利经济

当年哈尔滨犹太人中富商大贾确实不少,但在全社区中,富人毕竟只占人口的少数,大多数犹太人只是普通的平民百姓。在私有制经济下,贫富两极分化本是不可避免的,通

常很少有富人自觉地去帮助穷人。但是,在犹太民族中富人援助穷人是一种责任和义务,这种义务与其资产拥有的数量成正比。在当年哈尔滨犹太人社区中,富人与穷人在经济上通过两种形式使社会消费品得到再次调整。1. 私有经济业主根据自己资产状况向社区缴纳一定数量的税款,类似于社会公益基金,如索斯金每年要拿出5万卢布,这种钱主要用于社区基本建设,比如建造学校图书馆,"贫困病人养护医院",以及面向穷人的廉价食堂等。2. 有钱人自觉自愿的慈善义举,如由个人出资开办的学校,或者由某个慈善机构组织的慈善活动。如由里昂蒂·斯基代尔斯基父子出资兴办的第一座《塔木德》经学院,又如哈尔滨犹太妇女慈善会经常将募集的钱款购买衣服和日用必需品发放给贫困的犹太人。这种慈善型的福利经济,一方面是源于犹太民族乐于施舍的传统;另一方面是流散民族凝聚本民族的需要。正是这种慈善型福利经济使犹太人不论贫富都能和睦相处地生活在一个共同体中,极少发生大的阶级冲突。

(四)哈尔滨犹太人社区经济受惠于沙俄在中国北方攫取的各项特权

中东铁路是沙俄侵略中国的一个基地,通过中东铁路公司,沙俄在俄国东北地区取得了大量特权,诸如关税、购地、采矿、伐木、航行、司法、邮政、教育等特权。这些特权为沙俄掠夺我国东北资源提供了种种方便。哈尔滨犹太人大多数为俄籍,因此,他们首先作为俄国公民而受惠于这些特权。比如1903年,沙俄政府胁迫黑龙江地方官员订立了《黑龙江省伐木合同》,攫取了黑龙江大片林区的采伐权。里昂蒂·斯基代尔斯基家族公司不失时机地以低价从中国政府手中买下了5片森林,以后又购置了6片森林,单是经营木材,每年就能赚取上万银两。就这一点而言,哈尔滨犹太人经济时代有殖民主义色彩的。他们的经济能够在短时期中取得如此迅速的发展,犹太人善于经营固然是一个重要原因,但沙俄在中国东北攫取的种种特权,为犹太人经济的发展确实创造了一个优越的环境,提供了种种方便。

第三节 日本占领东北后的犹太人

哈尔滨犹太人主要来自俄国,属俄籍犹太人。从19世纪末他们陆续进入哈尔滨到1931年"九·一八事变"爆发的这段时期中,哈尔滨犹太人社区归属于中东铁路公司。在沙俄统治时期以及后来苏俄领导时期,中东铁路公司在中国东北所拥有的种种特权,给哈尔滨犹太人的生存和发展创造了一个良好的空间,提供了种种保护和特权。哈尔滨的犹太商人依附于中东铁路公司,背靠沙俄或后来的苏俄政府,在中国东北地区大展宏图。他们一方面为哈尔滨这座新城市的开发作出了重大的贡献;另一方面又为沙俄或苏联创造了巨额利润。哈尔滨犹太人社区这种良好的生存空间,无论是 1905 年的日俄战争,还是 1917 年十月革命导致的统治者的变更,都没有威胁到哈尔滨犹太人社区的生存和发展。但是,1931 年发生的"九·一八事变",对哈尔滨犹太人社区的存在和发展构成了极大的威胁。

一、日本占领当局对哈尔滨犹太人的迫害与排挤

当 1931 年底日本军队取得了对东北的控制权后,日本的公司开始占领整个东北市场。日本占领者不仅接管了商业,还将许多住宅和商业建筑占为己有。犹太商人花费几十年积累的财富遭到了日本人严重的侵犯。与此同时,日本势力在经济上对一些主要的企业进行了粗暴的渗透和排挤,将日本"助手"安插进去,包括许多犹太人进出口行及其代理商的业务活动。① 面对越来越小的市场和举步维艰的生活环境,许多犹太商人只好放弃自己经营多年的商号,另谋生路。

1935 年 3 月 23 日,苏、日、伪满洲帝国的代表正式签署了买卖中东铁路协定,这使哈尔滨犹太人经济活动的命脉被彻底隔断。哈尔滨犹太人在 20 世纪头 30 年中之所以能够在经济上有如此大的发展,除本身善于经营外,客观上有两大因素为他们提供了良好的条件。(一)中东铁路这条经济大动脉为他们的各项经营提供了种种便利;(二)通过中东铁路局背靠苏俄,从而享受到种种特权。"九·一八事变"后,苏联为了避免与日本发生矛盾,虽在公开场合也谴责日本的侵略行径,但私下却承认了伪满洲帝国任命的中东铁路督办李绍庚,并在中东铁路上使用伪满洲帝国的国旗。当时担任日本驻哈尔滨总领事馆的森岛守人曾说:"唯有苏联与其他国家不同","在事实上承认了满洲国"。② 苏联的退让并未能使贪婪的日本侵略者感到满足,他们一心所想的是独占中东铁路。为了达到这一目的,日本先是沿中东铁路修平行线和许多支线,以抢夺中东铁路的运输量。之后,又接二连三地制造一系列针对苏联的挑衅事件,唆使暴徒袭击车站,捕杀苏俄员工,乃至制造列车失踪、桥梁爆炸事件。据中东铁路苏籍局长鲁迪在当时一份报告中说:"自 1932 年初到 1933 年 5 月 5 日,中东铁路所受之损失,计有 56 人被杀死,826 人受伤及 593 人被绑架……此种毁坏及路方因客运的停顿所受之损失,总数可达数百万卢布。"③很显然,日本

---

① Kranzler 中译本,第 131 页。
② 森岛守人:《阴谋、暗杀、军刀——一个外交官的回忆》,中译本,黑龙江人民出版社 1980 年版,第 88—89 页。
③ 转引自《苏联问题研究资料》1989 年第 3 期。

第二章 哈尔滨地区的俄罗斯犹太人

方面的不断滋事,使犹太人的经商环境遭到了严重的破坏。而当步步退让的苏联政府以1.4亿日元的售价出让中东铁路后,哈尔滨犹太人以往所拥有的良好经商环境已不复存在,极度失望的犹太人纷纷离开了哈尔滨。

20世纪30年代中期,哈尔滨犹太人大批出走,留下的已不足5 000人。离开哈尔滨的犹太人一些南下天津、大连等地,大部分落户上海,这使得上海在1930年代末俄国犹太人的总数骤增至4 000余人,这在当时的上海,外籍人口排名上升到第5位。

"九·一八事变"后,日本帝国主义取得了对中国东三省的控制权,这使得哈尔滨犹太人与日本当局的关系,成为犹太社区存在与发展的至关重要的问题。在"九·一八事变"之前,日本当局还从未与犹太人正式打过交道。日本对中国东北的侵占以及对华北的占领,使总数约2.7万的犹太人生活在日本势力管辖范围之内。日本当局对犹太人的政策,按犹太史学家戴维·克兰茨勒的分析,可划分为四个不同的阶段:从漠不关心到逐步转向友好亲善,随后又转为中立和反犹。具体地说,他认为1931—1935年作为整体而言,是一个漠不关心阶段;1936—1938年,是逐步形成一项显然亲犹政策的阶段;1938年12月9日至珍珠港事件爆发前,是日犹关系的亲善阶段;而太平洋战争期间,从亲犹的姿态转为一种介于中立与明确反犹之间立场的阶段。①

在"九·一八事变"后的最初几年,还未在中国东三省站稳脚跟的日本帝国主义把主要的注意力集中在中国北部的汉、蒙、朝、满等民族关系上。日本人使用的是以离间之术,煽动各民族间的矛盾,以达到分而治之的目的。对东北的犹太人,日本当局并未引起重视,只是笼统地作为俄国人来对待。因此在这些年里,哈尔滨的犹太人也像俄国人一样,不断地受到日本人的骚扰和袭击,经营环境十分糟糕,经济上更是蒙受了巨大的损失。影响颇广的西蒙·卡斯帕绑票案就是发生在这段时间中。

西蒙·卡斯帕是一位钢琴天才,其父约瑟夫·卡斯帕是来自俄国的犹太商人,事业的成功使他成为哈尔滨一富,在他拥有的众多不动产中,现代大饭店最引人注目。他的儿子在钢琴方面很有天赋,于是父亲出重金把儿子送到法国巴黎音乐学院深造。1933年8月,西蒙回哈尔滨度假。某日,他与女友一起外出游玩,在回家途中遭到匪徒的袭击,被关押在离哈尔滨约100里之遥处隐匿。绑匪开出的赎金为10万元,这笔钱对当时的卡斯帕来说并非巨款,由于这时的卡斯帕早已取得了法国公民的身份,于是他便将儿子遭绑架一事报告了法国驻哈尔滨领事馆。法国领事认为此事涉及法国的声誉,坚决反对用付赎金的办法营救人质。法国领事声称他将与日本警方合作,定能找回西蒙·卡斯帕。时间一

---

① *Kranzler* 中译本,第130页。

天天过去了,但有关西蒙的消息一点都没有。30天后,西蒙的半只血淋淋的耳朵被送到约瑟夫·卡斯帕处,卡斯帕一再要求以付赎金了结此事,但法国领事却向他保证,官方即将把绑匪捉拿归案,要求卡斯帕不要付赎金。

1933年12月3日,在西蒙·卡斯帕被绑架的第95天,警方终于找到了关押西蒙·卡斯帕的场所,但西蒙·卡斯帕已被绑匪枪杀。人们发现西蒙被杀害前受尽了各种非人的折磨,饥饿、寒冷、拷打、酷刑,无所不用。更令人发指的是这位天才钢琴家的十指的指甲通通被拔掉了,双耳也被割去。

时隔不久,绑匪被捉拿归案,宣判也如期进行,但令人不解的是宣判凶犯有罪的几个中国法官,随后相继遭到日本警方的逮捕,并被控犯有叛国罪,而已被宣判有罪的绑匪却在特赦的名义下获得释放。很显然,日本当局在这起案件中有着不可告人的目的,扮演了很不光彩的角色。

西蒙·卡斯帕这起骇人听闻的绑票、撕票案不仅震惊了整个哈尔滨犹太人社区,而且震撼了包括上海在内的远东犹太人社区。更令犹太人疑惑和愤怒的是这一案件不明不白的处理结局。哈尔滨犹太人以送葬、集会等方式抗议迫害犹太人的行径,这种抗议和不满显然是针对日本当局的。

二、哈尔滨犹太人和日本当局的关系出现转机

从1936年起,日本当局与哈尔滨犹太人的关系出现了转机。这主要是日本占领当局对犹太人在政策上的调整,通过与犹太人数年的接触,日本人对这一特殊民族的认识大大加深。他们发现哈尔滨犹太人社区并不是一个孤立的群体,这一群体与中国境内的犹太人,乃至远东的犹太人,美国的犹太人有着广泛而密切地联系,为了利用犹太人的经济力量服务于日本人的利益,尤其是通过犹太人之间的国际联系,来为日本的国际战略服务,这是一种对日本十分有利的事。正是出于这种考虑,日本当局逐步调整了对犹太人的态度。当然,在与日本人关系的改善上,犹太人社区的著名领袖考夫曼医生也起了积极的作用。考夫曼认为,犹太人要在日本占领地生存下去,必须得到日本当局的关照,而要使这变为现实,最简便的方法就是与日本方面强有力的人物或有影响的人士建立友谊,如能建立亲密的个人关系则更好。考夫曼不仅是这么认识,而且他积极地为整个犹太社区的利益在这方面探寻现实的途径。在两厢情愿的情况下,事情进展得十分顺利,哈尔滨犹太人与日本占领当局的关系出现了明显的好转。这首先表现在哈尔滨犹太人社区被准许成立远东犹太人理事会,理事会由考夫曼亲自领导。该理事会的成立表明日本占领当局和伪

第二章　哈尔滨地区的俄罗斯犹太人

满洲帝国政府对犹太人社区的正式承认，犹太人因此获得了在该区管理自身事务的权利。在远东理事会领导下，东北各地的犹太人在1937—1939年的3年之内成功地在哈尔滨召开了3次远东犹太人社区代表大会。1938年，哈尔滨犹太人社区还派代表出席了美国犹太人召开的会议，向大会报告了他的社区的状况。

对于日本占领当局的关照，哈尔滨犹太人自然是以德相报，在1937年12月举行的第一次远东犹太人社区代表大会上，每一位上台发言的犹太人都对日本当局的善待表示了感谢，不仅如此，会议还正式决议，呼吁犹太同胞与日本合作。决议中写道："我们参加这次种族会议的犹太人在此宣告，我们按照国家法律享受到种族的平等和种族的正义，并将与日本和满洲合作，在亚洲建立新秩序。我们向同胞发出呼吁。"[①]哈尔滨犹太人的这种表示，正是日本人所希望的。

哈尔滨犹太人与日本当局关系明显改善的另一标志是，日本方面亲自出面，对哈尔滨长期存在的反犹势力进行了干涉和制止。特别是查封了哈尔滨白俄办的反犹报纸《我们的道路》，这使得哈尔滨的反犹势力很难再进行公开的活动。

中国人民素以好客而著称，对平等待我之民族，从不盲目排斥。哈尔滨地区的中国民众不仅从来未采取过任何迫害犹太人的行动，甚至不知反犹主义为何物。当时在哈尔滨存在的反犹主义主要出自被当地人称为"白俄"的俄国人。他们人数众多，加上来自具有反犹传统的俄罗斯，因此，当他们来到哈尔滨市，也把故乡的反犹主义思想带到了哈尔滨。为了在经济上压制犹太竞争者，他们千方百计破坏犹太人的声誉，在当地人中大肆散布攻击犹太人的言论。俄文报纸《我们的道路》就是"白俄"办的一份专门攻击犹太人的舆论刊物，该报反犹立场尤为激烈，是哈尔滨反犹主义言论的主要来源地。

"白俄"对犹太人的攻击不仅仅停留在言论上，还经常从事迫害犹太人的行动。他们还成立了一个名为"俄国法西斯联盟"的组织，专门从事反犹太人的活动，卡斯帕绑票案与"白俄"有密切联系。此类案件在哈尔滨发生过多起，西蒙·卡斯帕绑架撕票案是影响最大、最为残忍的一个案件。

1938年12月6日，日本最高当局"五相会议"正式批准一项亲犹方针，日犹关系开始正式进入亲善阶段。1939年5月，哈尔滨犹太人社区领袖考夫曼夫被正式邀请访日。在访问期间，考夫曼受到极为热情的接待，藏相池田向考夫曼保证，日本没有理由要迫害犹太人，种族主义和其他种族歧视形式都是与日本不相容的。考夫曼还被授予帝国勋章，这对哈尔滨犹太人社区而言，无疑是一种罕见的荣誉。如此亲善关系对于改善哈尔滨犹太

---

① *Kranzler* 中译本，第143页。

人的处境自然是有益处的，日本甚至制定出了一个在东北建立一个能接纳3万犹太难民的"亚洲的以色列"计划。①

作为回报，哈尔滨犹太人社区领袖积极游说自己在美国的同胞，企图通过与美国一些主要犹太人领袖的接触，影响美国政府对日本的政策，从而帮助改善日美之间的关系。1938年，哈尔滨犹太实业家金克曼受考夫曼的委托赴美试图游说以斯蒂芬·怀斯拉比为首的美国犹太人领袖。同年，金克曼还代表远东犹太人出席了美国犹太人大会在5月召开的会议，并向大会递交了一份题为《犹太人在日本和满洲帝国的状况》的报告，试图以此引起美国犹太人对哈尔滨犹太人的关注。稍后，金克曼又亲自给怀斯拉比写信，呼吁美国犹太人领袖为了哈尔滨犹太人的利益不要对日本政府抱有敌意。然而，早就看穿了日本帝国主义法西斯真面目的怀斯拉比从民主和反对日本侵略行径的立场出发，断然拒绝了哈尔滨犹太人社区发出的请求。他在1938年11月22日给金克曼先生的信中写道："我再次写信向你表示，我完全不同意你的主张。我认为犹太人去支持日本完全是一种堕落行为，日本如同德国和意大利，是真正的法西斯国家。我不希望再讨论此事，不论你出于何种理由想从犹太人那里获得对日本的支持，我都深感遗憾。我向你保证，我将全力以赴反对你们的计划。你正在干一件对犹太人极其有害的事。我不希望再与任何像你一样的人谈话，你们这些人准备支持日本，而所持理由既无基础且未顾及这一实际，即日本如德国和意大利一样，这个国家必然会来采取反犹态度，实际上它早已经这样做了。"②

面对怀斯拉比这一令人心寒的回信，金克曼感到了绝望，但出于对远东数万名犹太同胞的利益考虑，他不顾一切地再次给怀斯拉比写信，希望能打动他的心。他在信中写道："我谨以在远东的1.5万名犹太人的名义，恳求你为我们着想。请不要把我们抛到灾难的波涛上。哪怕我们的处境还存在有半点改善希望，请不要去承担造成任何不良后果的责任。"③

次年在哈尔滨召开的第三次远东犹太人社区会议上，与会代表以秘密决议的方式直接致函美国犹太人大会，呼吁关注他们的命运："我们也对日本深表感谢……由于他们给予移民(难民)及犹太居民良好对待，现在犹太难民已如潮涌般进入远东各地，尤其是上海。数千人无处可居，现正被收容在学校大楼中及他处。如果通过日本的努力能为这些难民在远东提供得以安排生活和居留的地点，则我们世界犹太人社区将对日本充满感激之情。如果日本同意(即日本如果提供基地)，我们双方将负责建设居留地并保证竭尽全

---

① *Tokayer & Swartz* 中译本，第50—57页。
② *Tokayer & Swartz* 中译本，第54页。
③ *Kranzler* 中译本，第146页。

力为建设一新亚洲而合作。"①

尽管哈尔滨犹太人的努力未果,但他们在极端困难的条件下尽全力为自身生存下去的奋斗精神,仍留给人们以很深的印象。

三、日本当局改变了亲犹政策

珍珠港事件引发的太平洋战争使日本亲犹派失去了影响力,日本当局与哈尔滨犹太人之间的特殊关系也告一段落。

随着太平洋战争的爆发和日本当局对犹太人态度的改变,哈尔滨犹太人社区的生存再次受到影响。但此时的哈尔滨犹太人已无路可退,因为上海的英、美、法租界也都被日本所占领。哈尔滨犹太人只能在原地忍受生活的折磨。当然也有少数犹太青年人毅然出走,奔赴巴勒斯坦的建国斗争之中。

1945年8月,苏联对日宣战,哈尔滨随即被苏军所占领。哈尔滨犹太人原以为自己解放的时刻到来了,大家兴高采烈地涌上街头欢迎苏联红军入城。谁知,突然占领当局不仅逮捕了犹太人社区的领袖,而且取缔了犹太人的组织,将一批犹太人社区的领袖押解回苏联境内的集中营。哈尔滨犹太人没有料到,犹太人社区在日本统治时期能够安然度过,但在苏军占领时期却遭到毁灭性的打击,并从此一蹶不振。尽管苏联方面将东北主权于1946年交还给国民党政府,但随之爆发的大规模的中国内战,使东北境内的犹太人失去了生计而纷纷出走他国。犹太人在中国哈尔滨苦心建设了近半个世纪的犹太人社区终于走到了尽头。

第四节 犹太复国主义运动在当年哈尔滨的影响

18世纪欧洲犹太人受到资产阶级革命浪潮的影响,开始致力于争取犹太民族解放的实践,许多犹太人为了争取在政治和法律上的平等权利,从长期封闭的隔都中走出来投身到社会政治和经济活动中。为了能够取得所在国忠诚公民的地位,他们放弃了拉比审判权、自治权和回巴勒斯坦的愿望,把自己的命运与所在国的命运联系起来。法国著名人物拿破仑对犹太人实行的大胆解放政策,更是给欧洲的犹太人以极大的希望。许多犹太人为了能换取"进入欧洲文明的入场券",不惜接受洗礼,改信基督教。著名的诗人海因里

---

① *Tokayer & Swartz* 中译本,第59页。

希·海涅就是其中的一个。

但是,延续了19个世纪的反犹宣传在欧洲基督教的世界里,已形成了难以改变的社会心理。一遇适当气候,又将形成反犹狂潮。到19世纪末,欧洲传统的反犹主义以嫉妒和憎恨犹太人在经济上取得的巨大成就为契机,以1881年沙皇亚历山大被刺,犹太人被指控参与了这一阴谋和1894年12月法军上尉、犹太人阿尔弗雷德·德雷福斯被指控叛国两起事件为引线,首先从俄国开始,再度兴起了屠杀犹太人的狂潮。一浪高于一浪的反犹狂潮,使犹太人欲乘欧洲各国资本主义制度确立和发展之机获得自身解放的希望化为泡影。一次又一次残酷的现实,使越来越多的犹太人认识到:要想获得真正的解放,只有一条路可走,那就是,回归锡安山,恢复犹太人自己的国家。

一、哈尔滨犹太复国主义运动组织的建立

在犹太人中,最早提出这一主张的是俄国犹太人利奥·平斯克,他是一名医生,于1881年发表了一本名为《自我解放》的小册子。他认为犹太人问题和其他被压迫的少数民族问题一样,解决的办法是以建立自己的国家的方式,自己解放自己。这样的国家将把犹太人变成一个正常的民族。平斯克有此见解但并未付诸实践。

完整地提出犹太复国主义理论并付诸实践的是西奥多·赫茨尔。他于1860年出生于布达佩斯。最初曾因极力主张以同化论为犹太民族获得解放,德雷福斯案终使他完全改变了原来的观点。作为维也纳一家大报驻巴黎的记者,他在审判德雷福斯案件的法庭上,亲眼看见了听众席上发出的"杀死犹太人!犹太人该死!"的浪潮般的吼叫,这使他幡然猛醒,断然放弃了同化的主张。他在日记中写道:"正是这个德雷福斯案件使我变成了一个犹太复国主义者。"

1896年,赫茨尔出版了一本《犹太国》的小册子,全面论述了他的犹太复国主义主张。与此同时,他利用各种机会积极宣传他的复国主张,这使得许许多多无所适从的犹太人毅然归到了犹太复国主义旗帜之下,赫茨尔在犹太人中名声大震。如后来的犹太复国主义运动领袖哈伊姆·魏茨曼所说:"赫茨尔在犹太人心目中犹如找到自己的摩西一样。"

犹太复国主义又称锡安主义,锡安山是耶路撒冷的一座圣山,在《圣经》中有一处描绘犹太人将回到锡安山聚居的情节,所以"锡安主义"成为犹太复国主义的同义语。

犹太复国主义的旗帜一经竖起,应者云集。1897年,在瑞士的巴塞尔,犹太复国主义者召开了第一次代表大会,来自东欧、西欧、英国、美国和阿尔及利亚的197名代表出席了大会。大会代表一致选择了巴勒斯坦作为未来犹太国的所在地,并通过了犹太复国主义

运动纲领。大会还成立了世界犹太人复国主义者协会。通过了犹太国的国旗和国歌,建立了设在维也纳的行动委员会。

当历史进入 20 世纪时,犹太复国主义运动逐步波及全球。哈尔滨地区的犹太人因主要来自俄国,受俄国犹太复国主义的影响较大,因此很自然地将犹太复国主义运动移植到了哈尔滨。不过在 1917 年以前的这段时间里,哈尔滨地区的犹太复国主义运动活动仅限于参与世界性的犹太复国主义组织的活动,还没有建立本地区性的组织,活动规模上也只限于少数人之中,这种状况与当时世界性的犹太复国主义运动时冷时热、发展艰难的状况是一致的。

1913 年,第 11 届犹太复国主义者代表大会在维也纳举行。著名的英国化学家哈伊姆·魏兹曼领导的"实际的"犹太复国主义者取得了完全胜利。从此,犹太复国主义运动进入了以全力依靠英国的支持来实现犹太复国主义目标的第二个时期。

魏兹曼出生于俄国,20 世纪初到英国,在曼彻斯特教授化学。他认为巴勒斯坦将纳入英国的势力范围,它有可能成为英国的一块殖民地或保护国。英国的支持是向巴勒斯坦大量移民的基本保证,到那时就可以建立一个犹太人的国家。

魏兹曼的这些想法与英国政府在中东地区进行扩张的需要正好殊途同归。英国于 1882 年占领了埃及,为了加强它在地中海东南地区的战略地位,尤其是保护英国到印度的交通线,英国政府谋求夺取巴勒斯坦。第一次世界大战中,土耳其加入德奥方,使英国找到了夺取巴勒斯坦的借口。1917 年 11 月 2 日,英国外交大臣贝尔福以致函给犹太复国主义领导人罗思柴尔德的方式发表了著名的《贝尔福宣言》。宣言中明确宣布:"英王陛下政府赞成在巴勒斯坦建立一个犹太人民的民族国家,并将尽最大努力促使这个目标的实现。"贝尔福之言对犹太复国主义运动的发展和以色列国的建立显然有着极为重大的意义,但就英国主观动机而言,它更感兴趣的是英国在中东地区的利益,可见《贝尔福宣言》是犹太复国主义者和英国为各自利益而相互利用的一个产物。

1920 年,英国获得了对巴勒斯坦的委任统治权。1922 年国际联盟在给英国的委任统治训令中,承认犹太人与巴勒斯坦的历史联系以及在巴勒斯坦重建家园的权利。训令只是英国应鼓励犹太人移居巴勒斯坦并在那里集中定居,发展自治机构。它还规定建立一个代表犹太人的代办处,以便于犹太人在建国事业方面同英国密切合作。1922 年犹太人代办处成立,此机构在日后与英国当局、国际组织和世界犹太人组织沟通联系,以及积极争取国际间的广泛支持曾起过重要作用。

1917 年《贝尔福宣言》的发表,极大地推动了犹太复国主义运动,使这一运动进入了一个迅速发展的时期。这一点我们从当年哈尔滨犹太人社区兴起的犹太复国主义运动就可见一斑。受世界犹太复国主义运动的影响从 1917 年起哈尔滨犹太人社区出现了有组织的犹太复国主义活动。当年,在社区内成立了一个名为"纽瑞锡安协会",这是哈尔滨地区出现得最早的犹太复国主义组织,它的宗旨是在其成员和所在地区中宣传犹太复国主义思想,积极配合世界范围内兴起的犹太复国主义运动。在成立的当年,该协会邀请了俄国明斯克的犹太复国主义运动领导人诺耶法克(Y. M. Noefach)前来访问,以加强与世界犹太复国主义组织间的联系和推动哈尔滨地区的犹太复国主义运动的进一步发展。

二、哈尔滨犹太复国主义运动的开展

1919 年,在哈尔滨犹太人社区中相继建立了"犹太人复国组织哈尔滨市委会"和"犹太民族基金会远东局"。后一组织与 1901 年第五次犹太复国主义者代表大会建立的"犹太国民基金会"有直接联系,并为该组织在巴勒斯坦购置地产、建造居住地区多次提供了在哈尔滨地区募集的资金。这一年的 3 月 25 日—29 日,哈尔滨犹太复国主义者组织召开了第一届地区性的犹太复国主义者大会,这标志哈尔滨地区的犹太复国主义运动进入全面发展时期。1920 年在世界犹太复国运动迅速发展的鼓舞下,哈尔滨犹太人社区联络了在东北、华北和上海等地区的犹太复国主义活动人士,在哈尔滨市召开了远东巴勒斯坦会议,并成立了巴勒斯坦远东局(又称"世界犹太复国组织远东局"),以协调生活在远东地区的犹太人为犹太民族在巴勒斯坦建立民族国家的斗争。为了在远东地区广泛宣传犹太复国主义思想,及时反映世界犹太复国主义运动的信息,巴勒斯坦远东局决定创办其机关刊物,名为《西伯利亚——巴勒斯坦》,每周出一期,1926 年改名为《犹太通讯》。这份周刊内容丰富、信息及时、是哈尔滨犹太复国主义组织最主要的舆论工具,受到中国各地区犹太人的普遍好评。此刊物从 1920 年开办直到 1943 年才停刊。

随着犹太复国主义运动在哈尔滨地区的深入开展,越来越多的犹太人纷纷加入犹太复国主义运动中来,一些激进的青年犹太成员还发起移居巴勒斯坦,建设犹太家园的活动。这些激进的青年犹太复国主义者,大多是哲学家阿隆·大卫·戈登的信奉者。戈登在他的著作中把体力劳动描绘成犹太生活革新的基础。不少青年人在 1920 年代初毅然离开哈尔滨前往巴勒斯坦,投身于为创建未来以色列国的艰苦斗争之中。

1920 年代后,哈尔滨地区犹太复国主义运动的蓬勃发展,一方面是受世界犹太复国主义运动的影响;另一方面是由于苏联政府在 1920 年代初实行禁止和取缔苏联境内犹太复国主义的政策,迫使苏联境内的犹太复国主义者纷纷出走他国,一些人来到了哈尔滨,这使哈尔滨几乎成为世界上唯一的犹太复国主义运动的俄语中心。

第二章 哈尔滨地区的俄罗斯犹太人

自《贝尔福宣言》发表后,大量犹太移民进入巴勒斯坦,由此引起阿拉伯人与犹太人的矛盾日趋激化。1921年、1929年和1936年,阿拉伯人三次掀起反英抗犹暴动。在冲突中犹太人死亡400余人,阿拉伯人死亡3 000人,英军死亡100多人。为了缓和中东地区的矛盾,英国当局采取了一些限制犹太人进入巴勒斯坦的具体措施,这样在如何看待英国的政策上导致世界犹太复国主义运动内部分化为两大派,一派以V.贾鲍丁斯基(Vladimir Jabotinsky)为首的强硬派,坚决反对英国调整巴勒斯坦政策,主张用暴力在整个巴勒斯坦地区和外约旦地区建立一个犹太国。另一派以C.魏茨曼(Chaim Weizmach)为首的温和派,对英国调整巴勒斯坦的政策虽有不满,但仍主张尽可能与英国合作,以合法的温和的手段来实现犹太复国主义的目标。1925年,贾鲍丁斯基一派建立了"世界犹太复国主义修正派联盟"(World Union of Zionist Revisionists),表示他们决心修正原犹太复国主义组织的路线和政策。1935年,修正派正式宣布退出世界犹太复国主义组织,正式成立"新犹太复国主义组织"(New Zionist Organization)简称"N·Z·O",与"W·Z·O"相对立。

在哈尔滨的犹太复国主义组织也很复杂,但在众多的犹太复国主义派别中,弗拉基米尔·雅布亭斯基领导的犹太复国主义修正派的观点最有影响。属于修正派领导的贝塔青年运动拥有大量的成员。"贝塔",这是Berit Trum Delder(特鲁姆佩尔道联盟)的缩写,原是纪念犹太军事领袖特鲁姆佩尔道的团体,后发展为世界各地犹太复国主义修正派的青年组织,是崇尚武力的团体。埃利亚胡·兰金(Eliahu Lankin)和伊扎克·奥伦(Yitzahak)都是当年哈尔滨贝塔青年运动中的重要成员。兰金1914年出生于哈尔滨,1943年移居巴勒斯坦,曾任贝塔军指挥官,犹太民族军事组织伊尔贡总部领导成员之一。后被英国托管当局抓获,送至英国在埃塞俄比亚的集中营关押。1947年从厄立特里亚监狱逃出。1948年被伊尔贡指挥官梅纳赫姆·贝京任命为"阿尔塔列纳号"舰指挥。1948年到1949年参加独立战争,是当时以色列炮兵部队的一名将军。战争结束后,在希伯来大学学习法律,后来在耶路撒冷从事律师工作。1983年进入以色列外交部,出任以色列驻南非大使。

伊扎克·奥伦,1918年生于苏联,后随家人移居哈尔滨。1933年他加入哈尔滨青年运动组织贝塔。1936年到巴勒斯坦,不久进入希伯来大学学习,1940年毕业后加入犹太人地下军事组织"伊尔贡",主要从事宣传工作。1948—1949年任以军军报《盾报》编辑。1960—1980年是以色列电台俄语节目编辑。1972年起担任《犹太百科全书》(俄语版)主编。奥伦在以色列国前从事犹太复国主义宣传工作。建国后致力于文学创作,先后出版了12本书。1978年,他荣获以色列总理奖,1989年获纽曼希伯来文学奖,他的作品《新生活的丰碑》获1991年英国比较文学会举办的国际翻译作品大赛一等奖。

从贝尔福宣言发表到以色列国的正式建立,世界犹太复国主义运动在巴勒斯坦地区取得了实实在在的进展。一次又一次的"阿利亚"运动①,将越来越多的犹太人带到巴勒斯坦,犹太国民基金会购买的土地越来越多,在人和地这两大未来犹太国诞生的基石上,1918年犹太工人联合党和青年工人党合并为巴勒斯坦工人党(即以色列国建国后长期执政的以色列工党的前身),1920年成立的犹太工人党几乎具备了一个国家机构的全部职能,同年工人联合党代表大会决定成立军事组织哈加纳。至此,一个完备的国家机器已粗具规模,2 000年来犹太人梦寐以求的建立犹太人国家的梦想将不可逆转地变为现实。犹太复国主义运动稳步发展的现实,对哈尔滨犹太人是一个巨大的鼓舞,虽然哈尔滨的犹太人对犹太复国主义运动所作的贡献是有限的,但他们从这一运动中看到了犹太民族充满希望的美好前途。他们随时准备投身到"阿利亚"运动中,而事实上1931年"九·一八事变"后,1945年哈尔滨光复后,以及1949年中华人民共和国诞生后,在每一次出走的犹太人之中,总有一些忠实的犹太复国主义者奔赴他们充满希望的圣地——巴勒斯坦。从中国的哈尔滨到巴勒斯坦,这也是一些犹太复国主义者所走过的路。

第五节 哈尔滨犹太人社区与苏俄犹太人自治州的比较

1903年,在中国的哈尔滨,人数约500余的犹太人正式建立哈尔滨犹太人社区。社区在其发展的鼎盛时期,人数达到1.5万人,并形成一套完整的工商贸易体系和社区宗教、行政和文教机构。

1928年在苏俄的西伯利亚阿穆河(黑龙江)上的比罗比詹地区也出现了一个犹太人社区,以后又被宣布为"犹太人自治州",虽号称州,但犹太人最多时也只有1.5万人。这两个分属于两个不同的国度,在地域上比较靠近的犹太人自治体,考察他们各自的内部构成和特点,可以使我们对当年哈尔滨犹太人社区有更深刻的认识。

一、从这两个犹太人自治体产生和性质来看

哈尔滨犹太人社区是伴随着沙俄在中国东北修筑中东铁路产生的,它的产生完全是一种自然发展的过程。到哈尔滨从事各种职业的犹太人达到一定数量时,出于犹太民族

---

① 指犹太人进入巴勒斯坦的运动。

第二章 哈尔滨地区的俄罗斯犹太人

善于结为共同体的传统,为了建立相互间的正常联系渠道和协调相互间行动,他们发起成立了犹太人社区。社区虽归属中东铁路公司,但在行政上是自治的。社区委员会是它的基本行政组织机构,每2年进行一次选举,产生至少11人组成的执行委员会,执委会对外代表全体犹太人,对内负责处理和安排社区的各项活动和协调各机构间的关系。执委会经协商和选举,产生主席、副主席、秘书长及司库各一人。执委会下设特别委员会,如教育委员会、难民委员会、经济委员会、财金委员会等,负责处理社区日常事务。在社区内,凡是年满20岁的犹太人每年交纳相当于当地货币2元的会费都可以成为该组织的成员,这是一种典型的散居的犹太人的自治组织形式。

苏俄犹太人自治体的产生,首先是一种政府决策行为。在苏维埃十月革命之前,犹太人居住的都市化程度很高,他们从事的职业主要是手艺人和零售商。十月革命后,限制犹太人居住的"围墙"和各种条令已不复存在,犹太人在政治、社会上获得了解放。他们能在国内自由迁徙,能置身于政党的领导层之中。但是,在苏维埃革命胜利之初,由于新生的革命政权面临政治、经济等一大堆复杂而紧迫的问题,无暇顾及这群苦难的人们。相反,现实带给苏联犹太人的是残酷的战乱和原先生存手段的丧失。1920年代初,苏联政府设法将犹太人安置到犹太人民族区(垦荒区)。1924年,乌克兰共和国苏维埃政府首先颁布命令,在克里米亚等地划出一大片土地作为移植犹太人的新区。以后,克马克兰、柴波罗滋等地再拨划出150万英亩的土地供犹太人移植之用。苏联政府在犹太人移植运动中雄心最大的尝试是1928年莫斯科召开的第一次俄犹太人殖民会大会上,苏联主席加里宁代表政府宣布,划出西伯利亚阿穆河(黑龙江)上的比罗比詹方圆380万英亩的地区作为犹太人的自治。随后不久,由政府组织的一支1 000人左右的先遣队进入该地区,但犹太人对开发西伯利亚并不感兴趣,这主要有两个原因:(一)在苏联人心理上西伯利亚这一概念是流放和服苦役的同名词,在那里设立犹太人自治区,即使"自治"是名副其实的,犹太人总有一种心有余悸之感;(二)历史上苏联犹太人吃够了当权者"翻手为云、覆手为雨"的政策之苦,他们往往更愿意旁观,而不愿意轻易投入。所以到1933年底,移居该地区的犹太人仅有5 000人。为了吸引更多的犹太人移植到该地区,1934年5月7日,比罗比詹地区被正式宣布为"犹太自治州",此后才出现犹太人移居该地区的一个短暂的热潮。不过到1935年时,该州也只有1.5万犹太人,直到1950年代,该州犹太人总数始终在1.5万人上下。犹太自治州由几个区组成,比罗宝祥是其中一个自治区。州和区都设有党政机构、共青团组织,在体制上与苏俄其他地区没有大的区别。

二、从这两个犹太人自治体经济结构看

哈尔滨犹太人社区是一种资本主义性质的经济,以私有制为社区经济的基础,带有慈善性的福利性质。社区犹太人无论是从事工业、商业,还是外贸、金融的实业家,其财产的占有都是私有制形式。每个私有主根据自己盈利情况,向社区缴纳数额不等的税款,作为社区基本建设的基金,用于社区公共设施和行政开支。此外,各企业主根据自愿原则,每年向社区慈善事业捐出一定数额的钱款,作为社区各项慈善事业的经济来源。如大老板索斯金公司每年捐给慈善事业的钱款达5万卢布。哈尔滨犹太人社区经济工商贸易为主体,是一种城市化的开放型经济体系,大循环、大流通是这种经济的显著特征。这种现代化的开放型、大流通式的经济,对东北地区经济的发展起到了一种带动作用。

苏联犹太人自治体实行的是社会主义性质的公有制经济。这与当时整个苏联社会状况是一致的。由于犹太自治州是新开发的地区,现代工业几乎是空白,它的经济主要是以农业和手工业为主。比如,犹太自治州属下的基层组织——比罗宝祥犹太自治区,该区由一个类似城镇的中心区域,人口约3 000人左右,主要是从事各种手工业的工人及家属。中心区设有制椅工厂、制箱工厂、制桶工厂、木玩具厂,以及小规模的制铲工厂和织袜工厂。全区最大的工厂,是制椅工厂,拥有工人570余人,工厂中只有一些简单的机械,主要操作过程都是靠人工体力,工厂虽属手工业性质,但在制作工艺上分工十分精细,从砍下木料到制成椅子,前后要经过34道工序,每一工序都有专人分工操作和管理,工作效率还挺高的。工厂在这种原始的流水线上,每日生产800多把椅子,人均可达到1.5把椅子。由于用料考究、质量上乘,犹太人生产的椅子销路很畅,产品主要销往列宁格勒和南俄各工业区,在市场上常常供不应求。

在犹太自治区的工厂里,全部都实行股份合作制,每一个工人先报名参加某个工艺联合会。并投资一定数额的资本,算是入股。工厂的纯利润一般在20%~25%,但工厂并不分红利,每个工人按月领取工资,工厂结余的资金全部用以扩大再生产。如果某个人想要退股,必须在声明呈送后一年才可领回自己的本金。类似这些规定,都有事先制定的章程为依据,无论普通工人还是工作人员都按章程办事。

除众多的手工工厂外,比罗宝祥犹太自治区还拥有一个具有相当规模的现代农场。离中心区约16俄里就是农场所在地。整个农场占地2 000余俄亩,其中包括占地600余亩的大型玻璃暖房,除一部分种蔬菜外,其余都种水稻,一年收获两季。农场耕种的机械化程度很高,笨重的活计一般都由机器操作。工厂的管理人员都是犹太人,但农场的操作

第二章　哈尔滨地区的俄罗斯犹太人

工人都是中国华工,约有300余人①,因为犹太人在历史上是极少务农的,所以对农业是生疏的。

三、从这两个犹太人自治体的宗教文化及复国主义运动来看

哈尔滨犹太人社区带有很强的犹太民族特征。对于犹太人来说,犹太教是维系民族的唯一精神纽带,而犹太教堂则自然而然成了散居各地的犹太人社区生活的中心,拉比是犹太人社区中的精神领袖。哈尔滨犹太人社区建立后,首先做的一件事就是开会决议建一座犹太人教堂,建立犹太人的宗教生活。与此同时,他们想方设法从西伯利亚的奥姆斯克请来了第一位专职主持社区宗教生活的拉比。1907年,哈尔滨第一座犹太教堂建成后,该会堂就成为哈尔滨犹太人团结兴旺的象征。犹太教的领导机构是"犹太教教会",与犹太教直接相关的有犹太教学校、犹太教祈祷室、犹太教会医院、慈善院、犹太教会公墓等等。从哈尔滨犹太人社区中的各项宗教设施中可以清楚地看到,宗教是犹太人生活的一切,从生到死都离不开犹太教。

在哈尔滨犹太人社区中,犹太复国主义运动很早就出现了,一段时期中开展得还十分活跃,不仅本地区建立了各种犹太复国主义组织,出版了宣传刊物,而且与世界各地的犹太复国主义组织建立了联系,一些激进的犹太青年还亲身投身于艰苦卓绝的犹太复国斗争之中。

在苏联境内的犹太自治州与哈尔滨犹太人相比,完全是另一番情景。作为犹太人精神生活的重要方面的宗教活动完全被禁止。在十月革命前,俄国每个小镇上都有宗教机构;教堂和礼拜堂,宗教学校,犹太教法典学校,教会法庭等。十月革命后,布尔什维克于1918年1月23日发出布告,封闭了所有的宗教机构,教堂和教会法庭及学校。1927—1928年又发起了第二次反宗教运动,一直延续到1930年代后期。② 因此,苏联境内的犹太人自治体已被强行与犹太教隔离,犹太人虽仍以一个民族而存在,但过的是另一种无宗教的生活。

至于犹太复国主义运动,在苏维埃政权下是绝对被禁止的。因为在苏联领导人看来,共产主义运动最终将使国家消灭,使各民族融为一体,因此每个民族都将逐步成为统一的苏维埃民族。这种"左"的观点导致苏联国内在俄罗斯族人民中间打击"民族主义倾向"呈

---

① 《东方杂志》第32卷,第15号,第78页。
② [美]泽夫·卡茨主编:《苏联主要民族手册》,第516页。

不断蔓延趋势。有时苏联领导层也强调贯彻民族政策问题,但这更多的是从政治形势需要出发,比如宣布比罗比詹地区为"犹太自治州",并允许在该地区出版希伯来文日报,设立用意第绪语广播的电台,在州的中小学中改用当地居民的本民族语言教学,州的多数剧院改为用本地语言演出,甚至在莫斯科的"西方劳动者共产主义大学"中还设有"犹太系"。苏联领导当时的这些做法,并不是为犹太人营造一个"理想国",而是出于政治需要。这么做在当时至少有三点好处:(一)能给苏联经济建设争取外援资金。例如,世界著名的犹太人慈善团体、美国的联合分配委员会(Joint Distribution Committee)和法国的犹太人垦殖协会(Jewish Colonization Association),在1928年前投资金额已达500万美元以上。①美国的犹太人委员会当时计划筹足2 500万美元,这笔巨款主要由美国犹太人募捐。(二)大量犹太人移民农村,可以减轻整个社会的负担,并能给苏联农工耕作方式带来变革。犹太自治区还和新移植区由于受到发达国家犹太人组织在技术、机械装备和资金上的大力援助,一般都采用现代工作方式和科学的农场经营法,结果取得了很大的成功,这无形中给苏联农作制度带来了革命性的变革,推动了整个社会农业生产的发展,为工业建设提供了大量的原料和粮食。(三)大量犹太难民被妥善安置能够消除社会的不安定因素,加强民族间团结,为大规模的社会主义建设创造稳定的社会政治环境。

在哈尔滨犹太人社区内,全部都是犹太人。但在苏联的犹太自治州内,犹太人只占很小的比重。据苏联有关资料表明,1951年比罗比詹的犹太人有14 269人,占全州总人口的8.8%,这个人口数仅占苏联当时犹太人总数的0.5%。②仅这两个数字已可说明,所谓的"犹太自治州"是有其名而无其实。

从上述三方面的分析可见,虽然哈尔滨犹太人社区和苏联犹太自治州同属犹太人自治共同体,但却有本质上的区别:

(一)从性质上看,哈尔滨犹太人社区是一种名副其实的犹太人自治共同体,它有一套完备的组织机构和明确的章程;而苏联犹太自治州名为"自治",实为"他治",宗教被禁止,教堂被取缔,这都是受制于人。就是所谓的犹太自治州也非犹太人努力的结果,而只是一种政府行为的产物,难怪曾经对犹太自治州抱有希望,并给予大笔捐款的欧美犹太人要哀叹:"比罗比詹毕竟不是圣地,阿穆尔河毕竟不是约旦河。"

(二)哈尔滨犹太人搞的是现代资本主义经济,经营范围大,地域广,手段灵活,虽主要产品是轻工业领域,但从工厂的设备、技术看,在当时都属世界先进行列之中。苏联犹

---

① 《东方杂志》第25卷,第11号。
② [美]泽夫·卡茨主编:《苏联主要民族》,第510页。

太自治州在农业上搞的是社会主义计划经济,以农场制为公有制基本形成,由于受欧美犹太人的捐助,其农业机械设备是先进的,但在手工业上实行的是半社会主义性质的参股制,工艺比较落后,属于手工作坊性质,产品局限于比较单一的木制作品,且因受资金和机器设备影响,经营规模是有限的。

(三) 哈尔滨犹太人社区保留了犹太民族的各种主要特点,诸如以犹太教为精神生命;以民主的方式建立相互间联系,自己管理自己;以重视民族教育,广兴学校为民族生存、发展的源泉;以乐施好善、相互关照为民族凝聚之链;以善于经营,敢于开拓为民族生存之本等。这些特点从各个角度强烈地折射出犹太人的精神和风格。在苏联犹太自治州的犹太民族,由于在限定的政治制度中生存,几千年的民族宗教传统被强行割断,犹太民族以教堂为中心的生活习俗被强行改变,而与异民族通婚反倒受到政策鼓励。生活在这种环境中的犹太民族,实际是处在一种消亡之中。当然这正是当年苏维埃领导人所希望的结局——一个苏维埃大民族的产生。

(四) 哈尔滨犹太人社区是通向犹太民族的圣地——巴勒斯坦的一个中转站和一个后方基地,它从人力、物力、财力上援助了犹太人为恢复本民族家园的斗争,而苏联犹太自治州这种海市蜃楼式的犹太民族希望之国,不仅不能引导犹太人走向他们的理想之国,反而分散了犹太民族正在进行的复国斗争,它带给犹太民族的只能是失望。在苏联,至今还流传着一个关于犹太人的笑话,问:"犹太自治州"的真相如何?答:啊,它既不是"犹太人"的,也不是"自治的",不过倒是一个"州"。

第三章 上海犹太商人的荣衰史

第一节 上海古代犹太人之谜

一、中国古代犹太人是否来过上海？

至今尚未发现历史记载或文物明确显示他们曾留迹上海。李唐时代，虽然犹太商人频繁往来于丝绸之路，可上海还是一个海滩渔村。当时上海称沪渎，据考："沪渎，在（华亭）县西北十里，即古吴淞入海之水也。"① 为什么称沪渎？《舆地志》注释："插竹列于海中，以绳编之，向岸张两翼，潮上即没，潮落即出，鱼随潮碍竹不得去，名之曰扈。"梁简文帝在《吴郡石像铭》一文中这样写着："吴郡娄县界松江之下，号曰扈渎，居人以渔为业。"古文扈并作沪，这就是沪的来历。当时沪渎属吴郡华亭县，有记载说："〔唐〕天宝十年（公元753年），吴郡太守赵居贞奏割昆山南境、嘉兴东境、海盐北境立华亭县。"②

上海——宋朝通商重镇。

上海由于其优越的地理环境，到宋朝逐渐发展为中国东南地区的一个海内外通商重镇。两宋时期，先后设置过管理海内外贸易的机构——市舶司、市舶务、市舶场等有11处，其中属于现在上海地区就有3处，即华亭县、华亭县青龙镇和上海镇。可见，当时这里的海外贸易已有相当规模。宋人孙觌曾如此描述："华亭据江瞰海，富室大家，蛮商舶贾，交错于水陆之道，为东南一大镇。"③有位诗人许尚作《华亭百咏·苏州洋》一诗云："已出天池外，狂澜尚尔高，蛮商识吴路，步入几千艘。"④苏州洋即华亭以东海面，因华亭旧属苏州而名之。蛮者非中华人士，蛮商乃今外商之称。华亭即已成为海上贸易的重要之地，所以北宋政府于政和三年（1113年）在华亭"兴置市舶务，抽解博买，专置监官一员。"⑤

---

① 褚华纂：《沪城备考》。
② 褚华纂：《沪城备考》。
③ 《鸿庆居士集》，卷34，《朱公墓志铭》。
④ 〔元〕徐硕：《至元嘉禾志》，卷28。
⑤ 《宋会要辑稿》，宣和元年。

第三章　上海犹太商人的荣衰史

华亭县青龙镇（今青浦）位于松江南岸，东下可入海，西上苏州，东南通华亭，西南达秀州。早在11世纪，海内外贸易就十分兴旺。有记载道："青龙镇，去华亭县五十里，居松江之阴，海商辐辏之所。"①华亭县所以设置市舶务就是由于青龙镇的繁荣。但是，青龙镇日益繁忙的海内外贸易，却由于50里开外的华亭市舶务进行远距离的管理，在当时是十分不便利的。所以，北宋朝廷于绍兴元年（1131年）在青龙镇设市舶场。

青龙镇虽然是一个四通八达的港口，是上海地区最早的内外贸基地。但是，由于它地处松江尾闾，又加海潮冲积，港口泥沙淤积，往往出现"青龙江浦湮塞，少有蕃商船舶到来"的现象。于是上海镇的重要位置日益显示出来，朝廷和商人都把目光转身向上海镇。《沪城备考》中写着："宋时，商舶自旧江直达青龙江。后因上流壅塞，遂设上海市舶提举司，以榷其货。"北宋咸淳初年（1265年）设置上海市舶分司。宋亡元立，元世祖至元十四年（1277年）正式成立上海市舶司。②元朝也重视海外贸易，鼓励蕃船往来。史载："江南顽民率皆私造大船出海，交通琉球、日本、满剌、交趾诸蕃，往来贸易悉由上海出入，地方赖以富饶。"③

以上史实证明：上海在宋朝尤其在北宋年代，已是中国沿海的一个重要港口，是中国对外贸易的一个重要基地，也是各代王朝国库收入的一个重要城镇。因此，自宋代起历经元、明至清初，均对上海的海外贸易采取鼓励政策，欢迎外商来沪买卖。④

二、犹太商人来沪诸种迹象

在"蛮商舶贾，交错于水陆之道"，"海商辐辏之所"和"蕃舶往来"之中，是否会有前来上海贸易的犹太商人呢？作者认为是很有可能的，因为：

（一）犹太人在唐宋即来中国经商，到过中国不少重要商业城镇，而至宋朝，上海业已成为海内外通商重镇。据载："岛夷、闽、粤、交广之途所自出，风樯浪楫，朝夕上下，富商巨贾，豪宗右姓之所会。"⑤难道犹太人就没考虑到上海来进行贸易活动？这是不符合犹太人精于经商的特性的。

（二）自唐代以来，犹太人已经在上海附近诸如宁波、澉浦、杭州、南京、扬州等地经商和定居。宋朝时的华亭县、青龙镇、上海镇已是外商常来之地，有个铭记说："自杭、苏、湖、

---

① 〔宋〕王象之：《舆地纪胜》，卷3。
② 《元史·食货志》。
③ 《松江县志》。
④ 《永乐大典》，7238亲子，引《江阴志》说："圣训有曰，市舶之利，若措置合宜，所动以百万计。"
⑤ 〔宋〕杨潜：《绍熙云间志》，卷下，《隆平寺经藏记》。

常等州,月两至,福、建、漳、泉、明、越、温、台等州,岁二三至,广南、日本、新罗,岁或一至。"①可见,杭州、苏州、湖州等商船大贾,每月到上海附近地区2次,福建等地商贾,每年到上海地区2～3次,而来自国外的商船,每年1次。精明能干的犹太商人不可能舍近求远地到别处贸易,而不至上海来做买卖的。

(三)宋朝,确已有外国人来往居住。宋人应熙在《青龙赋》中写道:"市里杂夷夏之人",当时还不可能把外国人像今天那样分得很清楚,而是把外国人统统称为夷夏人。在这夷夏人中,既不能由此确定必有犹太人在内,但亦不可排斥犹太人不在此内。

根据以上三点理由,按照逻辑推理,作者认为宋代以后,上海有进行贸易的犹太商人是可以肯定的。由于这些犹太人不是居民,而是奔波游走的商人,因此为后代留下的遗物极少,成了历史之谜。如果有心人坚持挖掘,有关古代中国犹太人的文与物,不是不可能发现的。

第二节 第一批进入近代上海的犹太人

一、万国商埠的上海

1840年鸦片战争后,中国清政府被迫于1842年签订了《南京条约》,该条约的第二条规定:"准英国人民带同所属家眷寄居大清沿海之广州、福州、厦门、宁波、上海等五处港口,贸易通商无碍。"1943年11月17日,清政府正式宣布上海为华洋通商口岸。时隔不久,作为5个通商口岸之一的上海脱颖而出,成为中国对外贸易的中心,中国近代化的主要基地。为什么上海能出现这样的突变?

(一)上海的优越地理位置

它位于长江下游江水入海的出口处,成为长江及其支流汇合的华东低地终点。从上海到内地能终年通行的航道总程约3万英里,能与中国近一半的人口取得联系,能与中国物产最丰富的地区进行贸易。它的周围有着纵横交叉、密如蛛网的交通运输线,仅仅市内就有3条河流,苏州河直达苏州,肇嘉浜通向青浦再通往太湖,蕴藻浜则抵昆山,即能连接多条水道和陆路。上海又处于中国南北海岸线的中端,官方规定南方的船不得在上海以北进行贸易,北方的船不得在上海以南进行贸易,于是上海就成了南北两大地区的货物集中与交换的最主要集散地。上海又是三面向海,它离开西太平洋所有的主要航道的最西

---

① 〔宋〕嘉祐七年(1062年),《隆平寺灵鉴宝塔铭》。

点,都不超过100英里,所有的远洋海轮均可以轻易而迅速地进入上海港口。

中国传统的出口产品茶叶和丝绸,其出产地集中在长江三角洲或其附近。而上海作为长江三角洲的一角,就得天独厚地成为茶叶和丝绸的出口贸易中心,甚至接近垄断的地步。长江三角洲土地肥沃、物产丰富、人口稠密、经济发达,为全国之首。它有许多著名的鱼米之乡和纺织之镇,有杭州、宁波、苏州、南京等一批重要城市,拥有几千万人口,出产各种物品。

这些乃是造就一个大城市最为重要的条件,它为粮食给养、工业制造和内外贸易提供了必需的物质资源。就连外国人亦一眼看中了开埠以后的上海,一位英国植物学家福钧于1843年和1848年两度来上海后,就得出这样的结论:"就我熟悉的地方而论,没有别的市镇具有像上海所有的那样有利条件。上海是中华帝国的大门,广大的土产贸易市场……内地交通运输便利,世界上没有什么地方比得上它……不容置疑,在几年内,它非但将与广州相匹敌,而且将成为一个具有更加重要地位的城市。"①

(二) 列强开辟租界

西方列强把资本主义的模式搬到了上海。中英南京条约中并没有规定通商口岸的租界地问题,英国为了扩大其在华权益,乘势胁迫清政府于1943年签订《虎门附加条约》,其第七条规定:"允准英人携带家眷赴广州、福州、厦门、宁波、上海五港口居住。"是年11月8日,英国派驻上海领事巴富尔上任后,即根据上述条款向上海道台官慕久提出要在上海划一块土地作为专供英侨使用的"居留地"。昏庸怕事的道台老爷竟然与英国领事议定了《上海土地章程》,划地830亩给英侨为"居留地"。② 这一侵犯中国领土主权的先例一开,法、美等国亦乘机在上海获取"居留地"。到1899年,英美租界竟扩大到34 330亩,较其最初面积增加了40倍以上;法租界到1914年亦扩大到15 150亩,为其最初面积增加了15倍以上。③ 以后,英、美、法等国继续扩大租界面积,竟然超过了中国政府所管辖的上海市区,真可谓是"鹊巢鸠占"!

上海是西方列强在东方的一块"飞地"。列强在上海划得租界地的同时,获取了治外法权,主要是"领事裁判权"。这是首先在1844年中美签订的《厦门条约》中确定的,条约规定:"中国民人与合众国民人有争斗、词讼、交涉事件,中国民人由中国地方官捉拿审讯,照中国例治罪;合众国民人由领事等官捉拿审讯,照本国例治罪。"又规定"合众国民人在

---

① 福钧:《中国、印度茶乡之行》,Robert Fortune:⟨A Journey to the Tea Countries of China and India⟩,第1卷第97—98页,伦敦1852年出版。
② 引自朱梦华:《上海租界的形成及其扩充》,《上海地方史资料》(二),上海社科院出版社1983年版,第34—35页。
③ 引自上海市文史馆和参事室组成的上海沿革编写组:《旧上海的外国租界》,《上海地方史资料》(二),上海社科院出版社1983年版,第4页、第9—10页。

中国各港口，自因财产涉讼，由本国领事等官讯明办理；若合众国民人在中国与别国贸易之人因事争论者，应听两造查照本国所立之条约办理，中国官员均不得过问。"这就是说，美国人不论是外交官还是其他人士在中国境内，不论在何时何地有何种言行，均不受中国法律的约束。这种领事裁判权就使外国人在中国不仅在经济贸易活动上具有优势地位，而且简直可以为所欲为。

列强还设法控制上海的海关。不仅将关税掌握在他们手中，更便于让更多的商品倾销到中国市场，掠取更大利润。1854年6月29日，上海英、美、法领事利用小刀会占领上海之机，诱迫上海道台吴健彰与之订立江海关协定9条，规定由三国领事各派一人组成所谓"关税管理委员会"，控制海关行政权。① 1858年，清政府在与英、法侵略者签订《天津条约》时，又与英国订立了通商章程善后条约，该条约第十款规定：不仅邀请英人帮办税务，而且规定"全国各口划一办理"。据此，上海海关管理委员会改组，英人李国泰任总税务司，全国其他海关，先后由英人担任长官。从此，中国关税主权全部落入外国人手中，中国与西方国家的贸易天平，越来越向西方倾斜。

英、美、法等国处心积虑地谋取对上海的统治权。1853年，他们借小刀会起义攻占上海县城的机会，组织租界武装，称之谓"上海外侨义勇队"，又名"上海万国商团"，以后不断扩充到21个队，有所谓苏格兰队、美国队、日本队、英、德、奥、意、捷运输队等，近3 000人，拥有全副武装。1854年7月1日，上海租界洋人开会，修改《上海土地章程》，擅自成立工部局，统管英、美、法租界，并设置巡捕房、领事法庭等，形成了一级地方政府。后来，法国政府按此模式在上海法租界单独成立公董局，成为管理法租界的地主政府。从此，中国政府只能对上海洋人征收关税和土地税，既不得在租界内征收其他税款，更不能对租界行使任何行政管理权。而工部局在租界内则可以任意征税，行使行政管理权，并可以拘捕租界居民(不论是洋人还是华人)加以审讯处理。当中国一旦发生战乱，上海租界居然可以宣布"中立"，不准任何武装(包括中国政府的军队或中国人民起义的武装)进入，俨然成为国中之国，亦成为西方在中国的一块"飞地"，当时英国驻沪领事阿礼国曾狂妄地说："这是独立自治国"的特征。

西方列强既然在上海有了环境良好和条件优越的租界地，他们就可集中力量向上海输出商品、输出资本。于是，开辟港口码头，修筑公路、铁路，开办工厂、洋行，设立公司、银行，建造高楼大厦，兴办公用事业，组建邮电通讯网络，发展通商贸易渠道，并建立与此相

---

① 引自上海市文史馆和参事室组成的上海沿革编写组：《旧上海的外国租界》，《上海地方史资料》(二)，上海社科院出版社1983年版，第4页、第9—10页。

适应的文化教育卫生体育等设施。总之,他们把西方资本主义的模式搬到了上海租界地。由于列强在多次战乱时的出面干预,上海租界地从1853年到1941年日本军队接管租界之前,没有遭到战火的创伤,这从客观上保证了上海租界地的稳定与繁荣。

凡此种种,在上海开埠不久,中国对外贸易的重点很快由广州转移到上海。1846年,上海的出口贸易占全国出口贸易的16%;1861年就占50%;①到1870年,上海出口贸易已占全国的63%,而同年广州的出口贸易仅占全国出口贸易的13%。② 上海同时还成为全国财政金融、工业制造和科学技术的中心,成为中国近代化的主要基地。

上海租界地既然是按照资本主义模式建行起来,就必然会出现不择手段来追求最大限度的利润,并设置能够满足各种欲望的娱乐场所的现象。上海成为鸦片贸易的主要港口和投机倒把的主要场所,又是鸦片馆、赌博场、跳舞厅、妓院以及流氓帮会的集中之地。就连英国的一位萨默塞特公爵于1869年到上海租界后,在英国上议院作证时不得不把上海称为"罪恶的渊薮"。③

具有如此特色的上海滩,就被称之谓"东方的纽约"或"东方的巴黎"。上海不仅是那些有着浓厚资本的洋商们获取最大利润的最佳地方,而且是那些贫困潦倒的外国人梦想发财致富的冒险家的乐园。

二、首批进入上海的犹太人

1843年11月17日,第一批英国人由中国士兵引进上海城,不到10年,黄浦江边(即现在的外滩)建造起几十座楼房,开设了不少洋行、商店、轮船公司和仓库。据1852年的统计,共有洋行41家,其中前10家均是在1850年以前开设的,它们是:

怡和洋行	Jardine Matheson & co.	英	1843年
宝顺洋行	Dent Beale & co.	英	1843年
仁记洋行	Gibb Livingston & co.	英	1843年
义记洋行	Holliday Wise & co.	英	1843年
广源洋行	J. Mackrill Smith	英	1843年
沙逊洋行	D. sassoon Sons & co.	英	1845年

---

① 班尼斯特:《中国对外贸易史,1834—1931年》。T. W. Bannister:《A History of the External Trade of China,1834—1931》,上海,1932年版,第74、103页。
② 上海《文汇报》(Shanghai Mercury),1893年,第21页、第30页。
③ 上海《文汇报》(Shanghai Mercury),1893年,第21页、第30页。

祥泰洋行　　Rafhbone Worthington & co.　　英　1845 年
旗昌洋行　　Russell & co.　　　　　　　　英　1846 年
利名洋行　　D. Remi & co.　　　　　　　　英　1848 年
泰和洋行　　Reiss & co.　　　　　　　　　英　1849 年①

上述 10 家洋行中有一家沙逊洋行是继 1843 年上海开埠以后于 1845 年第二批来的洋行,老板大卫·沙逊(David Sassoon)是英籍犹太人。沙逊洋行一开始主要是进行鸦片贩卖。现将 1851 年各洋行进出口船货列表②如下:

表 3-1　1851 年各洋行进出口船货列表

洋行名称	国别	进口装载货物						出口装载货物					
		进港船数	鸦片	棉纺织品	杂货	空船	其他	出港船数	金银	丝茶	杂货	空船	其他
怡和	英	25	18	2	2	3		28	6	9	2	10	鸦片1
宝顺	英	25	17	4		4		26	6	10	2	8	
旗昌	英	34	8	2	7	13	檀香木3 煤1	36	3	14	11	7	谷物1
广隆	英	16	5	4	4	2	米1	20	1	15	1	3	
琼记	美	12	3	2		6	皮毛1	11	2	8		1	
广源	英	17	1	2	6	5	糖1 米1 木材1	16		9	4	3	
沙逊	英	2	2					2				2	
顺章	帕西	4	3			1		2		1		1	

从上述列表可以看出上海当时最大的鸦片外商是怡和、宝顺、旗昌三家,它们进口鸦片的船只分别为 18 艘、17 艘和 8 艘,它们同时还进口棉纺织品、杂货、檀香木、煤等货物,并且从上海买进大量的丝绸、茶叶、杂货等。而沙逊洋行进港船只为 2 艘,就是贩卖鸦片到中国,回去是空船。

由于鸦片贸易是非法的冒险买卖,所以洋行都配备了武装舰队。如马丁在书中举以怡和洋行的兰立克号为例说:"这条船是由一位自有航海活动以来胆量最大、技术最熟练

---

① 上海《北华捷报》(North China Herald),1852 年汇编。
② 根据 1851 年《北华捷报》每期登载的《进出上海港口船期报告》汇总编制。

的海员驾驶……装备着发射 9 磅炮弹的长炮和枪支等全副武装。这种船使我想到十七八世纪,经常出没南美洲的海盗。"①有个鸦片武装船的船员曾公然这样讲:"我们有充分的准备和……中国人较量一番,一二艘官船决计把我们赶不出航线。"②这种海盗式的武装船队是有严密分工的,一种是"从印度载运鸦片到香港,装到各大洋行停泊在香港的趸船上";第二种是"专门把储存在香港趸船上的鸦片分运到各通商口岸";第三种是"把鸦片运到中国沿海不准通商的城镇港口销售";第四种是"停泊在沿海各港口外面的鸦片趸船"。③ 上海开埠后,吴淞口外的趸船经常有 10 艘左右,英文报纸往往公开登载那些鸦片趸船的名称和所属洋行。如《北华捷报》在 1850 年各期登载的鸦片趸船中就有以属于沙逊洋行的 148 吨鸦片的开源号(Mastiff)。④

上述 3 份历史材料充分证明:英籍犹商的沙逊洋行确于 1845 年在上海开设的,它当时主要进行非法的鸦片贸易,以牟取暴利。长期以来,人们都认为沙逊是犹太人进入近代上海第一人。然作者搜集的材料表明:沙逊虽是最早进入上海的犹太人,但并不是第一人。一位名叫高尔顿的犹太人是进入近代上海的第一人。1842 年 6 月 16 日,英海军占领上海时,其中有个英籍犹太人军官高尔顿(日语译音),他认为上海是个好地方,乃从当时英国的殖民地印度呼吁一些精明能干的犹太人到上海,为犹太人进上海打下基础。⑤

继高尔顿、沙逊之后,犹太人络绎不断地前来,形成了近代上海第一批犹太人。由于历史原因,这批犹太人中以英籍犹太人占主导地位;从犹太人角度讲,他们属于塞法迪姆人。这批犹太人大多不是来上海定居的,而是到这冒险家的乐园来发财致富的,有的开设洋行,有的在洋行中做职员,他们基本上是个商业群体。

三、上海犹太商人发展的三个阶段

(一) 1845—1918 年的发迹阶段

从鸦片战争到第一次世界大战,犹商们主要经营进出口贸易,那些发大财的犹商大多参与非法贩卖鸦片,如沙逊洋行在 19 世纪 50 年代还是一个中等的鸦片贸易机构,到了 1870 年代,由于它设法在印度直接收购并控制大量鸦片,就成为中国的头号鸦片商。19

---

① 马丁:《中国:政治、商业和社会》(R. M. Martin:China ;Political,Commercial & Social),1922 年版,第 259 页。
② 泰勒·丹涅特著,姚曾廙译:《美国人在东亚》,第 111 页。
③ 佩赛尔·拉巴克:《中国飞剪船》(Basil Lubbock:The China Clippers),1922 年版,第 33—34 页。
④ 1850 年 10 月 10 日《北华捷报》。
⑤ 小山猛夫:《东亚问题》,中央公论社,1941 年版。

世纪末,哈同(Silas Aron Hardoon)崛起,与沙逊合开"洋药公所"(即鸦片交易所),垄断了上海的鸦片市场。这个"洋药公所"在20年间共贩卖鸦片达40万箱,平均每年2万箱,沙逊和哈同每年即可各获得200多万两银,20年竟各得4000万两银。此外,埃兹拉(Isaac Ezra)也是个大鸦片商。亦有一些犹商是经营其他商品的进出口贸易的,如德籍犹商卡贝尔格(P. Karberg)和安诺克德兄弟(J. Arnhold & P. Arnhold)于1854年在上海合资成立瑞记洋行经营进出口贸易,还投资开设瑞记纱厂和瑞熔机器造船厂等。这可以说是上海犹太人投资于工业制造的开端。

在这个阶段,犹商们通过合法和非法的手段,经营各种商品的进出口贸易,从而赚取了大量的财富,为进一步扩大经营范围、投资于其他行业创造了条件。有人估计,沙逊集团自1845—1914年,贩卖鸦片总值达468 645 936两银,利润按30%计算,则在70多年中通过鸦片贸易贩卖获得利润高达140 593 780两银①。所以,这第一阶段是犹太商人开创事业、积累资金的阶段。

(二) 1918—1937年的鼎盛年代

第二阶段是第一次世界大战后到第二次世界大战爆发。第一次世界大战后,上海作为一个工商贸易的国际城市已具有相当规模,而且日益繁荣。在华的犹太商人决定以上海为发展重点。1917年,国际社会协定作出禁止鸦片贩卖的决议,而且中国自产的西南地区(四川、云南、贵州等)的烟土数量激增,又比进口的鸦片价格低廉,因而鸦片的进出口贸易日趋衰落,于是犹商们大量投资于房地产、公用事业和工业制造等行业。犹商们当时不以香港为发展重点而把上海作为发展重点,是经过周密思虑而作出的选择。香港虽有很多有利条件,但其税收很重,它的所得税率很高,特别是第一次世界大战后,英国政府向香港的工商界增抽"盈利税"。而当时上海租界只征收房捐和土地捐,其他业务活动是免税的,这对谋利的资本家来说是至关重要的。另外,上海已经是中国的工商业、金融业的中心,不仅中国的资本家纷纷投资于上海,而且外国资本家亦集中投资上海。如英国在华投资几乎有60%集中在上海,这是非常吸引人的。所以,在华犹太商人乃集中投资于上海,并积极开展业务。如哈同购买了上海南京路上的大量土地,且大兴土木,建造了许多房屋,当了上海南京路的地产王。为了使其房地产涨价,他花费巨资修筑了漂亮的南京路,使南京路成为上海最繁华的街道,他就一下暴富,成为上海滩上大赢家。嘉道理(Elly Kadoorie)家族不仅经营地产,而且涉足电力、煤气、橡胶等行业。安诺德兄弟则开办中国公共汽车公司,几乎垄断了上海的公共交通事业。而沙逊家族则成为上海地产大王,并插

---

① 张仲礼、陈曾年:《沙逊集团在旧中国》,人民出版社1985年版,第35、90页。

手各种行业,成为上海犹太商的盟主。到中国抗战前夕,沙逊集团在上海投资了13个行业的24家企业①,资产总额达50亿元(中国法币)②,连英美烟草公司这样老牌的垄断集团也自叹不如,因为1941年英美烟草公司在华总资产也不过6.23亿元。这个阶段可以说是犹太商人经营发展到了鼎盛时期。

(三) 1937—1949 年的衰退时期

第三阶段自第二次世界大战到中国人民解放战争胜利。日本帝国主义对中国的侵略,使上海犹太商人的经营遭到严重打击。"八·一三"淞沪战争后,上海成为孤岛,日本侵略者借口"军事需要"禁止外商轮船通航,上海内外贸易受到严重影响。原来上海与内地的贸易量,一般年份均要占到贸易总额的50%以上,而1938年上海对内贸易就下降至贸易总额的30%,上海对外贸易总额为491 273 386元(中国法币),这和1936年或1937年相比要下降46%左右;上海1938年进口总值也比1936年下降一半。上海英商商会于1938年作了个估计,英商在一年左右时间内,"损失约在500万到600万英镑之间",英商在华全部投资价值的下降要"超过1.2亿英镑"③。这时,英商包括英籍犹太商人都认识到:日本要独占中国,因而感到问题的严重。沙逊财团即于1939年开始了从上海的第一次撤退行动,他们大量抛售各附属企业和有投资关系的公司的股票,并脱手部分房地产,到太平洋战争爆发前夕,沙逊财团共抽走资金在1 000万美元以上。其他犹太商人如海亦姆、埃兹拉、马登、麦边等亦同样地进行股票投机活动,抽走了大量资金,并相继离开了上海。这时,哈同已经去世,他生前没有形成家庭集团经营他的事业,其约值400万英镑的巨大产业④逐渐在种种情况下散失,哈同财团消亡。大犹太商小安诺德兄弟因经营不善被沙逊兼并,不久又被沙逊逐出。后来这个公司随着英美侨民的撤离而黯然离开了上海。总之,在日本步步侵略中国的形势下,犹太商人基本上停止了在上海的大规模投资与经营,并且纷纷从上海撤退。

太平洋战争爆发后,日军进占上海租界,不仅外商的企业和财产被掠夺性地接管,而且凡是参加同盟国国籍的外国人也大批被投入集中营。如埃里·嘉道理及其长子都被关进了集中营,老嘉道理于1944年病故。

第二次世界大战胜利后,犹太商人曾一度筹集资金大量地抢购日本留下的物资,这表

---

① 张仲礼、陈曾年:《沙逊集团在旧中国》。人民出版社1985年版,第35、90页。
② 张白衣:《远东英国金融巨子沙逊》,载于《财政评论》第5卷第5期,1941年5月版。
③ 弗里德曼:《英国和中国的关系,1931—1939年》(I. S. Friedman British with China, 1931—1939),纽约,1940年版,第219,220页。
④ 维克多·沙逊在孟买接见国民党"中央社"记者时的谈话。沙逊档案,剪报,"中央社"9月21日孟买电。

明他们计划在上海东山再起,向往着1930年代的繁荣。可是,由于1943年中国政府与英美等国签订了新约,外国人在上海的特权连同上海的租界一起消失了;蒋介石政府接管上海不知从事于恢复生产和繁荣经济,只知巧取豪夺人民的财产;接着国民党军队又发动了内战;加上美英与苏联之间的冷战加剧等,这种国内外形势的急剧变化和动荡,使上海犹太商人中断了原来的规划,并纷纷撤离上海。维克多·沙逊于1945年9月就说过这样的话:"在中国展开大规模业务的日子已成过去,今后外国人只能从旁协助……企业要由中国人而不是由外国人来经营了。"①

沙逊财团于1948年开始第二次大撤退,也是一次彻底的大撤退。他们把地产和股票大量抛售,所有企业全部搬迁到香港,最后把沙逊洋行的总部搬迁到了巴哈马群岛的拿骚。嘉道理兄弟亦把经营中心完全转移到香港,连他们富丽堂皇的大理石大厦亦交给手下人管理了。其他一些中小犹太商人也纷纷离开上海,迁移到美洲、欧洲和以色列。至此,近代上海犹太人及其后裔,特别是犹太商人基本上已经退出了上海这个国际舞台。

进入近代上海犹太商人群体,虽然人数不多,可是他们经营业务范围广、规模大、效益高,因而在短短的100年中,他们财富迅速增多,社会地位也日益增高,成为上海举足轻重的一支力量。其中如沙逊、哈同、安诺德、嘉道理等都成为上海滩上著名的富商和租界里的头面人物,有的甚至因获得中国政府授予功勋奖章和英国政府授予的爵位而扬名海内外。他们对上海社会特别是上海的经济有着重大的影响。他们有着十分雄厚的资本,控制了上海许多工商金融企业,可以说在一定程度上掌握了上海部分经济命脉,制约着上海的经济繁荣发展,以致租界当局和中国政府亦对他们表示"敬重",进行"联络",并依靠他们解决了一些重大社会和经济问题。因此,很有必要对这些主要代表性人物作深入的剖析,研究他们的经营方针、管理方法和理财手段,探讨他们的价值观念、宗教信仰、伦理道德和文化素质,以认识犹太民族的特性(尽管他们还不等同于一般的犹太人民),寻找出中犹两个民族的思想文化的异同点,通过比较研究,从而学习与汲取犹太民族的优点,是很有意义的。

第三节 上海犹商盟主——沙逊家族

一、沙逊家族四代在上海

历史上犹太民族一直是个迁徙不定的民族,数百年前,有一支沙逊的犹太人家族就迁

---

① 维克多·沙逊在孟买接见国民党"中央社"记者时的谈话。沙逊档案,剪报,"中央社"9月21日孟买电。

第三章　上海犹太商人的荣衰史

徙到巴格达（今伊拉克首都）定居。沙逊家族世袭巴格达首席财政官，掌管全城财政，同时参与当地犹太人的宗教、行政活动，俨然成为他们的"族长"。18 世纪后期，巴格达反犹活动日渐加剧，到 19 世纪 20 年代，沙逊家族终于失去了族长的地位。老族长塞利的儿子大卫·沙逊因反对巴格达当时的行政长官所实行的残酷的反犹活动而遭到迫害，被迫带着全家逃出巴格达，在巴士拉（今伊拉克港口）、布什尔（今属伊朗）短住，不久便迁居印度孟买，并加入了英国籍。

（一）大卫·沙逊开展对华贸易

1832 年，大卫·沙逊在孟买设立了沙逊洋行（David Sassoon and Sons Company），经营英国纺织品、东方织物及波斯湾土特产贸易。由于沙逊家族有巴格达首席财政官的声誉和经历，有人际关系、语言方面的便利，又熟悉西南亚和波斯湾的情况，沙逊洋行很快发展成为印度在波斯湾最大贸易机构。英国政府废止东印度公司垄断特权后，英国商人的对华贸易迅速发展，孟买不仅成为通往波斯湾的门户，而且成为进入中国的港埠。大卫·沙逊很快察觉到这一点，开始对中国贸易产生了兴趣，便将英国的纺织品和印度的鸦片运往中国，销路很好，业务不断扩大，还派其次子伊利亚斯往来广州与香港之间，扩展远东业务。正如有位犹太学者所说："这是大卫·沙逊的极大发现，其报酬是：'黄金雪片似地向他飞来。'"[①]

鸦片战争结束后，上海辟为商埠，开始对外开放。1845 年，沙逊洋行在上海设立分行。随着上海对外贸易的繁荣，沙逊洋行在上海的业务迅速扩展，在英属印度对中国出口的鸦片、棉纺织品等商品贸易中占据相当比重。上海很快成为沙逊洋行在华业务的中心，其地位超过香港和广州。由于发展了对外贸易，沙逊家族很快便成了英属印度的首富，据大卫·沙逊 1854 年的估计，已拥有百万家产，到 1864 年时，沙逊家族的财产估计约达 400 万英镑[②]。

（二）伊利亚斯·沙逊建立新的沙逊洋行

1864 年，大卫·沙逊故世，根据犹太人的习俗，其长子阿尔伯特继承了沙逊洋行的财产和企业管理权。其次子伊利亚斯认为远东业务是由自己开拓的，不甘屈居人下，即产生了自己设立企业的主意。不久，他看到了当时世界交通和通讯技术的革新，如 1870 年代前后，远洋机轮代替帆船，成为最先进的海上运输工具，苏伊士运河的通航、海底电缆的铺设，为商品输出开发远东贸易提供了便捷的条件，增强了自办企业的信心。1872 年，伊利亚

---

① 罗思：《沙逊王朝》(Cecil Roth: The Sassoon Dynasty, London, 1941)，第 47、185 页。
② 同上。

斯·沙逊脱离原沙逊洋行,自立门户,在孟买另设一沙逊洋行,以名字 E. D. 为记。为便于区分,人们便将原来的沙逊洋行称为老沙逊洋行,伊利亚斯开设的洋行称为新沙逊洋行了。

阿尔伯特接管老沙逊洋行后集中力量在印度孟买兴办工业,相继开设了纺织公司、罐头公司和土地开发公司、丝绸公司、保险公司等,还建立了沙逊码头,被列为"印度工业奠基人之一"。他还扩大了他父亲举办的各种慈善事业,声誉日大,政治地位逐步上升。1872 年,英王授予他爵士称号,从此,他便定居在英国,跻身英国上层社会。① 阿尔伯特定居英国伦敦后,1875 年起,业务上改由其弟弟亦即大卫·沙逊的第 7 子所罗门·沙逊负责。所罗门在香港、上海居住多年,进一步发展了业务。1894 年,所罗门故世,其妻弗洛拉继续经营。但是,老沙逊洋行因阿拉伯特的兄弟及其子孙大部分在伦敦热衷于从政,或者在印度从事业务经营,其在中国特别是上海的业务渐由新沙逊洋行取而代之,而逐步萎缩衰退。1920 年后,老沙逊洋行陆续出售其在中国的房地产,所得款项悉数汇到伦敦。1935 年,老沙逊洋行关闭了汉口分行和上海分行的出口部②。抗战胜利后,除经租房屋外,其他业务已基本结束。

与老沙逊洋行相反,新沙逊洋行在中国的业务却逐渐兴旺发达。伊利亚斯很注重开发远东业务,洋行一开张即在上海设立了分行,其原址在仁记路 5 号,这是一幢红砖墙 3 层楼洋房③。伊利亚斯派其长子亚可布坐镇上海,分管中国业务。短短几年,新沙逊洋行的业务活动和分支机构遍布远东各大城市。由于新沙逊洋行重点开发孟买与上海之间的贸易,两地贸易特别旺盛。他们从印度输出大批鸦片、棉花、布匹等商品,鸦片贸易成为新沙逊洋行初中期的重要业务。1877 年,新沙逊洋行以 8 万两银廉价购进美商琼记洋行(Augustine Heard & co.)11 亩多一点的"候德"产业(今和平饭店原址),开始在上海从事不动产投资。这块土地靠近黄浦江,三面沿街,一向被认为是上海地段最好的土地,新沙逊洋行买下后,将大部房屋出租给他人,以不断地收取租金。

(三)亚可布·沙逊继续扩大经营

1880 年,亚可布从中国返回印度。不久,伊得亚斯过世,孟买和上海的产业由亚可布和其他三个弟弟经营。这一阶段,新沙逊洋行继续扩展中国、日本、波斯湾和阿拉伯等地的业务,并在加尔各答、卡拉奇、曼谷等地设立分支机构。在印度投资工业,如以 61 万卢比购买新亚大历山德拉纺织厂,建立 E. D. 纺织厂④,以后还建立了 5 家棉纺厂、1 家毛纺

---

① 罗思:《沙逊王朝》,第 76、80、88 页。
② 1935 年 7 月 9 日《申报》。
③ 仁记路即现在的滇池路,该房后与周围房子一起拆除后建成沙逊大厦,即今天和平饭店北楼。
④ 沙逊档案,乙 7528。

厂以及石油、钻井、银行投资公司等大量企业。上海分行仍以经营鸦片为主,也经营一些自有企业生产的棉麻制品,到20世纪初,后者贸易额与其鸦片贸易额已不相上下了。新行还大力开展抵押放款业务、大量购置房地产,成为上海的"房地产大王"。这一阶段的经营与上一阶段有所不同。伊利亚斯着重经营孟买与上海之间的贸易,以进出口贸易为主;亚可布则在孟买经营工业,而在上海始以进出口为主,逐步转移到以经营房地产和抵押放款为主了。

(四)维克多·沙逊登上上海犹太盟主的宝座

  1916年,亚可布过世,因无子嗣,其侄即其弟弟爱德华之子维克多不久即实际控制了新沙逊洋行。维克多世袭准男爵,中外人士都称他为沙逊爵士。因其左腿略跛,一般人又叫他"跷脚沙逊"。

  维克多任新沙逊洋行总经理后,仍经营鸦片和房地产等业务,曾任印度殖民地国会议员、调查印度工业劳动问题皇家委员会委员等职[①]。1919年在香港开设香港信托公司,负责新沙逊家族成员财产托管和收益,利用信托基金购置有价证券,收购股票以控制一些著名企业,如该公司一度拥有上海英商祥泰木行的股票达8万股。1920年,维克多将新沙逊洋行改组为私人股份有限公司(E. D. Sassoon &co, Ltd),核定资本为100万卢比[②]。后因印度的独立运动和民族工业的发展,对洋行业务发展不利,维克多遂将经营重点转移到上海,改变以往上海分行将盈利汇入孟买的做法,将大部分资金留在上海投资,并于1923年首次来到上海。维克多看中上海为经营重点是有道理的,因为当时上海公共租界只征房捐和土地捐,其他经营都是免税的;英国人在租界中势力很强;上海又是中国商业与金融的中心,繁华兴旺,有发展前途;而且新沙逊洋行在上海已有相当基础,有了"候德"产业、河滨大厦等29块产业,已是上海最大的房地产商。这些有利条件是其他地方所不具备的。这是新沙逊洋行经营战略的重大转变。

  维克多时代的新沙逊洋行继续经营进出口业务,其中鸦片贸易因中国禁烟运动的开展而衰退,最终只得放弃。于是便大批进口布匹,成为主要的布匹进口商。新沙逊洋行的进出口业务范围日趋扩大且广泛,大到军火、建材,小到食糖、芝麻,只要有利可图就经营,到抗战前因局势变化,进出口贸易基本结束。维克多在上海大力发展房地产,购地出租,建造高楼大厦出租,倒卖房屋,房地产利润是新沙逊洋行后期盈利的主要来源。维克多还建立了若干直属公司,投资多种行业,如中国国际投资信托公司、扬子银公司、祥泰木行、

---

 ① 《辞海》(1979年版缩印本),第896页。
 ② 罗思:《沙逊王朝》,第107、224页。

中国钢业公司、上海拖驳公司、会德丰有限公司、东亚航运公司、业广地产公司、正广和有限公司等都曾与新沙逊洋行有投资关系，甚至有些企业一度受新沙逊洋行的控制。新沙逊洋行还通过收购股票的方式控制其他企业，如对中国公共汽车公司、上海英商电车公司、上海啤酒公司等企业的控制。维克多更在上海设立了一些金融机构以利控制资金操纵金融市场，进行金融垄断活动，还参与国际金融集团控制旧中国币制的争夺战。如1935年，当中国政府面临银圆币制危机时，他曾提出在上海租界内流通"镑券"救济上海金融的计划，后因遭到上海各界的反对而未能实现。这时，已经形成以沙逊洋行为核心的强大的沙逊集团，它不仅是上海犹太商人的盟主，而且其经济实力和势力范围已超过其他英商集团，成为上海滩上的首富。至此，沙逊家族在上海的事业达到了顶峰。这是由其第四代维克多来完成此大业的，维克多的战略目标就此也得以实现。

太平洋战争的前夕和中国抗日战争胜利后，维克多见上海形势对洋行不利，两次将资金大规模转移，并将新沙逊洋行总行迁到巴哈马群岛的拿骚。至中国解放战争全面胜利时，新沙逊洋行在中国的财产主要是留在上海的一些未及变卖的房产。1958年，中国政府因关系沙逊洋行方面的原因，接管了其全部剩余资产，终于结束了沙逊集团在上海100多年的经营活动。

沙逊集团的经营范围涉及上海人民的衣食住行和日常生活，曾投资纺织、食品、建筑、航运、金融等13全行业，凭借帝国主义在中国的特权，通过其经营活动，残酷地剥削了中国人民。沙逊集团历年的鸦片利润估计达1.4亿两银，房地产利润达1.3亿两银，加上其他利润达3亿两银①。这些财富绝大多数外流，对中国经济的影响是不可忽视的。

根据沙逊家族四代在上海经营的过程，可列表如下：

表3-2 沙逊家族四代在上海的经营过程

第一代	第二代	第三代	第四代
大卫·沙逊 （1793—1864） | 1832年建立 | 沙逊洋行 | 1845年建立 上海分行	阿尔伯特·沙逊 （1818—1896） （大卫·沙逊之长子） | 1864年继承老行	所罗门·沙逊 （1841—1894） （大卫·沙逊的第七子） | 1875年负责老行	弗洛拉·沙逊 （所罗门之妻） | 1894年负责经营
	伊利亚斯·沙逊 （1830—1880） （大卫·沙逊次子） | 1872年建新沙逊洋行	亚可布·沙逊 （1844—1916） （伊利亚斯的长子） | 1880年继承新沙逊洋行	维克多·沙逊 （1881—1961） （伊利亚斯次子爱德华之子） | 1916年负责经营新沙逊洋行

---

① 张仲礼、陈曾年：《沙逊集团在旧中国》，人民出版社1985年版，第163页。

二、沙逊集团的经营和管理

（一）进出口贸易

沙逊集团早中期进出口贸易以鸦片贸易为主。1832年，大卫·沙逊在孟买建立老沙逊洋行时就注意到鸦片贸易可发大财，渐渐将此作为主要业务。沙逊集团亦是靠鸦片利润发迹起来。如上面所提到1864年沙逊集团的财产约400万英镑，主要靠发展对华贸易获得的，而对华贸易中鸦片是大宗商品。1832年鸦片总输华量2.1万箱①，后不断增加，至1870年增为58 817担②，这时期怡和洋行利用飞剪快船装运鸦片，是最大的输华商。当时还有宝顺洋行等英美鸦片商，沙逊集团输入鸦片不会超过20%。19世纪70年代初，沙逊集团采用现代化的机轮船装运鸦片，并利用其根据地孟买的有利条件，派遣大批人员在印度收购鸦片，甚至放高利贷直接收购"青苗"，以致控制了印度产地约70%的鸦片③，而英商怡和、宝顺等老牌洋行收购鸦片是通过中间商代理，数量、价格受人控制，于是，沙逊集团鸦片贸易超过了怡和洋行，成为最大的鸦片输华商，这种状况一直维持了十几年。新沙逊洋行为便于沟通孟买、香港和上海之间的鸦片行情，还编制电报密码，作为竞争手段。后来由于价廉的中国自产的鸦片量上升，逐渐取代进口货，印度鸦片输华量有所减少。1885年，沙逊洋行和哈同联合在上海开设"洋药公所"，在以后的20年中，沙逊集团平均每年进口约1万箱鸦片，新老沙逊洋行各半，约占中国全部鸦片输入量的20%。20世纪初，与新沙逊洋行保持经常批发代销关系的上海鸦片商号有50余家④。鸦片上岸要支付落地税，为求免税，新沙逊洋行在外滩停泊了一艘趸船，来回运输鸦片。后因妨碍水上运输，乃在青浦路与南浔路之间设一占地3亩多的4层楼仓库存放鸦片。轮船每次到货，用驳船把鸦片搬到码头，雇用工人搬运好几天⑤，可见鸦片之多。

鸦片利润一般约可达售价的30%，1911年，每箱能得利1 000海关两⑥。据估计，1840—1914年这75年，沙逊集团的鸦片利润达1.4亿两银，平均每年得利约200万两。⑦这巨额利润为沙逊集团在印度经营纺织业，在上海经营房地产业，以及进行工业投资等奠

---

① 马士著，张汇文等译：《中华帝国对外关系史》第一卷，三联书店1957年版，第239页。
② 据《海关贸易册》记载，1箱约重1.1担或130磅。
③ 勒费窝：《清末西人在华企业》(Edward Le Fevour: Western Enterprise in Late Ching China, 1842—1895)，美哈佛大学出版社1970年版，第27—29页。
④ 沙逊档案 乙7495(7—4)。
⑤ 1959年11月1日《新闻日报》。
⑥ 丁名楠等编：《帝国主义侵华史》，第18—19页。
⑦ 张仲礼、陈曾年著：《沙逊集团在旧中国》，第25页。

定了坚实的基础。

20世纪初,中国开展了禁烟运动。由于租界当局的庇护,沙逊等洋行操纵鸦片价格,从1908年前每箱700两逐渐上升到1915年11月每箱9 000多两①。

虽进口量逐渐减少,但价格上涨,沙逊集团仍能获取暴利。20年代后,鸦片贸易逐渐衰退,沙逊集团只得渐渐放弃鸦片贸易。

除了鸦片贸易外,沙逊集团在中国推销印度自有企业生产的棉纱、市布、麻袋、煤油等。到20世纪初,此类商品的贸易超过鸦片贸易,上升为主要贸易商品。该集团还经销英国的棉织品,把布匹批发给中国商行,由它们再运销。1920年代初,沙逊集团已经成为主要的布匹输华商了。除此之外,沙逊集团还经营呢绒产品和绒线,进口汽车零件、荷兰砂糖、人造丝、五金、纸张、玻璃、建材、钢铁,出口农副产品如芝麻、猪鬃、肠衣、生丝以及桐油等。

"五卅运动"时期,中国人民抑制英货,沙逊集团进出口贸易遭受沉重打击,后经营意大利人造丝等才改变了局面②。

沙逊集团的经营范围是广泛的,有时还采取了灵活的调整,进口商品变为出口商品,如原从印度进口的棉纱,1927年中国抑制日货,新沙逊洋行杀价收购日资内外棉纱厂产品向印度、中东推销③。沙逊集团的进出口贸易的原则主要看成是否有利可图,以便赚取价格差额。

新沙逊洋行还通过安利洋行,将大批德国枪炮及子弹卖给四川、东北的军阀,把枪弹、飞机、鱼雷艇卖给蒋介石政府,还把枪弹卖给宋子文编练的税警团,大做其军火生意。

由于整个形势的变化,沙逊集团的进出口贸易于1936年基本结束。

(二) 房地产经营

新沙逊洋行很早就在上海进行房地产投资了,这主要是房地产利润丰厚,投资风险比进出口贸易和抵押贷款要小。因为上海租界当局为方便征收土地捐税,对土地要进行估价,随着租界的繁荣,每隔几年要调整一次,不断提高土地捐、房捐的收取标准。而业主则将增加的捐税转嫁到租赁者的身上,自己坐享房地产增值的收益。如"候德"产业计11亩多,1877年新沙逊洋行买进时每亩地价为6 500两;1890年涨到每亩9 000两,1899年每亩为18 500两,1902年是32 000两,1924年竟达200 000两,没几年又增值至220万两。以8万两一亩买进,地价上涨得利212万两,再加上房租收益约200万两,合计共400余

---

① 1916年9月2日《北华捷报》。
② 陈其鹿:《英商沙逊洋行》载《上海地方史资料(三)》,上海社会科学院出版社1984年版,第3页。
③ 沙逊档案,乙7509、7996。

万两,近 50 年得利 50 倍以上①。并且地价还不断上涨,1933 年这块地每亩已涨到 36 万两②,可见房地产利润之丰厚。

新沙逊洋行于 1877—1920 年在上海购置了 29 块产业,有些是趁原业主破产或濒于破产时杀价购进的,如"候德"产业、河滨大楼基地等;有些是押款人无法清偿押款,廉价购进的押产。沙逊集团抵押放款时押价极低,一般为产业的 1/3,但利息甚高,按季付息,欠息即转本,到期不能偿清本息,只好低价卖给沙逊集团。有些是预知有发展前途而廉价购进的;有些是从拍卖行适时购进的。这些房地产产业的价值到 20 世纪 20 年代要比购进时增加至少数倍,有的甚至高达 20 多倍。

沙逊集团购得产业中如有过于破旧的房屋,就拆除重建,或将土地出租给别人翻造新屋,并规定新房的图样、造价、材料、规格,经过一定年限后,将土地连房屋一起收回。租地造屋者经营房屋出租,虽承担风险,但亦有利可图。最终是广大房屋承租者承受沉重的负担。

1921 年,这 29 块产业占地约 300 亩,产业估价 1 300 余万两③估计投入资金 200 万两,获利 1 100 万两;1877 年到 1921 年估计房租收入约 1 100 万两④,共获利 2 200 余万两,44 年平均每年获利达 50 万两。

维克多接管新沙逊洋行后继续扩大租房造屋,如南京路劝工大楼、淮海路国泰电影院、西藏路东方饭店以及部分新式里弄等。沙逊集团自 1917 年起,有 140 余亩土地给人租地造屋,租约到期后就收回,有时租期未到,乘人之危,付一笔补贴费就提前收回房产。到 1941 年,先后收回里弄住宅和市房 753 幢、仓库 11 座、公寓大楼 3 座,房屋面积达 138 338 平方米,占上海解放前夕沙逊集团房屋总数 1 986 幢的 38%,总面积 54 万平方米的 25.6%。这批房屋共收地租 725 万两,每年还收房租约 90 万两⑤。

沙逊集团从 1925 年起开始兴建高楼。当时地处上海最佳地段的"候德"产业房屋已经陈旧,沙逊集团决定利用这块地皮翻建成沙逊大厦。1929 年大厦落成,成为外滩最早建成的高楼大厦。维克多将 2 层以下的出租给商店银行,3 楼洋行办公,将很多直属、附属公司集中在大厦,4 楼至 9 楼辟为华懋饭店,设旅馆、餐厅、舞厅等,10 楼自用。大楼内部装潢极尽豪华,房间布置成华、日、英、美、法、印、德、意、西班牙 9 国不同风格的式样,颇受达官富商的欢迎,纷纷租用,高额租金滚滚而来。沙逊大厦造价及设备装修共花去 560

---

① 蓝天照:《沙逊大厦和沙逊集团》,上海市房地局档案室存。
② 张仲礼、陈曾年:《沙逊集团在旧中国》,第 40、48 页。
③ 沙逊档案,甲 428。
④ 张仲礼、陈曾年:《沙逊集团在旧中国》,第 40、48 页。
⑤ "新沙逊洋行利用出租土地掠夺房屋情况",上海市房地局档案室存稿。

余万两①,但每年地租、房租、折旧费60余万两②,不消10年,就能收回投资。大厦本身亦成为沙逊家族在华象征,靠着这块招牌,博得了很多同行的信赖,纷纷与沙逊集团建立业务关系。建造高楼能充分利用有限的地皮资源,牟取更高的利润,还便于集中管理,沙逊集团尝到了建筑高楼的甜头,就接二连三地干了起来。1931年建成18层的格林文纳公寓,此楼25年可收回投资,但房屋可使用百年,可见投资房地产的利润之高。沙逊集团还建造了汉弥尔顿大楼、华懋公寓、河滨大楼、都城饭店等高楼。解放前上海共有10层以上的高层建筑28幢,沙逊集团占6幢,这些产业1941年价值3 600余万两,占沙逊集团当年房地产总值8 689万两的41%强③。

为了经营房地产,沙逊集团1926年专门成立了华懋地产公司,进行房地产买卖和自建公寓大楼的出租。公司资金部分向银行借款,主要靠自有房地产利润和发行债券。格林文纳公寓就全由债券资金建造。以后又成立了远东营业公司、上海地产公司、上海产业公司、东方地产公司、汉弥尔登信托公司、三新地产公司、徐家汇地产公司、中和产业公司等机构,经营房地产业务。其中有些产业完全是投机性质的,如中和产业公司等进行押款、地产买卖,通过承受哈同遗孀罗迦陵押款,新沙逊洋行得以控制新新大楼、慈淑大楼和一些里弄等16处押产。后又将大量中和股票出售给中国的散户。沙逊集团有时为一专门事项而组织一个公司,如在上海西郊虹桥路购置占地百亩的罗根花园和占地60余亩的伊扶司别墅,由于外国公司在租界外不能享有土地所有权,维克多就要中国买办出面代为登记领证,然后成立大中实业公司取得土地证。沙逊集团还投资上海第二大房地产公司——业广地产公司,并从中取得相当利益,一度曾几乎完全控制了该公司。

与其他房地产商自己收租不一样,沙逊集团往往雇用买办代收房租,实行包干负责,收不到租金由买办垫出,而买办收不到租金,往往会采用拍卖用户家具、硬起搬场等措施,甚至动用黑社会势力。这样就基本上没有欠租现象了。沙逊集团每年房租收入可达数百万元之巨。

沙逊集团对有些破旧房屋不进行修理,而采取"保险"的方法来保值,好房保轻险,破旧房屋保重险。如果房屋烧毁了,可得巨额保险费,用此款建造新房,还有余额,如合兴里、公和里等。而且翻建后房租还能调高,又得一份利。有时旧房烧毁后即给人租地造房,如兆桂里等产业。

沙逊集团1877年开始不断购置房地产,地价不断上升,到20世纪20年代,开始出售

---

① 张仲礼、陈曾年:《沙逊集团在旧中国》,第48、4950页。
② 张仲礼、陈曾年:《沙逊集团在旧中国》,第48、4950页。
③ 张仲礼、陈曾年:《沙逊集团在旧中国》,第48、4950页。

房产时,有时利用名义上的独立的下属公司相互买卖,以哄抬价格,到价格高峰时就及时售出牟利。如1930—1931年就用这种方法抛出14处房地产,获利1400万两①。在出售产业的同时,沙逊集团还进行了房地产投资。1928—1937年兼并了李鸿章、盛宣怀的大批遗产,如北四川路长春路一带李鸿章的房产转入沙逊集团。除此之外,沙逊集团主要是投资建造高楼,这种投资在1930年达到高峰。1935年后由于形势变化,基本结束,转为撤退。太平洋战争以前就脱手了部分产业,还占有6幢高层建筑以及泰兴大楼、仙乐斯产业、凡尔登公寓、北端公寓、安利大楼等高级建筑。据沙逊档案记载,1941年沙逊集团各直属公司拥有房地产账面价值达8 689.3万元。抗战胜利后又变卖不少房产,到上海解放时,沙逊集团仍是上海最大的房地产商。当时沙逊集团房地产占地678亩,房屋面积54万平方米,有房屋近2 000幢,包括公寓、花园、洋房、里弄、市房,分布在全市各个地方近百处。解放后,沙逊集团在上海的房地产仍由华懋地产公司等管理,但公司方面用往来转账方式抽逃资金,有些账目写入暗账,还拖欠国家巨额房地产税和营业税,对房屋不保养不修理,国家代为修理,公司方面又拖欠巨额修理费,因此,上海市人民政府于1958年接管了沙逊集团的全部剩余财产以抵偿大量欠款。

(三) 行业投资

老沙逊洋行在阿尔伯特时代曾在印度创办纺织、食品、土地开发、码头、保险等企业。第一次世界大战前后,新沙逊洋行又在印度建立了7家棉纺织厂及其他一些企业。

1923年维克多·沙逊到上海后,看到规模较大的安利洋行因业务范围过广而出现资金周转较困难,就投资"安利"。安利洋行原属英籍犹太人安诺德兄弟,总行设在上海,国内外有许多处分支机构,主要是经营进出口业务,并用掌握一定数量股权或签约的方式控制操纵了一些企业,其中有垄断中国木材进口的祥泰木行、瑞镕机器造船厂、瑞记纱厂、汉口打包公司等。1936年,安诺德兄弟脱离安利洋行,安利洋行就全归沙逊集团所有,成为新沙逊洋行经营进出口业务和以债权经理方式对某些企业进行管理的一个部门了。它所经营的公司,包括英商中国公共汽车公司、镕瑞机器造船厂、祥泰木行、华懋公寓、华懋饭店、华懋洗衣公司、霍葛钢品公司、中国皮毛公司、爱尔德公司、华懋地产公司等。

沙逊集团行业投资的方式比较独特,往往用小量资本控制企业,即在散股企业中占较小比例股票便可控制这些企业了。对有些重要企业,则股权比例要超过半数。1923年,英商中国公共汽车公司成立,安利洋行拥有2 500股,占实发股票的5.26%,但掌握了经理权。后当沙逊集团各直属公司成立后,大量收购该公司股票,1936年达总股的

---

① 《上海外滩南京路史话》,上海人民出版社1976年版,第67页。

57.83%,以此垄断市内交通,通过发展公交运输,使其地产增值,用大部分公交利润进行再投资。沙逊集团进而收购上海英商电车公司股票,1936年沙逊集团拥有该公司股票数的2.48%,但已经能参与公司董事会了,后在该公司5人董事会中占了2席,在很大程度上控制了该公司。用同样的手法,取得茂泰洋行4人董事会中的2个席位,垄断了上海很大一部分货运驳运仓库业务。在英商会德丰公司5人董事会中亦有2席;在正广和有限公司4人董事会中占有1席。在上海啤酒公司(现上海啤酒厂)拥有其股票2万余股,占实发股票数的10.97%,但完全控制了该公司。还拥有英联船厂有限公司、祥泰木行、英商自来水公司大量股票。曾持有欧亚建设公司、火柴厂等企业的股票。到1936年,沙逊集团的投资范围涉及金融、交通、进出口、建筑、食品、纺织等13个行业40家企业,投资金额达897.1万元①。这些投资给沙逊洋行带来了丰厚的利润,各直属公司从1928—1936年的股利收入就达1 116.4万元②。

　　沙逊集团的投资往往随着形势变化而有所改变。股票价格有时会上涨,沙逊集团就趁机抛出一部分,有时甚至出售、停办一些企业,如1929年就出售了瑞记纺织厂。沙逊集团曾设置过一些房地产辅助行业,如中国氰泥公司、中国凿井公司、璧聚公司、上海汽动打桩公司、霍葛钢品公司等,这些公司因房地产的萧条,1935年后陆续停办。还有中国皮毛公司等也属清理停办的企业。1937年后,上海政治形势发生变化,沙逊集团采取了撤退方针,抛售股票的现象明显多了起来。

　　沙逊集团在国外还有多种投资,如在英国开设纺织厂、呢绒厂、人造丝厂;在印度开设棉花厂、麻布厂、张强厂、麻袋厂;在荷兰开设制糖厂等。这些厂都与沙逊集团的进出口贸易有关系,企图使商品的生产到销售一体化,使利益不致外溢。

(四) 金融垄断

　　20世纪20年代后,沙逊集团相继创办或合资创办了一批金融机构,以利控制资金,操纵金融市场。随着沙逊集团在华业务的扩大,产生了很多子公司,需要有金融机构管理。根据沙逊集团内部的体系,从1928—1930年,先后成立了远东运营公司、上海地产银公司、汉弥尔登信托公司、新沙逊银行等,其中一些公司又设子公司,如上海地产股份有限公司、东方地产有限公司等。新沙逊银行总行则是沙逊集团各企业的中枢,1930年在香港成立,资本额100万英镑,为各附属企业筹措资金,在上海进行企业投资,承购公司债券和中外债券,在上海外汇市场进行投机活动。这些机构组成了沙逊集团在经济活动的金

---

　　① 这个投资额是根据新沙逊洋行、新沙逊银行、远东营业公司、上海地产公司、上海地产银公司、孟买信托公司、汉弥尔登信托公司、安利洋行8个单位统计的。
　　② 这个股利额是根据沙逊档案各直属公司有关账册统计的。

第三章 上海犹太商人的荣衰史

融垄断体系,决定业务的方针策略,如企业的设废、股票交易、股息发放、资金筹划,参与附属公司和投资关系密切公司的董事会,监督检查各附属企业的业务,与企业关系密切融合等。1930年,沙逊集团还与其他资本集团合资创办了中国国际投资信托公司和扬子银公司。沙逊集团拥有这两个公司的股票占这两公司的实收资本比例都不很高,由于股数的变化,多时占百分之十几,少时仅占3%多一点,但利用投资关系、债务关系、聘任董事关系等手段,拉拢其他股东,完全控制了这两家公司;这两家公司通过投资又控制了约50家企业。这样沙逊集团用了很少的资本便控制了一大批生产部门。

沙逊集团利用金融机构大量发行公司债券,用低利筹集了大量资金。1930—1934年,以直属企业或附属企业的名义,共发行公司债券3 600万元①,用于投资高层建筑、扩大参与企业的投资、转手抵押贷款等。还通过金融机构进行股票空头买卖,掠夺财富。抗战胜利后,又进行外汇投机,抽逃大量资金,出售的房地产大多数在外国交款。

当中国出现银圆制货币危机,准备向英美贷款进行币制改革时,1935年维克多曾乘机提出上海租界流通"镑券"的计划,要把中国货币体制纳入英镑集团范围,但遭到了中国人民的反对,只得放弃了这一打算。

沙逊集团在其他国家也有金融投资,如在英国设有银公司,在印度有孟买信托公司,还投资过美国纽约银行家信托公司等。

(五)经营思想和手段

沙逊集团在中国进行了100多年的经营活动,充分体现了其唯利是图、追逐利润的基本经营思想,同时在经营管理方面亦积累了很多成功的经验,其中有些经验于今也是可以借鉴的。当然,沙逊集团在半殖民地半封建的旧中国的外国租界内依靠了帝国主义的特权,其经营活动具有经济侵略与掠夺的性质,这与有主权地位的中华人民共和国的外资企业经营是有本质区别的。

沙逊集团追逐利润首先看准高利润商品。如进出口贸易中的鸦片贸易,奠定了沙逊集团最初的经济实力。而后又转向投资风险较少而利润丰厚的房地产业及其他与人民生活关系密切的企业如纺织、食品、交通等。

沙逊集团投资的广泛性亦是其追逐利润的表现。一旦无利可图就撤股,就停办,表现出很大的灵活性。对待商品的进出口,亦是如此,有利就进口,就出口;无利就停,就转向其他。

沙逊集团为了得到较多的利润,尽量采用最新的科技成果和先进工具、设备。如贸易中利用电讯传递信息,在19世纪70年代后用轮船取代飞剪船交运鸦片。后来建行高楼

---

① 张仲礼、陈曾年:《沙逊集团在旧中国》,第114页。

亦利用了先进的电梯等设备。

沙逊集团为了得到更多的利润，尽量减少支出，如最初为免交鸦片落地税，就在趸船上进行鸦片交易。利用有利条件，减少中间环节盘剥，直接占领印度鸦片的收购市场，甚至预订"青苗"。在印度和其他地方投资工业，让其产品加入外贸商品行列亦出于此。后用少量股权控制一些散股企业，充分利用了资本的价值，起到了事半功倍的效用。

为了赢得更多的利润，沙逊集团将商情保密作为竞争手段，如沟通孟买、香港、上海的鸦片行情，编制了电报密码。雇用买办收取房租，减少欠租损失。将各公司的办公地点集中在沙逊大厦3楼，便于相互联系，提高办事效力，减少了支出。

沙逊集团在贸易和金融方面的经营，充分反映出犹太人善于经商理财的才能，不过沙逊集团在有些方面是走歪门邪道的。如其经营有很大投机性，将房产保险保值，好房保轻险，旧房保重险；买卖房屋、股票时哄抬价格；投资建造高层建筑，发行大量公司债券，实际上是做空头生意。后来更显示其无赖的经营作风，1949年后仍抽逃资金、写暗账、对房屋不保养不修理、拖欠国家房地产税、营业税、修理费，这种经营作风败坏了商业道德。

三、沙逊财团的撤退对上海社会的影响

（一）沙逊集团的两次大撤退

维克多·沙逊决定上海为发展重点后，沙逊集团经过20年的迅速发展时期，到了1930年代初，中国国内政治战争动乱加重，加上日本对中国东北的侵略和上海的"一·二八"淞沪战争，沙逊集团看到形势对自己不利，开始用英镑投资形式陆续将资本转移到国外。这种资本转移的数额由1932年的59余万英镑到1938年达115万英镑，太平洋战争前夕，以外币方式转移的资金共超过715万美元。

第二次世界大战前夕，沙逊集团由于上海租界形势日趋险恶，开始了第一次大撤退。房地产基本保留，仅出售三新地产约20万美元股票及华盛顿公寓、王家沙花园等少量产业，大量抛售各附属企业和投资关系公司的股票，如中国公共汽车公司和祥泰木行等股票。估计1939—1941年抛售股票量达1936年拥有的股票量6 985 000元的80%。沙逊集团还利用中国人的崇外心理，在外股市场上兴风作浪，哄抬价格，有些股票的市价竟超过面值20多倍，将外股转移给中国人，使中国人蒙受损失，我国资金大量外流，而沙逊集团坐收厚利。估计沙逊集团的英镑投资和第一次撤退转移的资金要超过1 000万美元。

1943年英美政府放弃了在华特权，英人在华势力大为削弱。抗日战争胜利后，沙逊集团便将在上海的直属公司全部迁往香港，上海只设分支机构，并压缩在上海的业务，开

始第二次大撤退。这次撤退大量抛售房地产产业及华懋地产公司的股票,连虹桥路"伊扶司"别墅也出售了。1945年9月—1948年5月,沙逊集团收到房租约200万美元,还与有些租户签约,规定租金在国外会或用外币支付,这部分收入估计达98.4万美元,与上项合计房租收入约为300万美元,估计抗战后沙逊集团的房租收入和出售产业股权的收入共500万美元左右。这些钱收到后即兑成外币汇出。

(二) 沙逊集团对上海社会的影响

沙逊集团是最早来华的外资企业之一,通过其经营活动,逐渐成为一个垄断资本集团。1872年新沙逊洋行成立时,资本、声望都不及怡和、旗昌等大洋行。但到1936年时,就能与怡和、太古、英美烟草公司并列,成为在华外国四大垄断集团。1940年前后,新沙逊洋行总资产约值法币50亿元[1]。1941年,沙逊集团在华各公司的资产总额达19.62亿元[2],这时,沙逊集团已经过第一次大撤退,不能反映沙逊集团在华投资高峰的情况,但即便如此,这近20亿元的资产总额,中国著名的民族资本集团如荣宗敬、刘鸿生等根本不能与之相比。1934年,荣氏家属资产不足亿元[3],1931年刘鸿生企业投资金额只有740万元[4]。当时另外一个著名的英商垄断集团——英美烟草公司,在华企业资产总额,亦仅6.23亿元[5]。可见沙逊集团的经济实力之大。沙逊集团属下的公司约30家,曾投资过40家企业,还通过中国国际投资信托公司、扬子银公司,又控制了数十家企业。其曾垄断过印度鸦片资源,在上海的房地产业垄断地皮,控制祥泰木行,垄断了木材进口业务等。沙逊集团通过不断地汇出资金和二次大撤退,把剥削所得绝大部分输出国外,对中国经济有打击可想而知。

沙逊集团大量输入鸦片,严重摧残中国人民的身心健康,腐化了中国社会的肌体。沙逊集团的其他投资大多数是非生产性的,很少引进先进技术和管理,并严重压抑了中国民族工商业的发展。其投资具有较强的垄断性、掠夺性,用参与制的方式控制其他企业,投资与群众生活关系密切的行业,剥削面是非常广泛的。沙逊集团1936年投资工业交通、进出口贸易、金融、娱乐等13个行业40家企业,投资总额897.1万元,如上海公共交通行业的企业并不多,但沙逊集团投资了2家,投资金额达300万元,接近其各行业投资总额1/3,而公共交通行业又影响其庞大的房地产,房地产业又与广大租赁户的利益息息相关。沙逊集团投资食品工业,1931—1941年金额达39.5万元,控制了上海重要的饮料业

---

[1] 张白衣:《远东英国金融巨子沙逊论》,见《财政评论》第5卷第5期,1941年5月版。
[2] 沙逊档案,乙7501。
[3] 《荣家企业史料》,上海人民出版社1980年版,第417页。
[4] 《刘鸿生企业史料》,上海人民出版社1981年版,前言。
[5] 《英美烟草公司在华企业资料汇编》,第4册,中华书局1983年版,第1478页。

上海啤酒公司和正广和公司。这在一定范围一定程度上掌握了上海部分经济命脉,但这些投资对上海的现代化、社会生产力的提高在客观上也有一定促进作用,有些地方对现在亦有借鉴意义。如讲经济规律;房屋讲究地段、地价;建造高楼扩大土地的使用价值又便于集中管理;租地造屋,如现虹桥经济开发区部分采用了这种方式;解决资金不足问题,发行债券建房;发展公共交通能使偏僻地段的住房受到居民的欢迎,如现在发展浦东及市区边远地区的公共交通,使居民乐意居住边远地区,同时缓解了市中心的交通紧张状况,能使相当部分人能租到房屋居住;发展与群众生活关系密切的行业,以方便群众生活;进口商品补国内生产的不足;出口农副产品促进农副产品的生产等。

沙逊集团使用金融机构管理企业财权,促进企业发展或决定企业的关停并转,这对我们有借鉴意义,实际上,我们有些地方也是这样做的,这也是经济发展的需要。沙逊集团的金融垄断和投机则对中国经济是有百害而无一利。后期的撤退抛股影响广大购股者的经济生活,有些股票后来成为一张废纸。如1936年沙逊集团拥有英商中国公共汽车公司股票11万余股,1941年仅剩1万余股,抛售了85%,大部分分散出售给中下层的华人,这些购买者后来未得到分文补偿。祥泰木行股票后仅补偿每股港币1元,人民币0.43元[①]。

由于沙逊集团善于经营以及其他方面的有利条件,在1949年前上海的犹太商界中树立起盟主的地位,这是上海其他犹太商人所无法替代的。上海另一位著名犹太商人哈同,无论资历与财产都不及沙逊。哈同死后,家业败落,部分遗产曾押给沙逊集团。至1949年,哈同洋行在上海的房地产占有量仍低于新沙逊洋行很多。如哈同洋行占有土地467亩,新沙逊洋行占有678亩,是真正的上海"地皮大王"。哈同洋行占有房屋1 262幢,而新沙逊洋行占有1 986幢。哈同洋行房屋面积317 644平方米,新沙逊洋行房屋面积540 000平方米,新沙逊洋行在这些方面仍占上海首位。哈同洋行的房地产排名还不及英商业广地产公司,只能占第3位,而新沙逊洋行则有很多业广地产公司的股票。哈同主要在上海经营房地产业,而新沙逊洋行还兼营其他业务,在印度及其他地方还设有企业。

其他著名犹太商人如安诺德兄弟经营的安利洋行则被新沙逊洋行兼并了。海亦姆是利安洋行总经理,曾操纵外国股票交易所——众业公所,然而他又始终在沙逊集团有关企业中担任董事,为沙逊集团策划在上海的各项业务活动,在股票市场上虽不代表沙逊集团,但实际上是沙逊集团的全权代理人。犹太巨商嘉道理家族曾经营鸦片、地产、股票,曾是五六十家企业的大股东,还有鸦片巨商埃兹拉家族,但他们都不能与沙逊这个大家族相比。

由于沙逊集团在上海经济中的地位和作用,它在上海政治社会中的影响亦是显而易

---

① 蔡松甫:《有关祥泰木行情况》,上海工商业联合会调查资料。

第三章 上海犹太商人的荣衰史

见的。沙逊集团的活动主要在租界里,他知道租界当局是它赖以依靠的政治力量,自己只有在帝国主义租界当局的羽翼下才能得到庇护、发展,因此,沙逊集团与租界当局的关系非常密切,无论在法租界还是公共租界的董事会中,都有其代理人。如哈同曾是沙逊集团的收租员、协理,且兼管房地产部,沙逊集团在法租界金陵东路有很多房地产,因此哈同1886年成了法租界公董局的董事,1897年亦因房地产关系任公共租界工部局的董事,直到哈同脱离沙逊集团自行组建洋行。安利洋行老板安诺德是公共租界工部局董事会总董,沙逊与安利合伙后,安诺德就成为沙逊在工部局内的代理人,沙逊集团对工部局的建设规划了如指掌,有时就利用这一有利条件廉价购进有发展前途的产业,如1912年,购进的公和里产业,就使沙逊集团获利不少。

由于进出口贸易的关系,沙逊集团和外国人把持的上海海关的交往就较频繁,几乎没有什么必要与租界外的清朝上海地方政府直接交往。沙逊集团对国民政府及北洋政府时期遗留下来的各地方军阀倒常有贸易关系,如新沙逊洋行在1926年兼并安利洋行后,通过安利洋行几次将大批欧战遗留下来的军火,转卖给中国国民政府及四川、东北、湖南、广东等地军阀。沙逊集团高价贩卖军火获取了暴利,同时又助长了各地军阀的混战和镇压人民革命,给中国社会带来了破坏因素。1927年,蒋介石在南京成立国民政府后不久,维克多就在伦敦购买了国民政府在国外发行的债券20万英镑,后又在上海买进数十万统一公债,对铁路等行业提供实业贷款,表示对国民政府的财政支持。维克多每次来华,总要专程拜访国民政府财政部长宋子文,宋子文则常派上海海关监督唐海安和他联系①。由于沙逊集团的经济实力和与国民政府的这层经济关系,国民政府亦不敢轻易得罪他,如1934年国民政府筹建官僚资本的中国银行,为了炫耀实力,争取更多存款,决定在沙逊大厦旁边建造远东最高的34层楼的银行大厦,地基刚打好,就遭到维克多·沙逊的蛮横干涉,不允许超过沙逊大厦的屋顶高度。官司打到伦敦②,中国银行败诉,国民政府只得屈服,将银行大楼改成16层,总高度比沙逊大厦低30多厘米。这亦是国民政府屈辱的标志。至于国民政府的地方官员,就更加不敢得罪沙逊集团了。有一年,维克多买了一辆新轿车,为炫耀自己的特殊身份,一面在租界申请一张"1111"牌照,一面向中国政府申请一张"2222"牌照,供其在华界使用,但"2222"牌照已经为一个中国富商捐用,沙逊派人与其交涉,富商坚决不肯交出,沙逊极为恼怒,随即给上海市长吴铁城发信,市长不敢得罪这样一位洋大人,只得下令将"2222"牌照吊销,奉送给沙逊③。

---

① 谢夫:《跷脚沙逊》,载《上海经济史话》第1辑,上海人民出版社1962年版,第82页。
② 按《中英天津条约》的规定,牵涉英国属民的讼事,中国官厅无权作主。
③ 谢夫:《跷脚沙逊》,载《上海经济史话》,第81—82页。

不知是出于富贵人家的慈悲还是为了沽名钓誉,或者出于宗教原因,亦可能几者兼而有之,沙逊家族有着办慈善事业的传统。大卫·沙逊迁居印度孟买后,对巴格达的贫困犹太人仍眷恋不忘,从1855年起,就命其长子阿尔伯特出面成立宗教性慈善机构"大卫·沙逊家庭兄弟会"(Hebrath Beth David)。1861年,大卫·沙逊在巴格达建造一座华丽的犹太教堂和一所用传统方式对犹太青年进行教育的机构——犹太经文学院(Talmud Torah),教授阿拉伯语、英语、希伯来语、地理、算术、簿记等,学生毕业后进入沙逊洋行各分支机构工作,一方面沙逊洋行源源不断地获得忠实雇员;另一方面沙逊家族在犹太族中声誉亦渐渐扩大,那些犹太雇员能为大卫·沙逊卖力工作[1]。阿尔伯特更继承、扩大了其父大卫举办的各项慈善事业,在英国和印度博得了很大的声誉,随着其经济地位的上升,政治地位亦日渐上升。1868年,阿尔伯特成为孟买立法院成员,1872年英王授予他爵士称号[2]。从此,他便在英国定居。创办新沙逊洋行的伊利亚斯·沙逊在沙逊家族中是个较会钻营聚财的吝啬之人,一生几乎没有什么善举,但终究没有忘记故乡,临死前在遗嘱中指定1.5万卢比给巴格达穷人养老院[3]。伊利亚斯的长子亚可布像其伯父一样,举办了大量慈善事业,因而获得了男爵爵位。亚可布死后因无子嗣,爵位传与其弟爱德华,后爱德华又传给其子维克多。1930年代末有2万余名欧洲犹太难民因纳粹迫害而来到上海,维克多作为犹太富商之一,拿出了15万美元的巨款以救济这些难民[4]。这就是沙逊集团在上海100年历史梗概。

第四节 巴格达来客——明智居士哈同

一、哈同的发迹

(一) 只身来到上海

哈同是旧上海鼎鼎大名、妇孺皆知的犹太冒险家,又是来沪犹太人中独一无二从赤贫而暴发为百万富翁的人。他在旧上海的近60年冒险发迹史,对半殖民地半封建社会城市的畸形发展颇具典型意义,也是列强东侵中华过程中,各种冒险家纷涌来上海,在上海立足、发迹的形象性的缩影。让我们从哈同的身世开始去追寻他在上海拼搏、暴富的轨

---

[1] 罗思:《沙逊王朝》,第59—60、88页。
[2] 罗思:《沙逊王朝》,第59—60、88页。
[3] 新沙逊档案考证书。
[4] 1939年1月18日《北华捷报》。

第三章　上海犹太商人的荣衰史

迹吧!

哈同全名雪拉斯·阿隆·哈同(Silas Aaron Hardoon),又名欧司·爱·哈同。到上海后,他取了个中国式的别号,叫"明智居士"。1851年他出生在巴格达城,其父亲爱隆·哈同,以经商为业,共生有子女6人,哈同排行第三。1856年,哈同随父迁居孟买,这期间他父亲入英国籍,不久去世。哈同20岁时,其母病亡,因与其他兄弟不和睦,赌气出走。1872年他21岁时只身到香港谋生。有书记载:"人事龃龉,横逆之来,不可制,即敝屣农业,远至吾国香港而上海。"①

由于在香港混得不得法,于第二年又单身到上海找出路。其时衫褴袋空。通过他舅父在印度孟买的同事、现在老沙逊洋行做事的萨拉叔叔,得以进入老沙逊洋行供职。先做守门人员、跑街,旋即当烟土仓库管理员和收租员。由于工作勤勉,头脑灵活,于1869年被提拔为高级职员,任新沙逊洋行大班协办兼管房地产部。在任职高级职员期间,他往往放弃休息时间而埋头工作,办事井井有条,故深得上司信赖。他常对别人说:"吾无犬马博弈之嗜,征逐游戏之好,归也一室默处而已,曷若移暇晷以治公,矧少年正just劳时,可任流光浪掷耶!"②这话虽然反映了一些具体情况,但是并没有道出全部真情。即在这期间,他已私下营放高利贷,开始涉足房地产买卖,积蓄若干资金,为日后个人的经营作了初步的准备。

1886年,哈同转入新沙逊洋行任职,即向法国领事署登记,以求法方庇护。同年秋,与中国女子罗迦陵结为夫妻。结婚成家是每个人都要经历的人生路程,但对哈同来说此事非同小可,从此哈同的事业发展与其夫人息息相关。据说,每当遇有重大事情,哈同必先与罗迦陵商量而后行,哈同无后顾之忧,而事业"日进无疆"。说起罗迦陵,其身世亦是一波三折。1863年,她出身于上海九亩地(原南市区露香圆路、大境路一带),原名俪穗(亦作俪蕤),号迦陵。其生父是法国人路易,母亲是中国人姓沈,名不详,原籍福建闽县人。罗迦陵儿时,生父就回法国,六七岁时,母亲去世,由舅舅抚养,为生活所迫,长大后当过洋人女佣,进过妓院,因而有一定的社会阅历,又很聪明灵秀。哈同为什么在其生意已经颇为发达时居然看中她呢?我们后人看,当然是她的聪明伶俐、腹多机谋吸引了哈同。但谀美哈同夫妻者则说,哈同是看中了罗迦陵的深厚佛性,他相信一旦与罗迦陵结为百年之好,必定有不尽的钱财滚滚而来③。罗迦陵会讲英语和法语,结婚后还时常发表文章,署名太隆罗诗氏,"太隆"系崇奉佛教的法名,"罗诗"是姓。时人曾吹嘘说:夫人"学通中西,

---

① 南通钱其琛:《欧司爱哈同先生诔》,载《哈同先生荣衰录》,1932年版。
② 姬觉弥:《哈同先生兴业记》,上海图书馆藏。
③ 凡鸟:《海上迷宫·哈同先生》,中央书店1947年再版。

语擅英法",其实文章都是别人代笔的。

1887年哈同任法租界公董局董事,至1897年止。1898年起又担任公共租界工部局董事,并任英国驻华法庭陪审员,至1901年止。这期间,他风茂正盛,财运亨通。按照哈同的忠实管家姬觉弥的说法:在担任公董局董事时,由于"深谙地利,精熟工程",哈同所提建议,"中外人士莫不翕服","虽学称市政专家者所弗逮也"。① 其实,这仅仅是表面堂皇之词,透过表象从深层处看,即可发现哈同参与租界当局活动,掌握各种机密情报,既能发表适合时宜的意见,又可找到乘机发财致富的机会。如1899年,英美将公共租界的范围向西由西藏中路扩展至静安寺附近,向东由杨树浦扩展至顾家浜(今平凉路与军工路交接处),扩大面积达22 827亩。哈同预先参加制订"越界"的路线图,于是他就筹集资金以低价大量购进"越界筑路"两侧土地,并建造楼房。待到越界筑路筑通,地价暴涨,他一下就获得几十倍甚至几百倍的暴利。这确实可以作为他"深谙地利,精熟工程"的潜台词。

(二)"经营两土"跃成巨富

1901年,哈同独自开设洋行,名为"哈同洋行",专门从事房地产经营,获得了巨大成功。有报纸这样说:"哈同以敏捷的手段,一忽儿买,一忽儿卖,一忽儿召租,一忽儿出典……先生专以地皮操奇取赢,则其价日涨,至有行无市。"②更有媲美之词:"自欧美各国置租借地于上海,一时地价腾跃,富于资财者务出金钱以收买地产,待其价昂又卖出之,有若垄断,于是地值日涨,先生能以锐利的眼光,预决市肆之盛,今日购入,越日即复售出,辗转取沽。"③这里确实道出了哈同经营房地产发财致富的奥秘。

哈同在经营房地产生意的同时,还积极经营鸦片贩卖。1908年1月1日,英国政府同意与清政府的外务部订立一项试办禁烟协约,规定"印度鸦片输入中国额,以最近五年(1901—1905年)平均额51 000箱为准。自光绪34年起(1908年),每年递减十分之一,以十年绝灭。"④另一方面,清政府在国内严令禁烟,上海道台贴出告示:"城厢内外大小烟馆,在六个月内闭歇。"并照会租界领事,要求:"工部局、公董局协同查禁闭歇租界内的烟馆。"这样,20世纪初在中国发生的一场禁烟运动似乎声势浩大地展开了。在这样的形势下,上海的一些鸦片商行恐怕累及百货被禁,纷纷抛出鸦片,使鸦片的大盘价格骤跌十数道。这时,哈同不仅无视"严禁令",反而将客户存放在他洋行中的100多万两银子全部用作于买鸦片的资金。没有多久,清政府的"严禁令"由于列强的干扰,实际上已经变成一纸

---

① 姬觉弥:《哈同先生兴业记》,载《哈同荣衰录》,上海图书馆藏。
② 1931年6月27日《时报》。
③ 姬觉弥:《哈同先生行述》,载《哈同荣衰录》。
④ 王铁崖:《中外旧约章汇编》,第2卷,三联书店1959年版,第445页。

空文,轰轰烈烈的禁烟运动也就不了了之。而市场上鸦片货奇缺,致使一大批吸食鸦片者纷纷涌进租界寻求过瘾之处。这时,租界内的鸦片需要量急剧增加,随行就市,价格飞涨,市场上最行销的印度烟土之贵几同黄金。仅此一项,转手之间,哈同即牟取暴利几百万两银子。哈同死后,有文披露:"哈同初到沪时,仅为沙逊洋行司阍之役,厥后与行主合营卖'土'与买'土',其致富始终得力于'土'。"①此说可谓抓住要害。

(三) 鼎立一方的又一大亨

哈同骤富之后,于1904年命乌目山僧黄宗仰筹建花园,选址在静安寺附近。1907年粗具规模,经逐年扩建,1909年全部落成。花园辟地约300亩,其规模之大,景致之佳,居上海私人花园这冠,被人称之谓"海上大观园"②。哈同命名此园为"爱俪园",它源于哈同夫人这姓名,"夫人相先生五十余年,先生每引为贤内助,颜曰爱俪即其证"③。

花园内雇用大批园工,还有成衣匠、剃头匠、司机、厨司、佣人、丫头、太监、和尚、尼姑等,最多时达200多人。值得一提是哈同夫妇没有亲生子女,因而收养了一二十个养子养女,有洋人亦有华人,如养子乔治·哈同、养女罗馥贞。这些子女都居住在花园中过着少爷、小姐的生活。著名乒乓球运动员庄则栋的父亲庄惕深曾在哈同花园内"苍圣明智"学堂教书,为罗迦陵所赏识,乃由哈同夫妇作主,将养女罗馥贞许配给他。庄惕深就像是入赘女婿,居住在哈同花园洋房里。

哈同在花园内还兴办学校,聘请名人雅士,收藏文物,出版书刊,俨然成为一个文化教育园地。哈同同时在花园内宴请军政工商各界,召开赈济救灾大会,甚至为革命党人聚会借用一席之地,给清朝遗老避居以僻静之室,使花园又成为一个政治活动场所。所以,爱俪园并不仅仅是花园,它有多种用途,与哈同个人的地位和事业的发展有着密切的关系,并对此有直接的影响。

北洋军阀统治时期,哈同竟成为当局心目中的红人。冯国璋任大总统时,于1917年9月,首次给他颁发1枚"四等嘉禾章"④;徐世昌任大总统时,给他颁发1枚"三等文虎章"⑤、2枚"二等嘉禾章"、1枚"三等嘉禾章"、1枚"慈惠章";黎元洪任大总统后,于1922年6月,颁发给他1枚"二等文虎章"、3枚"慈惠章",1923年又颁发给他"一等大绶嘉禾章",聘他为大总统府高等顾问;曹锟当大总统时,又颁发给他1枚"一等大绶嘉禾章",1

---

① 1931年7月4日《申报》。
② 丁贤钜:《海上迷宫——爱俪园》,《上海滩》1989年第4期。
③ 袁绍昂:《欧司爱哈同先生家传》,载《哈同荣衰录》。
④ 嘉禾章是北洋军阀政府颁发勋章的一种,共分九等,被颁发对象是"有勋劳于国家及有功绩于学问事业者"。
⑤ 文虎章是当时陆海军勋章的一种,给分九等,被颁发对象是"陆海军对平时战时有勋劳者"。

个"勋一位"、2个"勋二位"①。总计哈同在1917—1924年的短短8年间,共获北洋军阀政府所颁发的奖章12枚、勋位3个。这时的哈同已被北洋军阀政府赞誉为"器宇恢宏,才识卓超"的社会名流。

随着政治权势的日趋上升,哈同的房地产业也日益兴旺。据统计,从1920年代到1930年代初,哈同在南京路的房地产已力排群雄而跃居首位。他在南京路上拥有16块房地产,面积11.578亩,占南京路土地产总面积的44.23%,随着工业的发展,商业的繁荣,城市建筑的完备,上海的地产价格更趋昂贵,有"寸金地"之称,而南京路又是"寸金地"中的精华之处,哈同因而也就自然而然享有南京路半条街之称②。

1931年6月19日,哈同病逝上海,终年80岁。当时几乎所有达官显贵都"吊唁致悼"。清朝遗老特派溥西园将军前往吊丧;北洋政府、国民政府的代表人物和社会名流如岑春煊、吴佩孚、段祺瑞、卢永祥、唐绍仪、曹汝霖、何丰林、于右任、钮永建、戴季陶、韩复榘、马鸿逵、虞洽卿等105人亲为哈同题赞,以上海失一"伟人"为悲。据统计,哈同去世时,他所拥有的不动产有:土地449.098亩,市房812幢,住房544幢,办公大楼24幢,旅馆饭店4幢,仓库3座;其动产包括大量的金银首饰、珠宝玉石、唐代陶器、明代雕刻、唐伯虎名画等文物。他的财产据英领事署估计约值400万英镑③。

哈同从刚到上海时一贫如洗产,赤手空拳,到他去世时的"生荣死哀"、隆重葬礼,举凡在沪经营了近60年,在近60年的风雨中,哈同的冒险发迹大概分为三个阶段。

1. 1872年到上海至1886年担任法租界公董局董事之前。这阶段初始,他穷困无业,四处投靠。日后,虽凭借其勤勉和机巧而得到上司信赖,但未成气候,更不成大业。仅仅"精研所业",思虑发财之计,开始着手经营。

2. 1887年他担任法租界公董局董事到1901年脱离新沙逊洋行独办哈同洋行。这阶段他身兼数个要职,从法租界公董局董事开始起,他又任公共租界工部局董事,再任英国驻华法庭陪审员。这时,他在上海权倾一时,举足轻重,依靠列强在上海的特权,凭借他善于投机、精于理财的经营方法,步步发展,竟成大局,终于在旧上海的舞台独成一家,权、财、势鼎立一方。

3. 1901年创办哈同洋行至1931年去世。这阶段他在旧中国的政治舞台上显得很活跃,在革命与反动之间、政府与地方实力派之间纵横联络,既得多方好感,更受当局青睐,与此相伴,他的房地产事业愈做愈旺,其财势如滚雪球般的越滚越大,终成上海的巨富和

---

① 勋位是大总统专门颁发给有勋劳于国家者之荣典,共分6等,受勋位者,依法律领受年金。
② 柯灵:《上海史》下卷,第397—399页。
③ 李昌道:《大冒险家哈同》,群众出版社1979年版。

名人。

二、哈同的"素质"

  哈同是旧上海冒险家的一个典型,因为没有一个西方冒险家像哈同那样获得如此巨大的成功,即从一个不名一文的穷犹太人成为一个显赫一时的百万富翁;也没有一个西方冒险家像哈同那样,在旧上海的冒险舞台上如此得心应手地纵横捭阖,左右逢源地发展财势,永不衰败而直到逝世。哈同又是旧上海冒险家中一个特殊的典型,不少西方冒险家在上海巧取豪夺了大量财富后,往往远走高飞了。但是,作为上海滩巨富的哈同却娶了一个中国妇女为妻,在上海安居乐业。许多西方冒险家在上海发财致富后,更加赞美西方文明,可是哈同在发财致富后,却醉心甚至可以说皈依于中国传统文化,成为中国文化的爱好者、维护者和宣传者。哈同之所以成为旧上海冒险家中具有特点的典型,既依靠外在环境的依托,也不能不看到其内在因素的存在,即他本人能获得巨大成功的"素质"。为其梳理,颇有价值。

(一)发展的目光和长远的计划

  有人总结犹太民族的发展史,发现了这样一个独特的规律:犹太人经营企业,胸中常装着一个 50 年的投资、发展规划,即前 25 年是专门投资,奠定基础;后 25 年是求得发展,获取暴利[①]。正是依靠这种长远的发展眼光,使得犹太人至今在世界各地财源发达,以富闻名。哈同身上也有着这种"基因",而且他既受着犹太文化外在环境的长期熏陶,又沐浴在家庭生活内部环境的潜移默化。他早年出生和成长的地方是巴格达,这是西亚地区美索不达米亚的一座古城,位于幼发拉底河和底格里斯河之间,土地肥沃,物产丰富,商业十分繁荣,古代巴比伦和亚述都曾在这里建国。18 世纪时,巴格达居民中有五六千犹太人,大多经商,有小商小贩,亦有富商巨贾。这种商业世风无疑在这座城市中居住的犹太人中间弥漫着,也深深地影响着犹太人后裔们。而哈同的父亲也是一位商人,虽然他父亲的经商技巧和经营规模的情况,我们目前所知不多,但无可怀疑,这至少也直接感染着他的儿子小哈同的心灵。也许正是因为父亲的早逝,小哈同自小就产生了依靠自己的努力开创天下的经商心念。所以,他后来从孟买独自来香港,又从香港到上海,从此孜孜不息,勤奋拼搏,终至成功心中早已酝酿成熟的"大业"。

  哈同这种发展目光、长远的计划表现在:

---

① 李恩绩:《爱俪园梦影录》,三联书店 1984 年版。

1. 他把发展的基地选在上海。香港是个极好的海港,又是英国的殖民地,是个很好的商业城。可是,哈同通过自身亲临实践,感到香港税率高、管理严,发展潜力和余地不大。哈同仔细观察了上海,认为上海的地理、自然条件有其他地方难以替代的优越性;上海税种少、税率低,这使许多资本家趋之若鹜;上海是块租界地,中国政府和列强当局都能行使一些主权并易发生矛盾,因而管理比较松动且有可乘之隙。当时上海正蓬勃发展,前景美好。这一切促使哈同毅然离开香港,决心进入冒险家的乐园——上海,开创他的事业。

2. 哈同把发展的眼光投向房地产事业。因为随着城市的繁荣发展,城市人口的日渐增多,城市的建设必然日益发展,地价房租也必定会与日俱增。下表列出了上海公共租界1865—1933年的土地估价情况[①]:

表3-3 上海公共租界历年土地估价情况表

年 份	估价面积(亩)	估价总值(两)	每亩平均估价	每亩平均增价指数
1865	4 310	5 679 806	1 318 两	100
1875	4 752	6 936 580	1 459 两	110
1903	13 126	60 423 770	4 603 两	349
1907	15 642	151 047 257	9 656 两	732
1911	17 093	141 550 946	8 281 两	628
1916	18 450	162 718 256	8 819 两	669
1922	20 338	246 123 791	12 102 两	918
1924	20 775	336 712 494	16 207 两	1 229
1927	21 441	399 921 955	18 652 两	1 415
1930	22 131	597 243 161	26 986 两	2 047
1933	22 330	756 493 920	33 877 两	2 570

上表说明了上海土地价格的3个特点:(1)逐年增长,其中除了1911年由于辛亥革命和1916年由于第一次世界大战,上海的地价略有回降之外;(2)地价增长的速度猛烈,不是一个或两个百分点的增加,而是50%、80%甚至成倍成倍地增长;(3)年代越往后,地价增长速度越快。因此,在短短的70年中,上海每1亩土地的价格,由1 318两银猛涨至33 877两银,增价指数竟达2 570,这种增价速度是世界房地产行业中所罕见的。这为那

---

① 此表资料来源:根据上海市房地产局史料编研室未刊稿《上海住宅问题》提供的资料编制。转引自张仲礼、陈曾年:《沙逊集团在旧中国》,第36页。

些从事房地产经营的投机家们提供了发展财势的天赐良机。而哈同呢？"先生目光高远，深知地价与日俱进，永无穷极，即广置地亩……始由千百而一亩者，今则数十万矣。"①

随着哈同后来在政治舞台权倾力重，他更加人为地推动地价猛涨，权力与经营相辅相成，哈同地产生意中增值的厚利自然地迅速翻倍上升了。

哈同在从事房地产业中又看好建筑高楼。因为20世纪初年以后，随着上海城市建设的发展，高层建筑逐渐增多。当时兴建高层对牟利有许多好处：（1）当时上海租界正向现代化城市发展，高层大楼越是密集的地区，必然越体现繁荣，地价的自然增长率也就增长得越高；（2）上海的土地捐税是按土地的估价标准征收的，并不问所建房屋的多少，因此，相对来说，层次越高，房屋面积所付土地捐也就越低；（3）高楼大厦的利润高，收入稳定。因此，哈同在把土地出租给别人建筑房屋时，严格规定建楼层次，年限到达以后又须全部收回，从而实现了通过高层建筑而达到收入稳定又取得地价猛涨的双重目的，像南京路上的永安公司大楼即属此种情况。

与此同时，哈同还把眼光放在建设南京路上。南京路逐渐成为全市的中心地区，居住的人口渐多，周围商店渐增，地价也就日涨，哈同用低价购进的贱地很快变成了贵地。姬觉弥不禁由是而感叹："南京路之繁盛实先生成之，故所置产多在是路而汉口路亦占什七焉。晚岁经营南京路尤力，今之大商肆若永安、新新、大陆商场皆先生业也。"②

哈同的发展眼光中还蕴藏着比较灵敏的政治嗅觉，其中带有冒险成分。当然，这种政治敏感的可靠性是要通过事实来检验的。1833年，中法战争全面爆发，法国军队分海、陆两路进攻中国，这时，上海租界特别是法租界内的外国侨民非常恐慌，纷纷外逃。老沙逊洋行老板被此种混乱状况弄得有点惊慌失措，在外逃和滞留之间犹豫不决，动摇不定。哈同这时担任该洋行地产部管事，他向老板进言献计，认为紧张形势不会长久，主张乘此良机以低价购进大批土地，多造房屋。老板终于接受了哈同的意见，照此办理，中外商人见此情景也就人心渐定。结果，中法战争很快结束，法国殖民势力进一步渗入中国大陆，这不仅使原来迁出法租界的人流返回，而且浙江、福建等地又有许多人移居上海租界，使房地产价格猛涨，老沙逊洋行仅此地产一项就获得利润高达500万两银圆，而哈同个人通过在中法战争期间以低价购进的地产也因地价骤增而顿然成为名副其实的百万富翁了③。

（二）精打细算和大手大脚相结合的经营方式

巴格达来客发展成为上海滩上的一位巨富，显然经历了一番"冒险"的苦斗、拼搏，期

---

① 钱其琛：《欧司爱哈同先生诔》，载《哈同先生荣衰录》。
② 姬觉弥：《哈同先生兴业记》，载《哈同先生荣衰录》。
③ 徐铸成：《哈同外传》，上海文化出版社1983年版。

间不免有过山穷水尽的险境,也有获得柳暗花明的成功,因而他深知一个冒险家的苦衷和艰难,故在巨富之业成就后,他依然保持了经营初始的"刻苦成家"的老习惯。他的居室很简单,其早餐仅是一杯牛奶、几片面包,中、晚两餐都是一菜一汤;他没有因富贵而易妻,也未有桃色新闻传播之事,与罗迦陵白头到老,终身相好。他办公室里,夏天不置电扇,冬天不添火炉,地上不铺地毯,窗口没有窗帘,大冷天他会裹着一件大衣坐着办公,办公桌也是由一个松木所制的极为廉价的木桌。在爱俪园内树枝不能剪掉,草地不准践踏,规定所有的人,包括他自己都须遵守。有一次,一个花匠因需要换一个摆在草地上的花盆而经过草地,恰巧被哈同看见,哈同上去向花匠踢脚。当时,旁边的人用英语向哈同解释花匠经过草地的原因而非违反园规,哈同乃从衣袋里摸出一个银币给花匠,以示"赎罪"①。

如果说以上所举仅仅是哈同"精打细算"或者说是"富而弥吝"的生活表象,因为他毕竟还要求自己身体力行;那么,我们可从他经营房地产中看见其"精打细算"的本质。他在生意场上是亲临现场,寸步不让,寸利必得,苛刻盘剥。这种经营方式具体表现在下几个方面。

1. 依仗列强的领事裁判权

以英国驻华法庭陪审员的身份,利用"捕房律师事务所"而低价购进土地。1904年,哈同要在静安寺附近建造爱俪园,当时那里有一块约10亩以上的土地为德军兵营,周围都是中国农民的田地或坟地。哈同便以贿赂的手段,先取得一块德国兵营地,随后利用手中的权力,勾结黑社会势力,胁迫农民以每亩600两银的超低价出售其土地②。最后,他如愿以偿,而中国农民则四处避难③。

2. 积极从事投机经营

哈同买进一处地产,迅即以哈同洋行的名义和公共租界董事的身份,向英国汇丰银行进行抵押,拿到押款后再买进一处地产,如此循环往复,使其少量资金购进大量地产,随着地价的大涨,他的地产不仅从量上在扩大,从质上也在增值。所以哈同地产投机的发财,是以几何等级的形式向上跳跃的④。哈同出租一般住房和小块土地的租期较短,通常3~5年,因为租期短,既可按需收回,又可要挟加租,加租的次数越多,赚得的银圆也自然更多⑤。

---

① 李恩绩:《爱俪园梦影录》。
② 当时南京路地价是千两一亩,最高价格达万两一亩。
③ 见《上海外滩南京路史话》,上海人民出版社1979年版。
④ 见《上海外滩南京路史话》,上海人民出版社1979年版。
⑤ 李昌道:《大冒险家哈同》,群众出版社1979年版。

第三章　上海犹太商人的荣衰史

3. 哈同洋行出租房屋和地皮时，租户不仅要先交租金，还要交纳巨额的小租

旧上海流行的小租习惯由哈同首创。1927 年 2 月，华新公司向哈同租赁南京路 394 号店面一间，在合同上规定在订立合同之日先交纳第一个月的租金为 900 两银圆和 6 500 两银圆小租，然后才能承租。事实上，从当年 6 月才算起。因此，哈同洋行提前 4 个月得到了 7 400 两银圆，迅即以此为本金又去扩大其地产。① 哈同计算收租的时间与众不同。当时，上海一般房地产业主按阳历月份收租，而哈同却以阴历月份订约收租。要知道，阴历 3 年有 1 闰月，5 年再闰 1 月，19 年有 7 个闰月。所以按阴历收租，每 3 年可以多收 1 个月的租金，每 5 年可以多收 2 个月的租金，每 19 年可以多收 7 个月的租金②。

4. 哈同收取房租的方式更令人惊叹

在经营房地产的初期，他经常带了一个雇用的中国孩子，到处收取租金。有一处里弄口摆皮匠担的人，每月付地租 5 元，哈同每次总是很快乐地拍拍那皮匠的肩膀，对他说："发财，发财。"他的"态度非常和蔼，但谁要短他一个钱却不行"。③ 哈同洋行开张以后，哈同专门雇了 10 多个收租员收租，如有人没如期交租，他就亲自坐了汽车上门催讨，如再不付清，则由巡捕封门，或者拍卖房客财物。曾有人为之形象地画像："哈同终身致力于收租，即使他已经成为百万金镑的大富翁时，他还会攀登小房的扶梯，对那些迟付一天租金的租户，威逼催讨。这种租户是极少的，因为大家都不敢对他欠租。假若他光临到这里来，这个家的户主不在，那么他会待在脏臭的灶披间等上几个钟点。"④

5. 哈同往往出租土地给别人造房，租期满后即连房全部收回

他说这是"重本务实"，"脚踏实地"。南京东路原新新公司房屋地基面积有 5 亩多，为哈同所有。1923 年哈同租给新新公司建行房屋，不但规定 32 年的期限，期满即房归哈同，而且合同上还规定房屋造价不得低于 50 万两银圆，哈同先取保证金 10 万两，待房屋造好他认为满意后，方才归回保证金。其他如永安公司大楼、威海卫路林邨住房 18 幢、四川中路谦泰银行租造市房 4 幢、四川中路 423 弄住房 20 幢，都属此类性质⑤。

6. 哈同还想从一点一滴处得利

爱俪园建成后，哈同为严格明确园内职工的职务和等级，命账房间制作徽章。徽章发放给花园每个职工后，账房间却要职工掏钱，每个徽章的实际成本只有 5 个铜板，但每位职工却要付出 4 角。

---

① 李昌道：《大冒险家哈同》，群众出版社 1979 年版。
② 李昌道：《大冒险家哈同》，群众出版社 1979 年版。
③ 李恩绩：《爱俪园梦影录》。
④ 见《上海外滩南京路史话》。
⑤ 李昌道：《大冒险家哈同》。

上述种种,可谓"精打细算""分厘盘剥",好似富而弥吝的葛朗台。然而,有时哈同似乎变成另一个人,大手大脚,挥金如土,是个十足的腰缠万贯的"阔佬"。哈同不仅花了约70万两银圆建造了上海滩上最大的私人花园,而且经常在爱俪园中大事宴请客人,举行游乐活动。1917年农历七夕,哈同66岁、罗迦陵54岁,两人合做"百廿大寿"。在当时报上连续刊登了巨幅的"爱俪园主双寿启示"。花园布置得极其富丽堂皇,高大的彩牌楼达10座之多,花园大门前扎了一个电灯牌楼,花园内的桥下、假山石途中、亭阁里都装了电灯。从七月初至七月二十日,请"小有天""会宾馆""悦宾楼"3家酒馆,每天送来200桌酒席,共开了11 400多桌酒席,这还不包括花园自己厨房开的酒席。从七月初八至二十日,天天有各班人马进园唱戏,有中国戏、东洋戏以及西洋戏,应有尽有,目不暇接。前来拜寿的上至军阀官僚、买办豪绅、社会名流、洋场阔少,下至流氓帮会、雇用文人、洋行职员等,汇聚一堂,吃喝玩乐,尽情而散。① 仅此一项,花去几万两银圆。但其收获,一是收到大批寿礼,仅现金就达10万两银圆;二是为爱俪园扬名,使上海滩都知道有个哈同花园;三是借此结识了中国社会中更多的三教九流,提高了哈同的社会地位和政治影响,为其发展经济势力,奠定了更坚实的基础和创造了更优越的条件。

由此可见,不论是精打细算、分厘必得,还是大手大脚、一掷千金,都是哈同采用不同的经营方式,以自己最大的努力,取得最大限度的利润。这两种截然不同的方式,看起来似乎矛盾,实质上是两者相辅相成,均是为了发展他的事业。哈同去世后曾有人作了这样的评价:"哈同之在上海,可说是白种人在中国的一种象征,他现在死了,盖棺论定,可以说他是一个严格的个人主义者。他崇拜着各种宗教,怀想着各种欲望,从无满足之时,做事专拣有利己的去做。以一个外国人,竟拥有如此巨额的财产,可见他本领的高强和狡狯。"②

(三)八面玲珑,多方交结

哈同在他流浪各地的亲身经历中懂得一个道理,即一个拥有巨大财富的人,如果没有相当的政治地位或者政治上的庇护,他的财产会得而复失的。所以,当他的经济事业有了一定的发展的同时,就积极猎取政治权力。他按照法规将捐税交给租界当局;赞助租界当局举办的有关公用事业和慈善事业;结交租界上的权贵人物等。渐渐地他获得租界当局的欣赏。不久,法租界公董局请他当董事,进而英美租界工部局邀他当董事,并聘请他为英国驻华法庭陪审官。这时的哈同,俨然成为租界当局的重要人物,租界上凡有重大事情

---

① 李昌道:《大冒险家哈同》。
② 徐铸成:《哈同外传》,上海文化出版社1983年版。

第三章 上海犹太商人的荣衰史

都要有他参加,就连他的老板沙逊也刮目相看,礼让三分。有了政治权势,他乘势用低价购进大量地皮,以高价出租房地产,能不断地向银行取得巨额押款,然后再购进地皮,建造楼房,哈同终于成了上海的一个房地产大王和一个在政界有影响的人物。

当哈同成为上海租界外国当局的领导人物时,就开始涉足中国政治舞台。因为上海租界地虽然似乎是"国中之国",但毕竟是块租界地,不是一块殖民地,而且中国的时局总会对上海租界产生或大或小的影响。因此,哈同深知必须了解中国的局势,联络中国的政界,获得他们的庇护,将有利于他的事业。自从鸦片战争的炮声把中国打入半殖民地半封建的深渊,侵略与反侵略、革命与反革命、进步与反动之间,进行着长时期的、反复的较量,战争连绵不断,此起彼伏。在这动荡复杂、风云变幻的政治舞台上,哈同却能窥测时机,八面玲珑,在对立的双方之间左右逢源,在战争的敌对两方面之间互结良缘,见风使舵,乱中求稳,从而既保护了既得利益,又取得了更大的好处。

早在清朝末年,哈同就与清王朝结拜了过户亲。清隆裕太后的娘收哈同之妻罗迦陵为"过房女",这位过房娘曾在爱俪园长住一阵,并把巨幅照片挂在花园的大厅中央。后来,宣统皇帝的弟媳妇又拜哈同为"过房爷",罗迦陵与隆裕太后成了干姐妹,哈同成了宣统皇帝的长辈了。辛亥革命前,清王朝赠给哈同"二等第一宝星"、"隆重亲公使"。辛亥革命后,哈同夫妇还赴北京给"干娘"拜寿,享用了宣统皇帝的"赐宴",朝廷送他们夫妻俩60名太监,叫他们回沪差用使唤,又恩赐朝珠冠服、诗画联额,更"特封"罗迦陵为"大清国正一品夫人"等①。

哈同不仅与中国封建专制主义的统治者建立了"亲如一家"的关系,而且与中国资产阶级革命党人也是频送秋波,暗里往来。在资产阶级革命酝酿期间,他主要通过后来成为爱俪园第一任总管事的黄宗仰,先后与章太炎、蔡元培、孙中山等建立了联系,并予以资助。黄宗仰自称乌目山僧,又号中央,后称印楞禅师,江苏常熟人。此人在革命早期与章太炎、邹容齐名,章太炎著《驳康有为论革命书》、邹容著《革命军》得以出版发行,均得力于黄宗仰等人的措资帮助②。1902年春,黄宗仰联络章太炎、蔡元培、吴敬恒、蒋维乔、黄炎培等联合发起成立中国教育会。他们认为"救亡之根本方法,固非从改造青年思想入手不可也"。该会"群推山僧为会长",黄宗仰之所经得到"群推",固然与他发起有关,也有他游说罗迦陵而得到哈同经济资助的原因③。

1903年春,沙俄出兵东北,国内各界人士愤然集合抗议,学生也纷起响应。是夏,上

---

① 李昌道:《大冒险家哈同》。
② 冯自由:《章邹两氏之名著》,《革命逸史》第二集,中央书局版。
③ 冯自由:《乌目山僧黄宗仰》,《革命逸史》第三集,中央书局版。

海南洋公学学生"有全体罢学之举",在该校任特班教员的蔡元培率学生毅然退学,以中国教育会名义,收容200多名学生,租借南京路泥城桥福源里的一幢房子开办爱国学社。接着,蔡元培又举办爱国女校①。爱国学社成立后,一反南洋公学所为,校内师生高谈革命,出版《学生世界》,持论尤为激烈,因而该社被称为"东南革命大本营",连"向称革命言论之枢纽"的《苏报》也"率先自为承办"中国教育会的附属机关报②。其实,爱国学社成立之初,苦于经费短缺,乃由黄宗仰出面去找罗迦陵,于是他们才很快得到一张500两银圆的支票,并且哈同之妻还表示,今后该社经常所需之费用仍愿协助,由是该社始得成立。不管哈同夫妻的动机如何,这样的资助,客观上还是帮助了资产阶级革命党人的舆论宣传和文化教育事业,有利于中国社会向前发展。有位学者评论道:平心而论,500两在哈同家属虽是九牛一毛,但白白奉送却也不容易,而且蔡元培、吴稚辉等,以后虽是学界名流,党国要人,那时还被官场目为"不逞之徒",向他们雪中送炭,不仅无名可沽,无誉可钓,还要冒一定的风险。而这个在民主革命史上成为一块里程碑的爱国学社,如果得不到这笔资助,可能不会顺利成立。所以,不能根据坏人总是从头烂到底、一无是处的公式,而抹杀他们曾经做过的好事③。

在《苏报》案发后,爱国学社随即被封闭,而爱国女学则由于黄宗仰出面交涉,声称是哈同之妻所创办而幸免于难。哈同已是沪上要人,不但未插手干预或帮助清廷镇压革命力量,相反,默认其妻这所作所为,值得一提。随后,黄宗仰在得到哈同夫妻资助下,通过各种方式支援孙中山的革命活动。1903年秋冬间,孙中山出游檀香山,旅费短缺,由黄宗仰资助解决。时在东京出版宣传革命的刊物《江苏》,也因经济困难而势将停刊,亦由黄宗仰出面帮助解决,该杂志才赖以生存。而黄宗仰这样一位清廷所痛恨、必要除之而后快的"危险人物",居然为曾与清廷有"过房亲"的哈同所看中,在爱俪园建成之后又被委以重任,表面上是一个难解之谜,实际上这正是哈同的目光和手腕的高明,也是哈同在动荡复杂的中国社会中为各方政治力量所看好的一个重要原因。

1911年,当武昌起义成功消息传到上海,哈同估计清廷势力将土崩瓦解,于是在表面上赶快抛掉与清廷所建立的过房亲的关系,加强与革命党人的关系,同时把眼光瞄向袁世凯,与之建立联系,以这种弹性外交手腕,为自己留下回旋的余地。当革命党人到达上海,哈同主动借花园给革命党人开会议事。上海光复后,哈同与革命党人的关系更加密切,当陈其美等人要举行十三省区代表会议、组织临时政府时,哈同又主动借花园的大厅让他们

---

① 汤伟康:《蔡元培与中国教育会》,载《上海轶事》初集,上海文化出版社1987年版。
② 冯自由:《中国教育会与爱国学社》,载《革命逸史》初集,中央书局版。
③ 徐铸成:《哈同外传》。

第三章 上海犹太商人的荣衰史

开会活动。同年 12 月 25 日,孙中山从欧洲返沪,受到热烈欢迎,黄宗仰赶到码头欢迎,"兼代表达哈同欢迎意旨",使孙中山到沪后首访的即是哈同花园。第二天,哈同便借爱俪园举行盛大宴会,为这位中国资产阶级革命领袖接风洗尘,参加者有黄兴、宋教仁、陈其美、胡汉民等,影响甚大,名噪一时①。

这时,革命形势已渐逆转,北方的袁世凯已乘机而起。哈同对南北方都不敢怠慢,对清廷遗老也不忘情。如武昌起义后,清廷湖广总督瑞澂外逃,乘外轮至上海,即被哈同保护在爱俪园内。南北双方议和时,哈同花园既接待北方代表,又招待南方代表,今天款待北方的唐绍仪,明天宴请南方的伍廷芳,有时同时约请南北代表,成为双方代表会后密谈之处。

哈同通过黄宗仰特别对上海的革命党人予以支助,因为他的事业在上海。武昌起义后,上海方面的革命党人积极响应,11 月 3 日,上海起义开始,陈其美率敢死队 200 余人进攻江南制造局,双方激战之时,陈其美"以为义旗所至,无不欢迎,制造局可唾手下也"。他孤身进入制造局,被局内人员缚其手足系于马厩中②。第二天,李燮和督兵乘夜进局,救出了陈其美。11 月 6 日,陈其美被推为沪军都督,李燮和不服气,"其美、燮和所部,多欲推其首领任沪军都督",相持不下。李燮和控制了从吴淞到闸北的地区,依然以上海军政府之名义发号施令,和沪都督府相抗,时有分裂火并之危。在此关键时刻,光复会首脑蔡元培等出来劝导,黄宗仰秘密约请双方核心人员到爱俪园商谈,讲清"小不忍则乱大谋"的道理,最后双方以团结为重,避免了分裂,李部退驻吴淞地区,"愿代筹饷粮以助之",而"哈同捐金三万以接济吴淞军政府"。③ 上海光复后的革命形势向好的方向发展,就这点而言,显然与黄宗仰的努力、哈同的作为是分不开的。

与此同时,哈同与一些有关的地方军阀、官僚亦建立了密切联系。如江南督军特聘他为外交顾问;安徽省长许世英也聘他为外交顾问官。当时曾住在上海滩或者经过上海滩大小官僚、各色政客、流氓帮会头子都曾去过爱俪园。哈同自己也得意地说:"乐与华士夫游,每七日休沐,必供具招名流而谈宴。"④由于地理上的靠近,政治上的更为需要,哈同与江浙一带军阀官僚关系最密。北洋陆军第四师师长、松江镇守使、淞沪护军使的杨善德,北洋陆军第七师师长、继任淞沪护军使、继任浙江督军卢永祥,再继任淞沪护军使的何丰林,上海县知事沈宝昌,上海士绅王一亭等人,都常出入于哈同花园,与哈同私交甚厚。他

---

① 冯自由:《乌目山僧黄宗仰》,《革命逸史》第三集。
② 朱大路:《上海洪门辛亥浴血记》,载《上海轶事》,上海文化出版社 1987 年版。
③ 冯自由:《乌目山僧黄宗仰》。
④ 李昌道:《大冒险家哈同》。

们之间在经济上有往来,在政治上也有交易。何丰林身居淞沪护军使要职时,即把大批空白的咨询委任状送给哈同,哈同只要填上委任人的名字便有效。所以当时哈同花园内咨议不下十几个。这些事实,一方面反映了旧中国官场上的黑暗与腐败,哈同借此种机遇而左右逢源;另一方面,我们可以看出哈同与地方军阀官僚的关系是水乳交融、唇齿相依的。

三、哈同的中国文化情结

作为英籍犹太人的哈同,在"发迹"之后并没有大肆赞扬西方文明,而蔑视中国文明;也没有宣传西方文化,以撞击中国文化;却令人吃惊地反而喜欢中国的古老文化。这也许他有沽名钓誉、故作附庸风雅的因素,可是也确有爱好中国文化的心态,所以实实在在地做了不少弘扬中国传统文化的实事。

(一)他同意黄宗仰在爱俪园内创办"华严大学"

为什么称"华严大学"?因哈同夫妻笃信佛教,华严宗是中国佛教宗派之一,是由唐代高僧法藏所创,对佛教解释严谨深邃,其观点对宋明理学的形成有一定的影响,乃以此做校名。该校学生亦是少年和尚。学校举办以后,成绩平平。哈同夫妻不甘心于此,于1915年冬,以在爱俪园内改办"创圣明智大学"。又为什么叫"创圣明智大学"呢?!缘由是罗迦陵于3月28日出生,据说中国文字的创造祖师仓颉也是这天诞生的,故平生崇拜仓颉,称之谓"仓圣"。而哈同有"明智居士"的别号。两者结合起来,题名为"创圣明智大学"。由哈同的弟子、时任哈同花园大管家姬觉弥任校长,学生的学费、膳食均由哈同提供。其实,这个大学的招牌有点名不副实,校内既无大学本科,也无大学预科,只有附属中学和高级小学,教学内容仅注重中国的文字、四书五经和宗教课。文字课本初始是《小学字课图解》,深入一类是《说文解字》《六书赋》《四体须知》,还有《弟子职》《弟子规》之类。宗教课的教学内容不是基督教义,而是佛学,其课本是智者大师的《四教义》、湛然和尚的《止观又例》①等。随后园内又办起了"创圣明智女学",其教学重点是女子师范,学习内容有国文、修身、算学、体操、英语、理化、地理等。在上海滩一时甚有影响,与当时开风气之先而办的中西女中、圣玛丽女中、爱国女中等并驾齐驱,互相媲美②。由于爱俪园此时办学比较成功,哈同扬了名,所以办学的劲头更高,很快又办起了工业进德会,下设四个小学,在杨树浦、浦东、闸北、南市各设1所,学生多为就地劳动群众的子女,老师均是仓圣明

---

① 李恩绩:《爱俪园梦影录》。
② 徐铸成:《哈同外传》。

智大学的毕业生。

（二）哈同创办学校的同时还举办了一些文化事业

哈同夫妇显然以仓颉4 000年后的"知己"自居，在他们花园里所印刷出版的书刊、创办的团体，其称号几乎通遍一式："广仓学丛书""广仓学会""广仓学会杂志""广仓学演说报""广仓千家姓""重辑仓颉篇""仓颉篇残局考察""广仓古石录""广仓砚录""广仓学古物偶存"等，均是以弘扬中国传统文化为宗旨，由此在上海滩造成较大影响。①

（三）哈同花园的文化组织主要是"广仓学会"

它成立于1916年，下设各小会：

1. 广仓学古物陈列会，每年春秋两季举行大会，每月朔望二日举行常会，邀请上海及全国各地的古文物收藏家将其收藏品送到哈同花园展览，会员、非会员均可参加。送来的文物首先须甄别，挑选精品，或展览观摩，或拍照留底，作为印刷书籍之用。

2. 广仓学文会，每年四期，分经常、小学、史学、文学、艺术学、宗教学6门。广仓学文会按6门学科分别出题征文，挑选优秀征文的前几名发给奖金，以资鼓励。

3. 广仓万年耆老会，入会者资格须年龄逾60岁，并有一会员介绍，交1元入会费，方可入会。该会在每年春秋两季时与古文物陈列会同时举行。届时从哈同花园门口到会场为耆老们备有汽车迎送，主人邀请他们参加盛宴，盛宴之余的其他饭餐均自吃自付，但耆老会为他们约请了天鸿运楼餐馆到园内服务，既方便又可口。②

广仓学会主要业绩是邀请了一些文化名人入会，诸如王国维、邹景叔、张砚林、李汉青、费恕皆等均成为学会的主要人员，并由他们编辑出版了《学术丛编》和《艺术丛编》。广仓学会成立后，经多数人创议，又经过哈同的同意，决定编印《学术丛编》，约请学界名流王国维负责其事。该刊创办宗旨，专在研究中国古代经籍的奥义，探寻礼制的本末，弄清文字的渊源，借以明白上古文化。③ 该刊于1916年4月创刊，每月1期，共出版了24期，后来被装订成两集，更名为《广仓学丛书甲类》，其具体内容分为52种，其中24种是王国维本人的稿本，其余是"未刊书籍或虽已刊而流传甚少者"。同时，广仓学会还出版了《艺术丛编》，由邹景叔担任主编，于1916年出版，每2月1期，也出版了24期，后来装订成册，更名为《广仓学 丛书乙类》。该刊的内容有：一些古器的拓本和照片，一些文字文物的考古论文，从而提供了不可多得的考研原始资料。值得肯定的是：哈同把一些学界名流聘请荟集起来，有利于发挥这些大学问家的作用。像王国维在考据学方面的成就，罗振玉在

---

① 凡鸟：《海上迷宫·哈同花园秘密》，中央书店1947年再版。
② 李恩绩：《爱俪园梦影录》。
③ 李恩绩：《爱俪园梦影录》。

甲骨文方面的造诣,邹景叔在经学金石方面的功底,章一山、费恕皆在词章诗文上称才能,还有青年画家徐悲鸿的天赋,在哈同花园内均得到了充分的发展。哈同喜爱甲骨文,刘铁云逝世后,哈同就收买了他收藏的部分龟甲,藏在花园中。后来派人与著名甲骨文学家罗振玉商谈,从他手中买得800多片甲骨,又珍藏于园中的戬寿堂,这就避免了这些珍贵的文物的散失,也为后来的考古学家、史学家的研究,提供了原始的物证①。

哈同并邀请王国维入堂精心研究,乃有《戬寿堂殷虚书契考释》一书问世。王国维的研究成果,使《史记殷本纪》和《帝王世系》等书所传的殷代王统得到了物证,并改正了原来的讹传,成为新史学的开山祖师。一卷《殷周制度论》,轰动整个学术界,后来郭沫若等一辈新史学家"更是推波助澜,加以特别强调"。②

哈同夫妇如此爱好中国古老文化,应该说是有其积淀深厚的文化因素的。中华和犹太同是古老的民族,他们都有自己的古老的传统文化。正是这种古老的传统文化具有隐在的无比强大的凝聚力和维系力,才使这两个民族在历尽沧桑、遭够魔劫的历史长河中维护了民族的生存和发展,保持了民族的本色和特性。犹太文化虽然融汇了西方希腊罗马的文化精神,可是终究与中国文化一样,都是东方文化。虽各有其异,但亦有所同。来沪的犹太人哈同,把摩西五经和儒家五经作了比较研究,感到两种文化的有些思想观念是相同的或者相类似的,例如尊天崇祖、重视伦理道德等。这早在古代开封的犹太人就已认识和肯定,他们在寺庙的碑铭中刻写着:"其儒教与本教,虽大同小异,然其立心制行,亦不过敬天道,尊祖宗、重君臣、孝父母、和妻子、序尊卑而不外于五伦矣。"③

在另一个碑文中记着:"然是教经文字,虽与儒书字异,而揆厥其理,亦有常行之道,以其同也。"④可见,哈同与其祖先同样地找到了犹太文化和中国文化的结合点,从而进一步理解中国文化,仰慕华夏文化,并在他们所居住的中国土地上弘扬中国传统文化。所以,如果用一个形象的比喻:哈同和罗迦陵的结婚,不仅仅是一个犹太人和一个中国人的结合,更深层地看,乃是犹太文化和中国文化的结合,这才是真正的价值所在。

四、哈同的悟性

有人说:"哈同虽对于寻常善举颇为冷淡,但对自己办的慈善事业却挥金如土,这是一

---

① 钱化佛、郑逸梅撰:《三十年来之上海》,上海书店1984年版。
② 李恩绩:《爱俪园梦影录》。
③ 《重建清真寺记》碑,明弘治二年(1489年)立,现存开封市博物馆。
④ 《尊崇道经寺记》碑,明正德七年(1512年)立,现存开封市博物馆。

第三章 上海犹太商人的荣衰史

般公众很少知道的。"① 这话虽不尽确切,但哈同确曾举办过轰动旧上海的3次义赈会,由他出面,上海各界人士参加,借他的哈同花园举行的。第一次于1901年举行的吴兴水灾义赈会;第二次于1917年举行的京直奉水灾义赈会;第三次举行的是汴晋湘鲁水灾义赈会。每次义赈会,哈同都与中国绅商朱葆三等合办,他均捐巨款并借地哈同花园,其园内工作人员完全义务服务,园内成交的货物是本利助赈、或9成助赈,至少是5成助赈。为了开好义赈会,哈同还特意为哈同花园做广告,以揽游客。如1917年9月25日《时报》上登载一则广告,上面写着,上海哈同花园游览大会,每券1元,童仆减半。本园主人哈同先生因京直奉水灾待赈,特允于阴历八月十四日、十五日、十六日、十七日开放四日,任人游览。本园拓地二百多亩,亭台花木,步步引人。特色一,本园点缀新颖,布置完善,各种戏剧幻术无不尽有。特色二,本园特辟书场,罗致沪上著名校书一千余人,弹丝品竹,借供评赏。特色三,本园每日夜间举行大会,旗灯仪仗,簇簇主新,数里之遥,蜿蜒可达。特色四,文人雅士,怡情书画,配置特设书画社。特色五,广仓学,尚有丛编发行,本园就近设肆,便人购买。特色六,配置添设菜楼酒肆,食谱菜摊。特色七,义赈会期间的哈同花园,从吃喝、游玩到文化娱乐、商业活动,应有尽有,丰富多彩,称之"万人空巷""全市若狂"。每次会后,总得几百万元赈助灾民。而哈同花园也要进行大整修,仅草地一项,已被践踏成不毛之地,得买新草皮覆盖植活,整修后经1～2年才能恢复成原样②。

由于哈同的"善举"在社会上影响甚大,因而上海滩上各个慈善团体、机构纷纷与他建立了联系。他在中国妇孺救济会中担任了董事,与仁辅元堂、位中善堂、城市育婴堂、新普育堂、妇女教养所、普益习艺所、上海孤儿院、中国普济大会、上海残疾院、普善山庄、仁济善堂等均有各种各样的关系。哈同终成鼎鼎大名的"大慈善家"。有人撰文道:"今哈号同先生遇灾荒则如左右手之相救,于文化则以赈学育材为己任,皆斥巨资,负毅力,以为之活民觉世……殖利于中国仍造福于中国"。"凡此十年中,兴学助赈(救各地之灾,皆送款至)需费在三百万而强。"③

哈同之"善举"有其深刻、复杂的历史背景。哈同通过慈善事业有与社会上层建立更紧密联系的意图。1917年9月,借哈同花园举办的"京直奉水灾义赈会",上海社会各界名流纷纷参与。当时,哈同被推举为洋人会长,卢永祥被推为华人会长,来宾有:沪海道尹王赓廷、上海县知事沈宝昌、淞沪警察厅厅长徐国梁、上海地方审判庭庭长袁种祥、会审公堂会审官吴炯之、商界王一亭、黄楚九等。如此规模的社会活动,哈同在他们之中可谓

---

① Carl Crao: Foreign Devils in the Flowery Kingdom, 第61—63页。
② 李恩绩:《爱俪园梦影录》。
③ 肃宁刘春堂:《欧司爱哈同先生传》,载《哈同先生荣衰录》。

"天高任鸟飞,海阔凭鱼跃"了。凭此,他们之间可以建立进一步的个人友谊。如上所述,哈同的致富同政治权势在手是息息相关的。因此,他深谙建立这种友谊对他未来的发展所预示的意义。而且,哈同所捐的钱款虽是一笔大数目,但大多落入这些军阀之手,或成为各级地方贪官层层克扣,真正灾民得到手所剩无几。1917年9月的"京直奉水灾义赈会"为例,哈同一次就向直隶总督曹锟捐款数十万元,使对方大为感激,后来哈同之所以能得到北洋军阀政府如此多的勋章,与此不无直接关系。

从宗教文化的背景剖之,哈同夫妇虔信宗教,心中常念:今世赎罪、修德;修身来世、升天国。哈同原来信犹太教,罗迦陵信佛教,后来他既信犹太教,亦信佛教。哈同夫妇曾一度信过道教,聘请道人在哈同花园讲经。早年唐朝,从犹太教派生出来的、受希伯来文化影响的基督教入中国,当时称为"景教"。宋朝的开封犹太人,他们建造的犹太教堂,是按照我国文庙的式样建造的。所以,哈同夫妇主要是由于虔信宗教而做慈善事业的。而罗迦陵信佛更笃,有人用一个近乎神话的事例来说明罗迦陵的佛性高深,说有一块"舍利子",旁人看是青灰色的,大管家姬觉弥看是粉红色的,而罗迦陵看是大红色的。一位从事佛教研究的人说:"舍利子"是佛火化后的遗骨,虽然是一种圆形的石子,但实质上是形而上的东西。当人们用肉眼去观察它时,它便会反映出一种幻觉的色彩,这幻觉的差异即反映了各人的佛性的深浅。在这婆娑世界上的古德、高僧、士人,最高所见亦不过是大红色的,其次是粉红色的,再次是橘黄色的,最下是青灰色的,由此可见,罗迦陵在这个世界上的佛性是最高之辈①。虽说这很可能是为吹捧罗迦陵的佛性之深而人为制造的幻想,但她深信佛学道理却是真实的。哈同生前一友人曾回忆:她晚年,性嗜佛,尝刊印藏经,全部以传世……好楼居,香一炉,水一瓶,经一卷,喃喃不知倦②。所以,哈同夫妇在花园里建起"频迦精舍",养尼姑;筑造"阿耨北舍",居和尚,要他们日夜念经,替哈同夫妇多积功德。

为来世快乐幸福而学佛信佛,学佛信佛后对佛学道理更深信不疑,由此"明乎因果之理,而力行善举"③。而《圣经·路加福音》18·24中更明白地说:"骆驼穿过针眼比财主进上帝的国还容易呢!"作为在西方文化气氛中成长的哈同,对此不会不知道,他了解为了来世进入上帝的天国,须在今生行"善举",这对有钱的人的要求也是一样,并且更为苛刻。史料记载:哈同"弥留之际,犹以遵从犹太教典治葬。谆谆相告"。④ 犹太教典的治葬法,

---

① 凡鸟:《海上迷宫·哈同花园秘密》。
② 常修等:《欧司爱哈同先生诔》,载《哈同先生荣哀录》。
③ 于右任等:《欧司爱哈同先生诔》。
④ 罗迦陵泣稽颡,《欧司爱哈同先生行述》。

即先予教徒尸体洗净,用白布包裹后才用土埋葬①。这就是为进入安乐天国的方便,同时也更说明了死者的诚意。因此,哈同临死相告以犹太教典安葬与生前信佛举行善事,其目的均为来世能进入上帝的天国。哈同夫妇确是着意华严界,勤修来世福!

从民族历史背景而言,哈同之注意今生与来世,与生他养他的民族历史特点密切相关。综观历史,犹太民族是一个多灾多难的民族,在长达1 000多年的中世纪,处境非常悲惨。自11世纪至12世纪的"十字军时期",欧洲各国对犹太人的仇恨发展到了顶点,以至基督教徒在街上可以随意杀害过路的犹太人。此后,在近代,这个民族又经历了多次历史性的迫害。因此,犹太民族的普通下层人民渴望和平与安宁的生活。而哈同幼年的生活也是贫苦的,受人歧视的,当他发迹而进入社会上层后,回顾历史,难免不会不为这种苦难史而悲叹。在他看来,虔信宗教,做些善事,便是摆脱这种苦难的方法。

另外,哈同早年为老沙逊洋行工作,后又供职于新沙逊洋行,沙逊洋行的所作所为给了他以深深的感染。老沙逊洋行的阿尔伯特·沙逊于1864年继承产业后,扩大了他父亲所举办的各项慈善事业,在印度和英国博得了很大的声誉,政治地位日渐上升,1868年他成为孟买立法院的成员,1872年英王授予他爵士称号,自此他便在英国定居。新沙逊洋行的亚可布·沙逊学伯父阿尔伯特的榜样,也举办了大量的慈善事业,为此而获得了男爵爵位。沙逊洋行因行"善举"而成功的例子,无疑给了哈同以相当大的诱惑力,而使他步前者的后尘。

哈同行善举的目的和结果,后人评论各异,但是有一点应该肯定的,就是慈善事业总比一味地掠夺、剥削,或者克扣赈济钱款,要文明要进步。

五、哈同和沙逊是同途殊归

历史现象是纷繁复杂、变幻莫测的。上海滩上的犹太富商沙逊和哈同,既有许多相同的地方,亦有不少差异之处,而最后却是完全不同的归宿。剖解沙逊和哈同的同途殊归,可以给人以启迪,导向人们向更深层次去思索。

(一) 同是上海的冒险家

沙逊和哈同同是巴格达的来客,同是到上海这个冒险家的乐园来发财致富的犹太商人,他们有着相同的经营思想和理财方法,他们都是以"两土"(即鸦片和房地产)奠基起家而成为巨富的,都是依靠外国租界的特权和势力、勾结中国政府和地方军阀进行合作和非

---

① 张文建:《宗教史话》,吉林出版社1981年版。

法经营,从而获得巨大财富的。从其共性析之,沙逊和哈同均是来上海的冒险家,他们都从事非法的投机性的非生产性事业。第一次世界大战爆发后,中国纱业大盛,有人劝哈同投资建纱厂办工业,哈同认为这种利润不稳当,"譬诸天时骤暖也,必继以冰寒,譬诸植物繁开也,即转瞬而谢落"①。从事房地产这种非生产性事业,对中国经济来说,不是在中国落后的生产方式中,引进西方的先进技术和管理,在客观上来推动中国社会经济的变革。相反,它造成了上海市房地产价格的不断暴涨,这大大影响了上海民族工商业的发展和上海人民的生活负担。而他们经营非法的鸦片贸易,则更是残害了中国人民的身心健康,确是利令智昏而丧尽天良了。总之,沙逊和哈同在上海获取了中国人民的大量财富而成为百万富翁,他们从事的事业总体上讲没有促进中国生产力的发展和社会进步,反而造成半殖民地半封建上海的畸形发展。

然而,并不是说他们一生的所作所为都是消极的。人的活动是相当复杂的,要真正认识和评价一个人,就必须把握、研究它的一切方面、一切联系和"中介"。例如沙逊家族和哈同建造许多高楼大厦和民用住房,沙逊家族举办的金融机构和进出口贸易,哈同筑造的南京路和爱俪园等,对促进上海的经济发展和都市繁荣还是起一定作用的。本书着意从沙逊和哈同的比较研究中评述哈同与中国文化的有趣结合。

(二) 来到上海的目的不全相同

哈同与沙逊有许多不同之处。沙逊家族把上海仅仅看作冒险家的乐园,他们的基地是在印度和英国,当上海一旦失去或将要失去获得巨额利润的条件时,他们立即转移资金从上海撤退。哈同则不仅仅把上海当作冒险家的乐园,而且把上海作为自己最后归宿的第二故乡。他的资金和财产全在上海,他建造巨大的哈同花园,作为老其终身并埋葬于此的净土乐园。

如果说沙逊家族离沪后,仍以拿骚为基地,驰骋在国际金融和国际贸易市场,那么哈同死后,他的财产被吞,落得个家破人亡的境地。1941年,罗迦陵去世,哈同遗子乔治·哈同继承了部分遗产后浪迹香港。而"高易公馆事务所"英籍律师则会同英国巡捕房的捕头,将哈同夫妇装有重要文件的两只铁箱和贵重物品强行搬走,一时来不及搬走的契约、重大物品、箱柜等全部加以查封。后来,英国政府公开宣布英驻沪副领事哈德门、英商克佐士洋行会计师麦秀司为哈同遗产管理人和哈同洋行的监理人。实际上,哈同的很大部分财产即被英方所吞没。日美太平洋战争爆发后,日军随即进入租界,又用武力强占哈同花园以及遗产中的余下部分。到此,哈同的全部财产被瓜分殆尽。

---

① 李昌道:《大冒险家哈同》。

（三）文化与信仰差异很大

沙逊家族把自己打扮成完全西化的英国资本家，虽然他们四代在中国经营达100年之久，但是他们与中华民族及其文化是格格不入，他们崇拜西方文明，按照西方资本主义模式在上海工作着、生活着。沙逊洋行的华洋职工的待遇差距很大，华籍职工有500人左右，每月工资总额合1万人民币(老币)，西籍职工仅26人，每月工资总额达3万人民币；西籍职工每日下午由华懋饭店免费供应咖啡、点心，华籍一般职工不得享受；甚至连厕所亦是华洋职工分别专用。在生活上，沙逊爱好西方文化娱乐活动，在马霍路(今黄陂路)跑马厅里有一个马厩，其英文名字Jandine Stafle，雇用马夫专门养了许多马。他还在沙逊公司内特辟一个办公室，专门雇用一名犹太人依席克(J. H. Ezekiel)专门管理养马的账务。他有一匹马名叫华伦飞(Wallenfield)曾在跑马厅大赛夺得冠军，因此，更增加了他养马的兴趣。大卫·沙逊虽不结婚，但有一个美丽的女秘书做情妇，形影不离①。然而，哈同到了上海虽然向香港英国领事署申请获得英国保护籍，以求得英租界当局的庇护。可是，他没有宣扬和仿效西方文化生活，而是像苦行者那样地工作；在生活方面，"平生无声色犬马之嗜，饮至薄醉而止"②。随着时间的推移，哈同与上海当地文化逐步融合起来，喜爱中国的古老文化。他曾这样说过："余少……废读早，深自愧恧，故慈善教育二事，恒往来于胸中。"因此，"凡此十年中，建筑图书薪膳剖厕购置奖励赒恤等费约在三百万而强。"③哈同是一个犹太教徒，但他不仅娶了非犹太教徒为妻，而且一度曾信仰过中国道教，邀请道长入爱俪园说经传道，最后又皈依中国普遍信仰的佛教。

（四）对中国人的态度更显相左

沙逊集团在上海进行各种经营由于依恃租界当局的支持和中国海关英方官员的庇护，一般不与中国人打交道，即使有所联系，也完全是为了便利得于他的经营事业，一般与对他经营无关的中国人士极少往来，更谈不上对中国革命活动予以支持和援助。然而哈同则不同，不仅和中国当局保持较多的联系，而且与中国的三教九流各式人士广交朋友，也拜过"过房娘"，也收"干女干儿"，甚至当黄浦江畔的外滩公园挂出"华人与狗不得入内"的牌子时，哈同还竭力反对过此项举动④。如前所述，哈同对中国的资产阶级革命也予以支持和援助。

沙逊与哈同都举办过慈善事业，沙逊家族举办的慈善事业多数在国外，如巴格达、印

---

① 陈其鹿：《英商新沙逊洋行》，上海地方史资料(三)，上海社会科学院1984年版。
② 罗迦陵：《欧司爱哈同先生行述》，上海图书馆藏。
③ 罗迦陵：《欧司爱哈同先生行述》，上海图书馆藏。
④ 徐铸成：《哈同外传》。

度、英国等,其中不少是救济犹太人的,如救济第二次世界大战期间的上海犹太难民。他们与中国的慈善机构没有多大联系。而哈同举办的慈善事业主要是救济中国难民,如哈同举办的上海三次最大的义赈会,都是救济东北、北京、河北、河南、山东、山西、浙江、济南等地区的灾民,他捐出的赈济费达数百万之巨。因此,有人在悼念哈同时说:"今哈同先生遇灾荒如左右手之相救……外人侨华众矣,如先生者一人而已!"①

(五)同途殊归的根本因素

综上所述,沙逊与哈同确是同途殊归。究其原因何在?追根溯源,可以看到沙逊家族原来在巴格达就一直担任着首席财政官,他们世代相传。首席财政官是当地的重要人物,他不仅掌管全城的财政工作,而且管理着该城的犹太人和犹太教徒,实际上成为犹太人的族长,连巴格达政府亦正式承认担任首席财政官的人是犹太人的"纳西"(意即犹太人的领袖)。到印度后不久,亦已经是个大资本家。他来上海是为了发财致富,到一定时候他毫不留恋地离沪而去。因而,这个家族在中国、在上海是得不到中国人的多大好感和好评的。而哈同的一生经历和许多特点说明:他一方面能够适应他所居住地区民族文化,吸取该地区民族文化的养料,从而逐渐地与之融合,甚至以该地区民族文化精神自居;另一方面,他又能够随着客观条件的发展变化,在不同的文化环境中固守着本民族的传统文化精神,他生前严格遵守犹太教规,认真过着犹太节日,随时想着"赎罪",直到临死之时还一再告嘱按犹太教之葬法举行葬礼。他有着不忘本民族文化精神的骄傲,坚信并力行本民族文化精神的向心力。这种既能在任何环境下固守本民族的宗教文化,又能灵活适应居住地区的文化生活而融会贯通之,恰恰是犹太民族的特性。这正是值得我们深入研究的课题。

第五节 德国犹商淘金——安诺德兄弟

一、活跃一时的安诺德兄弟

近代上海的犹太商人,除巨富沙逊集团和哈同外,就要算安诺德兄弟和他们的洋行了。他们与沙逊和哈同既有共同的一面,亦有相异的地方;而他们的遭遇与沙逊和哈同更大相径庭。因此,研究他们之间的差异,是全面而更深层次地了解近代上海犹太人的必要的途径和方法。

---

① 肃宁、刘春堂:《欧司爱哈同先生传》。

第三章　上海犹太商人的荣衰史

（一）瑞记洋行和安利洋行的内在关系

瑞记洋行长期以来有不同的记载：有的说是德国洋行；有的说是英国洋行；有的说是德籍犹商和英籍犹商合办的，众说纷纭。现经调查研究，得知瑞记洋行早在1854年就在上海成立，是由当时的德籍犹太人安诺德兄弟（J. Arnhold & P. Arnhold）和另一个德籍犹太人卡贝尔格（P. Karberg）合资开办的，所以称"德商瑞记洋行"。第一次世界大战时，中国对德宣战，中国政府将德商瑞记洋行在华资产交给英国汇丰银行代管。第一次世界大战后，安诺德兄弟和卡贝尔格拆股，分道扬镳，卡贝尔格返回德国；安诺德兄弟亦相继过世。老安诺德兄弟的继承者正巧亦是兄弟俩（H. E. Arnhold & C. H. Arnhold）因而亦称安诺德兄弟，外人往往把这老小两对安诺德兄弟混为一谈，因而造成了误解。

小安诺德兄弟考虑到：他们作为德籍犹太人是不可能要求发还瑞记洋行的资产，因为德国是战败国，德商洋行的资产可以作为敌产处理而加以没收。于是，他们俩便到香港改入英国籍，作为英国公民要求发还瑞记洋行的资产。他们的谋略终于成功，1919年瑞记洋行在香港注册改称为英商安利洋行。正因为有这么一段曲折的历史，所以会出现上述不同的记载和说法。正确的结论是：瑞记洋行是安利洋行的前身，是由德籍犹太商人安诺德兄弟和卡贝尔格合资创办的；安利洋行是瑞记洋行的变种，是由改入英国籍的小安诺德兄弟继承和经营的。

安利洋行还有一段曲折历史。1923年4月，安利洋行宣布清理，新沙逊洋行乘机插手兼并。由于瑞记洋行——安利洋行在中国有相当的名声和众多的分支机构。故中国名字照旧，而英文名称改过。1935年，沙逊集团最后把安诺德兄弟逐出安利洋行，安利洋行便成了沙逊集团中的一个部门。安诺德兄弟另组瑞记贸易公司，只做进出口业务，其经营已近尾声。1940年代，瑞记公司随着安诺德兄弟离沪而退出上海的经济舞台。所以，安诺德兄弟在上海经营的演变过程是：瑞记洋行—安利洋行—安利洋行—瑞记贸易有限公司。

（二）著名的木材大王和军火商

瑞记洋行是上海最老的一批洋行之一，由于安诺德兄弟和卡贝尔格的合作，资本雄厚，经营得法，在上海乃至中国极为活跃。他们经营进出口的范围极为广泛，如进口的商品有棉布、羊毛织品、机器、汽车、纱锭、五金、马达、锅炉、仪表、纸张以及化妆品等。其中最为突出的是安诺德兄弟通过种种关系和办法，掌握祥泰木行，终于垄断了中国的木材进口。祥泰木行原为德商司尼夫莱奇（H. Snefhlage）于1884年在上海创办的，当初规模不大。1903年改组为股份有限公司，发行股票，核定资本50万两银，分5 000股，每股100两，结果实收3 565股，实收资本35.65万两。有了资金后，再聘请美国人蔡士（O. L. Seitz）担任经理，此后业务迅速发展，成为著名的专营木材进口公司。老安诺德兄弟看中祥泰木行的发展趋势,有利可图,乃设法与祥泰木行合作,担任了祥泰洋行的全权经理,然而当时安诺德兄弟仅拥有祥泰木行股票75股,但却已牢牢地控制了祥泰木行。由于安利洋行在全国各地设有许多分行和支行,因此没有多久,祥泰木行在上海、青岛、天津设有制材工厂,并在天津、青岛、汉口、沈阳、南京、宁波、开封、济南、徐州、芝罘、芜湖、镇江以至香港等均设有分公司,基本上垄断了中国的木材进口。正因为它垄断了木材进口,因而利润很高,现列下表说明:

表3-4 祥泰木行股息率统计(1924—1933年)

年份	股息率	年份	股息率
1924年	8%	1929年	12%
1925年	8%	1930年	24%
1926年	8%	1931年	24%
1927年	8%	1932年	24%
1928年	8%	1933年	24%

由于祥泰木行的股票利息率增长度高,因而其股票在股票市场上价格亦变高。每股10两的票面,至1940年5月高达81元,到1941年11月竟达129.5元的高峰。太平洋战争爆发后,祥泰木行被日军所接管。

安诺德兄弟除经营木材进口外,还经营废钢铁进口,他们专门收购国外各厂的下脚废料,作为钢材进口,甚至大做军火买卖。众所周知,旧中国的各地军阀混战是连绵不断的,各方军阀均需枪炮弹药。安利洋行将大批过时的甚至破旧的军火以高价转卖给中国军阀,牟取暴利,下面列表说明:

表3-5 安利洋行转卖的军火统计(1929—1930年)

年份	买方	军火名目	数量	金额
1929年	四川军阀	来复枪	600支	58 000英镑
		子弹	600万发	
1930年	奉系军阀	"蛾式"教练机	26架	25 000英镑
	四川军阀	毛瑟步枪	3 000支	
		子弹	200万发	60 000英镑
	南京政府	毛瑟枪、来复枪	8 000支	
		子弹	1 500万发	84 000英镑

续表

年 份	买 方	军火名目	数 量	金 额
1931年	东北军	"蛾式"教练机	7架	8 000英镑
	湖南军阀	"蛾式"教练机	10架	10 000英镑
	南京政府	"蛾式"教练机	13架	12 000英镑
1932年	四川军阀	炸药	25吨	9 000英镑
	南京政府	钢盔	100 000具	12 000英镑
1933年	广东政府	鱼雷艇	2艘	58 000英镑
1936年	广东政府	水雷	50个	28 750英镑

此外,1934年宋子文到安利洋行为"上海海关缉私营"购买步枪等军火。

(三) 唯一经办工矿企业的犹商

安诺德兄弟在垄断木材进口和军火贩卖的同时,还曾投资于工业矿山、交通运输行业。一般说来,犹太商人都是经商取利,而安诺德兄弟是既经营商业又投资工业,这是其显著的特点,值得一书。

早在1890年,安诺德兄弟即购进两艘新式的先进轮船,总吨数为2 290吨,经营从上海到汉口的内河航行①。后来,他们在湖南长沙投资于矿山。1898年又获得山东省5个矿山的开采权。这时,中国人民反对清政府把铁路矿山出卖给外国,掀起了保路护矿的爱国运动,迫使清政府不得不将一些铁路、矿山赎回。1899年,安诺德兄弟在获得中国政府数十万两银后,遂将矿山交还。

甲午战争后签订《马关条约》,准许西方列强不仅可以在中国倾销他们的商品,而且能够在中国大量投资开办工厂企业,使西方列强对中国的经济侵略,由商品输出到资本输出。1895年,瑞记洋行立即拿出100万两银为资本,开办瑞记纱厂,有纱锭4万枚,第一次世界大战后改称东方纱厂。②

1903年,瑞记洋行又创办瑞镕机器造船厂,承造船只、机器、水磨、锅炉、火油贮油罐等产品。该厂到1907年已拥有资金190万两银。1912年该厂与上海万隆铁工厂合并,加强了造船能力,成为上海的主要船厂之一。1923年,该厂的资金已增至255万两银。1936年,瑞镕机器造船厂和上海另一家大厂——英商耶松船厂合并,成立英联船坞有限

---

① 《中国全书》,两湖督署藏版,1898年印。
② 张廷霖:《上海棉纺织业简史》,载《上海地方史资料》(三),上海社会科学院出版社1984年版。

公司,资金为 1 000 万元①。这样,英联船坞就成为上海滩最大的船厂,当时上海船坞区有 7 座,英联船坞就占了 4 座,其中还有 1 万吨船坞,能修 3 万吨以上的大轮船。

1919 年,安诺德兄弟又在汉口成立了汉口打包公司,汉口由于其地理历史环境,成为华中的工商文化中心和交通运输的枢纽地,也是华中进出口贸易的集散中心。因此,打包是迫切需要而获利很高的辅助性行业。当时,汉口的大商人刘季五、程栋臣等在汉口英租界内有块土地,拟作为厂址开设打包厂。但是汉口英租界规定,租界地内华人不得设厂营业,刘季五等人只得设法求助于洋人,而安利洋行原本在汉口就没有分行,在了解这一经济信息后,乃派人与刘季五、程栋臣等洽谈,表示愿意合作。在得到刘、程同意后,便向香港当局注册,挂上了英商的招牌,开门营业。安利洋行就成为汉口打包公司的全权经理,汉口打包公司又成为安利洋行汉口分行的辅助性机构。

1924 年 10 月 9 日,上海首次出现 6 辆公共汽车行驶在外滩至静安寺的第一条线路,这是由安诺德兄弟组成的中国公共汽车公司所经营的。上海交通工具开埠时只有小车和轿子。1874 年,有个法国商人米拉从日本输入了人力车,因为是从日本引进的,故称东洋车,后来又称黄包车。19 世纪末叶出现了马车。1901 年,李恩斯输入了第一辆汽车,以后骤增至 1 400 余辆,但均为国内外上层人物私人所有。直至 1908 年,由上海法商电车公司和英商电车公司经营的有轨电车才在上海道路上出现。但是有轨电车车辆极少,路线很短,上海的市内公共交通主要还是马车和人力车。然而,上海迅速频繁发展,迫切需要解决客运交通问题,于是发展公共汽车就提到议事日程上来了。发展公共汽车交通事业,不像人力车,并非易事,这不单单需要有巨额的资金,而且要有相适应的管理计划和制度,更要有租界当局的支持。老上海人还记得,在 1920 年春,曾经有个英国人汤汉生开设一家中国汽车公司,以两辆载客 30 名的公共汽车,行驶于静安寺和兆丰公园(即今中山公园)之间,没有多久,即因开支过高无利可图而关门。1922 年,有位洋人弗里德里茨向公共租界工部局申请开办公共汽车路线,获得了经营特权。但弗雷德里茨没能筹划到足够的资金,因而与安利洋行达成协议,以 2.5 万两银的代价,将经营特权让给新成立的英商中国汽车公司。该公司于 1923 年在香港注册成立,专营上海及其周边地区的公共汽车运载业务,核定资本为 100 万两银。该公司的董事会由 5 人组成,H. E. 安诺德为董事长。该公司的章程规定,委任安利洋行为全权经理。中国公共汽车公司自 1924 年营业以来,线路陆续增加到 14 条,行线增至 72.46 千米,载客人数也迅速增加,1930 年为 2 200 万人

---

① 上海沿革编写组:《帝国主义在旧中国的经济掠夺简述》,载《上海地方史资料》(三),上海社会科学院 1984 年版。

次,1937年增至3 580万人次,1941年更增至8 900万人次;车辆也从20辆增至195辆,其中还有双层公共汽车,公司的资本也增至500万两银。

综上所述,安诺德兄弟的经营范围几乎涉及中国的各个经济领域,到20世纪20年代,安利洋行在上海设出口、进口、生丝、金属纸张和机械5个部,在汉口、天津设分行,在沈阳、牛庄、重庆、长沙、常德、宜昌、万县、广州等地设有支行,在香港、伦敦、纽约、巴黎等地亦设有分支机构,是当时仅次于沙逊集团的上海大犹太商。

(四)活跃于政治舞台

安诺德兄弟在政治上亦十分活跃,他们与中国政府和外国租界当局均有密切往来。如甲午战争后,他们曾为清政府筹集借款100万英镑,以支付对日本的赔款,清政府以关税作抵押,"所应承之款,100镑卖至104.5英镑"①。1912—1213年,他们又为袁世凯的北洋军阀筹募过3次借款,第一次是30万英镑;第二次是45万英镑;第三次是30万英镑,共计105万英镑,利率均为6分②。安诺德兄弟在上海的英商总会担任过一定的职务,兄弟俩都当过上海公共租界工部局董事,H.E.安诺德还一度任工部局总董。所以,沙逊集团对安利洋行的兼并,不仅仅是从经济上考虑的,它可以借此利用安诺德兄弟的社会政治地位。在兼并后,沙逊集团仍让安诺德兄弟担任董事长,就是出于政治上的设计,这时的安诺德兄弟在工部局中已成为沙逊财团的代理人。

二、小安诺德兄弟经营失败

这里有个令人注意而饶有兴趣的问题:安诺德兄弟是经营进出口而发财致富的,结果却以投资工业而亏本破产。1923年4月,安利洋行因无法维持而宣布清理。为什么会发展到这样严重的地步呢?主要原因是"经营不善,出口的羊毛、棉毛、核桃等质量发生问题,外国客户索赔,在结外汇上也有损失,营业亏累"③。经过清理后的资产负债情况是:资产总额1 026 759两银;负债总额2 749 258两;净亏损172万多两银。沙逊集团乘机插手,(一) 以2 118 000两银现金购进安利洋行股票21 180股,占股票总额30%强;(二) 以150万两贷款给安利洋行以弥补亏空,但要以安诺德兄弟掌握的股票21 180股交新沙逊洋行作为贷款的保证品。这样,沙逊集团实际上已控制了安利洋行的60%以上的股票,安诺德兄弟仅仅是一个挂名的安利洋行理事长和理事而已。10年后,安利洋行又因不断

---

① 《中国经济全书》,两湖督署藏,1898年印。
② 叶萍登:《侵略中国的英美财团》,第20页。
③ 刘树墉、张瑞庭:《天津英商安利洋行简述》,载《天津文史资料选辑》第9辑。

亏损而欠债累累，竟达600万两之巨，主要由于投资工业屡遭失败。安利洋行在1923年后，在上海、汉口、天津等地连续创办4家汽车公司，但不久即告歇业。他们又在上海创办霍泼钢品公司，又遭同样命运。汉口第一纱厂因拖欠债款，无法偿还，以该厂设备作抵押向安利洋行贷款，安利洋行向外借得贷款给该厂，但利率高达11.5％，不到10年，贷款本息总额竟达159万两，使该厂无法归还，安利洋行派人来接办，仍无法扭转局面，致使赔累不堪。如果从人的因素来剖析，老安诺德兄弟和小安诺德兄弟有很大差异，老安诺德兄弟善于经商理财，他们以冒险家的身份来到上海，艰苦创业，以经营进出口为主，适当经营一些工业，他们从垄断木材进口和贩卖军火牟取暴利而成为巨富，并在政治上获得了一定的地位。而小安诺德兄弟则在非常优裕的环境中生活和学习，虽有很高的文化修养，有较强的社会活动能力，但他们作为"小开"继承父业之后，不善于经营，特别是不善于经营工业，终于败下阵来。沙逊家族最后仅仅给小安诺德兄弟100万元法币而接收了安利洋行及其在各地的分行和设备等全部产业。小安诺德兄弟没有继承和发展父辈开创的事业，悄然离沪而去，这可以作为近代来沪犹太商人中另一种典型。作者对小安诺德兄弟从事工业投资未获成功，表示惋惜，但其精神可嘉，其意向值得赞赏，因为他们所从事的工业和交通运输事业，是有利于上海和中国的经济发展，有利于中国社会经济的现代化。

第六节　后来崛起的巨贾——嘉道理家族

老上海人都知道20世纪20年代建造了一座"大理石宫殿"，为上海豪华建筑之冠，可是多数人不知道其主人是谁？现在，大家都知道大亚湾核电站是中国兴建的大型核电站，同样，许多人也不了解国外主要投资者是谁？他就是嘉道理家族。如果说大理石大厦的落成和大厦的高朋满座，标志着嘉道理家族在旧上海的事业的鼎盛；那么，现在大亚湾核电站的兴建，反映了嘉道理家族在新的历史条件下和新中国经济合作的开端。嘉道理家族是近代100年以来上海犹太商人中至今还与中国的社会经济发展有着关联的一位富商。由于嘉道理家族在上海经营范围与上述的沙逊、哈同、安诺德均大同小异，所以不拟重复叙述，这里着重记载他们的家族发展史，从中可以回答为什么他们家族一直至今仍与中国社会经济发生联系的缘由，也许还能引起读者一些有价值的思索。

一、嘉道理家族的东移中国

在2 000多年前犹太民族大流散、大迁徙中，嘉道理家族和一部分犹太人向东迁移到巴格达，在那里形成了一个很大的社团。在巴格达犹太人中，居于首领地位的有沙逊、嘉道理(Kadoories)、索麦克(Somechs)、索弗尔(Sophers)、格培(Gubbays)等家族。嘉道理和沙逊这两家还有着姻亲关系，他们原来都是农业商人，随着时间的推移，到了近代，巴格达的犹太社团日益繁盛，许多家族都把他们的儿子送到海外，到印度、中国、欧洲以至美洲。嘉道理家族也一样，把7个孩子中的3个先后送到香港，在沙逊公司里做事。艾里阿札尔·雪勒司·嘉道理(Eleazar Silas Kadoorie)于1880年5月20日取道孟买至香港，进入沙逊洋行做个办事员，每月工资37英镑，过着极优裕的生活。是年，他仅13岁。他的哥哥莫希(Moshi)比他先进香港的沙逊公司工作；1883年他的弟弟艾立斯(Ellis)也到了香港和他一起工作。

艾里阿札尔·雪勒司·嘉道理(以下简称艾里·嘉道理)在香港工作一段时间后，被派到中国大陆，经常来往于上海、天津、威海卫、芜湖、宁波等地，他开始了解中国，这为他今后的创业打下了基础，或者说是创造了条件。他在宁波发生了一件小事，但是对嘉道理家族的未来却具有重要影响。当时由于经理暂时离开宁波，艾里·嘉道理受托临时管理新沙逊洋行在宁波的办事处，正巧宁波流行病突然漫延，他为了办事处人员的健康，就从商店买回一桶消毒剂。不料，此事在事前没有请示上级经理，艾里·嘉道理受到了严厉的训斥。他感到极大的不公正，竭力提出抗议，以致被送回上海向总公司报告。总公司告诉他不要辩，只有服从。他不听话，继续抗议，结果被解雇。随后他回到香港，他哥哥莫希给他500元港币，并明确对他说：这是你所能期望得到的全部。这是件十分不合理和令人不愉快的事，可是，塞翁失马，焉知非福？想不到这反而成了艾里·嘉道理飞黄腾达的开始，就如他的儿子，后任嘉道理父子公司的董事长劳伦斯·嘉道理(Lawrence Kadoorie)所说的：说起来应当是一桶消毒剂在嘉道理家族纹章上打下的印记①。

二、嘉道理家族的创业

离开沙逊公司以后，嘉道理独立地干起了经纪人的营生。他很快显露自己的才能，相继在香港和上海建立了公司，他在香港与两个好友合资经营的"班嘉明·凯里(人们对艾里的爱称)和帕兹公司"是香港最杰出的经纪所。另外，他还经营地产公司和电力、煤气等公用事业。当然，创业也不是一帆风顺的。曾经发生过这样一件事：19世纪末，在美西

---

① 劳伦斯·嘉道理：《嘉道理家族回忆录》(The Kadoorie Memoir)，1979年载于《中犹关系研究》，香港犹太历史学会1985年版。

(西班牙)战争和美菲(菲律宾)战争期间,美国海军上将丢威及其海军驻扎在马尼拉港口,准备抢先接管城市,马尼拉呈现出一片杂乱无章和不景气的状况。那时,艾里·嘉道理及其合伙人认为,要交好运了,这正是"买进"的好时候。于是,他们在香港成立了一个临时联合企业组织,几乎准备购进马尼拉所出售的一切——雪茄烟厂、自来水厂、有轨电车线路、金矿、办公大楼等。这一切都是为了等待那随着美国人的来临而出现的"繁荣"。遗憾的是,这种繁荣并没有出现,这个联合企业组织只得在以后的几年中逐渐削价转让卖掉所购买的一切。不过,这仅仅是他们公司经营中偶然的一次失败。至20世纪初,艾里·嘉道理已是香港有名的年轻有为的经纪人和大老板,拥有相当实力的企业和公司。

三、婚姻和家庭生活

1890年,当年轻的艾里·嘉道理创业已初有成绩后访问向往已久的大英帝国,在那里他邂逅了著名的塞法迪姆资本家和慈善家——弗雷特立克·莫卡塔先生,又在他家里认识了他的女儿劳拉·莫卡塔,两位年轻人开始相恋了。1897年,艾里·嘉道理和劳拉·莫卡塔在英国结婚,然后到了香港。莫卡塔家族起源于西班牙,当西班牙反犹浪潮起来后他们迁到荷兰,1600年又迁居英国。1684年,莫卡塔家族和戈尔得·史密斯家族合伙成立公司。这个公司从1696年起,是英国银行中最好的经纪人。艾里·嘉道理与劳拉·莫卡塔结婚后,他在事业上得到其岳父的殷切指点和大力支持,这也是嘉道理家族得以成为巨富的一个因素。

劳拉·莫卡塔原来就不习惯在香港居住,因为香港的环境和她已经住惯了的伦敦太不一样,然而她得到了一位富有魅力的格培夫人的友好关注,格培夫人作了很大努力引导劳拉进入奇异的东方生活。1899年,劳伦斯·嘉道理出生;1902年,霍瑞斯·嘉道理则出生于伦敦,他们的家庭生活非常幸福。1910年,艾里·嘉道理的经营完全成功,为了劳拉,决定离开香港,定居英国,把两个孩子送进学校,而把他的公司交给经理们管理,开始过着宁静的田园生活。

四、返回远东,重振家业

嘉道理在英国的安定优裕的生活不久即受到冲击,他的公司的高级经理因投资于投机买卖而使公司蒙受严重损失。因此,他不得不于1911年重返远东,企图去挽回所受的损失。他在香港经营了一个时期后,就去了上海。经史蒂文(那时上海汇丰银行经理)的

第三章　上海犹太商人的荣衰史

坚决要求,嘉道理留在上海开始重建橡胶公司。因为那时橡胶工业处于不景气状况,正面临破产的危机。嘉道理出色地使橡胶工业恢复和发展。于是,他决定重新开设嘉道理公司,这次把总部设在上海而不是香港,他的全家也搬到上海居住。上海终于成为他的第二故乡,一直到他去世。

五、大理石大厦的落成

历史的发展是不以人的意志为转移的,有时往往会与人们的愿望相背。正当艾里·嘉道理在上海重振雄风并有着美好的家庭的时候,却突然来了一场不幸的灾难:1919年,嘉道理家中失火,劳拉·莫卡塔由于返回着火的房子去寻找保姆而丧生。艾里·嘉道理悲痛至极,带着两个孩子去伦敦家中度过了4年,同时委托建筑师格莱汉姆为他在上海重建住宅。

艾里·嘉道理在伦敦买了一幢房子,为了解除心中的苦闷和孤独,他参加社交活动,广交朋友。这段时间里,阿拉伯国王费索尔一世和埃塞俄比亚皇帝海尔·塞拉西都是他的座上客。嘉道理家族在短短几年里与英国和法国建立了广泛的关系。这种国际间的联系和交往,更有利于嘉道理家族所经营的事业的巩固和发展。

在伦敦的三四年中,艾里的两个孩子一面读书,一面不得不担负起因母亲早逝而留下的家庭担子,并帮助父亲一起搞事业。大儿子劳伦斯除了在他的父亲的办事处工作、实习以外,同时还跟随一位著名的高级律师捷·以·沙尔门先生攻读法律,成了林肯律师协会的会员。可是,由于劳伦斯要帮助父亲经营公司,而没有时间完成法律学习任务,也没有获得律师资格。小儿子霍瑞斯原想从事农业生产,但是家庭悲剧的发生亦使他未能实现愿望。他参加了经营大理石大厦的工程。这个经历为他后来担任香港——上海宾馆联合企业公司的主席带来了很大好处(这个公司的影响可追溯到20世纪,特别是佩宁苏拉酒店(Peninsula Hotel),今天它已闻名世界,是亚洲的首席宾馆)。

大理石大厦于1919年开工,至1924年建成,在1929年又加了一层。建筑师格莱汉姆·布朗沉湎于饮酒,对工作不负责任,随心所欲。当艾里·嘉道理一家回到上海时,惊奇地发现住宅盖成了"宫殿",建筑师住进了医院,承包商出示建房的账单金额——100万两银,更令他们目瞪口呆。

艾里·嘉道理原本热衷于社交活动,有了这么一座"宫殿",更使他不断地宴请各种朋友,并借给社会名流举行大型活动。这样,大理石大厦就在国内出了名。例如1948年11月20日,大理石大厦曾举行过为募捐儿童福利款项的盛大舞会。舞会的主办人是孙中山先生的夫人宋庆龄,她身穿黑色丝绒旗袍,仪态万千,容光焕发,频频与来宾握手言欢或翩翩起舞。舞会中间进行义卖,大厅长条桌上,陈列着各种古董摆设,有精致的花瓶、茶具、别致的蜡烛台和工艺品,其中不少是宋庆龄女士自己捐献出来的。义卖期间,儿童剧团还演出了一台活报剧"乞儿",当场为儿童募捐。这次舞会有中外名流 800 多人参加,义卖募捐收款 15 万金圆券,捐献款项全部投入在对 1.5 万名贫穷儿童所做的文化卫生工作上。

由于宋庆龄女士在大理石大厦首创儿童福利舞会,中华人民共和国成立后,该大厦被改为上海市少年宫,成为上海儿童的乐园。1978 年劳伦斯·嘉道理偕其夫人到阔别了 30 年的上海访问,他们到了大理石大厦,参观了少年宫中儿童们的种种科技和文艺活动,感到高兴。事后,他写了这样一段话:"今天,在中华人民共和国,大理石大厦成了儿童的乐园,小学生们从各个学校被选送到这里来进行艺术培训。在此变革的时代,我很高兴地了解我父亲所特别喜爱的大理石大厦现已成为几千儿童获得知识的地方。"①

六、嘉道理家族的传统

劳伦斯·嘉道理曾说过:与他人共享自己的好运气是嘉道理家族的悠久传统。作者认为这并不完全是那种沽名钓誉的宣传语言,而是有一定的事实根据的。艾里·嘉道理在其经营事业成功的同时,就关心文教事业和慈善事业。在上海,他投资建立了犹太人学校、犹太人俱乐部、犹太会堂,并捐款修建了上海结核病院和中山医院的皮肤科。他对中国文教卫生事业的资助,往往是通过颜惠庆等社会名流进行的。例如上海第一个治疗肺结核的医院(即旧澄衷医院,现为上海第一结核病医院)就是由颜惠庆提出,嘉道理出资资助的,连第一任肺科主任也是聘请了犹太人专家皮米(Bume)担任的。为了表示纪念,该院有一座 3 层楼红色砖房就叫"嘉道理",现在该院许多职工只知道这幢楼叫"嘉道理",而不知道为什么叫"嘉道理"②。

此外,嘉道理还在中国广东和世界其他国家如印度、英国、法国、葡萄牙等国建立了慈善机构,最突出的是在中东地区创办女子寄宿学校。那时,中东地区社会习俗崇尚女子守在家中,不受教育。这促使艾里·嘉道理决定首创女子学校,然后他又陆续在中东地区办了一些女子学校。这些学校由巴黎的犹太人联合会和伦敦的英国犹太人协会管理。然而,嘉道理向管理人员提出一个条件:所有的孩子,不论宗教信仰,一律受欢迎。女孩子

---

① 劳伦斯·嘉道理:《嘉道理家族回忆录》(The Kadoorie Memoir),1979 年载于《中犹关系研究》,香港犹太历史学会 1985 年版。
② 郑依柳:《原澄衷疗养院院长汪士访问记》,1988 年。

们在受到良好教育之后,开始反对那些封建的礼教。可以说,艾里·嘉道理为中东地区"妇女解放"创造了良好的条件。

1926年,英国政府授予艾里·嘉道理英国皇家爵士(Sir Elly Kadoorie)称号,以奖励他在世界各地的善举。他还获得了法国的奖章。1933年,他获得中国一级金质奖章和绿宝石勋章等。其大儿子劳伦斯继承其父亲的慈善事业,亦获得了英国皇家爵士(Sir)的称号。其小儿子霍瑞斯除了从事文教卫生等慈善事业外,尤其为犹太社团做了不少工作。1937—1938年,霍瑞斯在照管几千名从东欧、德意志、奥地利来的犹太难民的工作中起了很重要的作用,他建立了上海犹太青年会和上海犹太学校,这些机构以其独特的方法为很多难民家属建立了学习基地和社交场所,使他们的孩子受到良好的教育而有较高的文化素质。由于霍瑞斯的努力,上海犹太青年意气风发,对未来充满希望和信心,因为他们知道自己所受的良好教育,足以使他们在新的环境里建立起美好的生活。事实上亦是如此,这些孩子而后在世界各地,特别在美国几乎都成了有成就的公民。霍瑞斯由此获得了英国皇家爵位的称号。

艾里·嘉道理的弟弟艾立斯亦在上海、广东、香港建立了一些学校。这些学校为学生学好英语提供了特殊的良好的条件,以使帮助学生在本地区的外国公司里得到工作。在早先那些时代里,这些无教派的学校特别受到中国家长的欢迎。因为如果没有这样的学校,他们只有把孩子送进教会学校去读书。此外,他对上海地区的犹太人社团活动也发挥了很大作用。他亦获得了英国皇家爵位(Sir Ellis Kadoorie)。

七、两次集中营的生活

在两次世界大战期间,嘉道理家族一直在上海,他们认为"世界上再也找不到另一个像上海这样惬意的城市——既具有东方的特征,又有西方的色彩,两者形成鲜明对比,犹如东方的巴黎"①。嘉道理大部分时间住在上海,每年7月到香港公司进行财政年度决算,并且检查工作。他是一个认真、执着的老板,要求每件工作迅速完成,并完成得漂亮;他也热爱生活和人们,喜爱园艺,人们称他为"一个生气勃勃充满仁爱和力量的球"②。

但是,天有不测之风云。日本军国主义者在发动侵华战争后继又发动太平洋战争。1941年12月,日军侵占香港。去香港过冬的艾里·嘉道理以及在香港工作的大儿子劳

---

① 劳伦斯·嘉道理:《嘉道理家族回忆录》。
② 劳伦斯·嘉道理:《嘉道理家族回忆录》。

伦斯、大媳妇穆丽尔、18个月的孙女丽泰和6个月的孙子米歇尔都被拘留入史坦雷集中营,除了随身能带的一些物品外,其他一无所有。集中营的生活是艰苦的,每人每天的定量很少,只允许有900卡热量,经常只有一些煮莴苣、少量汤和饭。当时,艾里·嘉道理已经74岁,并且患病在身,但他仍乐观而有信心,经常与其他被拘留者幽默地讲笑话。记得有一天,劳伦斯突然听到对面房间里一个高大粗壮的大汉吼叫起来:"该死的嘉道理,你父亲别想逃脱罪责,我是香港警察,而我打算留在集中营。"劳伦斯问他这话何从说起,他说:"你父亲说要把这集中营所有的人都带到上海去。"劳伦斯把这件事告诉他父亲,并说这不是开玩笑的事。艾里笑着说:"劳伦斯,我们集中营有3 500人,日本已侵占了香港、新加坡,控制了整个地区,但却仍然有人会相信我能在日本人虎视眈眈的监视下,把3 500人从香港转移到上海?!我只能说,让他们相信这点吧,我的信念还是好的。"[①]这就是艾里·嘉道理的性格。

5个月后,嘉道理一家莫名其妙地被归属于加拿大游客而释放,并被允许去上海。于是,他们乘坐一艘2 000吨的"泰南·马如"号海船,经过9天的颠簸到达上海,他们才知道大理石大厦已被日本人占用,所有的财产均被没收,幸得霍瑞斯安排,寄居在一个亲戚家中。他们作为英国公民,手臂上戴着写有"B"字的红袖章,并且作为"敌人",只能到日军指定的店铺中去购买食品。他们只能得到一点最低限度的生活必需品,生活很艰难。但是像劳伦斯所回忆的:"和中国以及俄国社团的老朋友的聚会,真是暖人心房的感受,使我们相信,好时光会来临的。"[②]

即使这样的日子也没有多久。劳伦斯的一家第二次被拘留进闸北集中营。其父亲艾里·嘉道理病得很重,和另外一些病残人员留在集中营外,由其弟弟霍瑞斯照顾。以后两年,劳伦斯一家4口和一个原籍黎巴嫩的美国人巴夏一家4口人,合挤在一间面积为18英尺×15英尺的房间里,过着令人难以想象的苦日子。

1944年初,日本宪兵队同意劳伦斯一家出集中营去看望垂死的父亲——艾里·嘉道理。没几天,1944年2月8日,艾里·嘉道理病逝,被埋葬于虹桥公墓。而后,劳伦斯和霍瑞斯全家被软禁在大理石大厦的仆人住房里。日本侵略者把大厦留给大卖国贼汪精卫使用。

一天夜晚,全上海灯火管制时间,嘉道理家的门上响起急促有力的敲门声,劳伦斯打开一看,竟是一位上海法国法庭的首席法官,他是法国公民,所以未被拘留。这位法官神

---

① 劳伦斯·嘉道理:《嘉道理家族回忆录》。
② 劳伦斯·嘉道理:《嘉道理家族回忆录》。

色紧张,心事重重对劳伦斯说:法国维希政府支持者正在跟踪他,他必须离开家。说着他就递给劳伦斯一个7千克重的、用报纸包着的一个小包。问他是什么?他说:"这是一根金条,你们是我唯一认识并信任的人,把它埋起来。"说完就匆匆走了。嘉道理兄弟等到半夜,冒着生命危险偷偷潜入花园将金条埋在树下。9个月后战争结束,他俩经过一番搜寻找到了金条,把它物归原主。

又是一个深夜,一位朋友冒着危险设法溜进嘉道理的住房,悄悄地喜悦地告诉他们,从秘密电台听到美国投掷原子弹和日本投降的消息。

1945年8月20日,第一批美军在上海登陆,是以索亚将军为首的20人小组。当时战争状态尚未完全结束,索亚将军通过瑞士领事馆和嘉道理兄弟联系,借口是要把20人安置在大理石大厦。不用说,嘉道理兄弟是多么高兴地接待这一批客人,他们5年来第一次点亮了大厦的全部电灯,拿出仅有的配给食品来庆祝美军人员的全体光临。不久,大理石大厦很快成为美国、英国、澳大利亚全体军事人员的活动中心。

两次集中营的生活,对嘉道理家族来说却是忘不了的经历,极大地影响着他们的未来的人生观。劳伦斯·嘉道理这样说过:"回忆往事,我敢说那一切使我们头脑更清楚,更好地懂得真正的价值,并能以更大的宽容去和人们相处。"①

八、嘉道理家族"东山再起"

在整个反法西斯战争期间,嘉道理家族始终没有丧失信心。在集中营里,他们谈笑风生,幽默地说着把集中营的3 500人都从香港带到上海去的笑话;在集中营外,他们与中国和外国的朋友相聚,私下谈论着好时光一定会来临的充满希望的预言。这就意味着,一旦自由以后,这个家族还会"东山再起"。艾里·嘉道理已去世,现在该轮到劳伦斯和霍瑞斯兄弟俩来继承和恢复家族的事业了。

小嘉道理兄弟俩在家庭的熏陶下,从小即建立起信念,要成为像他们父亲那样的人。当他们的母亲因火灾而早逝,他俩就接替母亲承担起一些事务。而实际上劳伦斯在18岁时已是他父亲真正的副官了。他来往于上海—香港公司之间,当时香港的同事还戏称他为"上海来的面颊红润的年轻人"。1924年,艾里·嘉道理率他们兄弟俩自伦敦返回上海后,劳伦斯就到香港负责公司的一切事务,而霍瑞斯则在上海协助他的父亲工作。可见,他俩兄弟在很小的时候就在公司的实践中得到了锻炼。

---

① 劳伦斯·嘉道理:《嘉道理家族回忆录》。

劳伦斯·嘉道理先后受教育于上海的教会学校和英国布里斯托尔(Bristol)市克立夫顿(Clifton)学院。1930 年,年仅 31 岁的劳伦斯就任香港嘉道理公司的董事长。1935 年,已成为嘉道理父子公司有史以来最年轻的主席。为了家族事业,直到 1938 年,他年已 39 岁才与穆丽尔结婚,生了一男一女。霍瑞斯·嘉道理与其哥哥一样,受教育于同一学校,他不仅是其父亲和兄长的好帮手,而且是农业、建筑、地产、公用事业方面的实业家。特别是他的父亲和哥哥被关进集中营后,公司业务和家庭事务全部由他操劳主持。

随着第二次世界大战的发生,嘉道理家族实际上丧失了一切,他们在世界各地的财产被亚洲和欧洲的敌人掠夺一空。当日本宣布投降后,嘉道理兄弟俩商定,霍瑞斯留在上海集中精力经营公司,而劳伦斯则去香港重振旧业。

当时,日本刚宣布投降,中国政府尚未接管上海,上海与香港之间的交通运输亦未恢复,劳伦斯·嘉道理正在为怎样去香港而发愁。恰巧住在大理石大厦的美军统帅海耶斯将军接待刚从重庆飞抵上海的英国驻华总领事奥格登,劳伦斯乘机要求搭乘奥格登的飞机去重庆,然后从重庆再搭乘英国皇家空军的飞机去香港。奥格登和海耶斯同意了他的请求,并写了几封信给在重庆的美国和英国的有关机关,要求他们对劳伦斯隆重接待并给予最大的优先权。劳伦斯带了这些信件,幸运地乘机飞抵重庆,被安置在英国使馆。但是,他与英国皇家空军联系去香港的要求,却遭到拒绝,使他陷于进退两难的境地。

在这期间,劳伦斯还办了一件好事。那是他离开上海时,美国海耶斯将军要求他做的,要他到重庆后去找有关领导,请有关领导下令,通过瑞士银行解冻救济逃亡上海的德国和奥地利难民基金,这些难民中大约有 7 000 名天主教徒、1 万名犹太人。日本投降后,这些基金被冻结,使难民的生活发生严重困难。然而劳伦斯不知道到什么地方去找这个有关领导人物,他只好带着试探的口气告诉热情招待他的美军人员。美军人员认为这是军队牧师的事,乃将牧师找来与劳伦斯面谈,牧师带他去见美国奥莱特将军。奥莱特将军听取了劳伦斯所述的情况,立即发出了命令,解冻了发放给上海欧洲难民的救济基金,解救了这些难民们的生活困难。

劳伦斯再次去英国皇家空军办事处,恳求他们带他去香港,英国皇家空军办事处的工作人员说,他们的飞机只运"货物",不携带乘客;劳伦斯灵机一动,提出可否把他作为"货物"运送,办事处工作人员被他这种执着的态度所感动,把他带上飞机安置在大捆的钞票上面。原来当时英国皇家空军执行的任务是将英国货币飞运香港,以取代流通的日本军用券。1945 年 11 月 11 日,劳伦斯·嘉道理作为"货物"终于到了香港,这可以说是劳伦斯的历险记了。

劳伦斯到香港后,立即从头干起,开始了紧张和繁忙的工作。由于中国全面内战爆

第三章 上海犹太商人的荣衰史

发,他们把总公司搬到香港,上海设办事处,随着中国人民解放战争的胜利发展,他们又撤走了上海办事处,把资金全部抽到香港,经过40年的经营,嘉道理父子公司已成为香港名列前几的巨富,嘉道理兄弟也被聘为香港许多大企业、协会以至政府部门的当然荣誉会员。例如劳伦斯曾经是香港最高行政会议成员、香港税务协会会员、房屋和城市规划委员、劳动咨询委员、建筑咨询部主席、香港职工联盟的主席等。霍瑞斯不仅是好几家公用事业公司的主席,由于喜好农业和园艺,他筹建了嘉道理农业资助协会,是嘉道理农业贷款基金会会员,也是香港园艺学会副主席。

嘉道理兄弟业已故世,嘉道理第三代已在社会上崭露头角。劳伦斯的儿子米歇尔·嘉道理在1967年当时他26岁,已是公司的主任之一,经过实际工作的锻炼,很快就成为最出色的接班人。劳伦斯的女婿麦克奥雷自1968年开始也已是公司的主任之一。

值得指出的是:中国实行改革开放政策以来,嘉道理家族十分关注中国的经济发展,不单劳伦斯夫妇来中国上海访问,而且米歇尔夫妇亦于1987年5月来上海访问。他们都表示愿意同中国政府合作和向中国投资办企业。正如劳伦斯所说"去年,我和妻子在阔别上海30年后又重新访问了中国。我们受到了很好的接待,并且我可以说,中国官方和我们之间的关系非常好,他们知道我们对自己从小生长的国家是感激的。我们所经过的政治事件和磨炼并未留下任何痛苦,却使我们懂得了必须尽一切可能去做,使世界成为美好的家园。"[①]

---

① 劳伦斯·嘉道理:《嘉道理家族回忆录》。

第四章 上海——世界反法西斯战争中犹太人的一叶方舟

第一节 俄罗斯犹太人的南迁

在近代中国,一部分犹太人是到上海冒险家乐园来发财的商业群体,如沙逊集团、哈同、安诺德兄弟、嘉道理家族等;更大一部分犹太人则是由于在原来居住国受到种种迫害而流亡到中国来的。一提起上海犹太人,人们往往认为这就是世界反法西斯战争中受德意法西斯迫害的德奥和波兰犹太人。事实上,最早来上海的犹太难民,并不是德奥和波兰犹太人,而是俄罗斯犹太人。俄罗斯犹太人是单独的一支,属于阿什肯纳兹犹太人。他们来到上海与欧洲犹太难民有着各不相同的历史背景。

一、最早来沪的俄罗斯犹太人

至19世纪,全世界的犹太人约有475万人,其中东欧占72%,西欧占14%,东方各国占12%,美洲占5%。在东区,又以俄罗斯犹太人占极大多数,约占世界犹太人总数的一半以上。这时,西欧犹太人的处境已经大大改变,他们与所在国的非犹太人发生了密切关系,能在经济、文化、政治等各个领域中获得职位和开展活动。但是,在俄国,虽然犹太人作出了很大的贡献,却始终没有获得平等的地位和权利。俄罗斯犹太人不仅没有公民权,而且俄国的特别法还对他们的居住、婚姻以至经济发展等问题严加限制。俄国政府不鼓励犹太人和俄罗斯人融合同化,而是作为异己民族加以歧视。因此,俄罗斯犹太人同中世纪一样过着与世隔绝的生活。只有少数犹太商人和金融家因参加修建铁路和发展贸易,而获得了在犹太区以外的城市居住的权利。即便如此,俄国政府还不断制造事端借以迫害犹太人。

1881年,沙皇亚历山大二世被杀,因有嫌疑而被逮捕的人中有1名犹太妇女,俄国政府和一些极端分子即指控犹太人参与谋害。同年5月,有警察参加的大规模反犹运动掀

第四章　上海——世界反法西斯战争中犹太人的一叶方舟

起,他们对犹太人进行了大屠杀和大驱逐。新的内政部长伊格纳切夫颁布了"五月法令",明文规定了许多歧视犹太人的政策。沙皇亚历山大三世的老师和顾问康斯坦丁·波贝多诺斯策夫对俄罗斯犹太人的前景作了这样的预测:1/3被消灭,1/3迁移国外,1/3被同化在其他居民之中。在这样恶劣的环境下,俄罗斯犹太人下决心离开俄国,他们大部分迁往西方,其中有几十万人到了美国和美洲其他国家,一部分回到自己的故乡——近中东地区。这时,俄罗斯犹太人开始注意到中国,有人到中国寻找他们理想的聚居地,从地理条件考虑,他们首先迁入中国东北地区。

1894年,尼古拉二世登上沙皇宝座,他相信了大臣们的谣言,说有一个国际性的犹太人运动,其目的是消灭基督教组织,建立犹太人对世界的统治。于是,俄国再一次掀起反犹浪潮,在南部,极端分子杀死数以千计的无辜犹太人。与此同时,沙皇为了向中国东北开拓殖民地,企图开发中国东北,从而采取鼓励向中国移民的政策。在这双重压迫下,俄罗斯犹太人不断向中国东北迁移,他们发现中国东北的气氛要比俄国宽容,乃逐步定居下来,他们主要居住在哈尔滨等城市。其中一部分沿海往南迁移,到了天津和上海。所以,在近代上海的第一批犹太难民,是19世纪末至20世纪初来自俄国的犹太人。他们十分穷苦,以致从西方来上海淘金的犹太商人亦即属于塞法迪姆犹太人,对自己的同胞表示出明显的不太欢迎。

1902年,上海的俄国犹太人已增至25户,于是,他们建立了自己的社区,由最早到上海的格林伯格做这个小小社区的领袖。他们开始建立自己的会堂,以犹太教的创始人摩西命名。他们在自己的社区内开展活动,这样,第一个俄罗斯犹太人的社区在上海诞生了。

二、俄罗斯犹太人第二次南迁上海

1917年,俄国爆发了十月社会主义革命,俄国布尔什维克取得了胜利,第一个社会主义国家在地球上建立。这时,有20万俄国人因坚决反对无产阶级的政权而流亡外国,人们称之"白俄",其中亦有犹太人。约有数万人迁居中国,多数居住在中国东北,其中单哈尔滨地区就聚居着上万名俄罗斯犹太人。当然,白俄就更多了。哈尔滨市的不少街道充满着俄罗斯的气氛和情调,白俄开办的"秋林公司"成为东北著名大公司,在东北的沈阳、大连等地都有分公司。也有一部分俄罗斯犹太人与19世纪他的祖先一样,沿海南下,到了天津、青岛、上海等地。所以,到20世纪20年代,上海俄罗斯犹太人已激增到800~1 000人。

上海俄罗斯犹太人分别聚居在法租界和公共租界,他们除少数人在外国洋行供职外,不少人开设小店铺,如西菜馆、咖啡馆、酒吧间、面包房、服装店、皮毛店、花店、书店以及旧货店等。他们的经济地位和社会地位处于上海外国人的中下层,但是他们人数众多,不仅大大超过塞法迪姆犹太人,而且早在上海外国人中占有一定的比例,形成一支社区力量。

早在1916年俄罗斯犹太人成立了"上海救济会",并在救济会下开办了一个难民收容所,称为"希伯来救济收容所",对陆续前来上海的犹太难民进行接济和收容,特别是年老的无子女照顾的男女老人被安置在收容所内。1922年,俄罗斯犹太人又集资建立了一个"圣葬社",地址在倍开尔路(今惠民路),面积有20亩,墓前区设会堂,可以举行犹太教的追悼仪式。这个圣葬社为死者免费办理丧事。由于墓地大,后来成为上海犹太人的主要墓葬地,随后,他们又办起了助学会,为无力交学费的学生提供资助。由于人数增多,原来的摩西教堂不够容纳,于1927年迁到虹口华德路(今长阳路)62号新址,一般通称"华德路会堂"。这样,在上海就出现了一定数量、一定组织和相当活跃的阿什肯纳兹犹太人社区。

三、第三次俄罗斯犹太人迁居上海

1931年"九·一八事变"发生,日本军国主义故意制造事端,对中国发起突然袭击,至1932年1月,日本侵占了中国整个东北,几千万同胞被奴役。日本为了独占东北,开始排挤东北的俄国人,这迫使东北的俄罗斯犹太人大批向南逃亡。单单哈尔滨市原有1万犹太人,迅速降到了2 500人。俄罗斯犹太人在南迁途中,不少人进入上海。所以,到1930年代末,上海的俄罗斯犹太人骤增至4 000人以上,这个数字已经在上海外国人口中名列前5名了。这批俄罗斯犹太人中的不少人,是在各种救济组织的帮助下,才得以顺利到达上海安家落户的。这些组织的种种关心和帮助,使这批南迁的俄罗斯犹太人的命运和遭遇,比几年后来到上海的欧洲犹太难民要好些。

四、上海俄罗斯犹太人社区

为了适应如此人口众多的俄罗斯犹太人的各种需求,1932年1月2日,俄罗斯犹太人扩建了社团,组成"上海犹太宗教公会"(简称SAJCA),以示与上海塞法迪姆犹太人的社团"上海犹太协会"相区别。发起人为罗森韦等人,公会设主席团和干事会,并制定正式章程,它的任务是负责联系犹太侨民的宗教、户籍、教育、职业、救济、安葬、对外联络等事

第四章　上海——世界反法西斯战争中犹太人的一叶方舟

宜,并监督和指导犹太会堂、学校、医院、养老院、总会、贷款所等机构,几乎是无所不包,职权范围广大。由于俄罗斯犹太人的人数很多,因此,"上海犹太宗教公会"即成为上海最大的犹太人社团,上海犹太大主教阿什肯纳兹也曾是这个机构的主要负责人和精神领袖。这个公会往往成为上海市犹太侨民的代表机构。可是,真正经济实力最强的还是塞法迪姆犹太人的"上海犹太协会"。

1932年这一年,还建立了一个以俄罗斯犹太人为主的"犹太总会",作为这些犹太移民的活动中心。"犹太总会"的主任赫生,也是上海俄罗斯犹太人社区的主要负责人,秘书兼文教会主席玛吉特(女)也是俄国犹太人。"犹太总会"还在虹口汇山路(今霍山路)分设一个青年体育活动场所。有一些塞法迪姆犹太人不愿意参加"犹太总会",他们却参加一个条件极为严格、层次极高的上海英国总会。不知出于何种考虑,也许原因很复杂,但是总有一种不愿与比较贫穷的犹太同胞在一起、而向往与阔绰富有的英国绅士靠拢的心态。

需要提一笔的是,1931年,上海万国商团中成立了一支独立的犹太队。众所周知,上海万国商团是上海外国人为维护其对租界的统治、保护其生命财产安全而自己组织起来的武装力量,它在中国近代的民族民主革命运动中扮演过极不光彩的角色。万国商团的骨干力量是由过去的白俄军人所组成的俄罗斯队。后来,万国商团的首领出于某种考虑,抽调了100名俄罗斯犹太人单独组成一支连队,有士兵101人,军官4名[①]。后来,又有30名从德国逃亡来上海的犹太难民加入连队,成立一支135人的犹太队,由英国人诺埃尔·S.雅各布上尉指挥。这个连队主要是由上海犹太复国主义的青年组织"贝塔"[②]的成员所组成,意图借此合法组织进行军事训练与积蓄力量。

由于上海俄罗斯犹太人越来越多,华德路会堂已无法容纳众多教徒的宗教活动。他们便设法筹款兴建新的会堂,经过不断努力,在太平洋战争爆发前,在法租界拉都路(今汾阳路)上终于落成一座可以容纳1 000人以上的新教堂。但是,俄罗斯犹太人没有享用多久,在珍珠港事变后,即被日本军队占用,直至日本投降为止。

由于俄罗斯犹太人有其自身的特点,他们既与塞法迪姆犹太人不同,也与德、奥籍犹太人有差异。他们保持自己的社区,他们拥有自己集资建造的公会、会堂、总会、公墓等机构,他们在自己的社区内进行一切活动。他们的经济实力是不及上海塞法迪姆犹太人那么富有,亦没有像沙逊、哈同、安诺德、嘉道理等巨富,但亦不像一贫如洗的德奥籍犹太难民。他们虽然有不少人要求和接受救济组织的救济以维持生活,可是他们亦有不少人自

---

① 上海公共租界工部局年报,1932年。
② "贝塔"(Betan)是Berit Trumpeldon的缩写和译音,原是纪念犹太军事指挥官特鲁姆佩尔道的团体,后发展为世界各地犹太复国主义修正派的青年团体,主要进行文体和军事训练活动。

己安家立业,他们从中国东北南迁时携带了一些资财,在上海从事各种经营活动。所以,他们不是集中居住在收容所里,而是根据他们各人自己的条件租赁各种公寓或民房居住。由于他们在19世纪末就来到上海,后来又陆续不断地南迁到上海,这种历史性和持续性,使他间的关系比较密切,相互帮助比较有力,使他们得以找到各种就业机会,有的在外国洋行中任职,有的在租界的行政机构中工作,也有的开办小型工厂,而大多数是从事于今天所谓"第三产业"的行业。他们散布的面很广,其中亦有一定的社会地位。他们像塞法迪姆犹太人一样重视对自己的孩子的教育,把孩子送犹太学校读书;经济宽裕的,则把孩子送到上海租界当局办的工部局学校或美童公学;有条件的再入上海教会办的高等学校或者到外国去读大学。他们希望自己子女能成名成家,以改善自己的社会地位和经济生活。

基于这些特性,上海俄罗斯犹太人有着历史比较悠久的社团机构,组织得相当好,再加上他们坚持犹太教的正统习俗,因此,他们虽然不富有,然而在社团力量方面却很坚强,上海许多犹太人领导机构的领导人中也缺少不了俄罗斯犹太人,而且他们往往是主要领导人。所以,上海俄罗斯犹太人是一支有相当能量的社区势力,他们对近现代上海的经济、文化以至政治都起着一定的作用和影响。

第二节 欧洲犹太人的东逃

一、希特勒法西斯掀起反犹狂潮,欧洲犹太人命运悲惨

1933年1月,阿道夫·希特勒登上德国总理的座位。3月,就发生了杀害犹太人的暴行。4月,纳粹党宣布对犹太人实行抵制日,出动大批军警封闭犹太人的商店、公司和律师事务所。然后又规定在年底将德国犹太人从一切公务机关和自由职业中赶出去。5月,掌管意识形态的纳粹党党魁之一的戈培尔策划了一次类似中国秦始皇"焚书坑儒"的罪恶行动,把海涅、爱因斯坦、左拉、弗洛伊德等人的著作全部焚毁,把华加索、塞尚、马蒂斯等人的画幅从博物馆中全部取下,并斥之为"历史的垃圾"和"堕落的艺术",[①]以清除犹太文化。纳粹分子制造和鼓吹雅利安人是优秀民族,而犹太人是劣等民族,与其说犹太人是人,不如说他们是野兽。9月,德国国会竟通过和颁布了《纽伦堡》法,明文规定不再承

---

① 安娜·琴斯袞格(Anna Ginsboueg):《上海:难民城》(Shanghai:City of Refuge),第10—12页,《上海星期评论》(The China Weekly Review),1941年版,上海图书馆藏。

第四章　上海——世界反法西斯战争中犹太人的一叶方舟

认犹太人为德意志"帝国公民",禁止犹太人同高贵种族发生任何个人接触。这是用法律的形式来剥夺德国犹太人做德国公民的权利,并认定犹太人是应该被歧视的劣等民族。德国犹太人震惊地感到一场巨大规模的迫害即将来临。就在1935年这一年,因绝望而自杀的犹太人有8000人,流亡到国外的7.5万人,而更多的德国犹太人向各国使馆申请准予他们政治避难的护照。

反犹运动像瘟疫一样在欧洲大陆蔓延。1938年3月,德国军队开进奥地利,德奥两帝国家宣布合并,40万奥地利犹太人遭受到与德国犹太人同样的命运。波兰、罗马尼亚、捷克、匈牙利等国也仿效德国法西斯推行反犹政策,波兰外交部长贝克上校露骨地讲:波兰有100万犹太人,这实在太多了。1939年德军侵占波兰,随即对波兰犹太人进行残酷迫害和杀戮,发生了震惊世界的华沙大屠杀。

欧洲乌云密布,欧洲犹太人在绝望中不得不采取外逃的办法。

二、欧洲犹太难民遭到西方国家拒绝

欧洲犹太人一般都向往西方文明国家,可是实际的遭遇是怎样的呢?

许多德国犹太人带着有关国家使、领馆的护照或签证到了法国或者瑞士,在那里筹划长途旅程的路费,或者等待他们的亲属,准备去英伦三岛、南北美洲或者澳大利亚等地。但是,没过几天,他们都变成了没有地方可去的难民。因为某个国家领事馆会突然宣布其签证无效,某个国家政府会申明某日至某日的签证全部作废。这样,这些犹太人既不能去原来准备去的国家,亦不可能再回到德国,而在法国或瑞士则只允许停留几个星期,要延长居住更是不可能。于是,一夜之间,这些德国犹太人立即成为无家可归的流浪者[①]。

最早在1934年10月,有一艘船在黑海中盲目地漂流着,不能向沿海各国的口岸停泊,这是由于船上载着318名波兰和捷克的犹太人,他们想逃亡外国,可是没有护照,黑海沿岸各国均不愿意接收,最后不得不返回。同年,载着750名犹太逃亡者的"卡波"号船遇难。

1939年发生了著名的德国"圣路易斯"号轮船事件。该船载着944名犹太人到了古巴的哈瓦那,他们大多数持有美国移民局签发的移民许可证。但是,他们被告知必须等待一年或两年,才能进入美国;而古巴的新移民法规定,如要在古巴等待,必须进入收容所加

---

① 安娜·琴斯褒格(Anna Ginsboueg):《上海:难民城》(Shanghai:City of Refuge),第10—12页,《上海星期评论》(The China Weekly Review),1941年版,上海图书馆藏。

以管治。于是,这994名犹太人不得不离开古巴,他们要求在圣多明各和巴拿马安身,又未获得允许。"圣路易斯"号只得载着他们重返欧洲,在航行途中,船长向华盛顿、伦敦、巴黎等地反复播出这条消息,呼吁西方国家为这批犹太难民提供帮助。整整一个月没有反馈消息,"圣路易斯"号就这样在海上漂流。

最突出的事例,即在1938年召开专门讨论犹太难民问题的埃维昂会议。在会上,所有参加国代表都表示对犹太人处境的同情,就是没有一个国家明确表示愿意接受犹太难民的具体意见和办法。更令人啼笑皆非的是有些政府和人士,提出了各种各样的、听起来非常理想的方案和计划,似乎十分认真来考虑解决犹太难民的问题,但实际上是美丽的梦幻。例如美国政府同意接纳犹太难民,但是规定了移民的限额,而且要等上一至二年,才能获得美国移民局的签证。英国表示在其英联邦殖民地圭亚那,可提供一个收容所接纳犹太难民,而那个收容所地处赤道的酷热气候,只有年轻力壮的人才能忍受得住。法国当局曾表示有兴趣接纳几千犹太难民到法属殖民地——马达加斯加,结果,这个设想并未兑现。捷克曾提出一个宏大而又详细的计划,建议在一个强国的杳无人迹的领土上,成立一个开拓公司,租借这块土地,允许移民(包括犹太难民)来居住和生产。这个计划对公司的职责范围、移民的对象、生产、分配、流通等,都有详细的规定和设计,并举出这个计划的六大优点。这个计划曾以照会的形式送到日内瓦和伦敦。之后,既没有正式公布,也没有具体反响,就这样不了了之。有的国家以修改移民法来拒绝犹太难民的进入。有的国家则以种种借口,拒绝签证,把犹太难民拒之门外。这些国家往往作出一些道义上的声明或者象征性的表示,以免受到舆论的压力和指责,而真要动作起来,却又变得虚无缥缈了。

让我们倾听一位德国犹太难民诉说自己流亡到上海的经历吧!他原在奥地利拥有一个很大的工厂,1938年3月,随着德军进入奥地利,他被关进集中营。他的兄弟是在德国法西斯于1938年11月10日震惊世界的反犹大屠杀中被杀害的。他的妻子曾两次企图自杀,后来完全疯了,不久就离开了人世。他本人在集中营中被整整地折磨了14个月,他的工厂在这个时间里被"拍卖",可是,他没有拿到一分钱。"幸运"的是他的出生地当时是属于波兰的一个小镇,使他获得了一张"外国人护照"。但是,他等了很长时间得不到任何国家的签证。突然,他被通知,如果5天后得不到签证,要么立刻离开德国,要么就是回集中营。为了活命,他走到德法的边境,在贿赂了纳粹冲锋队员之后,于夜间越过了国境。在越过国境的同时,他又拿出最后的几个马克向冲锋队买了一张地图,按图摸索,艰难地到达法国的一个小镇。他沿途乞讨,得到了几个犹太人家庭的帮助,给了他一点钱和一张去巴黎的车票。他到巴黎向一个国际难民委员会请求帮助,可是因为他是偷越入境的而且没有护照,这个难民委员会无法给予帮助。他们给他一封信,要他去向地区政府请求,他被获准在法国逗留2个星期。2个星期后,因为他仍在法国流亡,乃被拘捕。然后是一次接着一次的拘捕,最后要把他驱逐出法国。但是,他没有什么地方可去,连法官亦不得不认为:这个男人的"罪行"暂且定为一个难以解释的问题,即他长期不能获得签证。最后他被获准搭乘法国轮船移居上海。他在1938年3月还是一个富有的工厂主,而当他到达上海时,已是家破人亡、一无所有的难民了,并且身心健康受到极大摧残,几乎完全变成另外一个人。

上述种种事实,使欧洲犹太人得出这样一个结论:西方文明国家发表了好多人道主义的声明,召开了许多有关犹太难民问题的会议,提出了各种解决难民问题的计划,但是最后结果却认为最好的办法是听其自然。这话是讽刺性的,却是犹太难民多么心酸的心声。

当时犹太复国主义运动领导人魏兹曼来到耶路撒冷向有关方面申述援救犹太难民的意见。他于1936年11月25日说过:"六百万犹太人,他们群居于各地。他们是不受欢迎的人,而且世界上还划分那么多他们既不能在那里生活又不能到那里去的地方。六百万呵!"

正是由于许多国家拒绝接受这600万犹太人,仅仅过了没有几年,这600万犹太人就从地球上消失了。面对这残酷的历史事实,确是今天活着的人们值得认真沉思的问题。

第三节 上海伸出了温暖之手

正当不少国家和地区拒绝挣扎在死亡线上的欧洲犹太人,上海却对犹太人伸出了温暖之手。上海的救济组织庄严而热情地宣告:欢迎前来上海!从今以后,你们不再是德国人、奥地利人、波兰人、捷克人、罗马尼亚人。从今以后,你们只是犹太人。全世界的犹太人已经为你们准备了家园!

为什么上海会接纳大量的犹太难民?这是由下列三方面的因素构成的。

一、上海是接纳外国人的自由港和庇护所

1843年中英双方在虎门订立了《通商附粘善后条款》和在上海签订《上海土地章程》后,上海开始有了租界。上海先后有英租界和法租界,后来美租界与英租界合并,称作公共租界。由于西方列强不断获得特权和对上海加以经营,租界的面积越来越大,租界当局权力越来越大,统管租界内的一切事务,中国政府根本无权过问,所以,上海租界就成了西

方列强的"国中之国",或者说:上海是西方国家的"一块飞地"。

为了使上海成为西方冒险家的乐园,外国人来上海租界,既不需哪国护照,也无需亲友的一定数额的经济担保,更不用有关当局书写有无犯罪的品德证明文件,只要你能设法到上海,就可进入上海租界地。这是一切外国移民(包括犹太人)得以迁居上海的最为重要的条件。

上海不仅是冒险家的乐园,而且是各种难民的庇护所。西方列强为了保护其在上海的既得特权与利益和将来获得更大的利益,他们采取种种措施以防止上海租界受外来的侵害。上海租界设有巡捕房(即警察局),还有上海万国商团的武装,更有西方国家停泊在黄浦江上的军舰和驻在租界的海军陆战队,来维持租界的治安和防御外来的武装侵略。当然,最重要的是有美、英、法等国家的经济和军事力量做后盾。所以,自有上海租界后,不论中国的革命战争和起义,军阀之间的混战,国民革命军的北伐,直到1937年日本发动"七七"卢沟桥事变和"一·二八"淞沪战争,都没有直接进入上海租界,因而没有伤害到租界内居民的生命财产。因此,上海租界成为各个时期各种人士的避难所。有官僚、地主、富商、军阀等逃到上海来做寓公;外国人包括传教士逃到上海来避难;1917年俄国社会主义革命,使俄罗斯贵族、资产阶级等大批流亡到中国的哈尔滨、上海等地;1931年以来日本侵略中国,使中国的大批难民涌入上海和上海周围。这样,上海从开埠时仅有23家商行、登记的眷属仅25人的租界地,到1938年已经拥有200万以上的人口。实际上,上海从某种意义上是个难民城,或者说是移民城。所以,欧洲犹太人在不能到西方国家去避难的情况下,不得不选择到上海来。

二、日本当局对犹太人奇特的逻辑思维

当日本军国主义步步侵略中国后,上海骤增了近百万难民,这时欧洲犹太人亦涌入上海,使上海英法租界当局感到发愁犯难,开始准备采取限制政策。可是,令人吃惊的是日本当局却采取与其亲密盟友德国法西斯完全不同的态度和政策。他们以"默认"的态度同意犹太难民来上海,而且愿意让犹太难民居住在他们控制的公共租界的虹口区。德国法西斯采取反犹灭犹的政策,而日本法西斯则采取联犹亲犹的政策。为什么两个法西斯国家对犹太人会出现两种截然不同的政策呢?作者认为可以从其历史渊源和现实背景中去寻找答案。

1904年日俄战争爆发,其时日本的国力还不十分富强,犹太银行家雅各布·希夫气愤沙俄的反犹政策,乃倾其全力进行活动,竟然贷出令人瞠目结舌的巨款来支援日本。日

第四章　上海——世界反法西斯战争中犹太人的一叶方舟

俄战争结束后,日本天皇亲自授予希夫一枚旭日勋章,日本政府开始与犹太人建立起亲密的友谊。20世纪,又出现了对欧洲经济与政治都产生极大影响的犹太银行家迈耶·阿姆谢尔·罗斯恰尔德,日本政府误认为犹太人势力很大,似乎能控制英美的金融财政和政治力量,况且犹太人历来同日本友善,因而企图利用犹太人的力量来帮助其实现称霸世界的野心。这就是日本人对犹太人的奇特的逻辑思维。日本政府为了制定对犹太人的政策,决定派陆军安江仙弘大佐和海军犬冢惟重大佐等进行过调查研究,制定对犹政策。安江他们经过与犹太人的秘密而频繁的接触,和多方收集情报,得到了他们主观推断的一种观点,即日本帝国无需消灭强大而富有的犹太人,而是要充分利用他们的财富和权势,为日本帝国的"大东亚共荣圈"服务。日本帝国应该采取亲犹政策,其目的有两个:1. 鼓励英美犹太人向远东地区投资;2. 在英美创造一种有利于日本的气氛和环境。安江他们把一系列设想制订了一个叫作"河豚计划"。

1938年12月5日,日本政府召开"五相会议"(即首相、外务大臣、陆军大臣、海军大臣、大藏兼通商产业大臣),专门讨论对犹政策,在会上虽有不同意见,但基本上肯定了"河豚计划"的主体思想。"五相会议"后,安江他们乃进一步将"河豚计划"具体化,提出了一个《关于引进犹太资本的研究和分析方案》,计划在中国东北地区或者关内建立一个大型的居留地,先接纳3万名犹太难民,由美国犹太社团提供1亿元资金,再进一步扩大到安置30万名犹太难民,要求美国犹太社团提供更巨额资金;方案还主张邀请世界各地犹太社会名流来访问"居留地",以扩大宣传,并改善与英美西方国家的关系。这个方案在中国,主要是做上海和哈尔滨犹太人的工作,并派人到美国去游说①。

正是由于日本政府制定了与德国不同的政策,所以他们欢迎欧洲犹太难民进入由日本控制的上海公共租界的虹口地区。同时上海的日本当局还有它的具体目的:1. 通过犹太难民海外的亲友关系,尽可能多地让外汇流入;2. 利用犹太人天生的经商聚财的特点,恢复被战火烧毁了的虹口区。

三、中犹的历史文化渊源

欧洲犹太人东逃到上海,除了西方国家的拒绝、上海租界无条件的进入和日本政府及其上海当局采取亲犹政策等因素外,还有一个潜在的不易被人察觉的、但又是长期起作用的因素,那就是中国和犹太人有着悠久的历史与文化的渊源。中犹人民交往的历史悠久,

---

① [美]马文·托克耶、玛丽·斯沃茨著,龚方震译:《河豚计划》,三联书店1992年版,第25、43页。

究竟什么时候开始众说纷纭。有周前说、周代说、汉代说、唐宋说,目前学术界从考古证据学,以唐宋说居多。而从以色列的博物馆陈列的文物却是汉代说。在特拉维夫大学内的"纳胡姆·戈德曼犹太人散居博物馆"显示,首批到中国的犹太人早在公元3世纪,即西汉到三国、西晋年代。西耶路撒冷的"以色列博物馆"陈列一块东汉石碑,记载当时在中国朝廷御林军中任职的一位犹太人官员。这将中犹人民之交提前到2世纪。[①] 不管最终考证的结果如何,中犹人民交往很早就开始了,这一点是毋庸置疑的。更为重要的是自从犹太人来到中国,迄今为止,在中国从未发生过反犹思潮和反犹排犹运动,这在世界各国(指有犹太人居住的国家)中是罕见的。而且原来居住在中国的犹太人,如开封、洛阳的犹太人,逐渐与中华民族同化,这更是世上所少见的。这进一步说明,中犹民族不仅能长期友好相处,且由于双方的思想文化有相似和相通之处,所以能融合为一体。这种历史和文化的深远渊源比任何说教宣传都有力、更有吸引力,它使犹太难民来到上海有一种安全感,也能逐步适应中国的文化生活。那些先来上海的犹太人也正是怀着这样的心态和共识,而介绍其亲戚朋友移居上海的。那些犹太救济机构也是这样地向欧洲犹太人传递上海犹太人的信息,并告诉他们迁居上海是良好的、可行的。

四、欧洲犹太难民来沪的三阶段

(一) 自1933年至1938年夏

其特点是以德国犹太人为主的欧洲犹太难民,人数较少,安置较好。这与中国犹太社团的宣传和帮助是分不开的。中国犹太移民救济组织中历史最悠久的经济实力较强的是"犹太移民拓殖援助会(Hicem)",它向欧洲犹太人提供各种信息和咨询服务,使欧洲犹太人注意到可到上海去避难。它还对到上海来的每个犹太人提供50~150美元不等的支票,使许多身无分文的犹太难民有可能到上海重新安家生活。因为,在1933年,上海每个人的伙食费只合到8美分一天。这批欧洲犹太人约数百人,实际上这一批犹太人大都是知识分子,且携带一定的财产,基本上是属于移民。他们中有的还找到了工作,住在上海法租界的公寓里,生活较优裕。

(二) 自1938年夏至1939年夏

其特点是犹太难民大量涌入,救济工作一时跟不上。一年中难民数量达1.5万~2万人,而且大都是贫病交困的犹太人。1938年3月,德、奥两帝国全合并,是年夏,在埃维

---

① [美]马文·托克耶、玛丽·斯沃茨著,龚方震译:《河豚计划》,三联书店1992年版,第25、43页。

第四章　上海——世界反法西斯战争中犹太人的一叶方舟

昂举行的难民问题会议仅通过了毫无实际意义的一纸空文。这使欧洲特别是德、奥犹太人感到失望,他们不得不依靠自己或求助于犹太社团,设法逃出法西斯的魔爪,其中一部分就来到上海。他们分成三条线从海路出发,旅程十分艰苦,许多难民是乘坐所谓"斗篷船"到上海的。如德国邮船"Vsarame"号,载着369名难民,为了免缴苏伊士运河的通航税,它绕道好望角,整整颠簸了72天。船费很贵,伙食很差,其他待遇更坏,72天航行中,只允许上岸一次,船上的"盖世太保"分子像对待囚犯那样对待这批旅客。当这批犹太难民被折磨了72天到上海时,已经是精疲力竭、身无分文的乞丐了。由于难民的大量涌入,安置工作有些跟不上,有的一间大房里要住100多人,难民们每天排队领取救济餐。

(三) 自1939年9月至1941年12月

其特点是难民数量逐渐减少,约1万人,亟需救济。由于国际形势的加剧,上海的各种条件受限,上海英美当局和日本当局先后作出了限制和停止欧洲犹太难民进入上海。意大利的参战,地中海航道封闭,欧洲犹太难民到上海更困难了。有些犹太人穿越俄罗斯,从西伯利亚至中国东北,要长途跋涉6 000英里,再从中国东北到上海,路途花费时间达2个月,他们到达上海时,已经疲惫不堪,十分潦倒。太平洋战争爆发,日军进驻上海租界全面接管,欧洲犹太难民亦就停止进入上海。

总之,约有3万犹太难民到上海,其中5 000人先后离开上海到别处去,其余2.5万犹太难民就把上海作为他们的新家园,一直生活到第二次世界大战结束。

第四节　上海犹太难民的面面观

一、因地制宜地设计生活

面对大量涌入的欧洲犹太难民,先后成立了许多救济组织,有的是犹太人的;有的是上海人组织的,如基督教青年会、上海难民收容所等。其中最主要的是"援助欧洲来沪犹太难民委员会"(简称C.F.A.),由上海犹太富商嘉道理(Elly Kadoorie)牵头建立的,到会代表一致同意将所有的一切救济组织合并或协调成统一的代表各个方面的委员会,这个委员会就成为上海最大的最有权威的救济难民机构,先后设立了行政、财务、住房和膳食、医务、教育与文化、就业与复兴7个小组,开展各项工作,司库米歇尔·斯皮尔曼为实际负责人。

安置工作中面临着量大、集中、贫困三大问题,这需要对来沪难民进行迅速的大方位的安置,即:要有足够的住房、要能供应几万人的膳食、还要有一定的医疗机构和医药设备等。"援助欧洲难民委员会"曾是多次面临住房不足、资金短缺的困难,在1939年4月,委员会手中只有维持难民生活3个星期的资金。如果1万难民每天每人维持生活费用是50分的话,那每天就需要支付5 000元,与此同时,上海难民又增加了2 000多人。于是,委员会派出最能干的人员,在本市以及世界各地寻求财政帮助;同时要加强管理,以节约开支。例如对来沪犹太难民原先一般安排在上海的法租界或公共租界的,后来只能安排在上海公共租界,但实际上控制在日本军事当局手中的虹口区。由于虹口区经历了1932年"一·二八"淞沪抗战、1937年"八·一三"淞沪抗战两次战争的严重破坏,人口稀少、市场萧条。这里的房租要比法租界等地区低75%左右,物价比法租界等地区低80%左右。况且法租界地区还不愿意将房子租给犹太难民。一位记者曾作过一次实地调查,他查访了10家,他们的租房都写明"不出租给难民",10家中只有2家是德国房主,其余的5家是俄国人,2家是英国人,1家是意大利人。访问之下,才了解他们即使愿意租给难民也不敢租。至于对难民的生活补助,亦由原来每月60元减为55元;原来食物是免费供应的,自1939年5月起,凡要得到难民收容所的食物,每人每月需要缴付10元。但这些方面都进行得有条不紊、合情合理,因而亦就得到难民们的自觉的配合和服从。

委员会募捐的救济经费从1938年12月15日至1940年6月30日,计3 663 670.27元,其中上海地主捐款是224 643.94元,而从海外募捐的主要是纽约捐赠的3 439 026.33元。这个还不包括救济难民另一些项目所花费的资金,例如筹建产科病房、增添学校暖气等,这些特别开支共39 713.85元。所以,总数共达3 703 384.12元。这370多万元在当时算是相当大的款项中募捐得来也确非易事。还有"美犹联合救济会"是在纽约成立的,在上海设分支机构,主要任务是筹集救济资金。应该说安置工作是很出色的。

在很短时间内建立了7个难民收容所,大多在虹口提篮桥地区,即:爱尔考克路(今安国路66号)难民中心,可容纳320名难民;兆丰路(今高阳路680号)难民中心,能收容360名难民;汇山路(今霍山路150号)收容所,可接纳250名难民;还有荆州路难民收容所;平凉路难民中心;华盛路(今许昌路)难民中心;华德路(今长阳路138号),正式名称是"第一难民中心",收容所最大,可容纳1 000人,它的厨房每日能供应早、中、晚三餐各6 000~7 000客饭。每个难民收容所都设有医疗门诊室,在华德路收容所还附设一个难民医院和一个产科医院;在华盛路难民中心还建立一个移民医院。

至于吃饭问题,以1940年统计出来的数字来考察,在全市的难民约1.7万人,但是每天需供应24 000客客饭。因为有一部分难民出于某种考虑,既没有去登记,也不住难民中心,但是饭要吃的。到1940年12月,难民已达2万人,供应的客饭也相应地增加,最高时达到近3万客。从委员会的财政支出表看,仅1940年就净支出261 276.83元。这就是

第四章　上海——世界反法西斯战争中犹太人的一叶方舟

说,每天需支出 8 250 元,在冬天的月份里供应的费用更高。委员会支付的大部分经费是从纽约"美犹联合委员会"获得的,而每月支出的一小部分费用是由上海地方捐款来解决的。

当"援助欧洲犹太难民委员会"集中全力安排成千上万的难民的食宿基本问题时,"国际救济欧洲难民委员会"(简称 I. C.)就积极开展其他救济活动,主要是两大项目:(一)筹集和管理各种基金;(二)开设为犹太难民服务的各种企业。在筹集和管理基金中,值得一提的是上海犹太首富维克多·沙逊出资 15 万美元建立的"复兴基金",沙逊规定此资金不能移作一般救济之用,凡申请者其条件是要去恢复一家遭到战争破坏的工商企业。至 1939 年底,就有 1 300 多名犹太难民连同家属 3 300 人,靠借贷基金后在经济上已能自主。到 1941 年底,复兴基金已累增到 23.8 万美元。I. C. 主席鲍尔·柯摩先生还筹集了其他各种基金,如牛奶基金、学校基金、医院基金、儿童基金,以及衣着鞋帽基金等。这个委员会还开设一家银行,经营储蓄和兑付外国支票;一个旧货商店,它借贷给那些用贵重物品作抵押的移民,并提供安全存放;一个签证办公室,它能代为办理上海警察局、日本、澳大利亚、阿根廷等当局的护照签证;一家旅行社,它帮助难民迁移到亚洲和其他洲的地区。还有一个法律事务所,为难民提供各种法律服务。一个职业介绍所、一个托儿所、一个图书馆和一个奖学金管理委员会。总之,"国际救济欧洲难民委员会"配合"援助欧洲犹太难民委员会"出色地开展各项救济工作,得到广大犹太难民的称赞。

除此以外,还有"犹太移民拓殖援助会""援助东欧难民委员会"等救济团体。"犹太移民拓殖援助会"原文为"Hicem",是"希伯来移民援助会"和"犹太拓殖者协会"的两个社团联合组成的。这是一个历史悠久的犹太移民组织,是主管犹太人迁移的中心组织。它的许多活动中最重要的是为犹太移民提供有关情报和咨询服务,而且向犹太移民提供相当可观的经济援助。这个援助会于 1922 年在中国哈尔滨成立了第一个远东分部——Del Jewcib,它属于俄国犹太人的情报机构,是为移民以哈尔滨为中心的东北地区的俄国犹太人服务的。1933 年,当德国法西斯开始对犹太人大规模迫害后,Del Jewcib 即着手调查犹太移民来远东的可能性,并提供咨询服务。不久,第一批德国犹太人,其中包括许多博士,到达了上海。1938 年,欧洲形势更加恶化,欧洲各国犹太人纷纷被迫外逃,这时上海比远东其他城市对这些欧洲犹太难民来说,更具有吸引力。援助会乃在上海设代理机构,派巴尔巴什——一位老侨民负责办理。他认真地将所有有用的数据都收集起来,然后再告诉每一个未来的移民。根据巴尔巴什的记录,从 1938 年至 1939 年,就有不少于 1 500 人得到上海代理机构的有益服务。1939 年,欧洲犹太难民成千上万地来到上海,就需要在上海设立一个正式的专门分支机构。同年 9 月,哈尔滨的 Del Jewcib 迁到上海,在 T. 伯曼先生熟练的领导下,建立了"Del Jewcib-Hicem",集中精力为上海犹太难民服务。可以毫不夸张地说,几乎所有的上海犹太难民都感激这个援助会在许多方面给予的帮助。这不仅是物质方面,而且还有其他方面。难民们只有通过援助会,才能与散失在欧洲和世界其他地区的亲友,建立和保持联系。当上海犹太难民希望去美国,援助会就着手调查美国对移民入境的控制数,为那些有条件进入美国的难民,在上海和日本设置中转站,帮助难民去美国。当上海日本军事当局和租界当局采取控制移民的措施后,护照上写有"J"字的德国犹太人禁止迁入上海,而且欧洲的一些轮船公司拒绝出售船票,这时,对欧洲犹太难民开放的只有一条路程漫长艰难的大陆路线,即从西伯利亚—中国东北入境。有些人取道莫斯科—西伯利亚—大连—上海,有些人则再从大连—神户到美国。在这些地方都有援助会的代表接待犹太难民,并予以必要的照顾,如车票、钱款,以及与旅程有关的事,使这些犹太难民终于达到他们的目的地。

"美犹联合救济会"是于 1914 年在美国成立的。它是由 3 个救济组织合并而组建的,该会的宗旨是帮助欧洲受害于战争的犹太人,主席费利克斯·瓦尔堡。1933 年,上海的救济难民向世界各地救济组织呼吁援助后,"美犹联合救济委员会"即成为援助上海犹太难民的最重要的机构,救济上海犹太难民的大量经费,主要是它捐助的。为了援助上海犹太难民,它在上海设立分支机构,主要进行筹划和管理救济资金,后来又成为管理上海犹太难民的重要机构。当太平洋战争爆发后,日本把英美等国作为敌对国,日军占领上海英美租界,致使上海救济机构的外援迅速减少,几乎已经断绝,上海犹太难民的生存面临严重危机。这时,"美犹联合救济委员会"想尽各种办法,终于通过中立国瑞士,源源不断地汇来了大量款项,才解决了危机。所以,"美犹救济联合委员会"对上海犹太难民确实起过最大救济作用的救济机构。

必须提及的是:上海一些不是专门大洋洲犹太难民的社团,如基督教青年会、上海难民收容所等,也捐助过一定的资金给犹太救济组织,而且还收容过不少犹太难民。对犹太难民和中国难民是一视同仁和平等对待的。上海人民虽然在日本法西斯的严厉统治下,仍以积极友好态度,尽力对欧洲犹太人给予帮助。例如让出住房借给犹太难民住;帮助他们寻找工作;为犹太难民提供生活上的各种援助,借给他们一些生活用具,临时照顾犹太小孩等。设法在学校中安排犹太儿童同中国儿童一起读书,像霍山路小学就接收犹太难民进校学习等。特别是 1945 年 7 月,美机误炸上海犹太人隔离区,周围的中国居民也同时遭难,可是,上海的中国人民仍然英勇地冲入大火,抢救出许多犹太难民及其财物。最难能可贵的是,自从欧洲犹太难民大量进入上海后,上海人民不仅没有发生帮助日、德法西斯欺压犹太难民的事情,而且相处得非常融洽,成为患难之交。可以说,上海人民同犹

第四章　上海——世界反法西斯战争中犹太人的一叶方舟

太难民是同舟共济地度过了最艰难的日子。

正是由于救济机构的积极工作和上海人民的真诚友好,这2万多名欧洲犹太难民才没有流落街头、过着饥寒交迫的日子。他们有房子住,能得到必需的食品,青少年有就学机会,成年人中一部分有固定工作、一部分人开店设摊,生病的人能给予相应的治疗,还可以进行宗教活动和社团活动。

欧洲犹太难民在安顿下来后,又重新开始设计自己的生活。他们登记求业的约在1万多人,经过一段时间,一部分人顺利地找到了工作。1940年1月,"援助欧洲犹太难民委员会"的职业介绍所登记的人员就超过7 000人,其中大多数是有技术的有专长的,大致可分11类:

(1) 专门职业者(如律师、教师、建筑师)　　　367人
(2) 医师及助手　　　　　　　　　　　　　　118人
(3) 艺术家　　　　　　　　　　　　　　　　267人
(4) 工程师和技工　　　　　　　　　　　　　195人
(5) 高级职员和职员　　　　　　　　　　　1 328人
(6) 商人　　　　　　　　　　　　　　　　1 124人
(7) 手艺人(面包师、缝纫工、屠宰师、石匠等)　905人
(8) 服装师和干洗师　　　　　　　　　　　　924人
(9) 制造工　　　　　　　　　　　　　　　　 89人
(10) 理发师、整容师　　　　　　　　　　　　 93人
(11) 杂类(司机、摄影、农场主、旅馆人员等)　889人①

经过一段时间,有些人顺利找到了工作,可是更多的人却不能如愿以偿,因为在战争阴影笼罩下的上海孤岛,已经没有这么多的工作在等待着他们。这时,犹太民族的"适者生存"的优点显露出来了,他们重操祖传的商业,开设了服装、照相、皮毛、餐馆、咖啡酒吧间、理发美容、鞋帽百货、机电修理等各色商店;有开设高档的洋行,经营进出口贸易和金银珠宝首饰等行业;也有卖面包、卖玩具物件、五金电器零件等的小商小贩。经过2年左右,到1941年,犹太难民聚居的地方居然出现了新奇的面貌:塘山路(今唐山路)、熙华德路(今长治路)、汇山路(今霍山路)、爱尔考克路(今安国路)和公平路等这些街道重新建立起来了,而舟山路则成了商业中心,马路两旁开设了许多的商店和摆满了各种摊铺,并大

---

① David Kranzler:《Japanese, Nazis and Jews—the Refugee Community of Shanghai 1939 - 1945》, Yeshiva University,1976.[美]大卫·克兰茨勒著,许步曾译:《日本人、纳粹人和犹太人——1939—1945上海犹太难民社区》,作为《犹太文化丛书》之一种,由三联书店出版。

登广告,以招徕顾客,如舟山路8号的无线电修理行、公平路319号的机电商店、汇山路404号的金银器加工店、华德路98号的理发、美容院、东熙华德路789号的百货店、茂海路31号的服装店、华德路116号的咖啡酒吧间、华德路50弄10号的牙科门诊、东熙华德路830号医药商店、公平路277弄46号教授音乐和修整乐器等,显得异常的热闹繁荣。有人称誉这个地区像"小维也纳",有的日本人则说像"小东京"。

犹太难民还关心文化教育事业。1939年建立了"上海犹太青年学校",有良好的教学设备和老师,到1942年已有600名学生。1934年建造的犹太圣裔社医院,至1942年发展成为上海犹太医院,有50只床位,设备比较齐全,拥有X光机、高压灭菌机、电疗机等。上海犹太难民中医生很多,他们态度认真,医技高超,能出色完成医疗任务,上海犹太难民因病而死亡率要比当时世界各地犹太难民点低得多,而在接生的婴儿成活率又比其他地区高得多。他们还办了3份报纸,《上海犹太纪事报》《黄报》是日报,《八点钟晚报》是晚报;出版了许多杂志,有周刊的,有月刊的,如《中欧医师协会会刊》,用德、英、中三种文字登载医学文章,《我们的世界》是用意第绪语出版的,《上海战争难民新闻》是用波兰文发表的。这些报纸深得犹太难民的喜欢。上海犹太难民中还有许多音乐家,他们有的到音乐学院任教,有的参加租界的工部局交响乐团,并组织过多次音乐会,在上海音乐界起了很大作用。此外,还先后组织了几个剧团,上演了60多部戏剧,1939年在上海兰心大戏院上演了《大利拉》剧。1943年5月,还举办了一次联合画展。

欧洲犹太难民在救济组织和海外亲友的帮助下,在上海人民的友好的支持下,他们在上海重新设计了自己的生活。这是一种比较充实和丰富的生活,在战争环境下,难民们地创造出如此的生活景象,是令人难以置信的,它体现了犹太民族的优秀特性和经商理财的智商,也为现代上海增添了异彩。

二、上海新居民的心态

由于上海租界当局和日本军事当局没有采取反犹的政策,由于上海人民对犹太难民抱着友善的态度,对那些从法西斯魔爪下脱逃、历尽波折和艰险而来到上海的欧洲犹太难民,应该说是换了一个环境,他们自由地、安定地生活下去。但是令人惊奇的是:他们中希望要在上海长期安居乐业、建立永久性家庭的人数却不到10%。作者从多种资料中研究他们的思想和心态,主要是由这样一些因素造成的:

(一)他们原本都是想定居在欧洲各国的,来到上海是受恶劣环境逼迫所致的,这与他们的理想王国是相悖的。

第四章　上海——世界反法西斯战争中犹太人的一叶方舟

（二）他们来到上海后，看到德国盟友日本的势力和野心，战争对上海的威胁和破坏，以及上海实际上成了同盟国无法援助的孤岛，因而对上海的发展前途感到渺茫。

（三）他们在上海的实践中，感到工作难找，生活水准低下，对那些原来过着优裕生活的移民来说，很不习惯，很不舒服，认为这里不是久留之地。

（四）他们很少甚至根本没有至亲好友在上海，觉得孤单，生活寂寞，而且一旦发生什么事情，无法得到亲友的及时帮助和照顾等。

上述种种使欧洲犹太难民在心态上把上海仅仅看作一个暂时避难庇护所或栖身地，一旦有了条件，即会想方设法离开上海到他们所希望的国家和地区。所以，为什么在第二次世界大战结束后，这些欧洲犹太难民纷纷离沪而去，正是这种心态或者说主要是这种心态导向的结果。

如果进一步从深层次探究这批上海新居民的心态，就能发现他们由于各自的遭遇不同，就有着不同的心态，有的差距很大甚至截然相反。

有的找到了比较合适的工作，特别是在这几年中与上海人民友好相处，他们的心态日趋平衡、健康、乐观，对上海和上海人民也产生了感情，就安之若素地留在上海，直到去世为止。如德籍犹太音乐家卫登堡，自1939年2月流亡到上海，一直在上海执教，于1952年在上海病逝。

那些从监狱或集中营直接出来而来到上海的难民，他们一般很高兴地去做任何工作，因为这总比集中营和监狱里要好得多。时间一长，心中的阴影也逐步消除，比较安定地工作和愉快地生活。但是，有少数人则沉溺于过去，而对将来什么都不做，他们以一种幻想来安慰自己。

有的一开始抱着极大的希望，积极寻找工作，可是在上海住了一年甚至更多的时间仍然没有找到工作。于是他们变得紧张不安和烦躁，甚至心情忧郁地认为在上海的遭遇并不见得会比在德国和奥地利更好，从而抑郁不快。亦有个别的由于不断遭受到打击，长期悲痛忧愁，发展到绝望，终于走上自绝的道路。

这些欧洲犹太难民平时很少高谈阔论第二次世界大战的战局、包括远东的局势，虽然其风格各不相同，但是对纳粹政权和远东的政治军事，却一致采取完全中立的态度。很多人对这些出版报刊的中立基调感到十分惊诧。他们根本不了解欧洲犹太难民的内心矛盾和思想撞击。这些难民作者和编辑清楚地懂得，如果卷入到当地的政治争论中去，或者介入欧美和东方国家的关系的国际问题中，或者随意评论战局的现状和发展趋势，对他们来说都是危险的，因为没有人保护他们。他们只能小心翼翼、如履薄冰地撰写和编辑，只能以中立的调子来伪装自己，或者说来保护自己。但是，这并不意味着欧洲犹太难民真正忘记了法西斯纳粹政权和第二次世界大战,也并不表示他们没有自己的看法。事实上,上海犹太难民中有着有组织地或者自发地开展对德国法西斯斗争的地下活动。例如,暗中散发反战传单、进行犹太复国主义的活动等;再如奥地利犹太医生雅各布·罗森弗尔德博士于 1941 年从上海到达苏北,参加了新四军,取名罗生特,他不仅冒着生命危险,穿越日本人的封锁线,救治新四军的伤病员,而且不辞辛苦地给中国人员讲授医疗技术,帮助大家提高医疗水平。他光荣地参加了中国共产党为特别党员,并与新四军军长陈毅建立起亲密的友谊。

由此可见,欧洲犹太难民的心态,不能用一般常态的原则来观察,必须按照他们当时所处的特定的历史环境、他们本人所经历的遭遇以及他们不同的文化心理素质,进行深层次的多视角的综合性探索,才能比较准确地了解他们的内心世界。

三、不可思议的犹太法庭

在上海犹太难民社区中的一件奇特的事,那就是犹太难民自己设立了一个"犹太法庭",亦即"中欧犹太协会"附设的"仲裁法庭"。按照一般国家与法的理论,司法权是国家主权之一,任何国家及其公民不得在其他国家设置法庭。因此在上海租界内英美当局设立法庭已经是对中国主权的侵权,而在英美租界内再设置犹太法庭,是"侵权的侵权"。可是,当"中欧犹太协会"申请附设"仲裁法庭",英美当局这时对由日本控制的虹口区已经无能为力,而日本当局设立的"无国籍难民处"竟然表示同意,于是,1940 年 2 月 18 日,正式成立地址在虹口区塘山路 416 弄 22 号"中欧犹太难民协会"内。

"犹太法庭"的设立虽然是一种侵犯一国主权的行为,但在当时特殊环境下也是一种实际需要。因为,在很短时间内上海虹口区聚居着近 2 万犹太难民,他们来自不同国家和地区,有着不同的身份和遭遇,待人处事亦各不相同,突然挤在一个狭小的陌生的居住区,难免会产生如债务、商务、产业以及其他各种纠纷,由谁来公断或调解?是向英美当局提出诉讼还是由实际的日本统治者来裁决呢?面对这个难题,犹太难民终于想出了由犹太人自己来解决的主意。这样,在"中欧犹太协会"内设立一个"仲裁法庭"的方案就产生了,随后又成为事实。

"仲裁法庭"任职人员是由中欧犹太难民经过严格挑选的、在学识上和品格上兼优的 6 人,担任裁判官、律师、协助律师、陪审员,并组成仲裁委员会。该仲裁委员会制定了仲裁法庭的有关章程和规则,明确法庭的主要任务是调解,没有处罚之权;仲裁法庭是四级四审制。第一、二、三审均为调解,如果当事人尚未认为满意时,可以到第四审请求重判。

第四章　上海——世界反法西斯战争中犹太人的一叶方舟

第四审为最高庭,任何案件经过最高庭裁决后,双方不得再生异议。最高庭负责人一般是"中欧犹太协会"的主席,最初是拉斯柯斯脱,后来是阿斯柯夫。仲裁法庭对每个案件都作出类似判决书的"公断书"。为了使仲裁公平、合理,米凯利斯博士还组织了一个中欧犹太律师公会,约有近100名律师,他们为贫苦的难民,轮流提供法律服务。由于组织得好,严格按照有关章程进行调解和裁决,因而极大多数的案件都获得合理解决,得到欧犹太难民的很好评价。这个"犹太法庭"一直存在到1947年,上海市高等法院在审理一起案件时才发现了这个犹太法庭的情况,那是上海市高等法院推事程瑞锟接手一件犹太人离婚上诉案,在审讯当事人犹太人伯蒂(Betty Blatt)和伊雪多(Isdor Blatt)时才发现上海犹太协会下面有一个所谓"仲裁法庭",当时由犹太律师理查特·伯森(Rechaid Biasein)、奥托·霍立脱斯考纳(Otto Horitschoner)、高尔敦契密特(Goldschmied)3人主持,继续受理上海犹太人民间的民事案件。上海高等法院认为这是非法组织,乃上报外交部申请查明。

中国外交部则呈请国民政府主席决定。同年7月30日,上海市政府接到国民政府的命令和外交部的代电,内容是:"该非法仲裁法庭有损我国主权,应予查实封闭。"上海市政府乃派人进行调查核实,认为"中欧犹太难民协会"原是非法组织,在战后并未向上海市政府社会局登记核准。8月18日,上海市政府、民政局和警察局派代表到"中欧犹太难民协会"交涉,并贴出布告:"旅沪犹太侨民设立仲裁法庭侵犯我国主权,应予封闭;""嗣后凡犹太侨民等如有民、刑诉讼事件,并仰依法向我国司法机关申诉。""仲裁法庭"负责人泼来格当场表示:该庭已于数周前停止活动①。至此,这个在特殊条件下产生的特殊的犹太人"仲裁法庭"宣告结束。

四、"德国侵略者"对上海的利弊得失

大批欧洲犹太难民的来到,引起上海各界人士的广泛关注与议论。主要是租界地的外国人中间曾有过这批"德国侵略者"(由于主要是德、奥帝国的犹太难民,上海租界内那些英美法人就戏谑地且带有贬义地称之为"德国侵略者")究竟对上海的利弊得失如何的争论。多数人持否定的态度,认为这支"乞丐大军"是增加这个城市的沉重负担,也没有能力使这个城市富裕起来。可是也有人表示不同意见,他们的论据是:

(一)这些欧洲犹太难民并不像有些人所说有那样,是一支"乞丐大军"。他们中间有些人是带了不少钱财到上海的。许多人虽然在到达上海时没有什么财产,可是在上海住

---

① 1947年8月23日上海《大公报》。

下后不久,就陆续收到美洲和欧洲的亲友汇来的钱款。1939年4月,上海报界人士就估计这1.8万难民积聚了100万中国货币或者5万美元。这个估计是保守的。随着时间的推移,第二次世界大战期间,直接或间接进入上海的财产达500万中国货币,而这些钱大部分都花在这座城市中。①

(二) 欧洲犹太难民的迁移上海,为这个城市带来了大量的工作,提供了各种人才,对上海城的劳动就业和劳动力市场,起着良性作用。为了安置、救济这批难民,就需要建立相应的工作机构和第三产业,首先是建筑业、食品业、服装业等有了一定的发展。而这批难民中大多数是有一技之长的,更有一批高级知识分子,可以为上海城市服务。

(三) 这些移民为上海城带来了相当的商业利润和一定的市场繁荣。首先随着欧洲犹太难民的不断增多,上海租界地包括虹口区的房租价格不断上涨;供应难民们每天几万人的食品也都从上海市场上购买的;其他各种所需的货物60%以上从上海市场上购买的,这使不少人从那些新来的欧洲犹太难民所需的物品获得相当的商业利润。同时,也有一些上海市民在欧洲犹太难民开设的商店中找到一份工作。更需要指出的是虹口提篮桥区在短短的几年中已成为相当繁荣的住宅和商业小区,这在当时战争环境下确是令人惊叹的!

作者认为对这批欧洲犹太难民进入上海是否有利于上海的繁荣和发展的议论,如果仅仅从经济负担和商业利润等方面考虑尚不够全面,从某种角度讲,甚至这些还不是最主要的。让我们把这个问题放到当时历史背景来考察,那是第二次世界大战炮火纷飞的年代,整个国际社会的主要矛盾是反法西斯力量和法西斯势力的生死搏斗。凡是爱好自由和平、具有正义感和追求真理的人们,都站在反法西斯战线一边。为了拯救人类免遭法西斯分子的摧残和屠杀,他们不惜捐献自己的财产、离开温暖舒适的家庭,而走上了斗争的第一线,不少人甚至献出了自己宝贵的生命!而欧洲犹太难民正是法西斯疯狂迫害下逃亡出来的受害者。作为上海城市中真正具有理性的、有良心的人们,面对这些受难的男女老少,如果首先考虑的是:他们口袋中有多少钱?他们究竟对上海有多少好处等这些问题,难道不感到羞耻吗?难道就没有一点人道主义吗?所以,作者认为这样的问题不应该提出争论,重要的是面对已经来上海的欧洲犹太难民的事实,上海城中不论是中国人还是外国人,都应该伸出友谊之手,尽自己的可能去帮助他们,让他们安居在上海,和上海市民一样地生活着!

---

① Anna Ginsbourg:《Shanghai: City of Rebuge》, P. 9, Published by《The China Weekly Review》, Shanghai, 1941. 上海图书馆藏。

第四章　上海——世界反法西斯战争中犹太人的一叶方舟

第五节　患难与共,迎接黎明

一、梅辛格上校的灭犹阴谋

1942年12月,太平洋战争爆发,日本和英美进入战争状态,日本军队进驻上海租界,接管一切。《德、意、日联合作战协定》的签订,使他们更加疯狂地进行法西斯活动。这时,国外援助犹太难民的渠道几乎全部中断,犹太难民的生活日益艰难。

1942年,德国盖世太保在日本的主要负责人梅辛格上校来上海,其主要目的是向日本盟友提出消灭犹太人的计划。他主张将上海犹太人予以一次性全部解决,并设想了具体方案,即利用1942年9月犹太新年之际,来个突然袭击,抓捕全部犹太人,然后采取:(一)用破旧的船只运载这批犹太人到吴淞口公海上,让他们随海浪漂泊,任其自生自灭;(二)押送到黄浦江上游的旧盐矿做苦力,让他们活活累死饿死;(三)在崇明岛建立集中营,将犹太人用作药物试验,让他们在疾病的折磨中逐个死去①。上海犹太人处于万分危险的境地。

非常侥幸的是日本军事当局迟迟没有下手。这是由于日本统治阶层中有不同的意见,有些人仍坚持联犹亲犹的政策;有些人则考虑到与苏联的关系,因为上海犹太人中有5 000名左右的白俄,如果把他们屠杀了,必然会引起反响,就可能影响到日本不能集中力量去进行太平洋战争。此外,上海犹太人得悉德国灭犹计划后,积极通过各种关系,竭力向日本高层军政人员进行疏通,获得了一定的效果。加上日本民族没有反犹的历史传统。这样,日本军事当局最终没有采纳德国盟友的灭犹计划,梅辛格上校的阴谋没能得逞。

二、上海犹太隔离区的建立

为了表示对德国盟友的友好合作,日本军事当局对上海犹太人采取了一定的迫害行动。1942年,日本命令英美等"敌性国"的侨民领取身份证,冻结英美工商企业的存货和存款,将英美男性侨民关入集中营。这对持有英美护照的上海犹太人是个沉重的打击,如犹太巨商嘉道理及其长子劳伦斯就被关进集中营,他们的财产全部被没收。

---

① 美 M. Jokayer:〈The Fugu Plan, the Untold Story of the Japanese and the Jews during World War II〉Published by New York, 1979 A. D. 由龚方震译,作为《上海犹太文化丛书》之一种,由三联书店出版。

1943年2月18日,上海的日本占领军正式建立了"犹太人隔离区",张贴了《关于无国籍难民之居住及营业之布告》,明确规定所谓无国籍难民是"指自1937年以来由德国(包括以前的奥地利和捷克)、匈牙利和以前波兰、拉脱维亚、立陶宛、爱沙尼亚等国来上海避难至今无国籍者"。《布告》命令:限3个月内,即5月18日止,凡无国籍难民必须迁入"隔离区"。《布告》划出隔离区的地界范围是:公共租界内兆丰路、茂海路及邓脱路(今丹徒路)一线以东,杨树浦河以西,东熙华德路、茂海路及汇山路一线以北,公共租界之界线以南。上海犹太难民最艰苦的日子来临了,按照《布告》,难民们不得不将指定地区以外的307家企业关闭,把指定地区以外的811套公寓、共2 766个房间交出,被迫迁入隔离区。住在隔离区的犹太难民按可统计数为14 714人(其中包括3名中国妇女)。

德国犹太人	8 114人
奥地利犹太人	3 942人
波兰犹太人	1 248人
捷克犹太人	236人
15岁以下的少年儿童	1 171人
嫁给犹太人的中国妇女	3人

三、819天的煎熬和斗争

上海犹太人隔离区是由几十个方块的街道所组成的,里面都是些狭小、破旧的弄堂房子,既无工商企业机构,也没有文化娱乐场所,显得死气沉沉。1万多犹太人就拥挤地住在那方格笼内,周围有铁丝网架着,进出口处由日本大兵和犹太卫队(这是日本当局强迫把3 500名男性犹太人组成的所谓"犹太保甲"中的警卫队)把守,犹太人出入不仅要向日本大兵敬礼,而且要拿出身份证以备检查,所携带的东西亦要受到搜查,自由受到极大的限制,生活条件艰苦,处境十分恶劣。仅从隔离区人口出生和死亡统计来看,从1942年至1945年,每年出生人数逐渐下降,由60多人下降到27人;死亡人数由100多人增加到320人左右。在这最艰难的日子里,上海各救济团体尽了最大努力,特别是"美犹联合救济委员会"想尽办法,打通关节,通过中立国瑞士陆续汇入钱款,才得以供应犹太难民最低限度的生活费用。与隔离区杂居在一起的上海劳苦大众,亦采取友好的态度,力所能及地帮助犹太难民。中犹人民亲密团结地共渡难关,坚持了2年零3个月,即819天,直到日本宣布无条件投降。

上海人民和上海犹太难民各自在自己系统范围内开展对德、日侵略者的斗争。早在

第四章　上海——世界反法西斯战争中犹太人的一叶方舟

20世纪20年代,上海犹太人中就有犹太复国主义运动组织,有英籍塞法迪姆犹太人组织的上海犹太复国主义团体,称"埃兹拉"(S. Z. A),有俄籍阿什肯纳兹犹太人组织的犹太复国主义团体称"卡迪玛"(S. Z. O.)。孙中山于1920年4月24日曾致电艾里·嘉道理,"伊斯拉(即埃兹拉)阁下:……余愿这项当代最伟大的行动之一,向阁下伸致同情之忱。所有爱好民主的人士,对于你们重建伟大的历史上著名的国家,必然会给予全心的支持和热烈的欢迎"①。欧洲犹太难民到上海后,就在"卡迪玛"组织内新设一个德语支部,在"贝塔"(军事组织)内亦增设一个德语分部,有300名青年参加,后来由德奥犹太人单独组织成立一个"西奥尔·赫茨尔犹太复国主义总会"。这些犹太复国主义组织曾出版过地下刊物;散发过盟军作战胜利消息的油印传单;组织过抗议德国法西斯屠杀犹太人的游行和示威;对日本军事当局建立隔离区进行过抵制,使波兰密尔神学院师生居住在隔离区外;与在沪的德国官员中的反法西斯分子建立联系,参加反希特勒活动;参加营救被日本军事当局拘捕的盟军飞行员;阻止德国法西斯企图消灭上海犹太人的阴谋实现;甚至直接破坏日本的军事设施等。总之,上海犹太难民和上海人民共同为反法西斯战争并肩战斗,作出了应有的贡献。

在这最艰难的岁月里,上海各救济团体尽了最大努力,想尽办法,打通关节,通过中立国瑞士的渠道,不断地汇来大量款项,才得以供应犹太难民最低限度的生活费用和食品。而隔离区的犹太人除了个别的无耻投靠日本法西斯外,其余的均能团结一致、甘受煎熬,坚持了两年零三个月,即819天,直到日本天皇宣布无条件投降。与隔离区杂居在一起的上海劳苦群众,亦采取和善态度,尽力给予犹太难民以帮助,让出房子给难民住,生活上提供各种方便,特别是1945年7月,美机误炸犹太难民隔离区,周围上海市民也同时遭难,可是上海市民仍然勇敢地冲入大火,抢救出许多犹太难民。这进一步加深了中犹人民的友谊。总而言之,自从欧洲犹太难民大量地涌入上海后,不仅从来没有中国人帮助日本法西斯欺压犹太难民的行动,而且极少发生上海人民与犹太难民之间的纠纷。可以说,上海人民和犹太难民是同甘苦共患难地度过了最艰难的日子,坚持到抗日战争的最后胜利。所以,完全可以向全世界的人们明白宣告:当第二次世界大战中有600万犹太人在欧洲被惨遭杀害,而迁移和逃亡到上海的2.5万犹太人,除了病老死亡的有1581人外,其余的都奇迹般的生存下来了,而且还出生了408人。这样一段历史记载是多么值得人们回忆和纪念啊!

---

① 《孙中山全集》第5卷,中华书局1985年版,第256—257页。

第六节　完成难民城的历史使命

一、上海犹太人各奔东西

1945年9月2日,日本代表在无条件投降书上正式签字,至此,第二次世界大战宣告最后结束,世界反法西斯战争取得彻底的胜利。上海犹太人纷纷举行各种形式的庆祝活动,犹太难民终于重见天日了。

大战结束后,上海犹太难民出现了一种错综复杂的景象。欧洲犹太难民原本到上海来为的是避难,由于他们长期在欧洲生活,还是适应西方的居住环境和生活方式。一旦战争结束了,他们多数是想到欧美去。由于不同的国籍,上海犹太人的待遇亦就各不相同。

(一) 德奥犹太人遣送返国

德奥籍的犹太人作为战败国人,处境较差。中国政府制定了《处理德侨办法》,在上海成立了"德侨管理委员会",对德奥侨民(包括德奥犹太人)原则上遣返回国,对其中少数技术人员因工作需要留在上海,需办理相关手续后,方可留用。于是,近2万名德奥犹太人首先离别上海,部分回国,不少人去美国和加拿大,少数去澳大利亚和南美洲。

(二) 东欧犹太人随波逐流

东欧犹太人虽然不属遣返之列,可是他们受欧洲主要群体德奥犹太人离沪浪潮的冲击,随即亦纷纷离沪。约800名波兰犹太人,其中大部分去美国,一部分申请去苏联,少数人则回波兰。

(三) 英美犹太人撤离上海

英美以及匈牙利籍等犹太人则与德奥犹太人的待遇就不一样,他们在战后都获得了自己原来的企业和财产。他们曾一度认为良好的商机即将来临,于是多方筹集资金,大量抢购日本人留下的物资,并积极拟定恢复与繁荣上海工商业的规划。但是好景不长,战后中国境内的租界已经被取消了,外国人在中国的特权亦随之而消失;另外,国民党政府接管上海,那些接收大员只知搜刮财物,不去积极发展生产,繁荣经济,改善人民生活,使上海很不景气,影响工商业的经营;更为主要的原因是国民党执意发动内战,企图消灭共产党及其解放区,社会呈现不稳定。这种形势的变化和动荡,使英美籍犹太人改变了初衷,上海犹商首富沙逊集团率先于1949年进行大规模的撤退,把所有企业迁到香港,将房地产和各种股票大量抛售,巨额资金悉数抽走,其总部亦由上海搬到拿骚。其他犹太商人亦

第四章 上海——世界反法西斯战争中犹太人的一叶方舟

先后撤离。当这批最有实力的犹太人撤走后,不仅犹太人在上海经济社会的作用大减弱,而且连犹太人自己的各种机构和活动也大受影响。至1948年底,上海犹太工商业纷纷歇业,犹太总会、犹太学校、犹太医院和养老院等已处于无人接济的停滞状态。

(四)俄罗斯犹太人几经周折

最早搬迁来上海的俄国移民(包括犹太人)一般都想继续留在上海,因为是逃出来的白俄,没有苏联国籍的。在第二次世界大战中,苏联打败了德国法西斯而国际地位大大提高,它对在外的俄国侨民政策亦有改变,并对上海的俄国侨民做了工作,这使在上海的俄国侨民(包括犹太人)中的60%于1946年申请加入苏联国籍。不料,1947年中国国民党政府同苏联政府的关系恶化,于是,大批刚刚加入苏联国籍的侨民(包括犹太人)不得不离沪回国,其中有些人通过亲友和犹太社团的帮助,分别去了美国和其他国家,也有一些犹太人则继续留在上海直到去世。这样,俄国犹太人在上海的人数亦大大减少了。

(五)以色列国的召唤

1947年1月,联合国第二届大会作出了关于结束英国对巴勒斯坦的委任统治协议,又作出了在巴勒斯坦地区成立阿拉伯和犹太人两个独立的国家。1948年5月14日(犹太民历5708年8月5日),戴维·本-古里安在特拉维夫博物馆宣读《独立宣言》,宣告以色列国的建立。于是,不少地区的犹太人开始涌向以色列共和国,同样地上海犹太人中有些人即去以色列共和国,有些青年特别是那些犹太复国主义者更纷纷奔赴以色列共和国,同时,以色列国也通过外交途径,获得中国政府同意,派依赖摩西·尤瓦尔(Moshe Ywval)等人在上海设立了办事处,宣传和鼓动上海犹太人到以色列国去定居,并为他们办了离沪赴以的种种手续,发放了7 000份赴以色列国的签证。这样,从1948年至1949年,约有4 000余名上海犹太人终于离开了上海。

中华人民共和国成立后,上海犹太人尚有数千人,多数为俄罗斯犹太人,还有德、奥籍的犹太人。据1951年6月上海犹太学堂的统计,外侨学生共73人,其中俄国人占36人,此外为奥地利14人,伊拉克8人,无国籍6人,英国人5人。学堂的外籍者教职员有12人,其中7人是俄罗斯犹太人[①]。

中华人民共和国诞生后面临很多困难,没有可能更多地考虑到对上海犹太人的安排与照顾,上海犹太人继续离开上海,主要移居美国、南美、以色列、澳大利亚、苏联等国。1953年,上海犹太人减少为440人,1956年为124人,1958年仅剩84人,1967年,上海

---

① 转引自王庆余:《旧上海犹太人》,《学术季刊》1987年第2期。

"犹联"已无事可做而自行结束。至 1980 年代末,原来意义上的上海犹太人已经没有了,只留下遗址遗迹供人们回忆这一段往事。

至此,中国上海已经完成了难民城的历史使命了,各个国家和地区的犹太难民离开了一叶方舟走向自己该去地方。

二、近代以来上海犹太人口的变迁

自 19 世纪以来,来沪犹太人的资料日渐证明,根据各方面数据的综合,我们可以生动而清晰地描绘出一张上海犹太人口变迁的图表,显示了从 19 世纪末叶到 20 世纪后期的 140 年,上海犹太人从无到有、从小到大、再从多到无的一个曲折发展的过程。见下表:①

表 4-1 19 世纪末叶到 20 世纪后期上海犹太人口变迁表

年 份	人 数	国 籍	外国人总数	犹太人比例
1850	20	英、美	220	9%
1900	1 100	英、美、俄	7 396	14.9%
1938	19 500	英、美、俄、德、奥、波等	73 273	26.6%
1940 年 6 月	30 443	英、美、俄、德、奥、波等	150 931	20.2%
1945 年 8 月	24 850	英、美、俄、德、奥、波等	122 798	20.2%
1945 年 5 月	10 000	德、奥、俄为主	65 409	15.3%
1953	440	俄为主	4 899	9%
1956	124	俄为主	2 553	4.9%
1957	100	俄为主	2 323	4.3%
1958	84	俄为主	2 486	3.4%
1976	10 人以下	俄为主	269	3.7%

上海犹太人人口的大起大落,在世界各大城市人口变迁史上也是罕见的。为什么会出现这种大幅度变迁的现象呢?有必要对近现代的变迁作概括性的复述,从中进行分析推理,得出合乎事实的规律性结论。

犹太民族在古代即丧失了自己的国家,经常处于不安定状态,时刻担心会被驱逐,因

---

① 郑依柳:《旧上海犹太人的变迁》,《人口研究与报道》1989 年第 1 期。

第四章　上海——世界反法西斯战争中犹太人的一叶方舟

此,经常成群地作试探性迁移。早在公元11世纪后叶,中国唐宋年间,迁入中国的大批犹太人大多聚居于河南开封府,被称为开封犹太人,也有少量聚居于杭州、宁波等10个城市。从一国的城市迁入另一国城市,大分散又大集中,这是犹太民族的特点。因为他们没有土地,也不可能到农村务农,只能在城市里经商或从事其他职业。由于中华民族的宽容大度,历代君主对异教异族的兼容并蓄,允其保留本民族的宗教和习俗,因此大量犹太人在开封安居下来,世代繁衍和中国人通婚(凡试探性迁移的总是男多女少,单身男人要成家,必然会与中国女子通婚),这部分犹太人已逐步被中国人同化,至19世纪下半叶,已找不到一个典型的犹太人。

19世纪中叶,即鸦片战争结束后,上海被开辟为"通商口岸",外国人纷纷走进上海,少数犹太人也在这时进入上海经商,后来有些人成为上海的巨富,如沙逊、哈同、嘉道理等。尽管他们致富的手段不值得推崇,但是他们沟通了东西方商业经济,引进西方的科学技术,繁荣了上海市场,使上海发展成为一个开放性的世界城市。促进了上海的经济发展,这也是事实。19世纪中叶时,上海只有220名外国人,根据一些资料分析,犹太人不会超过10%,约20人。20世纪初,俄国爆发十月社会主义革命,当时俄国是世界上犹太人主要居住国之一,不少犹太人为避开革命而不断从西伯利亚至满洲里、哈尔滨,逐步沿海迁入上海,至1939年底已超过4 000人,成为上海一支人数众多的犹太人。他们大多为中小贸易商人,只用少量的资金来开始营业的杂货店、小饭店等,生活较优裕。

1933年德国纳粹上台,开始大规模的迫害犹太人。德国、奥地利等欧洲犹太人急于逃亡他国,而当时欧美各国都不愿接纳,提出各种拒绝签证的理由,或者入境条件异常苛刻。只有上海是世界大城市中唯一无需签证和经济担保、无需事先安排及警方品德证明,即可进入的城市。因此,欧洲犹太人通过各种渠道涌进上海。当时上海有7个难民中心,每天供应24 500客客饭。1940年6月为上海犹太人人数增长高峰,达30 433人。他们虽然身处逆境,身无分文,但是并不悲观,顽强地生存下来。

1945年第二次世界大战结束后,大批德奥籍犹太人被遣送回国;以波兰为主的东欧犹太人受其影响也纷纷离沪,上海犹太人大量减少。由于中国爆发全面内战,英美籍犹太人相继撤离上海,转移经营阵地。加上中国国民党政府与苏联政府关系恶化,加入苏联俄罗斯犹太人遂大批返回苏联。1948年5月,以色列共和国成立,又吸引了一批上海犹太人。而中华人民共和国成立后,中国国内的困难重重和西方列强对中国的敌视,促使最后留在上海的犹太人又陆续离去。到1980年末,原来移居上海的犹太人已经没有了。

上述种种充分说明:上海犹太人的变迁与世界、中国的政治经济风云密切相关。他们为了自身的安全、从自己的家庭和产业角度考虑,总是选择有适合环境的国家和地区,先进行试探性迁移,然后大批迁移,一有风吹草动,再另迁新居。这就是上海犹太人口大幅度增减与之有关的内在联系,亦可以说这就是犹太人口变迁的一种规律。

三、值得怀念的岁月

许多离沪他去的犹太人都忘不了那段艰辛而又值得怀念的岁月,他们纷纷建立了联谊组织,长期保持联系,如在美国、加拿大、澳大利亚、以色列等国家都有这类性质的社团。其中最活跃的有洛杉矶的"上海联谊会",仅在 20 世纪 80 年代就举行过 3 次上海犹太人团聚会(1980 年在洛杉矶、1985 年在纽约、1988 年在耶路撒冷),并办了一张《虹口纪事》小报,记叙当年在上海的往事,每年出版三或四期。①

中国实行改革开放后,不少当年的上海犹太人携其子女来沪旧地重游,有的还投资办企业。1979 年,当时作为美国财政部长布卢门撒尔访华时,曾专程到上海访问旧居,并与当年中国邻居相叙畅谈。② 总统海依姆·赫尔佐克、外长佩雷斯和总理拉宾先后于 1992 年、1993 年、1994 年访问上海,并参观犹太会堂。回顾这段历史,他们非常激动,并对中国上海人民表示感谢。外长佩雷斯在留言簿上写着:"上海是一座从未有过反犹太人历史,接纳过大量犹太难民,积极从事以色列和犹太学研究,前程无限美好的、受世人仰慕的友好城市。"一批上海犹太难民曾于 1986 年提出要在虹口原犹太难民收容所旧址建一块纪念碑,并拟好了碑文是:在第二次世界大战期间,此地区曾有来自纳粹德国的 2 万难民幸存下来。谨以此碑献给所有幸存者以及施以援助的热情友好的、宽宏大量的中国人民(现在他们已经如愿以偿,这块纪念碑已令人醒目地树立在霍山公园)。我想就用这两段话来评价这一段值得回忆和思念的历史吧!

---

① 参见美国 The Sino-Judaic Institute:〈Point East〉.
② 参见美国 *Time* 1979 年 3 月 12 日报道。

第五章 活跃有力的上海犹太宗教社团

几乎所有的犹太学学者都一致认为：犹太民族2 000年来，虽然没有自己的祖国，出现了大流散和大迁移，遭受了各种歧视和迫害，然而竟能顽强地生存下来，牢固地凝聚在一起，出色地建立起最广泛的联系和援助，创造这种奇迹的最重要的基因，就是犹太人的宗教活动。这一点连犹太人自己也承认。

一般说来，真正的犹太人差不多都是犹太教教徒。他们中的许多人坚定地信仰犹太教，严格地恪守犹太教教规，持久不懈地进行犹太教的种种宗教活动。更需值得指出的是犹太人的风情民俗几乎无不打上犹太教的烙印，犹太人的出身、教育、婚姻、节日以至丧葬都有着宗教色彩，有些节日和习俗，可以说就是宗教的节日和习俗，所以，犹太人是宗教色彩极为浓厚的一个民族。这亦就成为其他民族和其他宗教对犹太民族及其宗教的歧视排斥的重要因素。而犹太人在世界绝大多数地区的共同遭遇，是受到歧视和排斥的，这就又进一步强化了犹太人的宗教信仰和活动。在漫长的岁月中，犹太教徒、犹太人、有犹太血统的人都遭受到不同程度的歧视和迫害，他们在"格托"区内居住在一起、生活在一起、活动在一起。这时，犹太教与其说是一种犹太人信仰的宗教，不如说是犹太人需要的一种文化和象征，象征着犹太民族的一种文明。犹太教已超越了宗教的范围，像一根坚韧不断的精神纽带，将男女老少的犹太人紧紧地捆扎在一起，将世界各地的犹太人牢牢地串连在一起，从而成为犹太民族最为主要的凝聚力。

第一节 上海的犹太教会堂和学校

一、上海的犹太教会堂

犹太人凡迁居一地，一旦有了几十户人家，一般为20户以上，立即组织自己的社团，建造自己的会堂，在自己的会堂中进行宗教活动和其他活动，很迅速地又自然而然地形成了一个犹太人的社区。

自1845年沙逊洋行上海分行成立,便开始有了近代上海犹太人。过了40年,上海犹太人已经超过了20户,乃于1887年8月开始兴建犹太教会堂。这个上海最早的会堂是"埃尔会堂"(Bethm)。1900年,又在西华德路兴建第二所犹太教会堂,称之为"舍里特·以色列会堂"(Sheerith Israel)。至20世纪20年代,上海塞法迪姆犹太商人由于经营得法,企业发展很快,且已经出现一些巨富,如沙逊、哈同、安诺德、埃兹拉等。他们是属于塞法迪姆犹太人,先后又建造了两所华丽的犹太教会堂。一所是亚可布·沙逊为纪念其去世的妻子而捐赠建造的,地点在西摩路,是谓"拉结会堂"(Ohel Raohel)。1920年,赫希拉比在新建会堂举行就职仪式,以替代原来的"埃尔会堂"。另一所是哈同为纪念其父亲而捐款兴建的,地点在博物院路是谓"阿哈隆会堂"(Beth Aharon)建筑更为精美,它是替代原来的"舍里特·以色列会堂"。上海的塞法迪姆犹太人都到这几个会堂进行宗教活动和其他活动。会堂成了上海塞法迪姆犹太人的活动中心。

上海的俄罗斯犹太人是属于阿什肯纳兹犹太人,他们有自己的社团和教堂,以区别于塞法迪姆犹太人。当他们人数增到25户时,就开始建造自己的会堂。1902年,上海俄罗斯犹太人组织了自己的一个社团,并在5年之内兴建一所会堂叫摩酉会堂(Ohel Moishe),以纪念犹太教的始祖摩西。随着上海俄罗斯犹太人日渐增多,于1927年将摩西会堂迁到虹口华德路新址,仍叫摩西会堂,亦叫"华德路会堂"。至1930年代末,俄罗斯犹太人已超过4 000人,原来的会堂显然不够用了,他们集资再建造一个新的会堂。1941年,新会堂在拉都路落成,能容纳1 000人进行宗教活动,是当时上海最大的一座犹太教会堂,称之为"新会堂"(New Synagogue),一般亦叫"拉都路会堂"。但是,不久太平洋战争爆发,日本军队即侵占了"拉都路会堂"。

除了上述几所犹太教会堂外,上海犹太人还先后建造了爱文义路(今北京路)会堂、百老汇路(今大名路)会堂等。目前,除"拉都路会堂"尚在,还有"拉结会堂"继续保存外,其余的均已拆除,改建为大楼或居民住房。

在这近100年(1845—1941年)时间中,上海犹本人先后建造了十几个会堂,平均不到10年就兴建一座,足见他们对犹太教的虔诚和宗放活动的频繁。亦正是这些会堂把上海犹太人分别地联系和团聚起来,他们共同展开宗教活动和其他活动,互通信息,互相帮助,使犹太人在上海的地位和作用日益巩固和发展。作者收集到的图片资料说明,犹太难民在他们居住的难民收容所中竟亦设置犹太会堂,虽然比较简陋,但是仍然按照犹太教礼仪规定加以布置,显得庄重肃穆。如华德路难民中心就有这样的会堂,犹太难民经常在那里进行宗教活动,如诵读经文等。

犹太难民与往日一样认真地过着犹太教的各种节日。如荆州路难民中心的犹太人将逾越节的晚宴摆设得既很整洁又有气派。而华德路难民中心的难民们在庆祝传统的逾越节晚宴上，大家团聚在一起，肃然起敬地诵读《圣经》。

此外，犹太难民还到外面的大的犹太会堂，如华德路会堂、虎丘路会堂等，进行宗教活动，并且购买有关犹太教的报刊书籍进行阅读。

犹太难民对信仰犹太教的坚定和虔诚，给人留下深刻的印象。

二、上海的犹太宗教学校

早在20世纪初，上海的塞法迪姆犹太人就办起了一所《塔木德》经文学校和一所涤罪浴室（指举行宗教洁礼、消灾除邪的场所），学生很少。到1930年代，欧洲犹太难民成千上万涌入上海，犹太宗教学校就显得十分需要。恰巧，在欧洲犹太难民中，有一所密尔宗教学院，几乎所有的师生约400人都来到了上海。这样，教师和学生、主观和客观的条件更加具备了。于是，在1939年12月，《塔木德》经文学校重新开学，学生35名，1941年即增至120名学生，而到1944—1945年，学生竟达近300人。经文学校在法租界和虹口设立了分校，办得非常出色。

为了使《塔木德》经文学校的毕业生能获得更高的神学教育，于是创办了一所全日制的宗教学院，称为"初级宗教学院"，亦称"远东拉比学院"。这所学院很快就发展到30～40名学生。

此外，密尔宗教学院的波兰籍犹太师生还创办了一份宗教报纸，名叫《我们的生活》，用3种文字出版，供犹太教徒阅读。

密尔宗教学院以及《塔木德》经文学校、远东拉比学院的神职人员和师生，不仅大大活跃了当时的犹太宗教生活，而且后来成为美国和以色列的犹太教的骨干力量。

三、伦敦犹太协会在沪的早期活动

犹太社团是联系犹太人、开展犹太人活动的最主要的组织形式。犹太人每迁居一个地方，只要有一定数量的犹太人，一般是20户以上，他们立即组织自己的社团，推选出自己社区的领袖，联系和团结犹太人，协调犹太人之间的关系，协助或管理犹太人的一切活动，从教育、工作、婚姻以至生老病死。这是犹太民族的一大特点，也是他们的优良传统。犹太社团既不是政治团体，又不是经济机构，而是一种社会组织。正是这种社团才把散居世界各地的犹太人联系起来、组织起来以至管理起来,才使犹太民族没有因大流散、大迫害而消失,或者与异民族融合同化(当然也有个别例外,如古代中国的开封犹太人)。如果说,犹太教是无形的、精神上的纽带,那么犹太社团则是有形的、组织上的纽带。所以,犹太社团与犹太教一样,是使犹太民族几千年来得以生存和发展的最为重要的因素。

至于犹太社团的具体名称尽管各不一样,可以称为,Society,或者Community,也可谓Association,可以是什么救济协会,可以是什么宗教公会,也可以是什么总会,甚至是什么垦殖救援会等。但是,其实质都是一样的,都是犹太人赖以聚集在一起,开展各种活动的不可缺少的组织形式。

四、斯密士主教来上海

1842年上海开埠之初,外国人刚刚进城,人数仅一两百人,其中犹太人亦很少,没有条件组织自己的社团。但是,古代中国开封犹太人的历史文化,却早已引起海外宗教团体和犹太社团的关注,有的团体对开封犹太教会堂的珍贵文物,垂涎三尺,时刻梦想攫取之。所以,当上海成为通商口岸,英国的圣公会(Chorch Missionary Society)立即派教士乔治·斯密士(George smith)来华,收集有关开封犹太人的资料、情报和文物。斯密士于1844—1846年到达香港、上海等地,请马克考尔(McCaul)神父一起准备了调查提纲,并派人到开封去活动。结果,派去的人回来说从来没有遇见过犹太人,毫无所获。

1850年,斯密士被任命为香港的维多利亚主教(Bishop of Victoria),他接受了"伦敦犹太人布道会"(London Society for Promoting Christianity among the Jews)给予的"研究"经费,再度来上海活动。他求助于上海犹太人沙逊,听取了墨德赫斯特(Medhurst)的建议,精心挑选了两个合适的中国人去开封执行任务。邱天生和蒋荣基的两次赴汴,邱天生是个受教于教会学校的青年华侨,既会汉语又懂英语;蒋荣基是一个年岁较大、办事老练的清朝秀才,他俩第一次是1850年11月5日从上海出发,12月9日到达开封的。他们对开封的犹太教会堂和犹太后裔作了实地调查和访问,回上海后,各人写了一份访问记,邱天生是英文稿,蒋荣基是中文稿[①]。斯密士看了之后,将蒋荣基稿派人译成英文(原稿现存英国剑桥大学图书馆),自己再写个引言,编成一本《开封犹太寺的访问录》,以斯密士和墨德赫斯特的名字,于1851年在上海出版(他们两人根本没有到过开封,而是将蒋、邱之

---

① 蒋荣基和邱天生访问开封犹太人日记原稿,现存英国剑桥大学图书馆。

功占为己有)。蒋、邱两人除了调查访问以外,还收购了开封犹太教的经文,是关于每周规定要朗诵的祈祷文 8 小本(8 Small-books of the Pareshioth)。

蒋荣基和邱天生第二次从上海去开封的时间是 1851 年 6 月,至 7 月即回沪。他们这次去开封的企图,主要是偷买开封犹太教会堂的珍贵经典。居然以 400 两银的代价骗购了 6 部大经,占开封犹太教会堂 12 部经典的一半。这 6 部经典都是用希伯来文写在羊皮上的珍品;除一部因开封大水时有水渍,其余 5 部均完好无损。开封犹太后裔还将其他 40 件教会经文赠送给他们。斯密士得后大喜,还将此事撰写一文,发表在当年香港《中国文献受藏录》第 20 卷第 7 期中。蒋、邱两人还携带了两个开封犹太后裔到上海,一名叫赵文魁(Chao Wen-Kuei),另一名叫赵景庆(Chao Chin-cheng)。上海的英文周刊《北华捷报》1851 年 8 月 16 日,曾刊登过两个开封犹太人到上海的报道。赵文魁和赵景庆住在墨德赫斯特家,学习希伯来语。日子一久,其中一人思念家乡,返回开封;而另一人仍留在沪,直到去世,葬于上海犹太公墓。

这是最早的犹太社团在上海的活动,虽然这不是上海犹太人自己组织的社团,但这个伦敦犹太人布道会在沪的活动是得到上海犹太人的支持的。犹太巨商沙逊就予以了支持,沙逊洋行中有 3 个来自巴格达的犹太人积极参与这一活动,蒋荣基和邱天生就是由他们介绍的,然后由斯密士派往开封[①]。所以,作者认为它是犹太社团在上海的最早活动。

第二节 上海犹太协会和救援中国犹太人协会

一、上海犹太协会(英文简称 SJOA)是上海塞法迪姆犹太人的主要社团

最初来到近代上海的是犹太商人,他们大都是英籍犹太人,属于塞法迪姆犹太人。由于他们来到上海不久,有的未带家属,人数不多,而且多是英国籍人,忙于各自的商务活动,因此,他们自己组织的社团活动较少。据目前掌握的资料,塞法迪姆犹太人社团有记载的最早活动,是在 19 世纪 60 年代初,集体商议建立犹太公墓的问题。1862 年,第一个犹太公墓在上海马霍路(今黄陂北路)建成,取名"以色列公墓"。1887 年 8 月 2 日,上海塞法迪姆犹太人社团为募捐兴建"埃尔会堂",召集了会议。1900 年,这个社团又集资建成了第二所会堂——"舍里特·以色列会堂";还办起了一个小型的《塔木德》经文学校和

---

① George Smith and W. H Medhurst: A Medhurst of A Mission of Inquiry to the Jewish Synagogue of Kaifung Fu, on Dehalf of the London Society for Promoting Chrisianity among the Jews. 1851 年,上海出版。

一所涤罪室(MikVeh)。1902年,由英籍犹侨亚伯拉罕(D. E. J. Abraham)和沙乐门(S. J. Solomon)创办了上海犹太学堂。1903年,他们派出一个代表团出席瑞士巴塞尔召开的犹太复国运动者第六次大会。1904年,又创办了《以色列传讯报》,由尼西姆·埃兹拉·卞雅悯(N. E. B.)担任主编,直至其于1936年去世。

1910年上海犹太协会成立,吸收上海塞法迪姆犹太人入会,开展各种文化教育和宗教活动。如在1920年前后,兴建了两座十分华丽的犹太教会堂。由于塞法迪姆犹太人大都是商人,而且是大商人,如沙逊、安诺尔德、埃兹拉、海亦姆、嘉道理等,因此,上海犹太协会实力很强,犹太人的很多重大问题最后还得靠它来解决。但是,这些大商人从自己的地位和社会影响考虑,一般不愿意以犹太人的面目或身份出现从事各项活动(因为在当时的国际环境里,犹太人并不是一个受人尊敬、令人喜爱的民族)。有的英籍犹太商人反而去参加入会条件极为严格的"上海英国总会"。所以上海犹太协会的活动和影响都不及上海阿什肯纳兹犹太人社团——上海犹太宗教公会。不过,上海塞法迪姆犹太人在20世纪初办了一件至今有争议的事情,下面作一专门论述。

二、"救援中国犹太人协会"的成立和活动

1900年5月14日,上海塞法迪姆犹太人在埃兹拉(E. M. Ezra)家中集会,到会男女共31人;大家经过讨论,决定成立"救援中国犹太人协会"(The Society for the Rescue of the Chinese Jews),拟订了协会章程,明确规定协会的宗旨有三:

1. 研究中国犹太移民的来源、发展与历史。
2. 保存犹太移民的旧址与碑志文物,及在有利地点建立新的纪念物。
3. 引导凡属犹太族后裔之中国犹太人返归犹太教①。

"救援中国犹太人协会"理事及理事分工名单

理事会主席　　　　穆瑞　莱威斯
理事会副主席　　　莱维　西蒙
名誉司库　　　　　埃兹拉
名誉秘书　　　　　所罗门
理事成员　　　　　阿伯拉罕　爱德华特　金斯伯格　哈同　莱维　莫塞斯　沙弗尔

---

① W. C. White:〈Chinese Jecos〉,第一册史料,1942年加拿大多伦多出版。

第五章 活跃有力的上海犹太宗教社团

"救援中国犹太人协会"宣告成立。

为什么上海塞法迪姆犹太人突然对开封犹太人感兴趣,而且还要组织一个"救援中国犹太人协会"呢?这是事出有因的。在美国,有一个建于1852年的犹太社团一直对中国犹太人感兴趣,曾经活动过而无结果。这时,他们一面与上海犹太社团进行联系,要求关心中国开封犹太人,另一方面他们直接写信给曾任驻美公使的中国外务部官员伍廷芳,提出关于开封犹太人的询问。伍廷芳乃于1900年7月7日给美国的犹太社团写了一封复信,摘要如下:

你昨天来信询问关于开封府犹太移民的情况。我因从未去过开封府,所以对那儿的移民无个人感性认识。但是,我知道他们的数量相对较少,一共只有200~300人;他们唯一的犹太会堂(或者犹太教徒聚会的会堂)也被他们自己推倒了,并把木材和石头这些建筑材料卖出以维持生活。根据这个消息,估计移民已失去其特性,并且我怀疑他们会受到干扰和迫害。

"你的询问对预期暴动的发生(指中国义和团运动)无疑有参考价值,正如天津和北京已表现出来。但是,开封府离骚动中心很远,除非你有相反的消息,否则我认为这里还是很安静的。"

正是在这样的背景下,上海犹太人集会组织了"救援中国犹太人协会"。

1. "救援中国犹太人协会"工作的开展

由于当时正值义和团运动兴起,中国北方交通时有阻塞,社会动荡不安,上海的"救援中国犹太人协会"不考虑派人去开封开展工作,而是企图通过通讯联系,要求开封犹太后裔来上海,一面学习希伯来语,皈依犹太教;一面商讨救援问题。1900年8月3日,救援协会用中文和希伯来文写了一封信,派人送给开封犹太教会负责人。此信的内容摘要如下:"我们向你保证,我们极愿尽我们的能力来帮助你们,使你们能重新沿着祖先的足迹前进。如果你们希望重建现已成为废墟的圣殿,我们将募款送上,如果你们需要教师指导,我们将给你们派来,如果你们乐意来上海定居,我们将予以协助……因为上海有相信我们宗教的人,他们伟大而富有,是干大事、善经商的人,能帮助你们维持生活,抚养子女。为此,我们请求你们不要丢弃仍然留在你处的经卷;接到此信后,请即派二三人前来,以便我们了解情况,据此我们可以知道,将能为你们做些什么。我们将支付来者的全部开支,我们将招待他们,并付给他们直至返回你府的费用。"这封信送出去后一时没有回音,"救援中国犹太大协会"的委员们猜测此信可能在兵荒马乱中遗失,于是,再寄去了复印件。至是年10月24日,使者带回来开封犹太后裔的一封回信。这是一封由李敬胜①、李恩庭联合署名给姓殷的使者的一封信,其内容摘要如下:"殷先生:我们在开封与你认识并交谈后,曾考虑定于9月25日去太康,与你一同去上海拜望我们的犹太同胞。但是北方动乱的消息是令人焦虑的,目前,和平是不可能的,在开封经常有部队经过,扰乱着人们的情绪。此外,政府也未安定下来,犹太教堂尚未能建立,我们怎么能离家作长途旅行。所以给你写这封信,不要再等待我们。如果你有重要事情,请立即回上海去。请转告犹太同胞,我们认为最好等到国家平静,那时,我们一定去上海和他们商讨一切事务。犹太会堂的房地存在,但我们的人很多都已流散。最后,祝旅途顺利。"

救援协会的会员们传看了此信,经过讨论,认为工作已有一些眉目,已经通讯联系上了,要进一步招引他们来上海。于是,由荣誉秘书所罗门署名,再写一封信给开封犹太后裔,来信摘要如下:"开封府忠实的兄弟们:……来信说一俟国内某些地区的骚乱停止,立即来看我们。你不能想象我们每个人是如何欢迎这个消息。现在给你们这封信是告诉你们救援协会已成立,目的是复活你们社团中祖先的宗教。我们会员们热切地盼望你们一些人的到来,以便共同讨论达到目的的最好办法。为了不再耽误宝贵时间,希望你们派2~3名会员尽快到上海来,可以尽早改变那种对我们的宗教缺乏认识的状况。"此信写于11月13日,17日送往开封府。李敬胜等接信后,乃与同化了的后裔商量多次后,又回了一信,内容摘要:"我们深深感谢上帝的恩赐,准备立刻来上海,并希望得到你们的指导。可是由于北方的动乱,我们认为旅途会遇到麻烦,所以不立即走,但在近日比较好的时机来上海。……还有几个家庭如高、赵、李、石、金、章也商量了好几次,认为最好一同去。希望你们很好,那么我们可以更多地面谈。"②

1901年4月5日,救援协会收到李敬胜这封信,第二天即4月6日,送信者回上海并携带了3名同化了的中国人,一名就是李敬胜,第2名是李敬胜的儿子李树梅(年约12岁),另一个是已改宗的基督徒。应该说,救援协会的工作取得了一点进展。

2. 李敬胜父子的上海之行

李敬胜父子来沪后,救援协会引导他们参观犹太社团的场所,参加上海犹太教会堂的宗教活动,劝说他们重新信奉犹太教等。同时,向李敬胜了解开封犹太后裔的情况。结果,使上海犹太人很失望,从他们记录的资料来看"开封有50个犹太家庭,没有一个人能

---

① 李敬胜是一赐乐业教掌教利未五思达李祯的后裔,清咸丰、光绪年间(1851—1908年)人,在开封已同化的犹太后裔中有一定的威望。

② 上述往来信件引自美国 The Sino-Judaic Institute 寄来的英文资料,第6—10页。

第五章　活跃有力的上海犹太宗教社团

阅读或书写希伯来文,没有一个社团成员奉行摩西五经和犹太律法,任何人也不尊行安息日和割礼。以前他们都住在一个地区,但现在都分散到市区各个地方。某些人在政府中任低级职员,某些人仍开着零售商店,还有一个伊斯兰教徒为别人屠宰家禽。他们和其他中国人唯一不同的是他们不拜偶像,不吃猪肉。"

经过上海犹太人的引导和劝说,李敬胜表示愿意信奉犹太教律,并愿回开封将他所见到的一切告诉同族人,再带一些人到上海来。过了3个星期,李敬胜父子回开封府,还带了救援协会的一封信,内容摘要如下:"李敬胜及其儿子来到上海……他们在此参加了宗教仪式,……现在回到开封并带去这封信。由于目前中国情况不太平,我们任何人不可能到开封来教你们我们的法律及宗教。所以,我们要求你们送几个年轻的会员来上海,同我们一起住几个月,我们试教他们摩西带给我们的上帝的法律,也是数千年来我们祖先奉行的法律。如果他们愿意留下,我们会根据他们的能力为他们找工作,会使他们舒服。若要回去把学的内容教给你们,也是可以的。我们主要的目的是重新复兴祖先奉行的宗教。"

1902年3月10日,第二批被同化的开封犹太后裔8人(其中男人6人,男孩2人)来到上海,由李敬胜父子领头。他们这次来沪的目的中希望"救援中国犹太人协会"帮助他们重新兴建犹太教会堂。他们向救援协会委员们说,开封会堂久存积水,但产权无恙,仍归七姓共同执掌,现除会堂修复一事外,别无他求。救援协会在安排开封犹太后裔住下后,即筹备会议和各方联络,以图解决开封犹太后裔提出的要求。救援协会向全体会员发信,要求会员"必须刻不容缓地向全世界进行募捐"。可是,无甚效果。1902年7月1日,"救援中国犹太人协会"召开第二次会员代表大会,出席会议的仅有15人,是第一次会议的一半。主席穆瑞说:"我很不高兴看到这么少人来参加会议。问题是如果我们能实现我们原订的计划,那就对可怜的开封犹太人有很大好处。"他一再强调:"应从世界各部分的同教派人中争取捐赠。""除非得到基金,否则我们没有希望去解救处于困境的中国兄弟。"从这次会议通过的一年来的财务决算,足以说明救援协会无力救济所谓"开封犹太人",他一再写给开封犹太后裔信中所允诺之事,实际上都是无法兑现的大话。请看(下表):

会议讨论,如果在开封原址上重建一座犹太教会堂和一个涤罪所,另再聘请高质量教师去开封任教,估计约要5 000英镑。这与协会的经费收入900多美元相差太远了。会议最后决定再向世界各犹太社团进行呼吁。1902年7月4日,由穆瑞署名发出了一份呼吁书。

从开封犹太文化到上海犹太文化

表 5-1 1900 年 5 月 1 日—1902 年 6 月 23 日财政收支表和财务决算

收　入	美元	美分	支　出	美元	美分
捐款					
上海	652	00	印刷、文具	40	70
香港	158	00	电报费	4	05
巴黎	36	85	邮票	9	50
芜湖工	8	00	照片	45	25
神户	14	00	集资人员费	40	00
新加坡	6	00	书籍	18	00
维也纳	6	00	出差旅费	426	00
捐赠	890	85	食物、衣服、房租、杂费	266	75
包特·阿塞	15	00	希伯来语教师工资	65	00
那加塞基	12	00			
银行利息	27	00		915	85
	3	06		5	06
合计	920	91	结余	920	91

司库：以·默·埃兹拉
审核：艾特沃德·阿·埃兹拉
　　　诺·以·皮·埃兹拉

3. 救援协会无力救援

救援中国犹太人协会向会员们发出的号召信和向世界各地犹太社团发出呼吁书，均没有收到什么效果。世界各地的犹太社团捐赠数额不大，最多的是新加坡，亦仅 300 美元，当时，最有实力的伦敦犹太协会反而只认捐 115 元。为什么会出现这种情况？据一位英国的"犹太拉比"来信说：由于沙皇亚历山大三世对俄罗斯犹太人进行大屠杀，成千上万的犹太人涌入英国，因此，英国犹太人忙于救济俄罗斯犹太人，无暇东顾。至于美国犹太人只是要上海犹太人出力，他们自己却只拿出二三百元。而上海的犹太富商似乎对此事亦不热心，没有捐出巨款。这样，就出现了"救援中国犹太人协会"没有力量救援中国犹太人的现象。同时，救援协会对来沪的 8 位开封犹太后裔的劝导和教育的效果亦不大。虽然协会请了教师教开封犹太后裔学习希伯来语，带领他们参加上海犹太会堂的宗教活动，劝导他们皈依犹太教，学习犹太教经文，遵守犹太教仪礼和戒规，但是这些开封犹太后裔已与中国人融合同化，喜好和习惯于中国人的礼仪习俗，对学习希伯来语和信奉犹太教并无兴趣。只有一个男孩在亚伯拉罕的诱导下，在亚伯拉罕家

第五章　活跃有力的上海犹太宗教社团

中施行"割礼"。由于他们住在上海已有很多日子,援助兴建开封犹太会堂迟迟无望,于是他们思念开封故乡和家人的心情日切,终于6人先后回到开封,只剩下李敬胜父子两人。李敬胜表示同意对其儿子李树梅进行犹太人教育,而自己则不感兴趣。那么,李敬胜父子最后的结果如何?请听李敬胜孙子的一番话。李荣新(李敬胜之孙)回忆说:其祖父和父亲自留在上海后,乃由英国籍犹太人亚伯拉罕收留。李敬胜在亚伯拉罕的"义丰洋行"干点杂活,借以糊口。1903年8月4日,李敬胜一病不起,后被葬在犹太公墓。15岁的李树梅从此踏上了人生的艰辛历程,他和他父亲一样,在"义丰洋行"干点杂活。后来,亚伯拉罕见李树梅心地老实,手脚勤快,又让他管账。李树梅20岁那一年,专程返回开封,并同一位生长在农村的中国姑娘结婚,然后双双回到上海。在上海,李树梅曾接受了"犹太教教育",学习犹太教的宗教仪式,守安息日,过宗教节。可是,日子一久,他就不怎么热心,甚至非常淡漠。李树梅夫妇生下三男一女,不幸次子、幼子、和爱女相继夭折。接连的不幸、羁旅的生涯,频频招引起李树梅思念家乡之情,而越到晚年越为殷切。他不断地向妻子、儿子说:"要回开封去!"然而当时在日本帝国主义的侵略下,有家难归。1945年8月,日本军国主义战败投降。李树梅欣喜若狂,立即向儿子李荣新说:"我老了,树木再大,总要叶落归根。咱们打点回老家去吧。"这样,祖孙三代在上海寄居了40多年之后,就像当年他的父亲携带他去上海一样,他终于也携带儿子和老伴踏上了归途①。

1903年11月,"救援中国犹太人协会",再次召开会员大会,由副主席西蒙做报告,他宣布了协会主席穆瑞的去世,也宣布开封犹太后裔李敬胜的去世。他说在安葬李敬胜时发现他曾进行过"割礼"。报告中讲到协会的呼吁书"发表在欧美好几种报纸上,可惜的是这种呼吁收效甚少"。报告还指出:"委员会应安排一个代表团去开封获得有价值的实际的情报,但自协会成立后始终未实现。"会议决定派人去开封,会员雪克莱(S. I. Shekury)自告奋勇于1904年去开封(后来并未兑现)。

1904年2月、3月,协会又开过会议,这两次会议是在捐款所剩不多,而来沪的开封犹太后裔死的死、散的散的背景下召开的。到会的会员越来越少,情绪越来越不好,因为救援"中国犹太人"的计划无法实现。会议仅仅通过了近两年来的财政决算,见表5-2如下:

1904年3月,"救援中国犹太人协会"活动中断。

---

① 这段情况系王一沙(原开封博物馆馆长)于1980年11月12日访问李荣梅后的记录整理稿。

表 5-2 1902 年 6 月 24 日—1904 年 2 月 21 日财政收支状况

收　　入	美元	美分	支　　出	美元	美分
前次结余	5	06	印刷及文具用品	21	53
认缴款			邮费	5	00
上海	376	00	集资人员费	26	00
那加塞基	42	00	书籍	20	75
芜湖	10	00	出差旅费	154	00
	428	00	食物、衣服、房租、杂费	803	00
			希伯来教师工资及学费	590	00
捐助款			李敬胜丧葬费	17	00
伦敦	115	35	给天津电报	11	00
蒙太格先生(旧金山)	247	22			
杰那特先生(巴黎)	96	73	结余	420	00
扎道克先生					
高特立区兄弟	25	87			
那加塞基	100	00			
犹太社团			合计	2070	83
莱斯纳	210	00			
希克里	117	00			
金斯伯格	117	00			
新加坡	300	81			
波兰	49	78			
斯蒂芬(以色列)	43	87			
斯蒂芬(旧金山)	96	75			
上海犹太社团(3 人)	115	00			
银行利息	2	3			
		1			

司库：以·默·埃兹拉
审核：艾特沃德·阿·埃兹拉　诺·以·皮·埃兹拉

4. 20 年后的昙花一现

20 年后,上海犹太社团有人提出恢复"救援中国犹太人协会"。1924 年 8 月,召开大会,推选新的协会工作人员：

　　主席　　　　　　　西蒙·莱维
　　副主席　　　　　　爱·卢森堡
　　会计　　　　　　　劳乔绍斯基博士
　　书记　　　　　　　爱·霍奈
　　执行委员会主席　　乔治·沙考尔斯基

以后,新协会曾开过几次会,可是依然是缺少经费,没有回生之术。到 1925 年 6 月,召开最后一次会议，就此自行解散，无疾而终。

从上述"救援中国犹太人协会"活动的始末纪事，可以得到这样的结论：这个救援协会是在美国犹太社团影响下，由上海犹太人筹建起来的，其宗旨是企图使业已同化了的开封犹太后裔，皈依犹太教，重建犹太会堂，恢复为开封的犹太人。但是，一方面，由于种种原因没有足够的资金来进行救援，使协会的宗旨无法兑现；另一方面，是由于开封犹太后裔早已与中国人同化融合，对学习希伯来语、皈依犹太教的兴趣不大，而思念自己的故乡和亲友，反见心情急切，纷纷返回开封。这样，救援协会的宗旨无法实现，救援协会也无结果而散。救援协会的这些活动是有不同评价的。有人认为这是忠于犹太宗教和犹太民族的义举；有人则认为这是影响中犹两个民族友好关系的不宜之举。值得指出的有人在论著中说这个救援协会偷购开封犹太教会堂的文物和地契，这纯属谣传。事实上，开封犹太会堂的经卷是上面已述的伦敦圣公会买了 6 部，而开封犹太会堂的地契是加拿大圣公会于 1914 年购得的，与救援协会完全无关。

第三节　上海犹太宗教公会和其他社团

一、上海犹太宗教公会

1902 年，上海俄罗斯犹太人增至 25 户，他们就成立了一个社团，推举格林伯格为这小小社团的领袖，随后建造了"摩西会堂"。1916 年，上海俄罗斯犹太人又成立了"上海救济会"，办了一个收容所，专门救助困难和贫穷的犹太移民。随后，这个社团又成立了一个圣葬社，为犹太人免费办理丧葬；还办了助学会，为无力交纳学费的学生提供资助。

1932 年，上海俄罗斯犹太人骤增至 4 000 人。乃于 1932 年 11 月 2 日，建立了"上海犹太宗教公会"（英文简称 SAJOA）以示与上海塞法迪姆犹太人建立的"上海犹太协会"相区别，因为俄罗斯犹太人是属阿什肯纳兹犹太人。由于俄罗斯犹太人数量多，他们对自己的社团亦很重视，因此，上海犹太宗教公会几乎负责联系和协助管理俄罗斯犹太人的一切事务；包括宗教、户籍、教育、救济、对外联络和生老病死等事宜，并监督和指导犹太会堂、犹太学堂、犹太医院、犹太养老院、犹太贷款所等。为了做好这些会务，犹太公会设主席团和干事会。上海犹太大主教阿许根那齐一度为其领袖。正因为"上海犹太宗教公会"是上海犹太人最大的一个社团，他们会员多，并积极重视社团活动，因而在上海社会上影响日益增大。与此相反，"上海犹太协会"虽然实力最强，但因人数不多，活动亦少，对外影响不及犹太公会。久而久之,"上海犹太宗教公会"自然而然变成上海犹太人的主要机构,外界主要通过犹太公会联系有关犹太人事宜。

随着上海犹太人人口的增多,他们的各种经营顺利,他们对上海社会的影响增强,上海犹太人各种名目的社团也逐渐增多,这里介绍几个比较重大的社团。

二、上海犹太总会

1932年,在爱文义路(今北京西路)建成一座"上海犹太总会"作为上海犹太人的活动中心或者说俱乐部。总会设一个董事会,由各种社团的负责人和代表组成,如"上海救济(老人)会"主席库琴斯基、上海犹太民族主义修正派联盟负责人裘必斯基、《斗争》杂志编辑哈宁、上海犹太共产党负责人维林斯基等人。具体负责总会的主任赫生系上海俄罗斯犹太人社团的主要负责人,秘书兼文教部主席玛吉特(女),亦是俄侨。上海犹太总会附设会员合作社,经营食品和百货业。还在汇山路(今霍山路)设一个青年体育活动场所。上海犹太总会于1947年4月迁往毕勋路(今汾阳路)新址。

三、上海犹太商会

上海犹太人还专门成立了一个"上海犹太商会",凡是上海的犹太人除分别加入其国家驻沪工商机构外,还要向上海犹太商会登记。由于上海犹太商人经济实力强,上海犹太商会是上海的一个重要的商业团体。以1942年的统计数字为佐证,除了被日军冻结的英、美、荷等工商团体外,上海犹太商会下属有156个商号,占上海外国工商单位的首位。

四、上海犹太圣裔社

犹太圣裔社是亲美的犹太人组织,其总部设在美国华盛顿。1929年,犹太圣裔社上海支社成立,其主要工作是开展救济和联谊活动,参加者多为英美籍的塞法迪姆犹太人。1934年,建造了犹太圣裔社医院,1942年发展成为上海犹太医院,地址在汾阳路。另外还成立了圣葬社,为贫困的犹太人免费办理丧葬。

五、第二次世界大战期间上海犹太社团的活动特色

（一）救济是一切犹太社团的中心工作

自1938年欧洲犹太难民大量涌入上海，上海犹太人的情况发生了重大变化：

1. 欧洲犹太人主要是德国、奥地利籍犹太人，还有波兰、匈牙利籍的犹太人，突然成为上海犹太人中数量最大的一支。

2. 这支庞大的犹太人队伍是几经折磨、十分贫困的难民，迫切地需要大力援救才能维持生命，才能生活下去。

因此，上海各犹太社团的工作随之发生重大转变：即主要的任务是集中力量解决难民的救济问题。因此，一般的宗教活动、协调犹太人之间关系、文化娱乐活动等都降到次要地位，甚至被无暇顾及。许多社团及其工作人员大多参加新成立救济机构，从事救济工作。这就是说，这个时期上海犹太社团的主要工作就是救济欧洲犹太难民。

来到上海的欧洲犹太难民不久也成立了自己的犹太社团，如中欧犹太协会、德籍犹太难民协会等，主要是中欧犹太协会。

（二）中欧犹太协会

1939年11月，中欧犹太协会成立。它是一个会员最多的最大的犹太难民组织，大部分会员是德意志和奥地利国籍犹太人，协会首任主席是拉斯柯斯脱。中欧犹太协会成立之初的主要任务，是负责协助难民的安置工作，如寻找和设立难民收容所，解决难民的食品和衣服，发放救济金，介绍工作，安排青少年教育，设置医疗机构，组织宗教活动，办理丧葬等事宜。

1940年，中欧犹太协会创办"妇女联盟"，会员一度曾达到1000余人，由格特鲁拉·沃尔夫领导。"妇女联盟"主要工作是设法为难民们带来安慰和欢乐，例如探望病人，供给贫困者以药品，还办了一个专门厨房，烹制专供安息日和节日的伙食。这些活动得到难民们的赞赏，起了十分有益的作用。

1940年2月，中欧犹太协会获得日本占领军的"无国籍难民处"的同意，竟然成立了一个仲裁法庭，专门审理犹太难民申诉的案件。

太平洋战争爆发后，中欧犹太协会成为日本官方与难民发生联系的唯一代表机构，其他犹太难民社团的领导机构均被日本当局加以改组。于是，协会的权力和管理范围就扩大了，它几乎接管了所有难民中心的一切事务。

第二次世界大战结束后，中欧犹太协会主要负责欧洲犹太难民的遣送工作，并帮助难

民按照自己的志愿去新的国家和地区定居。

第四节 犹太社团活动的特色及其消亡

一、上海犹太联合委员会的成立

第二次世界大战结束后,上海犹太移民纷纷离沪他去,至 1949 年中华人民共和国成立,上海犹太人只剩下原来人口的 1/3 弱,各种社团的活动已不正常,有的陷于停顿状态,有的已经名存实亡。为了便于统一对上海犹太人的联系和管理,在上海市人民政府的协助下,将上海犹太宗教公会改名为"上海犹太联合委员会"(Counci of the Jewish Community Shanghai)(简称"犹联"),作为中国犹太事务管理的志愿慈善组织,并于 1950 年 9 月 1 日在上海军事管制委员会外事处进行登记。1951 年,"美犹联合救济委员会"驻上海的办事处撤走后,"犹联"又担负起照看中国剩余犹太人的福利问题。这样,"犹联"成为管理犹太人的一切文化教育、医疗卫生、住宅产业、生活福利以至丧葬公墓等事宜。

1956 年 7 月,阿什肯纳兹犹太人和塞法迪姆犹太人两个社团的财产管理和内部事务均并入"犹联",由"犹联"工作人员与这两个社团进行联系,而这两个社团仍保留其存在的合法性。塞法迪姆犹太人社团比较富有,它贡献给"犹联"有 17 200 美元。

"犹联"理事会主席是西特林(W. J. Citrin)。司库希弗林(N. L. Schifrin)是一位社会工作者,对上海犹太人的服务有杰出的贡献。他一直担任司库,直至 1957 年 8 月去世为止。接替他的是以·斯·哈同(E. S. Hardoon)。理事莱蒙(G. Raymond),由于他对"犹联"工作的关心和丰富的工作经验,所以,他是理事会中很重要的人物。

二、上海"犹联"的留守和善后工作

"犹联"管理的事务很多,现就它 1957—1958 年的工作情况作个典型剖析。

(一)对贫穷的犹太人发放现金补助

1957 年 7 月 1 日—12 月 31 日　　19 560.93 元=7 824.4 美元

1958 年 1 月 1 日—6 月 30 日　　19 830.14 元=7 932.0 美元

(二)犹太收容所和免费餐

1957 年,平均有 10 人住收容所,每天有 21 人用免费餐。

1958 年,平均有 11 人住收容所,每天有 18 人用免费餐。

每天供应 2 顿,则每月每人为 42 元。

犹太收容所和免费餐的费用如下:

1954 年 19 319.63 元　折合为　7 730.00 美元

1955 年 22 341.66 元　折合为　8 937.00 美元

1956 年 21 190.31 元　折合为　8 476.00 美元

1957 年 15 249.57 元　折合为　6 099.80 美元

1958 年 6 721.46 元　折合为　2 688.60 美元

(三) 医疗情况

1957 年　看病 312 人次

　　　　医药费　7 221.28 元　折合 2 888.5 美元

1958 年　看病 254 人次

　　　　医药费　5 670.25 元　折合 2 268.00 美元

在收容所中还住有精神病和慢性病患者,有 2 名护士照顾。如果需要新的药品,会立即从香港犹太联合服务社团送到上海,给病人解除病痛。

(四) 教育情况

1957 年,平均 8.6 个孩子上学,费用 2 104.38 元合 891.76 美元。

1958 年上半年,平均 8.5 个孩子上学,费用 703.1 元合 281.24 美元。

(五) 宗教活动

根据犹太教徒集会后的建议,在襄阳路犹太中心建立一个祈祷大厅,保持了传统的服务;由于犹太人口日益减少,所以在安息日和假日特别鼓励大家参加。

根据犹太教礼仪上的要求,犹太教徒于逾越节时要吃无酵面包(Matzoth)。在以往的年代,面包房还友好地供应无酵面包。这时,情况不同了,乃由"犹联"理事会派专人管理下生产无酵面包。而天津由于技术上的困难,无法生产供应。上海"犹联"还特意将无酵面包由火车运送到天津,免费供给尚留剩在天津的犹太人。

(六) 犹太隔离区信件和死亡证书

"犹联"理事会不断发出"犹太隔离区信件"(Ghetto letters)给中欧犹太人(即德、奥籍犹太人),这些人于 1943—1945 年日本占领上海期间曾被拘禁于上海的"犹太人隔离区"。他们将凭这证明信件向德、奥政府有关部门索取赔偿。

另外,"犹联"还提供犹太难民在上海的死亡证明(Death Certificates)。

"犹联"理事会发出的犹太隔离区信件和死亡证明如下:

表 5-3 "犹联"发出的犹太隔离区信件和死亡证明统计表

犹太人区信件	件数	死亡证书发往地区	件数
巴拉圭	3	德国	189
阿根廷	9	以色列	54
英国	18	美国	61
巴西	7	澳大利亚	27
玻利维亚	6	英国	13
加拿大		智利	3
德国	236	合计	347
美国	58	其他证书	
澳大利亚	24		
以色列	34	发往不同国家	37
委内瑞拉	13		
智利	9		
乌拉圭	6		
合计	427		

(七)难民营和阅读室

东长治路 91 号难民营是第二次世界大战期间日本关押中欧犹太难民的(此房产系属沙逊洋行供给难民居住的)。战后仍有一些难民无家可归,"犹联"乃将其中一小部分住房给这些中欧犹太难民使用,共有 11 个人。莱温(H. Lewin)先生为这个难民营顾问。

"犹联"理事会保留了阅读室和娱乐室,并将此用作开展其他活动。

(八)公墓的管理和迁移

上海有 4 个犹太公墓,继续由"犹联"理事会照看。在赫·莱温的管理下,墓园及墓碑始终保持清洁和完整。

1958 年,"犹联"接到上海市人民政府通知,今后不能再在上述 4 个公墓埋葬,因为都在市区范围内,影响清洁卫生。所以在离市区较远的郊区公共公墓(今为吉安公墓)划定一块土地,作为今后犹太人公墓区。上海当局并给了奉行犹太教葬礼仪式所需要的方便。随后,犹太公墓开始搬迁,先迁移黄陂北路公墓和惠民路公墓。"犹联"的工作报告中承认:"地方政府始终表示了同情和帮助的态度,告诉我们会恰当安排这次搬迁的。而理事会根据以往经验,在这件事情上深信每一点富有同情心的帮助。"[①]

这里需要特别提出的是:"犹联"理事会保存了因纳粹迫害而避难来上海的中欧犹太

---

① 引自美国"The Sino-Judaic Institute"英文资料,P. 91—96.

人2万名的完整的个人档案和记录。"犹联"理事会以及工作人员精打细算地把每分钱用于对犹太人的服务上,使财政收支基本保持平衡。而他们中间许多人把自己的精力和时间无私地贡献给了上海犹太人。

三、上海"犹联"的自行结束

截至1958年6月30日,中国犹太人在"犹联"登记的情况如下:

上海84人,天津32人,哈尔滨178人,共计294人。①

随着时间的推移,上海犹太人越来越少,至1967年,"上海犹太联合委员会"自行解散,这标志着上海犹太人群体性活动已经结束,现代上海犹太人的历史过程已经走完了最后一段路程。那么,上海犹太人与中国上海人的总体关系究竟如何呢?我们如何来评价这一段值得回忆和思念的历史呢?作者认为还是引用"犹联"年度工作报告(1957—1958年)中的一句话:"最后,必须指出,中国政府及中国人民对犹太居民及中国犹太社团组织都非常大度和友好。政府部门对我们的宗教需要给予了特殊的关心和照顾,理事会在记录中郑重写下了对这个伟大国家的感激。主席:派·阿·尤大莱夫(P. I. Yudalevich)上海,6月1958。"②

---

① 引自美国"The Sino-Judaic Institute"英文资料,P. 92.
② 同上。

第六章 绚丽多彩的上海犹太文化

第一节 上海犹太人优质的教育和医务事业

世人都认为犹太人以善于经商理财著称,实际上,经多方考察证明,犹太民族具有很高的文化艺术天赋,他们对人类的精神文明作出了重大的贡献。

本书在第三章中分别论述了几个著名的经商致富的上海犹太人,第六章列举上海犹太人的文化活动,并介绍几个杰出的人物。

上海犹太人包括欧洲犹太难民中有着大批的文化艺术人士,仅医师就达200多人,音乐人才亦有100余人,有的艺术造诣很高。他们中有的举办教育事业,培养犹太青少年;有的在医院中任医师和在医学院中任教授;有的从事法律工作;有的创办报纸和杂志,开设书店;有的参加交响乐队演奏;有的则做学校和私人家庭的音乐教师;还有的创办剧院和编导上演了世界著名剧目和犹太剧,甚至从波兰迁移来沪的密尔神学院,还继续培养"拉比"等神职人员,组织和主持宗教活动和仪式,出版发行宗教报刊和书籍等。这不仅能满足上海犹太人的文化生活,而且影响和丰富了上海市的文化生活。

一、上海犹太学堂

当犹太人在上海安家立业以后,他们就十分关心自己子女的教育问题。起初,由于受到人数少,资金短缺等条件的限制,他们只好把小孩送到上海租界当局办的工部局小学或美童公学等学校读书。1902年,由英籍犹商亚伯拉罕和沙乐门创办了上海犹太学堂。他们聘请的教职员大多数为外籍人,教学的特点是把教授希伯来语和《圣经》放在第一位,教学内容偏重于文科,特别是语言学,主要是英语,但也开设汉语、法语和俄语等课程。学堂还在正课之余进行补充教育,以培训应用技能为主,如办英文速记打字班、木工班、缝纫班等。除例假日外,每周六遵守犹太教安息日的教规,学校停课,让学生回家作祈祷。

上海犹太学堂的常年经费主要为学费、捐款和办游艺会的收入。经过近30年的经

第六章　绚丽多彩的上海犹太文化

营,至1931年,上海犹太学堂已具一定规模,教学声誉很好,许多上海犹太人纷纷将其子女送进该校读书,在一般情况下,学生保持在250人左右,在1940年初,由于欧洲犹太难民的大量来沪,在校学生曾增至650人。

即使在那动荡不安的第二次世界大战期间,在沪的欧洲犹太难民也未忽视其子女的教育问题,而那些援助犹太难民的社团亦想方设法安排青少年进学校。1938年底至1939年,就有120名难民儿童进入上海犹太学堂,可免费上学,而且有校车接送。1939年11月,虹口荆州路难民中心改建为"上海犹太青年学校",它由艾里·嘉道理的小儿子霍瑞斯·嘉道理主办。这个学校有17名富有经验的教师,在校长露茜·哈特维希领导下,对儿童进行了严格、出色的教育。许多重要课程都用英语讲授,教师与学生之间的交谈也用英语,即使在德国和奥地利的节日时,孩子们所熟悉的悦耳歌曲也要由教师翻译成英语后才唱。德语是作为一门外国语来学习的,但是,希伯来语在学校中是一门必修的重要课程。教师们为学生开设许多有用的课程。在学校毗邻有个犹太人俱乐部,学生可以尽情地在那里运动和游戏。这个俱乐部不仅是一个社交中心,而且是一个带教工艺的场所。学生们在教师的指导下,在工艺场中试制无线电、装订书籍或者学习烹调等手艺,以提高学生的动手能力和创造能力。令人难以置信的是,这些为与世隔绝的犹太儿童而办起的学校和俱乐部,竟有着如此宽敞和华丽的教室和大厅,有着如此俱全和丰富的教学设备和场地。这些学生不像他们父母那样,要承受经济上的压力,语言上的缺陷和心灵上的创伤,他们把上海看成一个令人奋发图强的地方。由于是霍瑞斯·嘉道理主持创办了这个出色的学校和俱乐部,所以人们通常称它为"嘉道理学校"。1941年,这个学校已有600名学生,1942年搬迁至东有恒路(今东余杭路)继续开学,学生一直很多。值得一提的是:1946年这个学校与国外的有关方面取得了联系,使该校学生有条件参加剑桥高级考试的竞赛。竞赛中该校学生考出了优异的成绩,受到了表扬,获得了成功。不久,该校有9名学生保送到美国继续学习,其中7人读完了大学,2名获化学博士学位,2名获数学博士学位,1名获化学学士学位,1名获生物学学士学位,1名在神学院毕业后成为拉比。

二、上海犹太人的医疗卫生工作

(一) 上海犹太医院

20世纪20年代后,在上海的塞法迪姆犹太人不单单有了一定的数量,而且不少人经商发财,有的已成为巨富和社会名流,他们捐钱为穷苦犹太人在公济医院和宏恩医院设置了病床。1934年,他们又出资建造了犹太圣裔社医院,至1942年发展成为上海犹太医院。

犹太医院有50只床位,设备比较齐全,拥有X光机、电疗机、高压灭菌机等。医院设有基金会,院长斯泰曼(白俄),主要医护人员系外籍人士,其中以俄籍犹太人居多。

(二)上海犹太人中的医师很多

除了在犹太医院工作外,还在欧洲犹太难民7个收容所的医院和医疗门诊部工作。由于他们的工作态度认真和医疗技术高超,因而虽然医疗设备简陋、药品不够完备,仍然出色地完成医疗任务。在住房极度拥挤和生活条件很差的难民收容所中几乎没有发生过传染病和流行病,仅仅在1939年发生过一次猩红热传染病。犹太难民因生病而死的死亡率比当时世界各地犹太难民点要低得多,而在医院接生的婴儿成活率又比其他地区高得多。

上海犹太医师还在上海著名的大医院,如公济医院(今上海第一人民医院)、宏恩医院(今华东医院)等担任医生,有的被上海圣约翰大学、震旦大学、国立上海医学院等聘任为医学教授,有的人还身兼医师和教授二职,也有人自己挂牌开设私人诊所。

(三)范妮·哈尔彭教授

在这些犹太医师中,有一位范妮·哈尔彭教授在上海医学界获得了很高的声誉。她毕业于维也纳大学,是著名的精神学家弗洛伊德的学生。她于1920年代来到上海,取了个中文名字叫韩芬。由于她不仅有高超的医疗技术,而且对医学理论造诣很深,因此,她被上海著名的圣约翰大学和国立上海医学院聘任为教授,又被几家大医院聘请为顾问、精神病科主任等职;她还兼任上海普慈疗养院的医务部主任,该院在中华人民共和国成立后扩建为上海市精神病防治院总院。是她,范尼·哈尔彭教授率先将精神分析学系统地介绍到上海、中国,并把它运用于临床治疗。我国精神病医院的创始人之一粟宗华医师,就曾受益于她的教学。现今上海精神病医学界的有些著名医师,当年都是她的学生。1951年,范尼·哈尔彭教授离开上海去加拿大。

第二节 上海犹太人独特的新闻出版事业

一、早期的三份犹太报纸

1904年,第一份由上海犹太人创办的报纸出版发行了。它是一份英语周报,报名是《Israel's Messenger》,译为《以色列信使》,一般亦称为《犹太日报》。《犹太日报》的创刊有它的历史背景。那是在1903年,上海塞法迪姆犹太人首次派出一个代表团出席在瑞士巴赛尔召开的犹太复国运动者第六次大会。回到上海后,上海犹太人经过商议,乃由著名犹商沙乐门的门生尼西姆·埃兹拉·卞雅悯(N. E. Benjadmin)负责创办《犹太日报》,并担任主编,直至1936年去世。

因此,这家报纸从某种意义上讲是"上海犹太复国组织"和"犹太民族中国基金会"的喉舌。但是,主要是它反映上海上层犹太人士的观点,《犹太日报》是时间最早、历史最长、影响最大的一张犹太报纸。

接着,1918年,由上海俄罗斯犹太人创办了一张俄语周刊,刊名是《我们的生活》。它是得到哈尔滨犹太人协会的支持,由俄罗斯犹太人"自由民主团体"主席伯格曼任编辑,由上海俄文报社出版发行,销售量达3 000份,在上海俄罗斯犹太人中有一定的影响。这张报刊一直出版到1941年太平洋战争爆发。

另外还有一张报纸也是在第二次世界大战前办的,是一张德语日报,报名是(Ostasiatische Iloyd)。它是当时上海唯一的一份德语报纸,但不是德籍犹太人办的。

二、"二战"期间的上海犹太人报纸杂志

上海犹太人的新闻出版事业的全盛时期是从1939年底至1941年珍珠港事件发生。在这个时期内,上海犹太难民竟出版了几十种报纸杂志,这在当时流亡世界各地、包括美国在内的犹太难民社区,都没有能发展到如此地步。

1939年,上海犹太难民在"中欧犹太难民协会"的支持下,先后办起了3份新闻报纸,2份是早报,1份是晚报。

《上海犹太纪事报》(Shanghai Jewish Chronicle),一般称为《上海犹太早报》,于1939年5月创刊,由莱温(Ossie Lewin)主编。开始时为周报,后改为日报。它在太平洋战争爆发后,成为日本统治当局同意继续出版发行的唯一的日报。在第二次世界大战结束后,《上海犹太早报》改名为《上海回声报》(Shanghai Echo),一直办到1949后,由上海市军事管制委员会接管。

《黄报》(Die Gelble Post),由斯多尔费(A. J. Storfer)主编,他是世界闻名的精神分析学创始人弗路伊德的学生,是一位心理学专家。也许他能善于掌握读者的心理变化,所以,《黄报》得到读者的普遍欢迎,克莱斯勒评价《黄报》是亚洲办得最好的一张报纸。该报一开始是月报,1939年10月改为周报,1940年3月又改为日报。

《8点钟晚报》(8-Uhr Abendblatt),由费斯秋(Wolfgang. Fischer)负责编辑发行。

上述3份报纸均是德语报纸,以满足德、奥,籍犹太人的需要。

杂志出版得较多，有周刊的，亦有月刊的，还有各种专业性的刊物。这些杂志所用的语言文字也是多种的，有德文、俄文、英文、波兰文、意第绪文以及中文。有的杂志还用多种文字出版。其中办得较好，得到读者欢迎的有《中欧医师协会会刊》(Journal of the Association of Central European Doctors)，由弗利特立区(Dr. Theodore Friedrichs)主编，用德、英、中3种文字登载医学文章，它拥有许多读者，主要是医务工作人员。

《我们的世界》(Our World)是由波兰难民中的犹太作家和新闻工作者协会主办，是用意第绪语出版的刊物，它拥有波兰籍和德、奥籍犹太读者。

《上海战争难民新闻》(News for War Refugees in Shanghai)是波兰文《上海回声》的一本增刊，用增刊的方式开辟一个发表犹太难民观点的专栏，深得犹太难民喜爱，也可避开日本军事当局的检查。

其他有《论坛》《灯笼》《犹太简讯》《新时代》《医学月刊》《综览》《上海先驱》《上海日报》《犹太之音》等。

此外，还有犹太宗教报纸杂志，如波兰密尔神学院创办的《我们的生活》报纸，杂志有《远东意第绪之声》《意第绪年鉴》等，后者用意第绪语、英语、德语、俄语4种文字出版。

犹太难民又开办了好几爿书店，如慕尔鸣路(今茂名北路)的"雄狮"，威海卫路(今威海路)的"西方艺苑"，善钟路(今常熟路)的"模范"书店等。这些书店既卖新书，更卖旧书。这些书店的特点，是有多种文字的各国图书，包括百科全书、辞典、地图、图册、乐谱等。更引人注目的是各种类型的珍本，如作者亲笔签名本、专供收藏的孤本、豪华装饰品、朴素毛边本等，品种繁多，琳琅满目，这使那些读书人和藏书家很有兴趣地在这些书店里"淘旧书"。有的书店还兼营古董和艺术品，则更使店里丰富多彩，蔚然大观。

此外，上海犹太人还翻印了不少希伯来文的宗教和法律的典籍和课本，亦翻印了一些希伯来文的文艺作品和世俗读物。这样，既解决了高等知识分子在教学和研究上的需要，亦满足了一般人士的阅读书刊和进行宗教活动的要求。

还有像奥地利犹太汉学家罗逸民除了在震旦大学担任德语教学外，还参加了《德华标准大字典》的编辑工作，经过4年多的努力，这本大字典终于1950年与读者见面，受到许多读者的欢迎，因而多次重版发行。

1939年5月2日，欧洲犹太难民的XMHA电台正式开播，内容比较丰富，有严肃的新闻节目，也有轻松的音乐节目，有时还对犹太难民在舞台上演出的音乐和戏剧进行实况转播，所以，几乎所有的犹太难民都喜欢收听这个电台的广播。

总之，在炮火纷飞的苦难年代，上海犹太人特别是犹太难民还能在新闻出版事业做出这样的成绩，确是令人钦佩。

三、上海犹太人在音乐和戏剧上的杰出贡献

在我们撰写上海犹太音乐家之前,先向读者介绍一位著名的奥地利犹太作曲家兼指挥家古斯塔夫·马勒。因为他是第一个以中国为题材进行创作的犹太音乐家,他的作品深深感染了上海的广大听众。所以,就把他作为介绍上海犹太音乐家的序曲吧!

(一) 马勒与《尘世之歌》

在闻名世界的大音乐家中,俄国的柴可夫斯基、意大利的普契尼、法国的拉威尔、奥地利的克莱斯勒,都曾写过以中国为题材的曲子。奥地利犹太作曲家兼指挥家古斯塔夫·马勒在 20 世纪初(1908 年)创作的《尘世之歌》(亦译《大地之歌》),以中国唐代诗人李白、王维、孟浩然等人的佳作入曲,深刻地表现了原著的意境,被认为是以中国为题材的最佳西洋音乐作品之一。

马勒的六乐章声乐套曲《尘世之歌》,一如他的纯粹声乐作品和其他声乐——管弦乐曲,这部作品在谱写时所着眼的也是表达原诗的情绪和意境,而不汲汲于描绘具体的景物和形象。乐曲把《悲歌行》中的"悲来乎! 天虽长,地虽久,金玉满堂应不守? 死生一度人皆有"的"富贵浮云"思想,《采莲曲》中的绍兴若耶溪畔"日照新妆水底明、风飘香袂空中举"的宁静空灵的水乡意境,《春日醉起言志》中的"处世若大梦,胡为劳其生……浩歌待明月,曲尽已忘情"的"浮生若梦""及时行乐"的心绪,《……待丁大不至》的"夕阳度西岭,群壑倏已暝"的寂寥苍茫的暮色,《送别》的"但去莫复问,白云无尽时"的旷达超脱的胸襟,都以精妙的手法表现得十分深刻。

《尘世之歌》之所以写得如此出色,成为马勒的创作之冠,是有其深刻原因的。马勒的人生哲学富于悲剧的色彩,他悲天悯人,深信在芸芸众生受苦难之时,他个人不可能获得幸福。他所在的奥匈帝国当时正日趋衰微,整个欧洲局势也危机四伏。此外,他更由于出身犹太家庭,不断遭到维也纳反犹报纸的抨击。更不幸的是他得知自己患有严重的心脏病和爱女的突然夭折。这一切,使他心境抑郁忧伤,不能自已。一度还请教同是犹太人的精神分析大师弗洛伊德为他消除心理上的"病态"。他的这种情绪在唐诗的境界中找到了共鸣,他努力以此作为载体,据以谱乐来宣泄胸中的块垒。他在给其挚友和长期担任其亲密助手的名指挥家布鲁诺·瓦尔特(Bruno Walter)的信中,称这部作品是"最能表现他个人心情之作"。由于遥远东方的古代诗歌与作曲家当时的悲怆、愁苦心情有着如此深深的契合,因而音乐与诗歌的意境水乳交融,而在音乐创作上,这部套曲又不论在风格、配器还是各乐章的结构和呼应方面,都有新颖的创造,故而成了中西文化交流的瑰宝。

遗憾的是，马勒未能亲耳听到这部精心结撰之作上演，就在1911年5月含恨以终。直至半年以后，才由前述的布鲁诺·瓦尔特指挥在慕尼黑首演。又经历了将近80年的漫长岁月，《尘世之歌》到了1990年3月3日才在上海首演。由上海交响乐团演奏，特邀中央歌剧院著名女指挥郑小瑛执棒，女中音刘珊和男高音刘维维演唱。马勒谱曲的唐诗在海外享誉了3/4个世纪以后，终于回到了祖国，使上海的音乐爱好者一饱耳福。演唱的歌词采用了从德文回译的中国白话，这样更易上口也更易为听众了解接受。这一从文言古诗译成德语再回译成现代白话的过程，可称是中西文化交流史上一段饶有趣味的经历。

（二）群英荟萃献艺上海

如果说，犹太血统的作曲家马勒虽以唐诗谱乐，写成旷世佳作《尘世之歌》却未到过中国的话，那么，1920年代至1930年代中期中日战争爆发为止，有许多蜚声世界的音乐表演家前来中国，在上海献艺，其中有相当比例属于犹太血统。当时的上海乐坛，呈现一派群英荟萃、精彩纷呈的局面。

最早来沪的有匈牙利小提琴家约瑟夫·西盖蒂(Joseph Szigeti, 1892—1973)。进入1930年代，来上海演奏的为数更多，先后有丹麦籍俄罗斯女小提琴家塞西莉亚雪·汉森(Cecilia Harlson, 1898—)、俄罗斯小提琴家亚沙·海斐茨(Jascha Heifetz, 1901—1987)、波兰小提琴家西蒙·戈德伯格(Szymon Goldberg, 1909—)，他和匈牙利女钢琴家莉莉·克劳斯(Lili Kraus, 1905—)联袂演出、法国小提琴家雅克·蒂博(Jacques Thibaud, 1880—1953)、俄罗斯小提琴家米沙·埃尔曼(Mischa Elman, 1891—1967)、和埃弗雷姆·津巴利斯特(Efrem Zimbalist, 1889—)；奥地利大提琴家伊曼纽尔·福伊尔曼(Emanuel Feuermann, 1902—1942，他也与前述的莉莉·克劳斯联袂演出)、俄罗斯大提琴家格雷戈尔·皮亚季戈尔斯基(Gregor Piatigorsky, 1903—1976)；波兰钢琴家阿图尔·鲁宾斯基、(Artur Rubinstein, 1887—1982)和伊格纳茨·弗里德曼(Ignaz Friedman, 1882—1948)、俄国钢琴家本诺·莫伊谢耶维奇(Benno Moiseivitc, 1890—1963)和亚历山大·切列普宁(Alexander Tcherepnine, 1899—1977, 汉名"齐尔品晶"，又是作曲家)等(以上音乐家的国别，系指其出生地而言、其中有许多后来加入了美国国籍)。

这么许多举世闻名的音乐家先后前来献艺，使当时尚处于萌芽状态的上海西乐界呈现了一派花团锦簇、万紫千红的盛况，使音乐爱好者"耳"不暇接。这些音乐家或举行独奏会，或与当时正声名鹊起的上海工部局乐队联合演出。演出的场子假座大光明大戏院(今大光明电影院)、奥林匹克大戏院(原址现为新华电影院)、新光大戏院(今新光影剧院)等地。1934年前后新的兰心大戏院(今上海艺术剧场)建成后，常设在该处演出。当时的小提琴尚称"梵哑铃"，故而在海斐茨莅沪时，报上称之为"世界梵哑铃圣手"。埃尔曼则举行

第六章　绚丽多彩的上海犹太文化

了小提琴协奏曲专场演出，一场演出三四部，有"协奏曲马拉松"之称。在这段时间内，之所以有如此多的名音乐家来到上海，可能是由于一位斯特罗克的穿线搭桥，他起的是"节目主办人"的作用。据推测，这些音乐家或是出于自己的愿望，或是由于斯氏的邀请，纷纷来到了上海。在当时外文报纸登载的这类音乐会广告上，常印着 Mr. Strok Presents（斯特罗克主办）的字样。

以上这些音乐家中，有许多都是犹太血统，如钢琴家鲁宾斯坦、弗里德曼、克劳斯，小提琴家津巴利斯特、海斐茨、埃尔曼、戈德伯格。

鲁宾斯坦和弗里德曼原籍都是波兰，也都以擅演波兰作曲家肖邦的作品著称。鲁氏弹奏的肖邦钢琴曲，充满诗意和乡土气息。他弹奏的其他古典乐曲，也都风格华丽而不失于炫耀。弗氏除演奏肖邦作品外，还将其全部钢琴曲编订为 12 卷。他自己也是作曲家，写过钢琴曲数百首。

女钢琴家莉莉·克劳斯则擅长独奏和室内乐合奏，她演奏的莫扎特协奏曲和奏鸣曲尤为脍炙人口。不仅钢琴弹得出色，她还因坚持不懈地经常举行义演募款援助贫困国家而闻名世界。常与克劳斯联袂演出的小提琴家戈德伯格，音色温暖纯净，注重风格和趣味的典雅优美，而不事技艺的炫耀。

津巴利斯特从 1928 年起，在美国柯蒂斯音乐学院先后任小提琴系主任和院长达 40 年之久，桃李满于天下。他的音色优美丰润，表演深邃，感染力强。他又是作曲家，作有协奏曲、奏鸣曲、幻想曲、四重奏等。

海斐茨生于当时属帝俄统治的立陶宛。他的演奏纯净优美，圆润丰满，力度和色彩的变化细致入微，熔炽热的情感与深邃的智慧于一炉。他还曾为莫扎特和勃拉姆斯的小提琴协奏曲写过华彩乐段。

埃尔曼的演奏表现力丰富，音色尤其甜美丰润，有"埃尔曼音"之美称。他在 1936—1937 年的乐季于纽约连续举行的 5 场音乐会里演奏了 15 部小提琴协奏曲，被称为"小提琴文献的发展"。他于 1937 年来沪举行的"协奏曲马拉松"专场演出，可说是上述活动的继续。有趣的是，埃尔曼、海斐茨、津巴利斯特这 3 位一流小提琴家，都是著名匈牙利小提琴家和教师利奥波德·奥尔（Leopold Auer, 1845—1930）的学生。奥尔也属犹太血统，他是音乐史上最优秀的提琴教师之一，执教于圣彼得堡音乐学院近 50 年之久，善于因材施教，能保存每个学生的特点，开拓其潜在的秉赋，培养出许许多多出类拔萃的学生。

从上述这些演奏家可以看出，他们出生在俄国和东欧（波兰、匈牙利）的很多，而其中具有犹太血统者又占较大比例。另外，从当时的世界范围来看，大致也呈示同样的现象。这样的情况，在当今的全球乐坛似又重现。小提琴界耆宿梅纽因、斯特恩和后起之秀珀尔曼、朱克曼、钢琴家霍罗威茨、里赫捷尔、钢琴家兼指挥家阿什克纳齐、巴伦博伊姆、肖尔蒂、伯恩斯坦（又是作曲家）等，这些出色的音乐表演家都是犹太人，而且其中在俄国出生者要占到半数。何以会出现如此的现象，值得音乐学家研究。但这是题外之文，不赘。

（三）富华——从工部局乐队到国立音乐院

上面提到前来上海演出的那些闻名世界的音乐家中，有一些是与上海工部局乐队(Shanghai Municipal Orchestra)合作演出的。这个乐队的前身是上海公共乐队(Shanghai Municipal Public Band)，远在 1879 年就已成立。当时规模很小，普遍水平也差。乐队至 1907 年扩大为管弦乐队，由当年来沪的德国鲁道夫·柏克(Rudolf Buck)教授担任指挥。他带来了 6 名欧洲乐师，使乐队的规模增加到 30 余人。

1919 年，曾在李斯特国际钢琴比赛会获奖的意大利钢琴家梅百器(Mario Paci)来沪接任指挥。1921 年，他聘请了刚从米兰音乐院毕业的小提琴高材生富华(Arrigo Foa，汉名初作"法利国"）为乐队首席，后又将其提升为副指挥。他还从欧洲增聘了一批技艺精湛的乐师，在梅百器和富华的密切合作和高超指挥下，乐队水平迅速提高，有"远东第一"之称。在 1919 年 11 月的一份节目单上，可以看到演出了英国作曲家格兰维尔·班托克(Granvill Bantock, 1868—1946)的弦乐《远西小夜曲》。该曲系班氏不久前在 1912 年创作的。由此可见，乐队不仅演奏听众喜闻乐见的古典名曲，还把新近问世的佳作介绍给听众。另外，这个乐队除了如前节所述常与来沪访问的世界著名音乐家合作演出外，也同造诣较深的中国音乐家如马思聪、卫仲乐、赵梅伯、吴乐懿等人合演。1938 年起又吸收了谭抒真、黄贻钧、陈又新、徐威麟、毛楚恩参加乐队，这是该乐队有中国乐师之始。

犹太血统的富华在这支交响乐队的经历，从乐队首席、独奏演员、副指挥至 1942 年升任指挥，再至 1952 年离开上海前往香港，先后达 30 余年，他同梅百器一起，对乐队规模的发展和水平的提高，起过很大的作用。当时这个乐队几乎每星期举行音乐会，除夏季在兆丰公园（今中山公园）和法国公园（今复兴公园）举行露天演出外，其余季节多在兰心大戏院。此外，还为歌剧演出和上海著名的俄国芭蕾舞团的演出作伴奏。由此推算，以富华担任乐队首席或指挥而举行的音乐会场次，就不可胜数，而曲目的广泛，更不知凡几了。

除了指挥和演奏活动以外，富华在音乐教学上也作出了重要的贡献。1927 年，我国最早独立建制的音乐学府国立音乐院（后改名音专）在上海创办，富华就同琵琶名家朱英和从国外留学归来的中国音乐家周淑安、应尚能、赵梅伯、萧淑娴等人，以及旅沪外国音乐家查哈罗夫、余甫磋夫、吕维钿夫人、苏石林等人，参加了该院最早的教师队伍。不久以后，音专在 1929—1930 年分设理论作曲、钢琴、小提琴、大提琴、声乐 5 个组，富华担任小提琴组主任。长期以来，富华凭其精湛的技艺和严格的要求，培养出许多优秀的小提琴学

第六章　绚丽多彩的上海犹太文化

生,最早期的如戴粹伦、陈又新、徐锡绵(现在美国朱利亚德音乐院任小提琴教授)等。有趣的是,同时师从富华的还有黄铭新,黄曾随富华学艺多年,但后来却弃乐从医,成为一代名医。富华这位犹太血统的意大利音乐家,在30多年的演奏指挥和教学生涯中,为上海的音乐事业作出了可观的贡献。

其他犹太音乐家,如与富华同在上海国立音乐院任教的吕维钿夫人(Mrs. Eugene Levitin),从姓氏看当也是犹太人。她毕业于彼得堡皇家音乐院,曾在海参崴和日本教授钢琴和音乐。她和富华都属于上海国立音乐院的开国元勋之列。她在上海的学生中有江定仙。江定仙后来成为卓越的作曲家和音乐教育家。他创作的《摇篮曲》在1934年曾获齐尔品为征集"中国风味钢琴曲"而举行的比赛之二等奖。1949年后,1961—1983年担任中央音乐学院副院长。

同富华一样,两栖于国立音乐院(后改名音专)和工部局乐队的,后来还有黎夫雪(Livshitz)和亨利·马可林斯基(Henry Margolinsky),他们也都是犹太人。黎氏在乐队担任第二小提琴首席。除演奏活动外,也教授学生,其中著名的有司徒海城、华城、兴城三兄弟,和梁友文、柳和埙等。钢琴家马可林斯基除在音专、还到沪江大学任教,并常以客座身份指挥工部局乐队,还将俄罗斯民族乐派奠基人格林卡的传世之作《伊万·苏萨宁》介绍到上海。马氏的夫人艾琳,(1rene)是女高音歌唱家,也曾在音专任教。

常举行独奏音乐会也常与工部局乐队合作演出的钢琴家秦格尔(Gregory Singer),也是犹太人。他与工部局乐队合奏的俄罗斯犹太作曲家阿甫夏洛穆夫采用中国主题与节奏而作并由作曲者本人指挥的G大调钢琴协奏曲(参见下文),曾由美国哥伦比亚唱片公司灌制,向全世界发行。

另一个位犹太钢琴家是女性,即阿达·勃朗斯坦夫人(Mrs. Ada Bronstein, neeLvoff)。她母家姓利沃夫,于1916年生在哈尔滨。曾在上海国立音专求学;后来成为优秀的钢琴家和钢琴教师,在母校授课,也教私人学生。我国最早在重要国际钢琴比赛中获奖的傅聪,就是在前述的梅百器和她的精心指导下脱颖而出的。她在1952年赴加拿大后,在温尼伯加拿大广播公司工作,从事独奏、室内音乐合奏和伴奏,举行了数百场音乐会,包括为美籍华裔男低音歌唱家斯义桂伴奏的巡回演出。

除上以外,这段时期内在上海国立音专任教的长笛教师丕且纽克(Pecheniuk)与声乐教师路皮气克夫人(Mrs. Robitchek),从姓氏看,似亦是犹太人。

俄国1905—1907年的资产阶级革命和1917年的无产阶级革命中,有大批俄国人移居中国东北,其中有少部分辗转前来上海。这些人中,有一些是犹太血统。这一节所说的犹太音乐家中,几乎全部是这样来到黄浦江畔的。

1938年,纳粹德国吞并奥地利后,那里的犹太人也同他们在德国的同胞一样,处于水深火热之中。使他们痛感非外出逃亡,无以幸存。因而,从1938年下半年起,至1941年太平洋战争爆发,先后到上海逃难的德、奥犹太人总数约达1.7万人。

1.7万人中,从事务行各业的都有。以音乐家而言,有从事器乐、声乐,也有从事作曲、指挥的,其中不乏出类拔萃之辈。参加工部局乐队的器乐家中,有在德国就得过伊巴赫奖的爱德勒(Ferdinand Adler),后来当了该乐队的首席小提琴手。他也常以独奏者的身份,与乐队演出小提琴协奏曲。他的演奏以音色细腻、风格高雅而著称。他演奏的贝多芬、门德尔松的小提琴协奏曲,忠于原著,弓法灵活,尤为脍炙人口。以独奏者的身份与工部局乐队合作演出的,还有技艺精湛的大提琴家温克勒(E. Winkler)。

(四)约阿希姆一门三杰

奥托·约·阿希姆(Otto Joachim,1910—)擅拉中提琴,在上海时组织过一支犹太乐队,亲任指挥,还在迈尔西爱路(今茂名南路)兰心大戏院斜对面开过一家琴行,兼售乐谱。他在希特勒上台后不久,于1934年就流亡到远东,先在新加坡,后来到上海,在当时就已从事创作,著有《亚细亚》交响诗等曲。1949年迁居加拿大,以弦乐演奏家和音乐教师闻名。后参加蒙特利尔交响乐队,担任首席中提琴手,并在麦吉尔大学和魁北克音乐院任教。他自己创立了电子音乐工作室,对电子音乐进行了多年的研究和实验。又因爱好古乐器,而创办了蒙特利尔古乐器乐队,并为之复制了许多中世纪和文艺复兴时期的乐器。但他最主要的活动领域却在作曲方面。他同时创作两种截然不同、大异其趣的乐曲:一种是纯然用传统方法记谱的十二音音乐,一种是采用新颖的记谱方法,供合成音响、混合表现手段和戏剧因素演出用的作品。由于他的杰出成就,权威的《新格罗夫音乐和音乐家词典》将他列为专条。

奥托的弟弟瓦尔特·约阿希姆(Walter Joachim,1912—)则以擅拉大提琴见长。他的演奏深沉蕴藉,音色浑厚。他曾任德国科隆室内首席大提琴手。1934—1938年以自由音乐家的身份,举行独奏以及室内合奏音乐会,并参加乐队的演出。1940年他初来上海时颇为潦倒,白天打工,晚上在Dd's咖啡馆和舞厅等场所拉琴伴舞,糊口谋生。工部局乐队指挥富华喜欢跳舞,适逢其会,听到他的演奏击节赞赏,就延聘他参加了乐队。后来,他又到国立音专任教。除此以外,他还以独奏者的身份,与乃兄奥托组织的犹太乐队协作,演出于当时德、奥犹太难民聚居的沪东地区的百老汇大戏院(今东山影剧院)。1952年,他也前去加拿大,参加了蒙特利尔交响乐队,1979年接任蒙特利尔交响乐队首席大提琴手。1987年年底,他应上海音乐学院(前身为上海国立音专)之邀请,专程前来参加该院60周年院庆,并与当年在工部局乐队(现为上海交响乐团)同事过的谭抒真、黄贻钧、陈传熙、毛楚恩、司徒海城等乐坛元老回忆往事，共叙别情。

奥托的儿子，1949年后不久呱呱坠地的戴维斯·约阿希姆（Davis Joachim, 1949—），不久即随乃父到加拿大，先后在蒙特利尔、多伦多和英国伦敦攻读吉他艺术，录制过许多古典和现代吉他音乐唱片，现已成为优秀的吉他演奏家、音乐编辑和作曲家，作品以电子音乐《类星体》最为著名。

约阿希姆家的奥托、瓦尔特、戴维斯兄弟、父子，这几位乐中翘楚，除如上文所述，奥托已被权威的《新格罗夫音乐和音乐家词典》列为专条外，他们又一同被《加拿大音乐百科全书》作为专条收入。一门三杰，传为佳话。

与约氏一家同样曾栖身上海，后去加拿大，并因优异成就而为《加拿大音乐百科全书》列为专条的德、奥犹太音乐家，还有巴尔邦、马库斯、鲁夫、哈尔彭，下面谈到钢琴、指挥、作曲、音乐学等方面时，分别加以介绍。

（五）卫登堡卓荦冠群

行家认为，在长住上海的外国音乐家中，论知识的渊博和修养的深湛，首先应推卫登堡（Alferd Wittenberg, 1880—1952）教授。他于1895—1900年就读于柏林的皇家音乐院，1900—1903年在皇家歌剧院担任小提琴首席，嗣后以演奏和私人教授音乐为生。他是19世纪驰誉全球的匈牙利犹太小提琴家和教师约瑟夫·约阿希姆（Joseph Joachim, 1831—1907）的得意门生，他的演奏尤以音色曼妙甜美，令人心醉神迷见称。他的音乐生涯，以与奥地利钢琴家阿图尔·施纳贝尔（Artur Schnabel, 1882—1951）和荷兰大提琴家安东·赫金（Anton Hekking, 1856—1935）合组三重奏时最为世人所熟知。

卫登堡是一个富有强烈个性，执着追求理想的音乐大家。他的亲密合作者和好友、已在美国乐坛雄踞高位的施纳贝尔和津巴利斯特，于希特勒1933年在德国上台后，都为他安排好待遇优异的职位，邀请他去美国担任教授。但他不喜欢美国当时流行的"为速度而速度"的演奏风气，故而他虽曾应邀赴美访问，却婉言谢绝任教。他坚决反对为了速度而破坏音乐内涵的美感。1938年11月纳粹对犹太人的迫害变本加厉以后，他被迫于1939年2月流亡到上海，先后居住在提篮桥附近的华德路（今长阳路）、东熙华德路（今东长治路）等几条街道上，妻子、岳母相继去世后，他独居陋室，安于清寂，孜孜教学，诲人不倦。抗日战争胜利后，美国方面再度向他发出邀请，但他眷恋学生，眷恋上海，不忍离去，主要以教授私人学生为业，直至中华人民共和国成立。

1949年后，在外国音乐家陆续离去时，卫登堡不为所动，仍乐于留在上海。他继续一面收私人学生，一面在上海国立音专任教。音专当时地处江湾，尚属市郊，位置偏僻，交通不便。师生乘公交车辆到达终点后，还须乘坐乡民的自行车才能到校，稍不小心，即有车倒人翻，腰闪骨折之虞，条件是艰苦的，严冬酷暑、刮风下雨时尤其如此。卫登堡却不以为然，安之若素。另一方面，他在音专的工资为300个折实单位，连同私人授课所得，收入较之一般中国人固然要高，但与他如若前往美国工作的优越条件则不能相提并论。可他留恋于师生之谊，把上海当作第二故乡，直到去世。

卫登堡初到上海时，人地生疏，并无籍籍之名。他当时已届中国人所谓的花甲之年，身材矮小（仅1.65米），貌不惊人，更难引起人们的注意。但不久，他的名气便慢慢传扬了开去。我国老一辈的小提琴家谭抒真、陈宗晖、杨秉荪、毛楚恩、司徒海城以及现在美国的马思宏（马思聪之弟）和已故的章国灵，都在他的指导下，技艺获得进一步的提高。他的学生中也有已经具备相当造诣的外国乐师，如后来担任工部局乐队小提琴首席的俄罗斯犹太人米沙·里斯金（Msoha Riskin）。他知识渊博，精通音乐史、乐理基础和乐曲结构，深谙各派演奏风格韵异同短长，教学时常逐一示范奏出他的老师约阿希姆以及奥尔、克莱斯勒、米尔斯坦、胡贝尔曼、西盖蒂、埃尔曼、海斐茨、津巴利斯特、梅纽因等各派大师处理各种乐曲的方式和特点。他具有惊人的记忆力，对于各种乐曲和各派阐释，烂熟于胸，不假思索，在小提琴上随手奏出。另一方面，他的钢琴也弹得甚好，学生要拉什么曲子，他无需事先备课，随手便在钢琴弹出伴奏部分，在当时录音带尚未行世，而古典音乐唱片的品种在上海也不十分多的情况下（上海1949年后国立音专的唱片仅998张），他的示范教学无疑使学生大开眼界。特别是已有一定程度的学生，经过他的点拨指引，学业更是骎骎日上，精进不已。

卫登堡与中国学生之间保持着良好的师生关系。鉴于他居住在当时被日本占领的提篮桥一带和他自己逼仄的住房条件，他教学生总是上门授课。对于住房宽敞的学生，他还借其家中设点，教授其他学生，以免去不断奔波之苦，学生也欣然愿意相助。他还同设点的学生讲好，在其家中搭伙，教到开饭时间，就留下来同食。他饮食随便，颠沛流离期间，更顾不上严格遵守犹太的饮食教规。他教学认真而和蔼，待初学和高级一视同仁，甚至对儿童也不例外。教初学和儿童对他这样的大师来说确实大材小用，但他并不因而掉以轻心，马虎从事。在教授技巧较难的乐曲时，他常以勉励的口吻用英语对孩子说，"这支曲子有点难，不要怕，慢慢来。"如果孩子天资颖悟，很快就学会时，他又会高兴地露出惊讶的表情，以嘉许的语气说，"噢，原来并不那么难！"

卫登堡的钢琴演奏水平之高，可从以下一事得到佐证。范继森、杨体烈、李民强等名家都曾跟他学过钢琴，其中有的还是自己已在钢琴演奏方面具有了一定声望以后，再跟他学的。除此以外，他还为歌唱家高芝兰等弹过伴奏。

1941年12月太平洋战争爆发，不久，日本军事当局对德、奥来沪的犹太难民实行了严格的限制措施,在提篮桥一带设立"犹太人隔离区",画地为牢,非持有出入证,不得越雷池一步。卫登堡的生活更趋困难。据学生回忆,他常长途步行到学生家去授课。严冬腊月时,脸颊冻成紫红色。有一年夏天,气候特别炎热,路面的柏油都晒化发黏,他走在路上时,鞋底竟被粘落,人也摔在地上,胫骨折裂。到了晚年,卫登堡的听力有所减退,拉提琴音时常不准。但这对于他的教学并无大碍,他扬长避短,更多利用钢琴伴奏。他也一如往昔,每天刻苦练琴不辍。他为自己作出规定,除安息日外,把巴赫的六部技巧艰深的无伴奏小提琴奏鸣曲每天练习一部,周而复始,从不中断。一天,每日为他冲开水的中国邻居进房时,发现他已瘫倒在地上,手中仍然执着提琴,谱架上摊放着巴赫奏鸣曲的乐谱。他是因中暑昏迷,心力衰竭,经大华医院抢救无效,而溘然长逝,结束了他热爱音乐、至死方休的一生。学生们按照犹太丧礼在犹太会堂为他举行了追悼仪式,并按他的遗愿,将他葬在中国的土地上,永远安息在与他相濡以沫的中国人民中间。

以上谈的是前来上海的德、奥犹太音乐家在弦乐方面的情况。

(六) 德、奥犹太音乐家在钢琴、作曲、指挥方面的杰出人才

在钢琴方面,德、奥犹太音乐家有汉斯·贝尔(Wans Baer)、马可史(Marcus)以及上文中提到的巴尔邦、鲁夫等人。贝尔和马可史都在音专任教,马还兼教作曲,其余事迹不详。

安德烈亚斯·巴尔邦(Andreas Barban,1914—),生于莱比锡并就读于莱比锡音乐院,又师从沃尔夫冈·弗兰克尔(参见下文)学习乐理。1939—1947 年在上海教钢琴。1947 年移居加拿大纽芬兰省首府圣约翰斯市,以独奏和伴奏的身份举行广播音乐会多年,还曾担任圣约翰斯交响乐队指挥,对推动该市音乐节活动起过重要影响。

赫伯特·鲁夫(Herbert Ruff,1918—),生于当时属德国的布雷斯劳(现归波兰,名弗罗茨瓦夫)附近。在柏林的施特恩音乐院学钢琴和作曲,其钢琴教师为著名的瓦尔特·吉泽金(Walter Gieseking,1895—1956),13 岁进音乐学院,同时从事爵士和严肃音乐。15 岁起先后在德、瑞士、捷克等国从事电影音乐创作。1939—1952 年在远东,为香港广播电台工作,在南京音乐院教授钢琴和作曲(1947—1952 年),还为上海的法文协会(Alliance francaise)和英国艺术委员会(Arts Council of Great Britain)提倡当代音乐而工作。他于 1952 年到加拿大蒙特利尔,主要从事儿童电视连续剧的音乐创作,蜚声国际音坛。此外,他还创作了 30 多部音乐会演奏用的作品《苏格兰主题变奏曲》、钢琴和乐队《狂想曲》等和 2 000 多首歌曲,推动了魁北克歌谣音乐的复兴。

(七) 在作曲方面

除了上述的鲁夫既是钢琴家和乐队指挥,也是作曲家以外,还有马库斯、沃尔夫、弗兰克尔、许洛士。

埃尔温·马库斯（Erwin Marcus,1902—1956），生于维也纳，死于蒙特利尔。就读于维也纳，攻音乐学。1920—1938年任合唱指挥，为利奥·斯莱扎克(Leo slezak, 1873—1936)等著名歌唱家伴奏。1938年到上海，指挥大歌剧团和国际合唱团，并在国立音专任教。1949年移居加拿大蒙特利尔，任教于麦吉尔音乐院。他创作并在加拿大广播公司播出的有C单簧管、小提琴、大提琴、钢琴四重奏、钢琴奏鸣曲、钢琴组曲等。

阿图尔·沃尔夫（Arthur Wolff）的职业是医师，作曲是他的业余爱好。然而他创作的曲子却自出机杼，颇有新意，在德国时就已知名。

另一位与沃尔夫的情形相仿佛，起初仅以音乐为业余爱好，而以法官为职业的是沃尔夫冈·弗兰克尔（Wolfgang Fraenkel,1897—1983）。他生于柏林，死于洛杉矶。曾在柏林的音乐院学习小提琴、钢琴、乐理，后攻读法律，在柏林任法官多年。希特勒上台后被关过集中营，获释后来上海，参加工部局乐队任中提琴手，在国立音专理论作曲组任教，也到南京国立音乐院兼课。1947年前往美国，为好莱坞的历史影片配乐，在洛杉矶指挥乐队，同时从事音乐创作。弗兰克尔在音乐方面造诣精深，记忆特强，这些特点，表现在一个仅以业余时间从事音乐的法官身上，成就格外惊人。他的钢琴弹得相当出色，音色尤其悦耳。他的弦乐拉得同样卓越，在工部局乐队主要拉中提琴，但小提琴部缺人时他也李代桃僵，改拉小提琴。他的作品富有新意，也颇为人所推崇，堪称演奏、创作、教学一把抓的"多面手"。他的记忆力之强、音乐修养之深，从下面一件事中可看出。有一回，某小提琴家要同乐队合奏莫扎特的第三小提琴协奏曲，但只有钢琴伴奏谱，乐队无从协奏。此人求援于弗兰克尔，他在既无总谱又无小总谱的情况下，硬是凭借高超的作曲素养和对莫扎特乐曲的深刻理解和强烈记忆，把乐队伴奏部分即兴编写出来。事后得到莫扎特的原著，两相对比，相差无几。

弗兰克尔在上海国立音专执教时，讲授的课程有奥地利犹太音乐家、西方现代主义音乐代表人物阿诺德·勋伯格（Arnold Schonberg,1874—1951）的和声体系，和瑞士音乐理论家恩斯特·库尔特（Ernst Kurth, 1886—1946）从研究巴赫作品而发展的线条对位理论。这些新颖的作曲手法都是第一次介绍到中国，它们开拓了学生的眼界，产生了深远的影响。他讲学时归纳精炼、逻辑清晰，提纲挈领，深入浅出。他不仅讲授作曲理论，而且还以其渊博的知识，培养了学生的创作观念和审美趣味，鼓励他们创作发展的精神。经他在音专上课和通过私人教授而培养的学生，有丁善德、瞿希贤、邓尔敬、汤正方、桑桐、刘如曾、张宁和、黎英海和现在美国的董光光等人。另外，上文提到的巴尔邦，则在德国时就曾跟他学习乐理。

弗兰克尔作品众多。在上海时，他曾以中国诗为歌词为女中音和乐队创作了3首歌

第六章　绚丽多彩的上海犹太文化

曲。他于1930年代在德国撰写，但因自己是犹太人而无法在那里发表的论文《非功用性音乐》，来上海后又进行了大量的补充和修改，详细地阐述了新维也纳乐派的特点。弗兰克尔到美国后，仍然念念不忘在上海时的师生之谊。例如，他曾写信给桑桐（现任上海音乐学院院长），要后者将其用自由无调性手法为小提琴和乐队所写的作品《夜景》之总谱寄去，由他指挥在洛杉矶演出。可惜的是乐谱因故未能寄出。

尤利乌斯·许洛士（Julius Schloss，1902—1973），作曲家。生于德国的萨尔路易，死于美国新泽西州的贝尔维尔。他是奥地利犹太作曲家阿尔班·贝格（Alban Berg，1885—1935）的学生，又是好友和同事。贝格的许多作品，都是由他订正的。他的经历同弗兰克尔一样，也是被纳粹关过集中营，获释后于1938年前来上海的。初到这里时，他也同瓦尔特·约阿希姆一样，穷愁潦倒，不得不在酒吧间拉手风琴和弹钢琴糊口谋生。1947年，他因弗兰克尔之荐进国立音专，在作曲系教赋格、配器和作曲。他以乃师贝格的杰作，歌剧《沃采克》的配器手法示范，示明如何造成惊人的渐强效果，给学生深刻的印象。桑桐等都是他的学生。许洛士于1920年代后期居住维也纳时，写过钢琴曲《印象》、弦乐四重奏、钢琴奏鸣曲等，颇见功力。来到上海后，于1947年任教音专时重新恢复创作。这时的作品中，有两首为小提琴和乐队而写的。《中国狂想曲》是根据中国民歌《小路》的主题改写的。许洛士热心提携后进，曾将桑桐的作品《夜景》《在那遥远的地方》介绍给上海的美国新闻处，在那里举办的音乐会上首演，由他本人弹钢琴，为青年小提琴家章国灵伴奏。

（八）在指挥方面

上文所说的中提琴家奥托·约阿希姆、钢琴家鲁夫、作曲家马库斯，都兼任过指挥。他们的情况在前面已作介绍，不赘。

（九）在音乐学方面

有伊达·哈尔彭（Ida Halpern，1910— ）。她是音乐学家，生于维也纳。1938年在当地毕业，获音乐博士学位。旋来上海，在沪江大学任教，但次年即迁往加拿大，定居温哥华。重要的贡献是把不列颠哥伦比亚北部海岸之许多印第安部落行将湮灭失传的音乐，记录和保存了下来。1976年，担任联合国自然环境委员会顾问。可以想象，哈尔彭如在中国久住，大概也会像下文所说的阿甫夏洛穆夫一样，从事搜集中国民歌、民乐的工作，一如她本人在加拿大为印第安人的音乐所做的那样。

（十）在歌剧方面

原在维也纳歌剧院工作的舍恩巴赫（Sohonbach），对歌剧剧目如数家珍。他来沪后曾为名歌唱家高芝兰等弹过钢琴伴奏，帮其排练剧目。高对他业务的熟悉，留有深刻的印象。

至于先在上海,后来被延聘到福建音乐专科学校任教的德国犹太音乐家,则有曼爵克、克拉拉夫妇和马古士(Marcus)。曼爵克教大提琴,克拉拉教钢琴。中华人民共和国成立后,两人调往青岛山东大学艺术系,后转往华东艺术专科学校,但不久均去世。马古士教乐理和钢琴。他和在上海国立音专任教的马可史(外文也是 Marcus)是否同一个人,待考。上面的这几位,连同前面所说曾在南京任教的鲁夫和弗兰克尔,表明从德国避难来的犹太音乐家,不仅在上海,而且还通过上海到外地去从事过音乐活动。

除上述而外,犹太难民音乐家还演出过一些格调轻快的小歌剧,如《风流寡妇》《蝙蝠》《卢森堡伯爵》等,为辛苦劳累了一天的观众起了苏息抚慰的作用。参加这些演出的有罗丝阿尔巴赫-格斯特尔(Rose Albach-Gerstl)、玛吉特·兰格-克莱曼(Margit Langer-Kleeman)、埃尔温·弗里泽尔(Erwin Fzieser)等声乐家。

(十一) 在唱诗班领唱者中

来自德国的马克斯·瓦尔绍尔(Max Warschauer)演唱的宗教歌曲和世俗歌曲,都备受欢迎。其他著名的唱诗班领唱者,有约瑟夫·沙拉马赫(Josef Schallamach)、波德拉凯内克(Podrakenek)等。这些领唱者的活动场所,居多在一些犹太会堂,如华德路摩西会堂、麦克利克路(今临潼路)会堂、拉都路(今襄阳南路)新会堂。

后于德、奥犹太难民来到上海的波兰犹太难民中的歌唱家,则演唱了意第绪语歌曲,沟通了不同国家犹太人之间的感情。其中以女歌唱家拉娅·扎米娜(Raya Zamina)最为出色。

当时也有一些难民音乐家生计无着,几乎濒于绝境。为了对这些人伸出援助之手,他们曾组织过一个"上海音乐家协会",为其排忧解难。

然而,以上这些演出和活动,范围可能仅限于犹太人社区,故而很少为外界所知晓。

(十二) 阿甫夏洛穆夫与《孟姜女》

这里要谈一位毕生为中国民族音乐贡献力量的犹太作曲家阿龙·阿甫夏洛穆夫(Aaron Avshalomov,1894—1965)。他生在中俄边境的庙街(俄文名尼古拉耶夫斯克)。庙街原是中国领土,清朝时割让给帝俄。阿氏幼年时,当地中国居民依然众多。他父亲开设鱼行雇用的工人,多数也是中国人。照料他生活的也是一个中国老人,此人会唱京戏和民歌,还常带他到戏园看京戏。他从小耽迷上了京戏,认为"中国的京戏把演员的姿势、动作、表情与歌唱、舞蹈、乐队巧妙地综合为一个整体,在世界上独一无二"。但他也觉得京戏的音乐虽然有时丰富多彩,却往往单调、粗糙,仅是简单曲调的不断重复,放着中国民间蕴藏的音乐宝库不加利用,实在可惜,因此立志要为发展中国民族音乐和京戏献身。1910年,他到瑞士苏黎世学医,但半年后即违反父亲的意愿而偷偷改学音乐,尤其孜孜于乐理

第六章 绚丽多彩的上海犹太文化

和作曲。1916年,他来到中国,先后在北京、天津、青岛居住和工作。当时的环境虽不利于他实现自己的志向,但他仍利用在洋行工作,到内地收购皮毛的机会,记录民歌、民乐,为创作具有中国特色的乐曲积累素材。他的歌剧《观音》于1924年和翌年先后在北京和美国波特兰上演。在波特兰献演时,由于买不到中国戏装,只得请画家用金粉在彩布上绘制后缝成凑合。1929年,构思和开始创作表现古城市井生活的交响诗《北平胡同》。1932年,阿氏来到新文化运动风起云涌的上海。他担任百代唱片公司乐队指挥,并将《北平胡同》灌成唱片。认识了电影《渔光曲》音乐的作者任光,并通过任光结识了聂耳、冼星海、贺绿汀、吕骥。聂耳为电影《风云儿女》而作的主题歌、后来成为中华人民共和国国歌的《义勇军进行曲》,就是由阿氏配器的。阿氏的舞剧《香篆梦》(后改名《古刹惊梦》)于1935年在卡尔登大戏院(今长江剧场)上演时,聂耳观看后以噪森为笔名写了一篇评论发表在《电通》杂志上(不久,聂耳在日本不幸溺水身亡,此文竟成绝笔)。后来该剧在1941年和1943年两度演出时,梅兰芳还先后到场亲自指点排练和观看演出,并为说明书题词。1935年起,阿氏担任上海工部局图书馆馆长,待遇优厚,生活安定,使他不仅能余暇时从事音乐创作,并且还有了排练、演出他的舞剧的经济能力,从而不必全部依靠爱好者的支助。这段时期延续到1941年底太平洋战争爆发,日本人占领租界,他的馆长一职被革为止。在这之前,他就结识了沈知白(沈知白后任上海国立音专教授)。沈知白学贯中西,知识渊博,精研中外音乐理论和作曲技巧,对提倡中国民族音乐与阿氏所见略同,成为莫逆之交。两人密切合作,沈知白为阿氏的创作提供素材。《琴心波光》和上述的《香篆梦》这两部舞剧,都是两人合作的产物。阿氏失业以后,生活拮据,创作更感困难。这时,袁励康等人组织"中国歌舞剧社",帮他排练新作歌舞剧《孟姜女》。袁还负担了阿氏的全部生活费。袁不是文艺工作者,而是一个经营煤业的商人,但他有志投身戏曲改革,为国争光,同时也为一个外国人专心致志为中国音乐事业奋斗毕生的精神而感动,尽管自己财力并不十分富裕,也不顾胜利初期国民党当局的刁难和特务的寻衅,毅然为阿氏本人和《孟姜女》的排演提供了迫切需要的资助。

为《孟姜女》的上演提供了更大帮助的,是当时中共地下党在上海文化界的负责人之一姜椿芳。姜椿芳在解决该剧上演的经费、演员、排练场所的问题上,牵线搭桥,组织各方面的力量为失业潦倒、壮志未酬、思想非常苦闷的阿氏及时解决了困难。1944年初,中国歌舞剧社假座法国公董局礼堂(今科学会堂),由阿氏本人指挥演奏了《孟姜女》的音乐部分,邀请戏剧、音乐、电影界人士参加。佐临、姚克等人一致赞赏。1945年11月24日,《孟姜女》全剧在兰心大戏院彩排,次日举行招待演出,接着又连续演出了8天10场,并通过电台广播。姜椿芳当时又是苏商《时代日报》主持人,利用工作方便,在该报上为《孟姜女》发消息和免费登广告。音乐、戏剧、电影、文学、新闻界人士观看彩排后,给予高度评价,并在《大公报》上联名撰文推荐。署名的有梅兰芳、周信芳、夏衍、于伶、沈知白、洛蚀文(即王元化)、费穆、佐临、傅雷、柯灵等 30 余人。

1946 年 1 月 25 日,中国歌舞剧社又应"军事委员会战地服务团"的邀请,在兰心大戏院演出一场《孟姜女》(英文名《万里长城》),招待在沪美军将领。华美军总司令魏德迈和其他高级军官在观看了这部大事变中的小悲剧后,都大为赞赏,因为这部戏情节感人,又用西洋管弦乐队伴奏,他们能够欣赏接受。魏德迈认为该剧一定会受到美国人民的喜爱,并要中国歌舞剧社制订赴美演出计划,以便具体联系安排。另一方面,魏德迈又向蒋介石提出,邀请该剧到美国演出。《孟姜女》一炮打响后,接着又积极准备再度公演。这时遭到国民党特务的寻衅找碴,他们手持"国防部长"何应钦的指令,咬定戏中孟姜女痛斥秦始皇的唱词是影射"反独裁",要剧社交出共产党后台。剧社通过党的关系向宋庆龄陈述。宋庆龄愿意亲自主持该剧的演出,以所得票款做文化福利基金,救济文艺界清寒人士。1946 年 3 月,《孟姜女》再度上演于兰心大戏院,宋庆龄邀请了宋美龄、孔祥熙、黄仁霖(励志社总干事)和各国使节、文化参赞、武官出席观看,到场的还有上海各界名流和外侨,可谓"冠盖云集"。演出博得广泛好评,获取圆满成功。特务销声匿迹,不敢惹是生非。

然而,孔祥熙、黄仁霖却认为《孟姜女》奇货可居,就将演出之权揽为己有,踢开中国歌舞剧社,另组班子。他们删除剧中"反暴政"的内容,先搬到南京上演,向蒋介石献媚,接着又筹备到美国巡回演出,冀图名利双收。后来国民党军队在战场上节节败退,孔祥熙眼看美国去不成,便撒手不管。而先期到美国去接洽剧场的阿氏,却因此归来不得而流落在美国。

1949 年后到 1950 年北京人民艺术剧院筹建期间,曾想请阿氏回来,并进行了联系。当时他正好得到著名指挥家阿图罗·托斯卡尼尼(Arturo Toscanini,1867—1957)的同意,为其作品音乐会担任指挥。他表示等这场音乐会举行后回中国,但不久朝鲜战争爆发,他的这一愿望未能实现。

阿氏在美国时,虽然得到某些大师的赏识,例如皮埃尔·蒙特(Pierre Monteux,1875—1964)和利奥波德·斯托科夫斯基(Leopold Stokowski,1882—1977)曾指挥过他的作品,谢尔盖·库谢维茨基(Sergey Koussevitzky,1874—1951)也约请他写交响曲。然而,他在美国上演其戏剧作品(歌剧、舞剧)的计划却未能实现,最后他死于纽约。晚年他潦倒失意,贫病交迫,但仍竭力完成了取材于中国历史故事的歌剧《杨贵妃暮景》。他孜孜不倦,致力于发展中国音乐的一生,正如屈原的《离骚》所说,"亦余心之所善兮,虽九死其犹未悔。"

第六章　绚丽多彩的上海犹太文化

阿甫夏洛穆夫一生写了几十部以中国为题材的作品,其中大部分写于1917—1947年几乎完全居住中国的期间。甚至在他于1948年底到美国后,他创作的乐曲仍带有中国风格。他的作品,除上述《观音》等曲以外,还有取材于郭沫若长诗《凤凰涅槃》的同名歌舞剧、四部交响曲、三部协奏曲、题献给梅兰芳的女声独唱曲《柳堤岸》、以《诗经》和唐诗谱乐的歌曲等。

《北平胡同》写于作曲者1920年代初居住古城北京之时。全曲以各种小贩穿街过巷的吆喝叫卖声为素材,用交响化的手法展开,呈现了色彩斑斓、地方气息浓郁的风俗画卷。该曲于1933年由作曲者本人指挥在上海演出后,不久,又由著名的斯托科夫斯基指挥费城乐队在美国演出。

G大调钢琴协奏曲是作曲者题赠予好友——钢琴家秦格尔(见上文)的。全曲富有中国风味,尝试用钢琴表现琵琶、二胡、竹笛、洞箫、扬琴、古筝等中国民族乐器,拓宽了钢琴艺术的表现能力。

上述两部乐曲都由作曲者本人指挥乐队演奏,并灌制了唱片。

《琴心波光》公演以后,精于评骘音乐的名翻译家傅雷作了这样的评论,"我们看到中国音乐中增加了丰富的音色和表达力量……把和声及多声部增加到中国音乐里面,同时又保留中国旋律……但是出乎我意料的是,这种成就却是一位外国作曲家作出来的。"

1985年,在推迟举行的阿甫夏洛穆夫诞生90周年纪念之际,北京与上海举行了阿氏作品的专场音乐会。阿氏的儿子雅各专程从美国前来参加纪念活动,并担任了部分乐曲的指挥。阿隆·阿甫夏洛穆夫被《中国大百科全书·音乐舞蹈》卷列为专条,这是罕见的例子。

(十三) 斯特恩和梅纽因

中华人民共和国成立以来,随着我国音乐事业的蓬勃发展和对外交流的日益频繁,外国音乐家来到上海访问与演出和讲学的络绎不绝,其中有一些是犹太血统,最著名的如:苏联小提琴家达维德·奥伊斯特拉赫(David Oistrakh, 1908—1974, 1957年访沪)和列昂尼德·科岗(Lecnid Kogan, 1924—1982, 1952年访沪),苏联钢琴家斯维亚托斯拉夫·里赫捷尔(Sviatoslav Richter, 1915—, 1957年访沪),生于苏联的冰岛籍钢琴家兼指挥家弗拉迪米尔·阿什克纳齐(Vladimir Ashkenazy, 1937—, 1979年访沪),美国小提琴家艾萨克·斯特恩(Isaac Stern, 1920—, 1979年访沪)。他们的精湛演技,使上海音乐界和一般听众大饱耳福,得到了美好的艺术享受。

斯特恩是当代最著名的小提琴家之一。他又是美国艺术家协会创办人之一和纽约卡内基音乐厅协会主席,是今日美国音乐界的首脑人物。他在1979年6月访问中国时,先后在北京、上海、广州演出和讲学。他的演奏,以温暖的音色、宏大的音量和恰如其分的力度变化见称。他在上海音乐学院(上海国立音专后身)的公开教学,热情、认真、一丝不苟,获得师生一致好评。他在该院参观期间,主持拍摄了该院教学情况的纪录片《从莫扎特到毛泽东》,以西方人士所喜闻乐见的方式,突出表现了中国音乐事业的巨大发展,轰动了整个西方世界。在这部荣获奥斯卡最佳纪录片金质奖的影片中,拍摄了他在参观该院附小时发出的赞叹,"每一个窗口都有一个天才"。百闻不如一见,据说,欧、美音乐界有许多人就是通过这部影片的介绍,对我国音乐刮目相看,并欣然前来我国访问和演出的。

同斯特恩一样,另一位当代最著名的小提琴家耶胡迪·梅纽因(Yehudi Menuhin, 1916—)也对中国的音乐作过较大的贡献。他出生在美国的一个具有乌克兰犹太血统的家庭,两个妹妹赫芙齐芭(Hephzibah)和亚尔塔(Yaltah)都是优秀的钢琴家。

他有"神童"之名,11岁时即因演奏贝多芬小提琴协奏曲而名噪欧美。师从名师乔治·埃奈斯库(Georges Enesco,1881—1955)后,技艺更骎骎日上。风格的纯净和阐释的深邃,使他成为世界最佳小提琴家之一,盛名历时60余年而不衰。1959年起长住英国,后创办梅纽因音乐寄宿学校,培养各国天才儿童。1979年应邀来中国演出和讲学,并受聘为中央音乐学院名誉教授。

梅纽因虽未来过上海,但他对上海的音乐教育表现了同样的关注。1980年,他精心挑选了上海音乐学院附小的小提琴学生金力入梅纽因学校学习4年。1985年3月,他又邀请金力在纽约卡内基音乐厅演出,他亲自指挥英国皇家交响乐团协奏。同年10月,金力又应联合国之邀,在庆祝联合国40周年的音乐会上与梅纽因共同演奏了巴赫的双提琴协奏曲。

在英国举行的以梅纽因命名的国际小提琴比赛中,中国选手王晓东、王峥嵘、张乐在1983年的首届比赛中囊括少年组前三名。其中,王晓东、张乐都来自上音附小。至1985年第二届比赛时,王晓东又获得青年组第10名。1987年第三届比赛中,上音的学生再接再厉,附小的董昆获得了少年组第1名,附中的郑青获得了青年组第3名。在1983年的比赛后举行的获奖者音乐会上,梅纽因亲自指挥英国爱乐管弦乐团与王晓东协奏。

梅纽因对金力和王晓东的提携奖掖,关怀备至,表现了他对中国人民的深厚友谊。这种友谊还可从下面一件事中见出,在1986年上海音乐学院图书馆因发生火灾致使部分图书焚毁后,他为重整该馆而进行了募集活动。

综上所述,足见犹太音乐家对上海音乐事业的发展所作出的十分重要的贡献。

上海音乐学院在其学报《音乐艺术》1990年第1期上,发表了纪念德国犹太音乐家弗兰克尔和许洛士的文章和有关资料。这表明,犹太音乐家所起的作用,再度引起上海音乐

第六章　绚丽多彩的上海犹太文化

界的重视。

（十四）欧洲犹太难民中还拥有多才多艺的戏剧家

他们先后组织了色立斯·萨比卢德语剧团、意第绪语剧团，还有一个木偶剧团。为了丰富难民们的文娱生活，于1939年夏，在难民收容所中举行了第一场戏剧晚会。同年，在上海一流的兰心大戏院首次公演了犹太名剧《大利拉》。在这短短的四五年期间，上海犹太人竟上演了60多部戏剧，其中既有英国的萧伯纳、瑞典的斯特林堡、匈牙利的莫纳尔、奥地利的霍夫曼斯塔尔的名剧，也有难民中的犹太作家布兰德·布科察尔、西格尔贝格自己编写的剧本。尤其值得一提的是，波兰犹太人还上演了意第绪语的戏剧，如戈登的几部传世佳作和从肖洛姆·阿莱赫姆的作品改编的《挤牛奶的台维》等。

此外，欧洲犹太难民还组织了"犹太画家和美术爱好者协会"（ARTA）。1943年5月，这个协会举办了第一次联合画展，一共展出了14名画家的作品，在上海艺术界的圈子里引起了相当的反响。

事实表明：犹太民族是一个爱好文化艺术，又具有很高天赋的民族，即使在最不安定、最为艰难的环境中，仍能闪耀出文艺天才的光彩。

第三节　爱因斯坦访问上海的前前后后

一、爱因斯坦的二次访沪活动

1922年11月中旬和同年年底至次年年初，爱因斯坦曾偕夫人两度访问上海，并在上海得到瑞典领事馆正式通知，授予他1921年度诺贝尔物理学奖金。

1922年秋天，爱因斯坦在接受日本改造社的邀请，到神户庆应义塾大学和东京帝国大学讲学途中，顺道前来上海。他偕夫人艾尔莎先到法国马赛港，乘日本邮船"北野"丸出发，前往东方。11月10日，在他临近上海的时候，船上的无线电广播中传来了他荣获诺贝尔奖金的消息。"北野"丸原定11月12日抵沪，但延误至13日上午11时才抵达汇山码头（一度改称"上港三区"，现名"汇山装卸区"）。迎接的有中国人、犹太人、德国驻沪总领事和旅沪德侨菲斯德博士夫妇，以及日本记者14人。日本改造社代表稻垣守克夫妇和大阪《每日新闻》特派员村田，陪同爱氏夫妇乘汽车游览了南京路等街道市容，并到"一品香"午餐。爱氏夫妇于2时入城内，在"小世界"聆听了昆腔（"小世界"是当时的游戏场，在今新北门内福佑路，城隍庙后，原址现为文化电影院），游览了城隍庙豫园，到画家王一亭住宅出席了中国文化界的欢迎会（王一亭，1867—1938，名震，别署白龙山人，工书画，擅绘佛像），观赏了中国美术,并进晚餐,品尝了中国菜肴,爱氏对菜的评价是用脂油太多,恐不易消化。饭后,日本学士会又宴请他们于日本俱乐部。此外,他们还在菲斯德博士家与旅沪德国人开了茶话会。而希尔施拉比(Rabbi W. Hirsch)为首的犹太人代表团,则向爱氏夫妇转致了上海犹太社区的问候,并邀请他们在下月返回上海时出席社区的招待会,得到了他们的同意。上海犹太复国组织也邀请爱氏在归途中能安排时间,出席该组织的集会并发表讲演。

次日(14日),爱因斯坦夫妇由稻垣夫妇陪同,乘原船前往日本。1922年12月31日,再度抵沪,登岸时受到中国人、犹太人、日本人和德国领事等的迎接,逗留至1923年1月2日离去。

1923年元旦,爱因斯坦在工部局礼堂作了有关相对论的讲演。同日下午,他还出席了上海犹太宗教公会(Shanghai Jewish Communal Association)的招待会。晚间,又参加了犹太青年协会(YoungMen's Hebrew Association)和探索社(Quest Society)联合主办的相对论座谈会。上海犹太宗教公会的招待会由犹太人加登(S. GarCon)夫妇为东道主,在杜美路9号他们宏伟的住宅举行(该建筑后改为杜美大戏院,现名东湖电影院,杜美路现名东湖路)。上海犹太人社区的名流大多出席了招待会,其中如上海犹太宗教公会主席大卫(D. M. David)、犹太社区拉比希尔施夫妇、《以色列信使报》(Israel Messenger)创办人埃兹拉(N. E. B. Ezra)夫妇、上海犹太学堂(Shanghai Jewish School)董事会主席亚伯拉罕(R. D. Abraham)夫妇、震旦大学教授罗爱思大夫(Dr. F. Reiss)等。会上,爱因斯坦应邀谈了创建伊始的耶路撒冷希伯来大学。爱因斯坦说,"我根据亲身的经历得出结论,这样一所机构有其必要。我在瑞士念书的时候,甚至不知道我是犹太人。我只知道,我是一个人,这于我就满足了。后来我到了柏林,我开始意识到,许多像我这样的人,感觉到有精神上的需要。他们需要有东西,使他们的犹太意识得以明确表达出来,得以为人们所听到,而当这种需要不能提供时,有人就企图以人为的方法来窒息他们的呼声,对此,他们自然不能满意。"他接着说,"然后兴起了犹太复国运动,这为许多人的心灵带来了新的和谐。目前,这所犹太大学将为犹太精神提供一个活动中心,将使犹太学者找到自己的方向。这将不仅是一所莘莘学子攻读的场所,而更是犹太学者荟萃的地点,是表达犹太思想的权威中心,这里将帮助向广阔的世界规定和阐明我们的观点,这里将散发出影响,使分散的以色列之形形色色的社区活跃和振奋起来。"爱因斯坦的发言是用德语讲的。他的德语、法语、意大利语都说得很流利,也听得懂英语。他的夫人则说得一口英语。因此,他们同与会者没有语言上的隔阂。

宗教公会主席大卫在欢迎词中,介绍了爱因斯坦"几年前夕为了耶路撒冷希伯来大学和巴勒斯坦基金会,同犹太复国运动领袖哈伊姆·魏兹曼(Chaim Weizmann, 1874—

1952,后为以色列国首任总统)前往美国"。他说,"事实证明,这次美国之行大获成功,为犹太复国事业带来了有益的结果"。会上,希尔施拉比的夫人代表上海犹太妇女界,向爱因斯坦夫人赠送了精美的中国绣花披巾。

在晚间的相对论座谈会上,探索社的主席查特莱(Er. Chatley)博士认为,在那样的群众集会上无法详细讲解相对论的原理,因而提议由与会者直接向爱因斯坦提出这方面的问题,请他解疑释惑。于是,到会者纷纷提出了问题。有人问,爱氏是否认为,迈克耳孙-莫雷(Michelson-Morley)实验已足够精确,可据以假定真空光速为一恒量。爱氏答复时,提到了菲佐(Fizeau)的基本实验、光行差和麦克斯韦-洛伦兹(Maxwell-Lorentz)的电磁说,认为据此必然作出上述假定。查特莱本人问,不久前远征队赴澳洲观测日食的结果如何?爱氏答,结果尚未公布,可能需数月之久。他说,要在照相片上测出星体的1‰毫米级的细微偏差,并由此计算出偏差律,是一项非常困难的工作。工部局电气处的一位安东尼先生提出一个有趣的问题。他问,能否用木卫掩星现象(小行星在运行中遮掩了背后的恒星,其原理与日食相似,是罕见的天文现象)证明相对论的正确。爱氏答,不仅结果可由此推论,而且他确实知道,这一问题正在计算,可能得出结果。对于以上的和其他的提问,爱氏都能立刻抓住其要点,微笑着走向黑板用图例说明,或用口头阐释。他的回答简短而直截了当,要言不烦,一如读过他著作的读者所熟悉的那种文风。

二、爱因斯坦访沪的热烈反响

对于爱因斯坦的两度访沪,上海当时的中、外文报纸《申报》、《时报》、《大陆报》(China Press)、《字林西报》(North-China Daily News)、《以色列信使报》都作了报道。《时报》连续多日发了消息。1922 午 11 月 15 日的新闻中,对爱氏的写照是,"博士面貌温和,一君子人,其神气颇类村庄传道教师(士)。衣黑色,极朴实,领结黑白色,髭黑,发灰而短,二目棕色,闪烁有神。谈话时,用英文颇柔顺,无德语之硬音",生动地绘出了爱氏给上海人的最初印象。该报 11 月 20 日的图画周刊,并登有爱氏到沪时偕夫人在轮船上的合影。《申报》除发消息外,还在岁末、年初的两期星期增刊中刊登了两篇论文,一篇是北大教授丁燮甫讲演、刘元斗笔记的《爱斯坦(当时译名不统一,有"爱斯坦""安斯顿""爱恩斯坦""爱因斯坦"种种译法)以前之力学》;一篇是法国夏尔·诺德曼(物理学家,为在法国传播爱氏的思想做了许多工作)著、L.K 译(疑为履恭之英文首字母缩称。陶孟和,字履恭,留英,学社会学,当时任北大教授)的介绍相对论的《人类思想界之大革命》。《大陆报》除详细报道了爱因斯坦出席前述招待会和座谈会的情况外,在 1923 年 1 月 7 日还刊登了《科学家拍摄日食照片证实相对论》的长文。该文与1922年《科学》第7卷第11期的"科学新闻",都记叙了世界各地观测1922年9月21日之日全食,以证实或否定相对论的经过。在这以前,英国皇家天文台已根据1919年5月在非洲和巴西观测日全食之结果,证明相对论的正确,使爱因斯坦名闻全球。但科学界有人对此现象结果尚有怀疑,故各地天文学家乘1922年9月21日再次日全食的机会,纷纷选择适当地点,再度进行观测,期望在相对论的问题上得出一无可怀疑的证实或否认。

杂志方面,商务印书馆的读者面宽、影响力大的《东方杂志》,在1922年12月25日,亦即爱因斯坦再度访沪的一星期前,以第19卷第24号的一期为"爱因斯坦号",收有论文10篇以及爱氏的小传和著作目录,并刊印了爱氏夫妇的合影照片。10篇文章大多译自英国的罗素、德国的施奈德(Ilse Sohneider)、日本的桑木彧雄和石原纯的原著,唯周昌寿的《相对性原理概观》是一篇独立的创作。

与此同时,商务印书馆还在《申报》1923年元旦一期发出广告,说明该馆"备有几本相对性原理的书籍,介绍博士的为人和他的学说"。这些书籍,有的已经出版,有的正在印刷。其中有一本是著作,即周昌寿的《相对律之概念及其由来》,其余均为翻译。周文扼要地分节介绍了相对论的起源,狭义相对论(当时译作"特殊相对性原理"),广义相对论(当时译作"普遍相对性原理"),爱因斯坦的宇宙观、能媒观以及魏尔(Claus Hugo Hermann Weyl,文中译作"外尔"——作者)相对论的新发展。

周昌寿的文章,除了上述介绍爱氏科学理论的章节外,又得出,"现在适值爱因斯坦将次来华讲演,我们一面预备欢迎他,一面就不可再蹈这种盲从的恶习。务必要踏踏实实地将他真正的价值研究一下,要不然,恐怕不特我们这一番景仰思慕的感怀,无由表示,就是爱因斯坦先生对于这样毫无了解的欢迎,也决不会表示满意呢",言简意赅地道出了中国科学家的心声和学习爱因斯坦应持的正确态度。

尚待考证的几则报道

在1922年11月15日《时报》的报道中,曾有"且(日)下北京与金陵二大学(金陵大学在南京,原址现为南京大学),已邀博士演讲",以及"如有暇,或参观圣约翰(指圣约翰大学,原址现为华东政法学院)与大烟厂"之说,但后来未再有这方面的报道,看来由于时间关系,这些计划似都未实现。

苏联里沃夫(V. Lvov)所著《爱因斯坦传》的中译本(商务印书馆,1963年版)第179—180页提到,11月15日,中国大学生在上海为了此事(指爱氏获诺贝尔物理学奖金——作者)事对他作了热烈的欢迎,用手臂抬着他在南京路上走过。这种说法似无根据。首先,这件事发生在15日没有可能,因为当时各报均说爱氏是乘原船"北野"丸在14日启程赴日的。《字林西报》刊登的日本邮船会社的船期表,也载明该轮是在 14 日离沪的。再说,当时各报亦均无上述报道。

另外,蔡元培于 1921 年到柏林时,曾由与爱因斯坦相识的夏元琛陪同访问丁爱氏,蔡并以教育总长兼北大校长的身份;邀请爱氏来华讲学。然而,爱氏 1922 年两度过沪时,都行色匆匆,未能从容讲学,更谈不上远赴北京了。这是怎么回事呢?

1987 年 3 月 3 日上海《新民晚报》,陈一新的《爱因斯坦在上海》短文,道出了其中的原因。文章说,"原来,1921 年蔡元培正式邀请他时,他并没有立即接受,只说'期以他日'。一年后,他接受了日本的邀请。中国方面便请他顺道来我国讲学两星期,双方同意报酬每周一千美元计算,中国方面负责他夫妇两人的膳宿和旅费。因此,爱因斯坦第一次到上海后,中国有关方面便为迎接他的来到忙碌起来,作了许多准备。不料,12 月 22 日,爱因斯坦突然来信说,他要'中止赴华'。原因有二,一是他等了五个星期都没有得到中国方面的进一步的消息,他以为邀请已被取消;二是一位自称蔡元培的'全权代表'的德国学者来信要他'留华'(在中国住下来),他办不到。其实这两点都不是事实,蔡元培曾组织学术团体联名给爱因斯坦去信,欢迎他访华,此信为邮程所阻,至于要他'留华'云云,蔡元培说,他根本不知道这事,对自称为'全权代表'的德国学者这一举动,蔡元培很觉得诧异。"

三、爱因斯坦对上海的观感和对中国人民的关切

爱因斯坦两次访问上海,虽然只有短短 3 天,他以犹太人在排犹的德国受歧视、排挤、迫害的经历,身同己受地目睹了上海人受到殖民者的欺凌压迫,深表同情。他的女婿以安东·赖泽(Anton Reiser)为笔名撰写的《爱因斯坦传》,根据他当时的旅行日记,对此作了报道。书中说,"上海的访问,使他对中国人民的生活得到了一种看法。这个城市表明欧洲人同中国人的社会地位的差别,这种差别使得近年来的革命事件(指 1919 年的"五四运动")部分地可以理解了。在上海,欧洲人形成一个统治阶级,而中国人则是他们的奴仆……他们是淳朴的劳动者,欧洲人所以欣赏他们的也正是这一点,在欧洲人眼里,他们的智力是非常低劣的。爱因斯坦看到这个在劳动着、在呻吟着、并且是顽强的民族,他的社会同情心再度被唤醒了。他认为,这是地球上最贫困的民族,他们被残酷地虐待着,他们所受的待遇比牛马还不如。"在如此短暂的时间内,爱因斯坦对中国人民的水深火热作出了这样深刻的观察。

10 多年后,1936 年 11 月,抗日救国的沈钧儒、邹韬奋等被国民党政府逮捕的"七君子事件"发生。消息传到美国后,爱因斯坦联合美国文化界 15 位名人,通电蒋介石、孔祥熙

等,声援"七君子",要求释放。1937年2月5日《救国日报》刊登了电文,电文说,"中国处境困难,至表同情。我们以中国的朋友的资格,同情中国联合及言论结社自由。对于上海全国各界救国联合会七位学者被捕消息传到美国,闻者至感不安,同人尤严重□□(原文不清)",再度表示了爱因斯坦主持正义和关切中国人民的感情。

第四节 上海犹太人的复国主义活动

上海犹太社区和世界其他各地的犹太社区一样,也有着犹太复国主义的思潮、组织和活动,概括起来可以划分为四个时期,即:在平稳中发展时期、在曲折中前进时期、在困境中斗争时期、在急变中结束时期。现按历史顺序予以分析论述之。

一、在平稳中发展时期(1903—1929年)

1897年8月29日,第一届世界犹太复国主义运动代表大会在巴塞尔(瑞士)召开,来自世界各地区的197名代表参加了大会,大会决议建立世界犹太复国主义组织,为在巴勒斯坦创立一个犹太民族国家而奋斗。这一事件标志着犹太复国主义运动已成为国际性的有纲领的有组织的政治运动。它很快地得到世界各地的犹太社区的响应,同样地也在上海犹太人中引起反响。

当时,上海塞法迪姆犹太人的人数虽然不多,可是他们及其祖先均有着被歧视、被迫害、被流亡的悲惨经历,而且他们中间已有一批具有相当经济实力和社会地位的大商人。因此,他们对犹太复国主义运动表示支持,并开始进行活动。

1903年,上海第一个犹太复国主义组织建立。是由著名的埃兹拉(N. E. B. Ezra)发起建立的,称之为"上海犹太复国主义协会"(Shanghai Zionist Association),是得到新崛起的艾里·嘉道理(E. S. Kadoorie)的慷慨资助的。

上海犹太复国主义协会是亚洲最早成立的3个犹太复国主义组织之一,另两个分别在伊拉克和土耳其①。这个协会成立后第一件事,就是立即派出代表参加1903年在巴塞尔举行的第六届世界犹太复国主义代表大会,由此与总部挂上了关系,从此以后,它长期是上海犹太复国主义运动的代表,并与总部保持着密切的联系。协会成立后做的第二件事,乃是在参加巴塞尔大会返回上海后,于1904年创办了一份英文周刊《以色列信使》

---

① 参见英文版《犹太百科全书》,第16卷,第1127页,耶路撒冷1973年版。

第六章　绚丽多彩的上海犹太文化

(Israel's Messenger)。仍是由埃兹拉创办并兼任主编,他忠于职守,勤于工作,担任主编直至1936年去世。

《以色列信使》在发刊词中明确宣称本刊是"上海犹太复国主义协会"的官方喉舌①。这份周刊后改为日报,在中国以至全世界的犹太人中都有影响,主编埃兹拉也就闻名于世。

上海既没有法西斯组织的反犹恶浪,亦不存在阿拉伯人与犹太人的矛盾冲突,中国人民以至政府从未有过反犹的思潮和行动。所以,上海犹太复国主义组织是在十分平稳和宽松的环境中进行活动的,按理应有较快的发展,但是在头十几年中没有多大成绩,甚至连《以色列信使》也停刊了,这主要是由客观原因造成的。世界犹太复国主义组织之初,影响不大,尚未获得西方列强的支持,而向巴勒斯坦移民的进展缓慢;尤其是第一次世界大战爆发后,造成世界犹太复国主义组织分裂为亲英美派和亲德奥派,削弱了活动的力量。

1917年,《贝尔福宣言》的发表,使世界犹太复国主义运动出现了转机。当时,英国从自己的内政和外交的需要出发,决定支持犹太复国主义。于是,在1917年11月2日,英国政府外交大臣贝尔福(Arthur James Balfour)以致信给英籍犹太望族罗思柴尔德励爵(Rothschild)的形式,明确宣布:"英王陛下政府赞成在巴勒斯坦建立一个犹太人的民族之家,并将尽最大努力促其实现",并说,"如果您能把这个宣言通知犹太复国主义联盟,我向你表示感谢。"②这个宣言促使世界各地犹太复国主义组织(包括上海的犹太复国主义协会)已经冷落下去的热情又鼓动起来了。上海犹太复国主义协会将自1910年停刊的《以色列信使》报复刊。协会主席艾里·嘉道理(于1915年推举出任的)和报刊主编埃兹拉,都是英籍塞法迪姆犹太人,他们在当时形势鼓舞下积极开展活动,在下列三个方面取得很大进展。

(一) 加强舆论宣传,取得多方同情和支持

埃兹拉以《以色列信使》报主编名义,分别致信给亚洲许多国家的政府和社会名流,向他们宣传《贝尔福宣言》的内容,附上了《以色列信使》报,呼吁他们支持犹太复国主义运动。他的这一尝试获得了相当成功,亚洲有好几个国家的政府表示同情。中国国民政府的外交部次长陈籙于1918年12月4日正式致信给上海犹太复国主义协会主席艾里·嘉道理,代表中国政府表示尊重《贝尔福宣言》精神。中国伟大的民主主义革命家孙中山亦于1920年4月24日致信艾里·嘉道理,全文如下③:.

---

① R.洛西撒尔:《中国的宗教报刊》,载于《汉学丛刊》,第57期,北京,1940年版。
② 英文《犹太百科全书》。
③ 《孙中山全集》第5卷,中华书局1985年版,第256—257页。

伊斯拉(即埃兹拉)阁下：

拜读阁下来信及《以色列传讯报》(即"《以色列信使》报"——作者)，非常欣慰！

余愿就这项当代最伟大的行动之一，向阁下伸致同情之忱。所有爱好民主的人士，对于重建你们伟大而历史上著名的国家，必然会给予全心的支持与热烈的欢迎。这一国家，在世界文明方面具有重大的贡献，也应该在国际上赢得一个光荣的地位。

孙逸仙
4月24日于上海

上海犹太复国主义协会还乘一切知名的犹太人士和犹太复国主义者访问上海之机，通过各种渠道邀请他们参加集会，发表支持犹太复国主义的演讲。如1922年美国妇女犹太复国主义组织代表C.格林菲尔德夫人访问上海；1925年巴勒斯坦犹太复国主义组织代表V.本逊博士访问上海；协会都组织了集会，请他们发表演讲。特别是1923年元旦下午，由上海犹太宗教公会出面组织的欢迎集会上，刚刚荣获诺贝尔奖金的德籍犹太科学家爱因斯坦发表了长篇的热情支持犹太复国主义的讲演(其内容已在本章第三节中作扼要介绍，这里不赘)，在上海引起了很大的反响，扩大了上海犹太复国主义运动的影响。

在巴勒斯坦发生阿拉伯民族和犹太民族的冲突后，上海犹太复国主义者为支持巴勒斯坦的犹太复国主义运动而大声呐喊，到处活动，当传说印度圣雄甘地将派出2万印度人去巴勒斯坦保卫伊斯兰圣地时，埃兹拉于1929年10月写信给甘地，表示抗议。甘地当即回信否认此事，埃兹拉乃将甘地回信刊登在《以色列信使》报上，大事宣传。当1929年11月英国首相麦克唐纳之子马尔科姆·麦克唐纳(Malcolm Mac Donald)访问上海时，上海犹太复国主义协会就派出代表团要求会见。在马尔科姆·麦克唐纳与他们会见时，代表们向他宣读了一份抗议阿拉伯人在巴勒斯坦犯下罪行的声明，并请他转交给其父亲。小麦克唐纳接受了这份声明，并向代表们保证英国政府将坚持《贝尔福宣言》的精神。这样，上海犹太复国主义协会达到了预期目的夕. 使英国政府再一次向全世界表示对犹太复国主义运动的支持。

(二) 采取实际行动，向巴勒斯坦移民

在加强舆论宣传的同时，成立了"巴勒斯坦建国基金会上海分会"(Palestine Foundation Fund in Shanghai)，由艾里·嘉道理担任主席，开始筹募资金，积极参与向巴勒斯坦移民来重建犹太民族家园的工作。1920年，上海犹太复国主义者在巴勒斯坦建立了第一个犹太移民点，取名为"中国犹太人定居点"(China Jewish Colony)。1921年，又建立了第二个移民点，用艾里·嘉道理已故的夫人劳拉·嘉道理(Laura Kadoorie)的名字命名，以赞扬和纪念嘉道理家族对犹太复国主义运动的贡献，因为这两个移民点的大部分资金是由嘉道理家族捐献的。

此外,巴勒斯坦建国基金会上海分会为在耶路撒冷建立希伯来大学筹募了一笔资金,还出资在巴勒斯坦办了一所农业学校。

(三) 开展组织工作,团结更多的人支持犹太复国主义运动

到了20世纪20年代,由中国东北沿海岸南下到上海的俄罗斯犹太人已增至1 000人左右。他们大都具有较强烈的犹太复国主义倾向,因而使上海犹太复国主义协会会员迅速增多。可是,俄罗斯犹太人是属于阿什肯纳兹犹太人,与英国籍塞法迪姆犹太人有不同的特点和文化习俗,所以,他们往往自己独立活动。1920年8月,他们出版了一份俄文周刊,刊名为《西伯利亚—巴勒斯坦》,作为阿什肯纳兹犹太复国主义者的喉舌。不久,他们又组织了自己的犹太复国主义团体,叫"卡迪玛"(Kadimah)①,也称上海犹太复国主义组织(Changhai Zionist Organization),简称"S. Z. O."与上海犹太复国主义协会的简称"S. Z. A."相区别。这样,在上海犹太复国主义运动内部,就有两个组织,一是塞法迪姆犹太人复国主义组织S. Z. A.,由于埃兹拉是创始人,名声大,故又称"埃兹拉"组织,另一个是阿什肯纳兹犹太人复国主义组织S. Z. O,又称"卡迪玛"组织。当然,在总体上,上海犹太复国主义的力量是增强了。

上海犹太复国主义者考虑到如何争取非犹太人的同情和支持,经过卓有成效的努力,竟然于1925年建立了一个非犹太人组成的亲犹太复国主义的团体,其中成员有中国人、日本人、印度人,甚至还包括袄教徒和伊斯兰教徒,这是难能可贵的,亦是世界犹太复国主义运动史上所罕见的。

正是由于上海犹太复国主义者在多方面工作的进展,也就扩大了它自身的影响,因而当孙中山先生的灵柩在中山陵举行安葬仪式时,上海犹太复国主义协会的新老主席R. E. 托依格夫人(1928年接替艾里·嘉道理)和埃兹拉受到中国政府的正式邀请而参加了盛典。这就充分表明上海犹太复国主义运动已有相当的地位,并被中国政府予以公认和重视了。

二、在曲折中前进时期(1929—1937年)

自《贝尔福宣言》发表后,在世界犹太复国主义组织的积极活动下,犹太移民大量迁居

---

① "卡迪玛"原系欧洲犹太复国主义青年学生的组织名称,后来许多阿什肯纳兹的犹太复国主义组织都采用此名。

巴勒斯坦，引起阿犹两民族之间更大规模、更加激烈的冲突。英国当局为了缓和矛盾，采取了一些限制犹太人进入巴勒斯坦的具体措施，因而引起了英国和犹太复国主义运动之间的矛盾，环绕着如何看待英国的巴勒斯坦政策和如何实现在巴勒斯坦建立犹太民族家园的问题上，世界犹太复国主义运动内部，出现了两种不同的观点，从而导致分裂成两派。以 V. 贾鲍丁斯基（Vladimir Jabotinsky）为首的强硬派，坚决反对英国调整对巴勒斯坦政策，主张用暴力在整个巴勒斯坦地区和外约旦建立一个大犹太国。以 C. 魏兹曼（Chaim Weizmanh）为首的温和派，虽对英国调整巴勒斯坦政策不满，然而主张尽可能与英国合作，以合法的温和的手段来实现犹太复国主义的目标。1925 年，贾鲍丁斯基派建立了"世界犹太复国主义修正派联盟"（World Union of Zionist Revisionists），表示他们决心修正原犹太复国主义组织的路线和政策。1935 年，修正派正式宣布退出世界犹太复国主义组织，正式成立"新犹太复国主义组织"（New Zionist Organization），简称"N. Z. O."，与"W. Z. O."相对立。

　　世界犹太复国主义组织的分化和改组亦影响到上海的犹太复国主义组织。上海的俄罗斯阿什肯纳兹犹太复国主义分子倾向于修正派，于是，在 1929 年成立了"中国犹太复国主义修正派联盟"，但没有多大活动。1931 年，世界犹太复国主义修正派联盟的青年组织"贝塔"（Betal）①在上海建立了分支。它是由来自哈尔滨、天津的一些青年犹太复国主义修正派分子创建的，L. 科托维契（L. Kotovitch）是负责人。上海"贝塔"成立后，积极发展成员，进行军事训练。值得一提的是：当时上海万国商团中有一支犹太连队，其中不少是上海"贝塔"成员，他们巧妙地取得合法身份，获得了武器装备，加强军事训练。他们还把受过军事训练的青年输送到巴勒斯坦，科托维契本人就于 1943 年离开上海去巴勒斯坦。

　　上海"贝塔"又创办刊物，其中用英、俄两种文字的《挑战》（Tagar）办得较好，后来逐步成为中国以至远东地区犹太复国主义修正派的主要报刊之一。

　　1935 年，上海也建立了世界新犹太复国主义组织的分支，其主要成员就是上海"贝塔"的骨干分子。上海"贝塔"在有了一定实力和阵地之后，又建立起"贝塔之友"，是由同情和支持"贝塔"的中老年犹太复国主义者组成。1936 年，上海"贝塔"正式成员约有 400～500 人，上海"贝塔之友"的成员竟近 1 000 人。这时，上海犹太复国主义修正派的势力有了很大的发展，已经与上海犹太复国主义协会相匹敌，甚至在人数上超过了协会成员②。

---

　　①　"贝塔"是 Berit Feldor（特鲁姆佩尔道联盟）的缩写，原是纪念犹太军事领袖特鲁姆佩尔道的团体，后发展为世界各地犹太复国主义修正派的青年，是崇尚武力的团体。
　　②　参见《贝塔在中国》（纪念文集），以色列 1973 年出版。

与此同时，犹太复国主义内部的其他一些派别的分支也在上海相继出现，如以色列正教党(Agudat Israel)，宗教犹太复国主义组织精神中心党(Mizrachi)，带有社会主义色彩的郇山工人党(Poalei Zion)，左翼郇山工人党等。它们也曾热闹一时，有的还办起了刊物，如郇山工人党曾于1935年创办英、俄两种文字的刊物《犹太人之声》(The Jewish Voice)，可是不到半年就停刊了。

由此可见，这一时期，上海犹太复国主义运动也出现了曲折，分化出许多派别和政党，不能形成统一的力量来进行活动。但是各派之间没有发生严重的冲突，这是由于究竟地处上海，不是在像巴勒斯坦那样的第一线，加上各个派别尚能克制自己的行动，因此，往往各不干扰，甚至能共同参加一些活动。如1930年11月，上海犹太复国主义协会召开抗议帕斯菲尔德白皮书①的会议，许多修正派人士也参加了会议。同样，在修正派召开类似的集会，许多非修正派人士也参加了会议。再如当希特勒上台后开始反犹活动，上海各个犹太复国主义团体都分别的甚至联合起来进行了各种形式的抗议活动。

总之，上海犹太复国主义运动内部虽然发生了分化和改组，但是犹太复国主义思想在上海犹太人中不断扩大，犹太复国主义的力量也在上海犹太人中不断增强，可以说是在曲折中前进。

三、在困境中斗争的时期（1937—1945年）

自1937年至1941年太平洋战争爆发为止，由于众所周知的原因，欧洲犹太难民大量涌入上海，总数高达3万人。上海犹太复国主义者面临着严重的困境：

（一）大批来沪的欧洲犹太人是依靠救济过活的难民。
（二）中国上海人民正处在抵抗侵略者的艰苦岁月中。
（三）上海是在德国法西斯盟友日本的统治和控制之下。
（四）原在上海经济实力最强的英美籍塞法迪姆犹太人包括犹太复国主义者纷纷离沪他去，有的留在上海，到太平洋战争爆发后又被作为敌对国人员关进集中营。

这一时期，上海犹太复国主义者大致做了下面几项工作：
（一）与其他犹太救济组织一起，大力援救难民
1938年10月，著名犹太复国主义运动活动家艾里·嘉道理召开一次会议，邀请上海

---

① 1930年10月，英国殖民大臣帕斯菲尔德发表白皮书，"强调犹太民族之家园"不等于是"国家"，强调犹太移民要注意到巴勒斯坦的"经济吸引能力"，这就引起世界各犹太复国主义者的不满和反对。

所有的犹太社团派代表参加,共同商讨救济犹太难民问题,经代表一致同意,将现有的一切救济组织合并,协调成统一的代表各方的委员会,即"援助欧洲来沪犹太难民委员会"(简称O. F. A.)。这样,就有了权威机构统一领导人力、物力、财力开展救济难民工作。

俄罗斯犹太复国主义团体虽然没有像英美籍塞法迪姆人的经济实力,但是组织比较严密,领导核心比较坚强,乃在救济工作中发挥其组织和协调工作;而且他们人数多,活动力强,做了大量的繁杂和具体的救济工作,起了重要作用。特别是在日本统治当局建立无国籍难民的犹太隔离区后,俄罗斯犹太复国主义团体发挥了其他犹太复国主义组织无法发挥的作用。

(二) 在欧洲犹太难民中发展犹太复国主义成员和组织

欧洲犹太难民主体是德、奥籍犹太难民,近2万人。他们中间原来就有犹太复国主义分子。因此,在1937年就在"卡迪玛"组织下增添一个德语支部,由B. 罗森贝格(Bernard Rosenberg)和O. 莱温(Ossie Lewin)负责。在上海"贝塔"内也新设一个德语分部,设在虹口华德路摩西会堂内,有300名青年参加。

经过一定的工作,在德、奥犹太难民雅各特·瓦赫特尔(Jacod Wachtel)博士、奥特·科里特肖纳(Oto. Koritschoner)博士、贝察莱尔·罗特、萨洛、古特曼等倡导下,于1939年9月9日,成立了中欧犹太复国主义组织"西奥多·赫茨尔犹太复国主义总会"(AZO Theodor Horzl),仅在一年之内就发展了会员2 000多人,大大超过了塞法迪姆犹太复国主义组织和阿什肯纳兹犹太复国主义组织。它的总部设在虹口,并在法租界和公共租界设立分部。

"西奥多·赫茨尔犹太复国主义总会"曾于1941年一度分裂,一部分人退出总会,另外组织了"郇山人"组织(Zion Zioni)和犹太复国主义协会(Zionist Association)。1943年,日本当局成立无国籍难民犹太隔离区,这些组织的成员都迁入隔离区。不久,这三个组织联合起来,重新建立一个名为上海犹太复国主义组织(Zionist Organization Shanghai),选举P. 帕纳斯(Pau Parners)为主席。

1940—1941年,约800名波兰犹太难民陆续到上海,他们的文化素质较高,宗教观念坚定,犹太复国主义情绪较强,特别是其中有欧洲最著名的密尔神学院400名师生。在这些波兰犹太难民中约有100多名犹太复国主义分子。内有著名的领导人和活动家,如伊鲁托维奇(Ilutovich)、伯格曼(Bergman)、杜伯基勒(Dobekirer)等。他们无疑地为上海犹太复国主义运动增添了强有力的新生力量。

(三) 创办报纸杂志,加强宣传犹太复国主义思想

由于上海犹太人的激增,为了满足大家精神文化生活的需要,报纸杂志纷纷出版。办

第六章　绚丽多彩的上海犹太文化

得较好的几张报纸,如《我们的生活》用俄、英、意第绪语3种文字出版,由D.拉宾诺维奇(D. Rabi-novich)创办并任主编,一贯积极宣传犹太复国主义思想,在上海犹太人中影响较大。由O.莱温(O. Lewin)主编的《上海犹太早报》以德、英两种文字出版,也是宣传犹太复国主义思想,在讲德语的犹太难民中影响较大。其他如《黄报》《上海周报》《8点钟晚报》《上海邮报》《言报》《我们的世界》等也都不同程度上宣传犹太复国主义思想。

(四) 开展反法西斯斗争

上海的犹太复国主义分子以多种形式对德、日法西斯,尤其是德国法西斯开展了斗争。

上海犹太复国主义组织曾多次组织抗议德国法西斯屠杀犹太人的集会和示威。犹太难民还冲击纳粹分子在上海搞庆祝胜利的活动。①

1943年,日本当局建立犹太难民隔离区时,上海犹太复国主义团体曾多次组织犹太难民、特别是波兰犹太难民进行抵制,迫使日本人作出一些让步,如让密尔神学院师生居住在隔离区外,可以去犹太会堂学习宗教经典和进行宗教活动等等。

在犹太难民隔离区内曾出现过犹太复国主义组织反法西斯地下刊物,曾散发过盟军作战胜利消息的油印传单。1941年太平洋战争爆发后,英美籍犹太人已被监禁,而俄罗斯犹太复国主义者利用其合法地位为苏联等国从事情报工作。

上海"贝塔"组织虽然对英国调整巴勒斯坦政策表示强烈反对,但是一些受到军事训练的犹太青年还是参加了英军,远赴缅甸作战,其中不少人在战场上光荣牺牲。

在这一时期,上海犹太复国主义组织面临种种困境,仍然进行斗争,并在斗争中取得一定的成绩,犹太复国主义思想在上海犹太人中进一步扩大影响,犹太复国主义的力量也有进一步的增强。

四、在急变中结束的时期(1945—1949年)

第二次世界大战胜利后,上海的犹太复国主义修正派已跃居实力最强的一支队伍。"贝塔""新犹太复国主义组织"和新成立的"伊尔贡(Irgun)上海分部"②立即开展了活动,比较重大的事件:

---

① 卡明斯基和翁特德著:《奥中友谊史》,北京1986年出版中文版。
② 伊尔贡是全国军事组织的简称,带有修正派的色彩的秘密军事组织。

(一) 汇山公园的追悼大会

战后初期,英国仍拒绝大批犹太人迁入巴勒斯坦,英犹矛盾激化,双方都采取了激烈行动。随之,巴勒斯坦的阿拉伯人和犹太人之间的斗争日趋尖锐,上海的犹太复国运动也随着加强活动。巴勒斯坦的"民族主义修正派联盟"代表裘火维特斯基于3月飞抵上海为犹太哈加纳军队筹集经费。上海各犹太团体负责人均出席了座谈会,由裘火维特斯基介绍自第二次世界大战以来犹太人在巴勒斯坦的生活,指责英国对巴勒斯坦犹太人的政策,呼吁上海犹太人给予援助。会后,裘火维特斯基得到了一笔相当可观的捐款。4月2日,英国驻联合国代表要求联合国召开特别会议讨论巴勒斯坦。可是,不几日英国竟处死了4位伊尔贡军团的成员。这个消息传来,激怒了上海犹太人。4月22日,近8 000名犹太人集合在虹口区霍山路的汇山公园举行追悼大会。克皮奥维却主持会议,裘火维特斯基在会上发表演说,抨击英国奉行希特勒的反犹政策。大会通过了呼吁犹太人团结反英的议案。这是上海犹太复国运动发展到高峰的一次政治活动,也是上海犹太侨民有史以来的第一次大型的政治集会。

(二) 中国立法院长孙科的一封信

上海犹太复国主义团体为了争取中国政府和社会人士的同情和支持,派代表去上海市社会局,并致信给南京国民政府各方领导人,说明巴勒斯坦阿犹两族冲突的情况,解释犹太复国主义者的立场,要求得到同情和支持。1947年7月4日,南京国民政府立法院长孙科复信给上海犹太复国主义修正派领导人 J. 汉瑟(J. Hasser),全文如下①

汉瑟女士:

您的来信收到,我愿申明:犹太复国运动正在为正义事业而奋斗。我感到欣慰的是,已故孙逸仙博士对这一运动的同情和支持已结出于硕果,作为一个热爱民主的人,我完全赞同我已故父亲的观点。请相信我对你们真心诚意的同情,并祝你们成功。

孙科
1947年7月4日于南京

(三) 积极支援巴勒斯坦的犹太复国主义运动

1947年11月29日,联合国大会通过了在巴勒斯坦分别建立阿拉伯、犹太两个独立国家的决议,巴勒斯坦的形势急转直下,阿犹双方一面筹划建国,一面积极备战。上海犹太复国主义者在兴奋的情绪下积极支持巴勒斯坦的犹太复国主义运动。

1948年1月,他们竟在两周内筹集了10万美元购买武器装备来支援巴勒斯坦犹太

---

① 《贝塔在中国》(纪念文集),以色列,1973年出版,第109页。

复国主义者。1948年5月14日，以色列国宣告成立，随即阿以战争爆发，伊尔贡总部紧急要求上海犹太复国主义团体尽快向以色列国输送人员。上海的"贝塔"组织和伊尔贡组织立即选派了两批骨干分子，一批由S.马勒（Samuel Muller）带领，另一批由A.马林斯基（Arye Marinsky）带领，分别于1948年秋到达巴勒斯坦，立即投入战斗，他们中大部分后来升任为以色列军队军官。

自1945年第二次世界大战结束，上海的欧洲犹太难民逐渐地大部分离开上海，这大大削弱了上海犹太复国主义运动的力量。1948年12月，以色列政府派摩西·尤瓦尔（Moshe Yuval）作为特派员来沪，经中国政府的同意，向上海犹太人发放了7000份赴以色列的护照签证，一年之中，近5000名上海犹太人去了以色列，几乎所有的犹太复国主义组织的领导人和骨干分子都走了。因此，在他们离去之后，上海的犹太复国主义活动就基本上陷于停顿。

1949年5月，上海解放。6月，上海犹太联合委员会成立，负责统一管理上海犹太人的事务，其他犹太社团均停止活动。至此，上海犹太复国主义组织经过近50年的活动，而宣告结束。

第七章 中犹友谊永葆青春

第一节 中犹文化交相辉映

文化是一个民族的最深厚的最持久的凝聚力,一个民族的思想信仰、语言文字、风俗习惯、伦理道德是经过长期的积淀,形成一种特有的本质属性,这是区别于其他民族的民族性文化。世界上有过许多古老的文化,但在数千年发展过程中能始终保持本文化的主体精神而一脉相承的,则只有中华(华夏)文化和犹太(希伯来)文化。犹太文化虽历经磨难衰盛,但经过逾4 000年,并同各种文化碰撞、冲突、交流、融合,其主体犹太教却一以贯之,一直是维系世界各地犹太人的精神纽带。同样,具有5 000年历史的中华文化,亦屡遭外来民族文化的冲击和影响,但以儒学为主体的文化精神,依然保留其本质特征,并吸收了其他民族文化的精华。

中犹文化是这两个古老民族经过几千年的积淀而形成的,有不同的特性,可是亦有共性,可以交流融合,这正是这两民族长期以来一直处于友好交往的根本原因所在,亦正是研究犹太文化的意义所在。

一、犹太民族的独特性和历史观

犹太民族的独特性首先表现在对民族起源的认知上,从民族起源一般意义上来说,犹太民族显然是美索不达米亚两河流域诸民族的一员,犹太人的族长亚伯拉罕就出生在这一地区。从种族上看,犹太民族理应是闪米族的一个组成部分,然而,我们今天所说的犹太人已不是一个种族单一的民族。例如在今天的以色列国,人们可以看到不同种族、不同肤色的各类犹太人,这一现象表明种族并不能成为犹太民族的唯一界定标准,在更大程度上或者更为重要的标志,对犹太人的界定,是基于对一种文化的认同,或者说是对犹太教的认同,只有对犹太教文化的认同亦可说对犹太教的信仰,才被视为犹太人。据此,即便父母均为犹太人的人,一旦他信仰犹太教以外的任何宗教,就不再被认为是犹太人了。从这一意义出发,我们可以得出这样一个结论:犹太民族是由一些自我选择成为犹太人的人组成的一个人类群体,因为从理论上说还是从实际出发,任何不想成为犹太人的人只要他选择犹太教以外的任何一种宗教作为自己的信仰,便走出了犹太人的行列。难怪人们一直把犹太民族看成是一个文化共同体。认识这一点非常重要,它向我们说明文化对于犹太民族极端重要的同时,向人民揭示了犹太民族数千年来散而不亡的深层原因。事实上,犹太历史表明犹太人的祖先,就是一些追求某一种信仰的人们,犹太民族在形成之初,文化认同就已经在发挥重要作用。犹太学专家阿巴·埃班对此形象地说:犹太人是一个忠于一位神,一本书,一种信仰的民族。这种独特的民族认知的做法,显然对犹太文化的留存和发展起到了积极作用,也使犹太民族成为人类历史上一个特别重视文化的民族。

犹太民族的特殊性不仅表现在对民族的认知上,还表现在其历史观的形成上。与世界其他民族的历史不同,犹太民族的历史不是在一个相对稳定的地域(或国家)空间展开的,而是在犹太民族不断流动中形成的。由于犹太人是一个很早就失去统一固定地域的民族,其历史大部分是在与其他民族杂居情况下发生的。地域和疆界对犹太民族不再显得十分重要,重要的是与时间联系的和对历史经历的记忆。正如犹太哲学家赫希尔所说:犹太思想文化对全球最丰富的贡献之一……在于它把时间契合于一种富有建设性的历史维度之中。犹太人是"时间的创立者"。这是一种直进历史观。它是把世界的创造和时间的演进紧密结合起来,是把个人的生存和族类生存同不断前进的未来事件联系起来,而且把历史解释成一个内容丰富、不断向前发展的运动。依据这种历史观,生活的规律不是重复而是前进,这一观点的提出,一下子将人自身社会黄金时代的认识,从无可奈何的过去转变为充满希望的未来,从而彻底打破了古代世界广泛流行的历史循环论的悲观主义色彩,使人类充满对未来世界的无限憧憬和希望,使人生变得更加有意义。这种直进历史观使得犹太人具有一种积极的生活态度,虽然经受种种磨难仍自强不息、奋斗不已。

在谈论犹太民族时,人们还常常用"小民族、大声音"来形容。这里的"小",主要包含两层意思:(一)指其人数少,犹太人自古以来就只占世界人口的一小部分,至今亦只占世界人口的3‰;在其近2 000年的散居时期,犹太人从来就是居住国中的少数民族。(二)指弱小,在古代中东这块群雄崛起,帝国争霸不断的地区,犹太民族从来没有凭其实力称霸一方,不仅如此,除了在一个很短时间内建立过自己的国家,享受过主权民族的生活;在其漫长的岁月,它一直是大国的凌辱对象,是其他民族迫害的对象。然而,正是这样一个"弱小"的民族,却凭借对民族理想的执着,坚信文化的力量远胜于刀剑的力量,以其文化上的成就在世界文明领域中发出其巨大并影响深远的声音,让世人深深感到它的存在,成为中东地区唯一在上古时期就创造出来的光辉灿烂的文明及其对世界进程所产生的巨大影响,并且以"一以贯之"之势一直延续到今天的民族。

二、宗教型的犹太文化

从一个特定的角度来看犹太文化是一种宗教文化,重视宗教生活,即便不是每个犹太人都信仰上帝,也是绝大多数犹太人是信仰上帝的。犹太人有一种全民族性的对宗教的虔诚和迷恋。

宗教是人类寄托自身情感与希望的一种方式。人们因于现实人生的苦难与迷惘,但又无力支配自身命运,便自觉不自觉地把自己的命运交给外部的异己力量来支配,把希望寄托在对神灵、对彼岸世界的信仰上。犹太教与其他宗教一样,是借助于超越自己的外在异己力量来战胜人间的苦难。他们通过把自己与神圣的上帝——耶和华的存在结合在一起,以求战胜人们的罪恶、软弱和不幸,从而是从根本上改变生活的困惑与困苦。正如美国著名宗教学专家斯特伦(Fredrick Streng)所说:宗教是实现根本转变的一种手段。所谓根本转变是指人们从深陷于一般存在的困扰(罪过、无知等)中,彻底畸变为能够在最深刻的层次上,妥善地处理这些困扰的生活境界。这种驾驭生活的能力使人们体验到一种最可信的和最深刻的终极实体。尽管这个终极实体在各个宗教传统中都极难定义,但是,这些宗教传统的信奉者和追随者,全都根据这一终极的背景来限定或约束自己的生活。① 犹太文化主要精神特征之一便是注重人生的终极实体的意义。在犹太教的宗教意识里,这一实体便是上帝的意旨,它是犹太教徒所体验到的最高价值,并构成他们赖以生活的支柱。犹太教徒以一种崇高的乃至敬畏的感情去服务于他们领悟到的这一实体,并化为人世间一种具体的生活观念。在犹太文化中,人与上帝的关系是至关重要的。上帝是照耀在犹太人头上的一盏灯,上帝的意旨是人们生活的准则与判断的诊所,遵循并服务于上帝意旨这一终极实体,是人们生活和希望所在。永恒的、神圣的上帝引领着人们前进。

信仰上帝,以上帝的旨意为终极来遵从,并从中领悟人生意义之所在,得到精神上的解脱与充实。犹太文化的这一精神的产生与最后确立,是与犹太人最初的苦难史联系在一起的。虽然在亚伯拉罕时代,犹太人就信仰上帝耶和华;但那时,他们对上帝的信仰还比较模糊、混沌、原始。真正以上帝为唯一信仰的、作为一神教的犹太教的确立,是在《圣经·出埃及记》的时代。当犹太人在埃及遭遇暴政,受到排斥,失去自由,陷于苦难时,摩西——犹太人的杰出领袖、犹太教的真正创始者,聚集了在埃及的那些信仰上帝的犹太

---

① [美]斯特伦著,金泽、何其敏译:《人与神》上海人民出版社 1991 年版,第 2 页。

人,并率领他们经过 40 年的漫长岁月,越过西奈沙漠到达迦南。如此漫长的距离与时间,如此艰难困苦的环境,如果没有坚定的信仰、意志与凝聚力,是难以想象能够完成这一壮举的。摩西的杰出贡献在于他把亚伯拉罕时代以色列就信仰的上帝,改造成为一位"凌驾于自然界之上,不受人类好恶和自然变化的制约"[①]的神。上帝成了他们战胜困难、克服软弱的力量源泉。在《圣经·出埃及记》中,上帝使犹太人脱离了埃及的囚笼,保护他们免遭敌人的伤害。饥饿时,为他们提供食物;口渴时,为他们提供水源;白天通过一朵云,晚上通过一把火,给他们指路。在途中,上帝还教给他们制造手工艺品的技术,申明逾越节日,确定安息日,传授十戒。最后终于带领他们全心全意出埃及,越红海,穿沙漠,进入迦南。在那里,他们建立了一个国家,为他们的信仰提供了一个不朽的明证。

然而,在埃及不是犹太人唯一的苦难与不幸,出埃及的成功与独立的获得,也不是上帝对犹太人的唯一的回报。在以后的漫长岁月中,苦难与不幸如梦魇般一直缠住犹太人。而对这一矛盾的最好解释便是犹太宗教中的"原罪"说。人类始祖亚当与夏娃因为受蛇的诱惑而偷吃禁果,犯下罪行,被上帝逐出伊甸园,这便是人类的原罪。因此,即使是诚实善良的人,也难免苦难。《圣经·约伯记》中的约伯便是一个典型的例证。上帝仅仅为了证实约伯对自己的信仰程度,便假撒但之手,把灭顶之灾降到了远离恶事、正直善良的约伯头上。所以,满怀疑惑、陷入绝望的约伯要责问:"告诉我,我的罪过在哪里?"这罪过便是人类的原罪,所有的人所受的苦难不是无故的。此外在出埃及途中,犹太人对上帝的信仰便经受了一次考验。当摩西在西奈山上接受上帝训示迟迟未下山时,犹太人恐慌了,他们铸造了一个金牛犊,并说,"以色列啊,这是领你出埃及地的神",可他们这样做的时候,便违背了上帝传给摩西十戒,"除了我之外,你不可有别的神"。所以,上帝为以色列人的不义大为震怒,发誓要灭绝他们。在上帝眼里,信仰别的神与崇拜偶像,是一种大罪,更何况是在上帝的眼皮底下犯下罪恶呢,只是由于摩西的恳求,上帝才暂时没有惩罚他们。可是犹太人为自己留下了祸根,因为上帝说:"到我追讨的日子,我必追讨他们的罪。"[②]《圣经》中经常出现的话题是"这些人在上帝眼皮底下犯下罪恶",犹太教拉比对犹太人的苦难的解释就是:犹太人的不幸是因为犹太人的不义与罪恶。

上帝就是这样,具有两面性。一方面,它仁慈宽厚,使人亲近;另一方面,它又冷酷无情,令人畏惧。它无所不在、无所不能而又不乏妒忌性、报复性。当犹太人虔诚崇拜他、信仰他,服从于他的意旨时,便降福于他们,解脱他们的苦难;当犹太人疏远他、背弃他,陷入

---

① [以色列]阿巴·埃班著,阎瑞松译:《犹太史》,中国社会科学院出版社 1986 年版,第 13 页。
② 《圣经》,中国基督教协会印发本,第 48、71、85 页。

不义、罪恶、不遵从他的意旨时,他便惩罚他们,使他们陷于困境。犹太人接受上帝,与上帝立约,接受上帝给他们制定的全部戒律,便是相信上帝是唯一的、全能的、更是公正的。犹太人的全部苦难与不幸在于没有完全按照上帝的意旨行事,是自己的罪恶就得的报应。因此,犹太人今世要做的事情便是忏悔、赎罪、行善。在犹太历法中,有那么一天便是"赎罪日"。服从上帝,就是善,就是福;背弃上帝,就是罪,就是恶。所以,人与上帝的关系,是犹太宗教的核心,其他一切,如政治、法律、社会秩序、社会习俗等都是由此而展开,这是理解犹太文化的关键所在。所以说犹太文化是宗教型的文化。

而从历史发展的视角来看,犹太人的宗教信仰是一种创新,是一种进步,这主要表现在代表着犹太人信仰精髓的一神论和契约观上。古代犹太人在以多神教为准则的时代,便创造性地提出世界上只有一位神祇。不仅把它看成是唯一的神,而且认为是一个全知全能、不生不死、永恒存在、创造宇宙万物并主宰着这个宇宙的神。一神教的提出,在当时无疑是一个划时代的成就,是人类思想的一种飞跃。它将一个无序的、对立的、分散的世界变成了一个有序的、和谐统一的世界,在这个世界里,人类可以更好地、更容易地找到自己的位置和用武之地。而犹太人契约观的提出,表明"神"与"人"之间的关系已不再是一种无可奈何的关系,而是一种互利互助、互有义务的双向选择关系。它强调人与神的关系已不再是一宿命的安排,而是一种互选关系的同时,赋予了人与神的关系上以选择的自由。这自由选择的关系打破了长期以来将人放在被动地位的宿命观。在这种新型关系中,不是人对神单方面的、无限的尽忠尽职,而是强调神、人之间的交感互通,从而激发双方的主体能动性,此外,通过立约的方式确立了人与神的关系一下子将人的行动纳入了"法制"的轨道。犹太人的这一思想经过几千年的传播,对世界的进程产生了难以估量的影响。

《圣经》既是犹太教的经典,亦是犹太文化的文献。《圣经》作为记录犹太人信仰体系的书,不仅被犹太人视为其对世界的最重要的贡献,而且被世人公认是人类有史以来最伟大的一部书籍。它历来被看成是反映人类早期生活的思想的"文化本母",是日后发展起来的文化的种子。其影响之广、之深,几乎遍及世界文化,特别是西方文化的方方面面,从宗教信仰、伦理思想,到文化科学、文学艺术,概莫能外。鲁迅曾评论《圣经》说:虽多涉信仰教诫,而文章以幽邃庄严胜,宗教文术,此其源泉,灌溉人心,迄今兹未艾。《圣经》的影响是多方面的,其中对西方文学的影响无与伦比。无论是文艺复兴时期,还是现当代的文学,都受到它的直接影响。像意大利大诗人但丁的《神曲》,英国著名诗人密尔顿的《失乐园》,小说家班扬的《天路历程》,德国诗人歌德的《浮士德》等,都直接借用了《圣经》的情节或体裁。在莎士比亚的戏剧作品中,至少有25部、共80余处引用了《圣经》的内容,《圣经》对艺术、音乐、美术的影响同样巨大。在西方近现代历史上,无论是英语、德语、法语的现代化和规范化,都是通过翻译《圣经》取得的。不少对《圣经》的经过深入研究的学者都把它看作"一部属于全人类的书"。《圣经》不仅是犹太人的宗教典籍,是犹太人生活和思想的百科全书,也是人类文化的最宝贵遗产之一。若撇开《圣经》中的宗教成分,或拨开"神学"的面纱,《圣经》便可视为一本专注于人类道德规范的书,它列出的"十诫"或提到的613条诫命,还是宣扬"正义"和"公正"思想,其终极目的无不可以看成是为了提高人的道德水准。犹太教作为一种"伦理一神教"所具有的道德教化作用亦表现于此。难怪西方有人把《圣经》说成是"我们道德教育的宝库"。而它对人类社会的公正和正义的关注,使人们发出《圣经》对未来的最大梦想和希望是建立一个致力于全人类之正义与和平的和睦的世界"的赞叹。

犹太教是犹太文化的核心与纽带,从上面所述这些犹太教的特点与内容,显然看到犹太教的一种"出世"倾向。犹太教认为犹太人在上帝眼中行邪恶,上帝便惩罚他们,让他们在世上受苦受难,以赎其罪。到一定时候,上帝将派救世主弥赛亚降临人间,拯救犹太人脱离苦海,回到"流着奶和蜜的地方"。随着中世纪对犹太人的迫害,一些犹太人表现出越来越强的脱离现实的倾向,他们在神秘世界中寻求安慰。在犹太神秘主义的古典时期,曾出版过一部著作——《创世记》。这部书认为超自然的力量起源于希伯来语字母的形式、音值、位置与数值。这部书是犹太神秘主义运动,即犹太神秘哲学最重要的文献资料之一。犹太神秘主义与犹太人对救世主的向往是分不开的。面对黑暗世界,那些饱尝痛苦的被驱逐的犹太人,企图从神秘哲学里寻找精神寄托,他们焦急地盼望救世主的降临,以拯救整个犹太民族的痛苦。犹太人这种赎罪和等待救世主的宗教思想根深蒂固。这与中华文化有所不同。

中华文化是属于伦理型的,中华文化的核心不是人与上帝的关系,而是强调人与人之间的关系。人类在环境中困扰生活的问题、不和谐乃至混乱,如现实生活中的仇恨、冲突、不道德、犯罪、战争等。这些问题的解决,犹太文化把它托付给了上帝,用的是宗教方式,试图通过人与神(上帝)关系的协调,来获得至善、安宁、福祉。中华文化则把它托付给了伦理道德,用的是世俗方式想通过良好的人际关系的协调,来达到教化大行,人人为善的理想社会的实现。

中国社会没有一个全民族共同的宗教信仰,无论是道教还是佛教都没有占据决定性、统治性的地位;没有一个像犹太教一神教那样被推到至高无上地位的超越一切的神灵;没有一个作为全民族精神依归的终极意义上的价值体系。中国人即便对佛教、道教的信仰,也往往归结到现实的功利意义上。所以说,中国是一个缺乏宗教精神的国家,没有形成全民族的宗教,缺乏对人生的终极的关怀。中国文化的特点在于重视世俗社会中人与人之间的关系,以一整套系统的、完善的伦理道德来协调人际关系。其中君臣、师生、父子、夫妇、兄弟、朋友五伦,是古代社会人与人之间最重要的关系和行为准则。所谓君敬、臣忠;父慈、子孝;兄友、弟恭;夫妇有别;朋友有义。或者如孟子说的:父子有亲,君臣有义,夫妇有别,长幼有叙,朋友有信。(见《孟子·滕文公上》)因此,以"礼"和"德"为核心的道德规范与行为规范便是人们生活的准则与判断的依据。而天下的和谐与安定,人与人的良好关系的建立,必须依靠"礼教"与"德治"。人们在生活中所要做的是身体力行,遵从并实施这些伦理道德,使其成为现实生活中真正行之有效的东西。

所以,中国历史早期,"礼"与"德"的发源与范畴,对中华文化有着深远的意义,它使中华文化走上另一条路,没有形成类似犹太教、伊斯兰教那样全民族的宗教信仰体系,而是在世俗社会中寻求伦理道德作为解决社会问题的手段,以人的道德的完善、以人的自我努力为社会和谐安定的根本所在。而孔子、孟子及其儒门后学,则顺着这个思路,建立起了一个完善的伦理道德价值体系。在《论语》《孟子》《礼记》等儒家经典中,有一个被儒家所津津乐道、极力推崇的"大同世界",即所谓三皇五帝等先世对人所创立的人伦之至的礼教黄金时代。这一人类理想社会有如下特点:先世圣王崇尚道德,广行礼教,以至教化大行,人们普遍有德向善,纯朴正直,人民安居乐业;先王本人能以身作则,道德高尚,能作为榜样而为天下百姓崇敬、效法。借着这一理想中的大同世界,儒生们为中国社会确立了以"礼教""德治""仁政"为中心的社会治理手段与社会追求的目的,确立了以"仁、义、礼、智、信"为核心的伦理价值体系与道德规范体系。统治者若要天下和谐安定,必须"法先王仁政",实施道德教化。天下存在着的罪恶、灾难、冲突,其根源在于背离了先圣们的遗训,在于道德的沦丧与败坏。所以,社会治乱所系,落脚点在于道德这一节点上,齐家、治国、平天下,首先必须先"正心"与"修身",尊者、长者尤其要注重身教,以榜样的道德感召力来发挥作用。在道德这个节点上,齐家是中心环节,而其核心便是前述由"亲亲"原则所导源出的"孝"。孔子说:"其为人也孝悌,而好犯上者,鲜矣;不好犯上,而好作乱者,未之有也。君子务本,本立而道生。孝弟也者,其为仁之本与"[①]孝悌是仁政之根本。从子对父尽孝到臣对君尽忠,由孝而至于忠,有一条明显的轨迹可寻。这样家庭伦理扩展到了社会伦理,家族主义扩展到了国家主义。所以,黑格尔说:"中国纯粹建筑在这一种道德结合上,国家的特性便是客观的'家庭孝敬'。中国人把自己看作是属于他们的家庭的,而同时又

---

① 《论语》。

是国家的儿女。"①以孔子、孟子为代表的儒家所创立的这一伦理道德价值体系,对中国文化的影响至深至远。它使中国文化较早地摆脱了宗教神权的左右,使中国古代社会没有建立起宗教信仰的大厦。中国人没有把自己的命运寄托在对外在神灵的崇拜、敬畏与服从上。"未能事人,焉人事鬼","未知生,焉知死","敬鬼神而远之","知其不可为而为之"②。具有鲜明的"治世感"和"济世感"。是以积极入世的进取精神,在以人为核心的社会中追求理想的实现。同时,它使伦理主义、家庭主义与宗法思想成为中华文化的关键所在。中华文化这种积极进取、勇于克服困难、永不退缩、自强不息的"入世精神",对中华民族的生存与发展起着极其重要的作用,可以说是中华民族文化的精髓。

由此可见,犹太文化是宗教文化,中华文化是伦理文化;犹太文化追求终极实体的意义,中华文化追求现世道德的意义;犹太文化重精神、重宗教生活,中华文化重现实、注重世俗生活;犹太文化强调出世,中华文化强调入世;犹太文化是对上帝——神的崇拜,中华文化是对祖先圣人——人的崇拜;犹太文化因亚当、夏娃偷吃禁果而产生了"原罪"的概念,中华文化则认为祖先圣人品德高尚,罪恶是后代子孙不尊祖德的结果,是"后罪"的概念;犹太人为摆脱困境,所指望的是上帝的拯救,依靠的是神的力量,中国人注重的是人的自我拯救,依靠的是人的力量;犹太人有教堂,人们去那里忏悔自己的罪恶,中国人有宗庙,人们去那里缅怀祖宗的德行;犹太人今世要做的是"赎罪",中国人今世要做的是"修德";犹太教徒认为他们是上帝的"先民",是同上帝订立了契约的,在上帝面前人人平等,中国人则认为是祖先圣人的"子民",是分亲疏、尊卑、贵贱。到后来,犹太教的"上帝面前人人平等"的概念,发展成为西方文化中的"自由、民主、博爱"和"法律面前人人平等"的概念;而中国则一直是受"人分等级""爱有等差""刑不上大夫",这种封建宗法与等级思想与制度的影响与束缚,直至今日。这是历史发展形成的差异,值得我们借鉴,更值得我们深思的。

三、中犹文化的崇尚知识和重视教育

崇尚知识是犹太文化的一个重要特征,强调知识和热爱知识是犹太民族的传统,使犹太人素有"书之民族"之称。被称为犹太教第二经典的《塔木德》就是犹太人对知识无限追求的极好例子。在犹太人中勤奋好学不只是仅次于敬神的一种美德,而且是敬神的一个

---

① [德] 黑格尔:《历史哲学·东方世界·中国》,商务印书馆版。
② 《论语》。

组成部分,他们有一句名言:"知识是最可靠的"。犹太人之所以重视知识,是与他们不断遭受迫害、个人财富毫无保障的历史经历有关。在犹太人看来,一个丧失祖国流落他乡的人,一切财产随时都有被剥夺的危险,而知识则是唯一无法被剥夺的、可以依赖的、终身享受不尽的资产。犹太人对知识的热爱和尊重,就逻辑地会重视教育,所以重视教育亦是犹太民族的一个好传统,无论是"圣殿"还是"会堂",都是犹太人学习的中心。《塔木德》写道:"无论谁为钻研《托拉》而钻研《托拉》,均值得受到种种褒奖。不仅如此,整个世界都受惠于他。他被称为一个朋友,一个可爱的人,一个爱神的人。他将变得温顺、谦恭、公正、虔诚、正直、忠实。他将远离罪恶,接近美德。通过他世界享有了聪慧、真知、智性和力量。"12世纪著名哲学家迈蒙尼德曾要求:"每个以色列人,不管年老年少,都要学习《托拉》,甚至连乞丐都要学习……。"犹太人对学习的重视导致教育的普及。现代人所讲的"义务教育",犹太人早在2 000年前就已经开始实施了。这一传统在确保所有儿童,特别是出生在贫困人家或不幸成为孤儿的孩子,都能够上学读书。在犹太家庭中,为了使子女接受良好的教育,父母可以不惜倾家荡产。不少穷苦的犹太人为了替孩子交纳学费,卖掉了自己最后一个枝形灯架或仅有的枕头,所以,犹太人中识字率不论古今都是一直很高的,即使在中世纪的黑暗年代,犹太人中文盲亦是很少的。甚至在纳粹的集中营里,犹太人照常开设学校。犹太人对知识教育的重视,极大地提高了犹太民族的文化素质,增强了他们争取生存的竞争能力,并造成了一种全民重视教育的风气,并由此而形成了一种尊重知识、尊重有知识的人和全民族崇尚文化的传统。在犹太民族中最伟大的人是有知识的人,最受人尊重的人也是有知识的人。这一传统导致了犹太人以智慧立足世界并超越世界的崇智思想的出现,使犹太人在步入现代社会时赫然走在了世界各民族的前列。这与犹太人在崇尚知识时,还有不迷信权威、允许乃至鼓励人具有一种积极的"叛逆精神"有很大关系。犹太文化承认世界上存在着许多尚未被认识的事物,人的认识不可能穷尽宇宙万物,任何一种思想、一种理论都不是终极的,因此敢于怀疑、敢于向权威挑战、敢于在精神上产生一种不懈的改善欲望的表现是值得提倡的。正如犹太史学家阿巴·埃班所说:"以色列的历史还在朦胧之初就是反抗,而不是对某种传统的继承。"正是这种敢于冲破"权威"束缚的精神,使得犹太人在各个领域中人才辈出,无论是上古时代一神论的提出,还是近代斯宾诺莎的无神论,都是对当时传统的一种挑战。20世纪以来出现的犹太科学家和文化名人无一不是在与权威和传统的挑战中产生的,无论是物理学巨子爱因斯坦,还是量子力学之父玻尔,还是生命科学创始人莱希斯坦,还是哲学家伯格森,还是心理学家弗洛伊德,还是经济学家萨缪尔森,还是文学家普鲁斯特,都是其所在学科领域的奠基人或开拓者。没有不迷信权威的勇气和开拓创新精神,他们是不可能有所的建树的。爱因斯坦曾说过：最不能令其容忍的就是权威和对权威的迷信。对于从事科学研究的人来说，对于希望在学术上有所建树的人来说，犹太民族的这种积极"叛逆精神"是必须的。

犹太人在崇尚知识的同时，十分注意高扬自己的民族精神，特别是在逆境中的昂奋精神。我们前面说过，犹太人由于在历史上就是一个弱小民族，他们对于压迫的反抗，不像其他民族主要表现在武装起义上或暴力行动上；而是集中表现在维护民族精神上。在肉体上受到迫害时，他们善于从精神方面保护自己，在物质生活艰苦困难时，他们努力在精神生活上保持丰富多彩；在艰辛险恶中，他们不萎靡颓唐，越是遭受压迫，越要寻求精神上的发奋图强，从而成为世界上一个伟大而优秀的民族。

中华民族亦是十分重视知识教育。自古以来，中国就有学习知识的优良传统，早在2 000多年前，春秋战国时期就出现诸子百家争鸣，其中杰出思想家荀子在《劝学》中就系统地阐发了学习的重要性，接着就出现了私塾学堂，以后历代都很重视教育，隋朝时开始举办科举考试，到了唐朝兴学达到了高潮，使当时中国成为世界文化的中心。中国有许多古谚告诫知识教育的重要，如"人有知学，则有力量""书乃随身之宝""学无止境""家有万金，不如藏书万卷"。由于对知识教育的重视，中国出现了许多知识大师，有了许多发明创造。近现代中国重视知识教育"一以贯之"，除了在国内大规模地兴学，还有大批学生赴国外学习，国家领导人倡导科学技术现代化，邓小平提出了"科学技术亦是生产力"的论点，当今一股尊重知识、尊重知识分子、科技创新之风正在兴起，不久的将来，中国科技将大放异彩。

中犹民族文化都尊重与重视知识教育，这正是这两个古老民族能几千年得以生存、延续和发展的重要基因所在。

四、中犹文化重视家庭伦理

家庭是作为一个用血缘关系结成的一个单位，是人们借以享受天伦之乐的小天地，它有很大的凝聚力，家庭的每个成员都十分珍惜这种美好的氛围，都能尽力来维持这种家庭的和谐。无论是中国人还是犹太人都有很浓厚的家庭观念，三世同堂或四世同堂的情况十分普遍。家庭成员相互谦让，共同协作，配合非常默契，；敬重老人，照料小孩，一派人情气味。对家庭的重视，亦是一个民族凝聚力的重要纽带之一。中犹文化都十分重视家庭与家庭的和睦，并以家庭伦理来规范之。

在中国，重视家庭的观念早在奴隶社会就已萌生。秦汉时期出现的《孝经》和"三常五纲"使家庭首先开始伦理化。《孝经》开宗明义讲："孝为百行之首，把孝看成是一切德行之根本。"三纲则在家庭关系上明确家长统治,以父纲子,以夫纲妻,强调"孝"和"顺"。这种家庭伦理观念在中国一直长期沿袭,至今仍有很大影响。中国古代文献《南史·孝父传》提到的"宁忍饥竟日,义不独饱",描述了一个青年孝敬父母的故事,在中国流传很广。在儒家经典里,"孝就是爱父母,悌就是爱兄长",孝悌信条作为维系中华家族制度和基本原则,奠定了人们在家庭生活中的"名分"。当代中华人民共和国颁布的《婚姻法》亦明确规定子女对父母有赡养的义务,这是对古人优良传统的继承与发扬。同样,犹太人就自古重视家庭伦理,历来有孝敬父母的传统。《摩西十诫》把孝敬父母作为一条道德标准加以确立,其第五条规定:"当孝敬父母,使你在世的日子,能在耶和华——你的上帝所赐给的土地上,活得长久。"希伯来法律进一步规定:凡殴打辱骂父母者均处以死刑。这种道德规范千百年来一直沿袭,被犹太家庭奉为经典。

中犹文化还有共同祭祖的传统。祭祖在犹太人的心中占有很重要的地位。死亡是人生的终点,犹太人把它看作是生命的不完全结束,而认为尸体对外部世界仍有所感觉,因此,他们十分重视对长辈的葬仪和祭祀。犹太人祭祖,心地诚笃,犹如敬拜活人一样,居处一般都设有"祖堂",每当春秋季节祭祖,供上牛、羊和其他食物。对中华民族而言,清明是祭祀的传统日子,届时许多人都上坟烧香,以示对先人亲人的怀念;有的在家中亦设祭祖的灵堂。

中犹人民重视家庭、重视对祖宗的祭祀以及对重视家庭伦理的习俗,对其民族的凝聚力是具有重要的作用的。

五、犹太经济文化特色——经商理财

犹太人出色的经商理财才能是在客观环境逼迫下锻炼出来的。因为他们流亡到居住国后,被居住国民看作贱民,不准他们占用土地耕种,更不能参与由贵族骑士从事的工作,只能在城市周边做个小商小贩,就是在这样恶劣的处境下,磨炼他们成为经商理财的能手。犹太人从事商业,一般从零开始,他们深知资金积累的重要性,总是勤俭节约积累起点滴资金,再投入经营,使资本不断扩大增值。作为客民的犹太人,在寄居国政治上是没有地位,生命财产是没有保障,为立足社会,繁衍后代,只有依靠经济实力。所以他们养成了节俭甚至悭吝的习性,以求积聚财富。他们非常聪明,只要有利可图,就见缝插针,决不放过,因此许多人成为暴发户。如昔日上海巨富哈同的发迹,就是一个典型的例子。他们经商本领早在"巴比伦囚徒"时期已经表现出来,到欧洲中世纪,犹太人在商界的影响进一步扩大,欧洲的商业活动几乎都落在犹太人手里在,犹太人与"商人"几乎成了同义词。近代,犹太人的经济活动更加扩大,其影响遍布欧洲各地,如罗斯柴尔德家族、沙逊家族、银行家雅各布、希夫、伯纳德、巴鲁克等,都因其强大的经济实力而闻名于世。

中华民族在进入封建社会后,是以农为本,历代政府都采取重农抑商的政策,商业在中国没有可能得到很好的发展。近代中国,沦为半殖民地半封建社会,在帝国主义和封建主义的双重压迫下,商业亦没有得到像样的发展。但是在海外的华侨和华人却早就显露其经商理财的才能,特别在南洋各地华侨华人,往往都成为当地的大商人、大企业家,如陈家庚、胡文虎等。在世界上引人注目。国外不少经济学家说"华侨是生意精",英国一位著名的亚洲问题专家约翰·克罗富特认为:"华侨作为亚洲的中国商人地位,正如犹太人处在中世纪未开化人群当中的地位一样,垄断着商业,为自己创造了良好的环境。"海外华人在经商办实业的发展过程中走过的道路与犹太人十分相似。早年华侨大都为逃避天灾人祸而漂流出海,除了一身穿着外,往往是身无分文,为了谋生,他们一方面从事艰苦的劳动,另一方面尽量节衣缩食,以积攒一分一厘钱,然后开始经商办实业。他们一般先从肩挑小贩做起,再从小地方的批发零售商发展到大城市的批发零售商,往往历尽辛苦才能获得成功。孔子的"发愤忘食"和"富而可求也,虽执鞭之士,吾亦为之"的精神在海外华侨华人的身上得到了最好的体现。在中国特色社会主义建设新时期,中华儿女意气风发,在党和国家的领导下做出了出色的成绩,已经跃升为世界第二大经济体,在进出口贸易中,浙江义乌小商品市场已经举世闻名,我国的外汇储额已居世界第一,这正是中国人民善于经商理财的明证。

在经济领域中,犹太人较中国人更具冒险精神。他们能够突破生活困境,紧紧抓住一切良机,发挥非凡的创造力,在各个贸易领域施展身手。他们尤其注意做冒险的大生意,故世界上头号富商罗斯柴尔德是犹太人,欧洲著名富商中一大半是犹太人。"赚女人手中的钱"是犹太人生意经中的圣言。富丽堂皇的钻石、豪华的礼服、戒指、别针、项链、高级手提包等装饰品,这一类女性喜爱的东西,无一不等待着商人去赚丰厚利润的商品。当然,做这类生意需要冒险,从商品的选择到销售,稍有不慎便可使腰缠万贯的富翁变成一贫如洗。而犹太人大多乐意做这种冒险但能获得高额利润的生意。相比之下,中国人在海外显得比较保守、稳重,他们大多从事餐饮业等中小生意,经营"能入口的行当",虽然赚钱不如珠宝钻石生意来得多,但较保险,不易亏本。

六、善于吸取其他民族文化和历史经验是犹太文化特征之一

犹太文化一个重要特征是善于吸收其他民族的文化,犹太民族的历史进程与其他民

族相比最大的特点在于它的不断迁徙和不断流散,从而在文化空间上形成了散存世界的文化景观。众所周知,犹太文化的成长从来不是汇聚性地集中于它的文化策源地,而是在与异质文化的广泛接触中得以生存和延续,在与世界诸民族文化的广泛接触中吸收和融合其他民族文化的要素。犹太文化的这一特征从其形成之初就是如此。所谓希伯来文化,即早期的犹太文化,就是在与古代文明国家如埃及、巴比伦、腓尼基、亚述的交往中吸收异质文化而发展起来的。在近千年的发展过程中,犹太文化通过对其他文化的不断吸收、筛选、改造和提高,丰富了自身,成为古代中东文明的集大成者。在被迫流散的年代,犹太人与世界诸民族文化的接触更为广泛,从古代的希腊-罗马文化,到伊斯兰文化,再到近代欧洲各国文化,无一不在它的接触范围之内。犹太文化正是通过对这一系列文化要素的吸收和融合,终于形成了今天人们所看到的这样一种特色文化体系。犹太人"像种子吸收周围的养料,储存起来,促进自己的生长那样,犹太民族命中注定的任务是吸收人类的各种各样的力量,加以净化,加以提高。"

　　善于从历史经历、特别是痛苦的经历中吸取经验教训,并将其转化成积极的遗产,是犹太文化的又一个特征。在犹太历史初期,犹太人有两次大迁徙在犹太民族的记忆中留下了不可磨灭的印记,成为犹太文化发展史上的重要一页。第一次是在始祖亚伯拉罕带领下,从诞生地两河流域来到迦南地;另一次是在摩西率领下逃出埃及,返回上帝的"应许之地"。第一次迁徙是因为对美索不达米亚人的生活和思想中那些不合理的东西感到不满;第二次迁徙则是为了摆脱奴役,奔向自由。第一次迁徙给犹太民族的精神世界以决定性的影响,是与异教思想的彻底决裂。第二次迁徙则表明犹太民族对自由的向往和为民族解放而奋斗的决心。迁出埃及一事在转化为犹太教三大朝圣节之一的逾越节,成为犹太民族的一种告诫和象征,成为维系犹太民族和保存民族信仰的一种纽带。犹太人越过红海向自由进军的举动逐渐成为民族解放的一种神话。亨利·乔治曾经高度赞扬地写道:"在笨重的人头狮身石像的前爪之间竖立着人类自由的维护神,迁出埃及的号角挑战性地宣布了人类的权利。"犹太人沦为"巴比伦之囚"无疑是犹太历史上极其惨痛的一页。然而,犹太民族却能够在这一打击之后,痛定思痛,从中汲取力量,并重新站立起来。他们回忆先知的教诲,精诚团结,在流亡地发展起了代表自己世界观的"犹太教"。由这一事件而形成的遗产,不仅为大流散时期犹太民族提供了积极有用的维护民族特征的成功经验,而且为失国流亡的犹太人与以色列故土之间建立起了永恒的联系和为他们有朝一日复国重返,奠定了不可动摇的思想基础。19世纪末在犹太民众中兴起、并最终导犹太复国主义运动,这在思想上与犹太人沦为"巴比伦之囚"事件有直接的联系。犹太人对磨难的积极态度莫过于对反犹主义作出的反应。2 000年来,面对延绵不断的反犹主义迫害,犹太信仰、犹太传统、犹太文化、犹太团结,不仅没有损毁,反而由于疯狂的反犹主义压迫的反作用,而得到进一步的保存,进一步的增强,进一步的弘扬。这一弘扬精神的结果,使犹太民族从一个地区性的民族发展成为一个世界性的民族;犹太文化从一个地区性的文化、单一民族的文化,成为影响西方文明的一个源头和世界文化。乔治伯爵对犹太民族遭受迫害作出这样的评论:"你尽可以说你一直在遭受压迫和迫害——可这正是你的力量,你已经千锤百炼,这是你从不断裂的原因之所在。"人们常说:"磨难亦是一种财富"。犹太民族以自己的历史和行动,证明他们是一个不朽的神奇的民族。

第二节 中犹人民友谊长存

一、中犹民族的传统友谊

中华民族和犹太民族都属于世界上两个古老的民族,他们的文化都有相同、相似的地方,例如都很热爱自己的家庭和自己的民族,都崇尚知识和功能教育,都重视伦理道德,都很勤劳节俭,均能吸收诸多外来文化但本体文化为主并一以贯之。从历史上看,中国人和犹太人在几千年的交往中始终是友好相处。中华民族素来对外来民族友好相待,从未有过像欧洲那样的反犹思潮和行动,所以中国就成了流散中的犹太人能够安居乐业的少数几个国家之一。于是大批的犹太人在唐宋时期沿着陆路和海上的丝绸之路陆续来到中国境内,出现了以开封为中心的古代犹太人聚居地;以哈尔滨为中心的近现代犹太人的聚居地和以上海为中心的近现代犹太人的聚居地。以开封为中心的古代犹太人得到了中国皇帝的欢迎和接纳,他们就安居下来。在北宋都城开封还出现了一个活动繁荣的犹太社团,最兴盛时有73姓500多家约4 500人之多,并不断向其他城镇迁徙。他们不是被隔离在一个单独的地区,而是与中国人杂居;他们既可以自己组织社团和会堂,并按照犹太人的习俗进行活动,亦可以参加中国的科举制度的考试,到中国政府中去做官;更可以按自己的意愿去经营工商业或其他职业。他们可以与中国人交朋友,亦可以与中国人通婚成家生育儿女;他们可以信仰犹太教,亦可以信仰其他宗教,如伊斯兰教。总之,犹太人在中国完全自由地工作与生活,正是在这样的情况下,经过一个漫长的岁月,他们逐渐地与中国人融合同化了。这在犹太史上亦是极为罕见的,在近代曾有过海外犹太社团来上海召请一些已经同化了的犹太人,试图回归信仰犹太教,结果未成。

在1930年代至1940年代,在德意等纳粹发动了反犹灭犹运动后,由于欧美大国采取了绥靖主义政策,德意法西斯一时十分嚣张,使许多国家和地区不愿亦不敢接纳犹太难民时，上海成了世界上唯一向犹太难民敞开大门的大城市了，中国人民向犹太难民伸出了温暖之手，接纳了近3万名欧洲犹太难民，到1941年底，上海犹太人已经超过3万人，再加上中国其他城市的犹太人，当时中国境内总计有4万～5万犹太人。在世界反法西斯战争中，中国军民英勇抵抗日本军国主义的侵略，成为世界反法西斯战争的东方主战场，顽强地坚持八年抗战，最后与英美盟军共同打败了日本法西斯，取得了世界反法西斯战争的伟大胜利，中国军民作出了重大牺牲，亦作出了重大贡献。在这期间，中犹人民之间没有发生什么不愉快的纠纷，更没有中国人帮助日本侵略者来加害犹太难民的事件，而是中犹人民同舟共济，克服困难，共同应对日本占领军，迎接最后胜利的到来。当世界反法西斯战争中有600万犹太人被惨遭杀害，而上海的近3万犹太人，除了病老死亡有1 581人外，其余的都奇迹的生存了下来，而且还出生了408人。这样一段神话般的历史应该大书特书，永垂史册！

二、中以关系曲折发展

1948年5月14日，以色列国宣告成立，中国表示欢迎，中国共产党领导的华北解放区《冀中导报》热情地写道："两千年来没有祖国而到处流浪受着侮辱与屠杀的犹太人民，他们要求建立犹太国家的愿望，开始实现了。"[1]1949年10月1日，中华人民共和国宣告成立，亦受到以色列政府与人民的欢迎。1950年1月9日，以色列政府正式承认中华人民共和国，成为中东第一个承认中华人民共和国的国家。中国《人民日报》于1950年1月17日，在头版报道这一消息，标题是《以色列、阿富汗、芬兰决定与我国建立外交关系，周外长分别复电表示欢迎》。[2] 接着中以两国朝建立正常外交关系开展有关工作。但在这时候，朝鲜战争爆发了，国际形势的突然变幻打乱了中以两国建交的步伐，以色列政府受到美国方面的压力使得中以建交发生了变化。1950年6月，以色列外交部通知驻苏联的代表："政府原则上决定与中华人民共和国建立外交关系，但在远东局势明朗之前，政府在这方面不会作出任何决定。这点只有你知道，在得到进一步指示前，你只能静观事态发展。"[3]是年10月，中国出兵抗美援朝，1951年2月，联合国大会通过决议指责中国"侵略"，中以建交的接触与谈判便戛然而止。全球冷战的加剧，使中以两国丧失了早日建交的好机会。

---

[1] 1948年5月27日《冀中导报》。
[2] 1950年1月17日《人民日报》。
[3] M. 柯蒂斯、S. A. 吉特尔森编：《以色列与第三世界》，新泽西州1976年版，第225页。

朝鲜战争结束后，中国与西方的关系开始趋缓和，中以双方也再次开始就建立外交关系进行谈判，从 1953 至 1954 年，双方在多个地点进行了接触，已经有了一些进展，周恩来总理还在第一届全国人民代表大会上做报告时提到："中国与阿富汗和以色列建立正常的接触正在进行之中"。① 然而以色列有些政界要人对加速中以建交并不热心，他们担心这会影响以美关系，特别是 1954 年 9 月 21 日在联合国大会上以色列代表投票赞成美国支持不把中国代表权问题列入联大会议议程的决议案，这一举动显然表明以色列政府对中国不友好态度，遭到中国政府的不满。这时，中国与阿拉伯国家的关系迅速发展，1955 年 4 月 19 日，周恩来总理在万隆会议上发言时指出"在巴勒斯坦的阿拉伯难民问题还没有解决"；22 日，万隆会议通过的最后公报表示："支持巴勒斯坦阿拉伯人的权利"，这使以色列在亚非世界陷入孤立境地。在这种情况下，以色列为摆脱外交困境，于 4 月底照会中国，希望尽快建立外交关系；但此时中国政府从国际大局考虑，决定对中东政策进行调整，周恩来总理就中以关系发出指示："同以色列缓建交，但可保持贸易关系。"5 月 21 日，中国外交部电示驻缅甸使馆："我虽原则上准备同以色列建交，但目前我国同阿拉伯国家开展关系，时机上应稍缓。"② 10 月，以色列与英法联合入侵埃及，中国政府严厉进行谴责。这样中以建交再次中断，中以关系进入 20 年的"冻结"时期。

1976 年"文化大革命"结束，中国政府拨乱反正，批判以"阶级斗争"为纲的极左路线，确立了以"经济建设为中心"，坚持改革开放和坚持"四项基本原则"的总方针，实行全面发展的外交政策，与西方国家的关系得到了改善与发展。在这样的形势下，中以关系亦逐渐解冻。1978 年，埃及总统萨达特访问以色列，探讨了和平解决埃及与以色列冲突的途径，中国表示支持，并且宣传中东问题和平解决的前景。1980 年 7 月，中国外交部副部长何英提出了中国对待巴勒斯坦问题的三原则，其中第三条是"中东各国应该普遍享有独立和生存的权利"，这是表示以色列和巴勒斯坦都享有独立的权利，并不偏袒一方。1982 年中国领导人访问埃及时，对埃及与以色列和解再次表示支持，并重申中东各国都有的生存的权利。1988 年，中国外长钱其琛提出了中国关于解决中东问题的五点主张：（一）中东问题应通过政治途径解决；（二）支持召开在联合国主持下、有五个常任理事国和有关各方参加的中东国际和平会议；（三）支持中东有关各方进行合适的、各种形式的对话；（四）以色列必须撤出所占领的阿拉伯领土，相应地，以色列的安全也应得到保证；（五）巴勒斯坦国和以色列国互相承认，阿拉伯民族和犹太民族和平共处。中国就中东问

---

① 新华社北京 1954 年 9 月 23 日电。
② 李樵：《中国同以色列建交秘闻》，载符浩、李同成主编：《外交风云——外交官海外秘闻》，中国华侨出版社 1995 年出版，第 256 页。

题提出的这一系列富有建设性的主张,为中以改善关系创造了有利条件。

与此同时,以色列亦采取相应措施来促进中以建交,1985年以色列内阁专门召开会议研究对华政策,决定利用各种途径,争取早日与中国建交,并由不管部部长魏兹曼负责这一任务,同时重新开启关闭十年之久的香港领事馆。从1986年3月至1987年1月,中以双方官员在巴黎进行多次会晤,商讨如何进一步开展双方官方交往有关事宜。1987年9月30日,中国国务委员兼外交部长吴学谦在纽约与以色列副总理兼外交部长佩雷斯正式会晤。1989年1月,中国外长钱其琛和以色列外长阿伦斯在巴黎会晤,商定由现中以双方驻联合国代表保持经常接触,并协议:中国国际旅行社驻特拉维夫办事处和以色列科学及人文学院驻北京联络处先后建立,享有外交权利,使中以之间建立了事实上的领事关系。

这时,国际关系和中东形势有了变化,海湾战争的发生和苏联的解体,极大地削弱了中东主战的强硬派,而加强了中东主张和平解决争端的力量,终于促成了马德里中东和平会议的召开。而且中东欧和原苏联各国纷纷与以色列建交,这使许多阿拉伯国家认识到越来越多的国家与以色列建交已经是一种无法阻止的趋势,这使中以建交阻力大大减弱。正是在这种形势下,1992年1月24日,中以两国外长正式签署建交,宣布建立大使级外交关系,中以关系一波三折,终于揭开了中以两国、中犹两个民族关系史上崭新的一页。

中以建交以来,两国关系较快地正常地发展:

(一) 两国领导人与高级官员经常就双边关系、中东和国际问题进行积极的有益的磋商

使中以关系日益密切,在处理中东和国际问题上增多了共同语言和合作的机遇。1992年9月,中国国务委员兼外交部长钱其琛访问以色列。同年12月,以色列总统海姆·赫尔佐克访问中国,他对中国国家主席杨尚昆说:"中国人民在犹太民族历史上最黑暗的时期帮助了我们,以色列人民对此不会忘记。"1993年10月,以色列总理拉宾访华,由于拉宾于9月刚刚与巴勒斯坦主席阿拉法特签署了巴以协议,所以受到了特别热烈的欢迎。1994年,中国副总理邹家华访问了以色列。1995年10月,中国国家主席江泽民在纽约和以色列总理会晤,就进一步发展中以双边关系交换了意见。1997年,中国领导人李岚清、温家宝、钱其琛先后访问了以色列。1998年5月,以色列总理内塔尼亚胡访华。2007年,应中国总理温家宝的邀请,以色列总理埃胡德·奥尔默特访问中国。

2012年是值中以建交20周年,1月24日,中国国家主席胡锦涛和以色列总统佩雷斯互致贺电,表示热烈庆祝。胡锦涛贺电说:中华民族和犹太民族友好交往源远流长。建

交 20 年来，中以友好合作关系不断发展，双方在政治、经贸、文化、科技、农业教育等领域的交流和合作富有成果，为两国和两国人民带来了实实在在的利益。中方重视发展中以关系，愿同以方共同努力，以两国建交 20 周年为契机，进一步巩固中以传统友好合作关系不断向前发展。佩雷斯表示：以中两国 20 年前正式建立外交关系，将双方在历史长河中结下的友谊提升至新的高度。建立在共同的历史、相同的价值观和悠久文化传统之一的以中友谊将会继续发扬光大，并向中国人民祝贺农历龙年新年。

  2013 年，应中国总理李克强的邀请，以色列总理内塔尼亚胡访问中国，中国国家主席习近平接见了他，双方就全面推进中以关系进入新阶段交换了意见。值得指出的，在这同一时间内，巴勒斯坦主席亦应邀来华访问，这在外交史上是罕见的。这表明中国政府的意图是促进巴以双方恢复谈判的信念，推动中东和平进程向前发展，显示了中国和平发展外交的真诚。2015 年 11 月 13 日，中国副总理汪洋访问以色列。2016 年 3 月，中国国务委员刘延东访问以色列，出席了以色列召开的世界创新大会并签署了中以双方创新合作的协议。访问期间刘延东先后会见了以色列总统里夫林和总理内塔尼亚胡，刘延东说：中华民族与犹太民族在世界反法西斯战争期间守望相助，患难与共，结下了深厚的友谊，构成了中以关系发展的坚实基础。愿以中以创新联委会第二次会议为契机，推动两国创新合作的提质升级。里夫林和内塔尼亚胡先后表示：中国过去 20 年里自身得到极大的发展，也改变了世界。以色列视中国为重要朋友和伙伴，以中进一步加强在创新、农业、教育、科技、医疗卫生、基础设施和能源等领域的务实合作，这对两国各自未来发展至关重要，同时亦有利于促进地区乃至世界的繁荣与发展。双方宣布同意正式启动中以自由贸易区的谈判。

（二）两国之间经济贸易迅速发展

  1992 年 10 月，中以政府签署贸易协定，双方相互给予最惠国待遇。此后，双方又陆续签订了保护投资、避免双重征税、海关合作、财政合作、海运合作等方面协议，使中以经济合作全面发展，特别在农业、电信、医药、矿业、建筑、能源、钻石加工、航空等行业取得了丰硕成果。由以色列援建的北京永乐店合作示范农场，已成为中以友谊的象征。贸易发展亦是直线上升，经过 20 年的发展，中国已经成为以色列第三大贸易伙伴，由 2012 年 1 月 19 日，中国驻以色列使馆商参处提供的 1 月 18 日以色列中央统计局发布的 1911 年数据，以色列对外贸易总额为 1 408 亿美元，其中出口额为 672.6 亿美元，进口额为 735.4 亿美元；中以双边贸易达 81.6 亿美元，同比增长 20%，中国为以色列的第三大贸易伙伴，仅次于美国、欧盟；中国对以色列出口 54.5 亿美元，仅次于美国、欧盟，中国对以色列进口 27.1 亿美元，居第 6 位，次于美国、欧盟、中国香港、印度、加拿大；以上统计均包括钻石贸易。仅仅过了3年,到2014年,中国已经是以色列的第二大贸易国。在全球经济继续疲软的背景下,中以贸易继续保持稳步增长的态势。进出口总额达108.8亿美元,同比增长0.5%,占以色列贸易总额的8.5%,中国已跃升为以色列在亚洲地第一大贸易伙伴,也是全球第二大贸易伙伴。双方合作遍地开花,政府之间、地方之间、企业之间、学术机构之间都建立了合作关系。华为、百度、联想、小米等一批中国领军企业在以色列设立了研究中心,中国已经成为仅次于美国的对以色列投资的国家,中国迎来了投资"以色列热",仅2016年至少有20家中国企业在以色列进行收购,估计未来每年可能会有40~50家企业到以色列投资。

值得指出的是:中以贸易结构持续优化。从食品、钻石、化工等传统产品贸易,不断向高科技、高能源、生物技术、现代医药等方面发展。而中国对以色列的投资亦从传统的科技领域,正在向石化、保险、医疗服务、清洁技术、移动互联网等行业拓展,可以说中以经济贸易的发展是质量全面提高,这种趋势应持续保持,更有利于两国的经贸全面发展。2016年1月5日,一个有史以来规模最大的中国—以色列科技创新大会在北京开幕,吸引了中以各方1 000多位企业代表和科技人员参加,大会涵盖了智慧城市、医疗机械、农业科技、清洁技术、互联网、移动通讯等方面,取得了很好的成果。

三、中犹人民的交往、情谊和怀念日益加深

中犹人民之间的交流往来是迅速发展。双方的文化艺术团队纷纷互访,以色列的爱乐乐团访问北京、上海,中国的京剧、杂技亦在以色列各地受到欢迎。中以双方的大学和研究机构亦纷纷签订合作、交流的协定,教授与学生不断互访与学习,在以色列的中国留学生达数百人,还在继续上升。中以航空公司签署了协定,中以之间有了定期的国际航班,大大便利了双方之间的人员往来。中以城市之间亦结成友好城市,如北京与特拉维夫、上海与海法等。中以双方都掀起了"以色列旅游热"和"去中国旅游热"。更值得记载的是曾在中国各地特别是在上海的犹太人,由于当时中国人和犹太人都受到帝国主义的迫害,特别是受德意日法西斯的迫害,中犹人民成了患难之交,同舟共济,度过最黑暗的战争年代,因此,双方情谊很深,久久不能忘怀。许多离开上海的犹太人,为了不忘记在上海的那段艰苦而又值得怀念的岁月,纷纷建立了联谊组织,如在美国、加拿大、以色列、澳大利亚等国都有类似组织,其中比较活跃的组织有:

(一)总部设在以色列特拉维夫的"前中国居民协会"

它不定期的出版"简报",有相当的影响。

第七章　中犹友谊永葆青春

（二）总部设在美国费城的"上海犹太居民联合会"

不定期出版"通讯"，亦有一定的影响。

（三）总部在洛杉矶的"上海联谊会"

仅在 1980 年代就举行过 3 次犹太人团聚会，1980 年在洛杉矶、1985 年在纽约、1988 年在耶路撒冷。他们还办了一张《虹口纪事》的小报，记叙昔年在上海的往事，每年出版三四期。

（四）美国加州帕罗奥托的"中犹研究会"

办了一份《向东方》。

（五）美国纽约的"黄包车联谊会"约 300 人

主要通过网络与电子邮件联系，并可发表各种随想与感言。

20 世纪 80 年代随着中国的改革开放后，不少犹太人携其子女来沪，旧地重游。美国政府财政部长 M. 布卢门撒尔于 1979 年访华时，曾专程到上海访问他住过的旧址，并与当年邻居相叙畅谈。1986 年，一批原上海犹太难民要在原难民收容所旧址建立一块纪念碑，他们还拟好碑文是："在第二次世界大战期间，此地区曾有来自纳粹德国的 2 万难民幸存下来。谨以此碑献给所有幸存者以及施以援助的热情友好的宽宏大量的中国人民。"此碑现已醒目地立在霍山公园（原汇山公园）内，供人瞻仰纪念。以色列副总理兼工贸部长奥尔默特于 2004 年 6 月访华时，先后专程哈尔滨和上海，参观访问有关犹太人的纪念场馆，因为他与中国有着特殊的历史情节。奥尔默特的祖父是于 1917 年受欧洲反犹运动的压迫，从俄国的撒马拉（今古比雪夫）移居到中国哈尔滨，其父母都在中国长大，生活在哈尔滨，父亲莫迪凯·奥尔默特很有才能，是一个犹太社团的发起人，在学校教书，教的是历史。后在一个中国朋友的支持下，其父亲就于 20 世纪 30 年代去以色列参加建国。但其祖父很喜欢哈尔滨，不愿离开，乃与祖母继续留在哈尔滨，直到 1941 年 88 岁去世，被安葬在哈尔滨郊区皇山公墓内的犹太公墓，其祖母亦安葬于此。其父母到以色列后生了埃胡德·奥尔默特，从小就在家里用哈尔滨腔汉语交谈，使奥从小就受中国文化的影响。他深情地说：我的祖父母永远留在了中国，我的父母的心总向着中国，我最大的愿望就是访问中国。这个愿望终于在 2004 年实现了，他专程到了哈尔滨郊区皇山公墓内的犹太公墓，找到了他祖父奥尔默特·列文·考夫曼墓碑，他用希伯来文轻声祈祷，并在其祖父母和亲人的墓前放上犹太人祭奠先人所用的小石块，随后他对在场的人说：感谢你们保护好我们家族的过去，并让在这里的犹太人感受到尊严。他又感慨地：中国是最善待犹太人的国家，他能为中国做的却不多。事实上，他在以色列政府任职期间，为两国的互访交流和商贸往来作出了突出的贡献。2012 年，中国国际广播电台主办的"犹太人在中国寻亲友人相会",专门访问了奥尔默特,他在视频中说:他的第二故乡在中国哈尔滨,那里的犹太人纪念馆记录了他父母在内的众多犹太人在中国成长的历史,他的祖父至今还埋地那里。他曾动情地说过:中国文化已经成为我们家庭的一部分,也是我在以色列童年时代最初的回忆。我们对中国人民抱有深切的热爱,并为犹太人在20世纪初和"二战"期间在上海和哈尔滨受到的温暖和友好的对待而感恩不尽。

2012年3月,以色列国总理拉宾访华,并到上海参观了"上海犹太难民纪念馆",他深受感动,写下了留言:"第二次世界大战时,上海人民卓越无比的人道主义壮举,拯救了千万犹太人民,我谨以以色列政府的名义,表示感谢。"

1913年5月,以色列总理内塔尼亚胡访华,亦到上海参观"上海犹太难民纪念馆",他与其妻子萨拉还为纪念馆内重新开张的"大西洋咖啡馆"剪彩,并品尝了咖啡馆第一杯咖啡。在上海市长杨雄宴请会上,内塔尼亚胡回忆往事,称赞中国特别是上海与犹太人的特殊友好感情。以中友好协会主席考夫曼说:从历史上看,当年居住在上海虹口的犹太人达2万余人,这在犹太发展史上和犹太民族和中华民族交往史上都具有十分重要的意义。

2015年,正值第二次世界大战胜利70周年,以色列驻上海总领事馆在其政府的大力支持下拍摄制作了公益宣传片《谢谢上海》,以表达以色列人民对中国人民的最真挚的感谢,总领事柏安伦说:以色列人民永远不会忘记,中国人民在我们处于历史最黑暗的时刻向我们施以援手。在上海,中国人民张开双臂,接纳犹太难民,我们对此的感激之情,发自肺腑。这部片子经过4个月拍摄了上百名以色列人,其中包括诺贝尔奖获得者罗伯特·约翰·奥曼,上海友好城市海法市市长龙纳·亚哈夫等。纪录片一开头的画面就是一个犹太老人说:我就是上海犹太难民中的一个,接着的镜头是犹太难民在欧洲如何遭受纳粹的残酷迫害、被迫辗转流浪到上海,以及犹太难民在上海的生活,画面中出现了不同职业、不同年龄的犹太人,他们高举着用有三种语言(汉语、希伯来语、英语)写成的"谢谢"的标语牌,脸上挂着灿烂的笑容;最后,以色列总理现身表达:"我们永远感谢你们,永远不会忘记这段历史。谢谢!"这部片子拍得很感人、很成功。总领事柏安伦说:希望该片能在越来越多的公开场合播放,甚至其他城市、国家。不仅是为了让更多的以色列人知道历史上这段动人的友谊故事,这是一种国际的友谊合作关系,还要让世界各地更多的人知道这段历史。

最后,让我们来倾听一下两个普通犹太女性对中犹人民友情的心声。一位是瑞娜·克拉斯诺,1923年12月出生于上海,她的父母是无国籍俄国人,是她的外祖父在1912年带着全家从俄国的西伯利亚来到上海,以逃脱残酷的反犹大屠杀。她母亲与亦是从俄国符拉迪沃斯托克来到上海的父亲相识后结婚,生下了瑞娜和她的妹妹。瑞娜从小就在上海法国学校读书,直到进入上海震旦大学学习医科。所以她对上海的生活是非常习惯,对上海的各个方面都很熟悉,是个地道的上海人。令人遗憾的是这个从小在上海成长的女孩却不会讲中国话和上海话,但能讲流利的俄语、法语和英语。她经历了英法统治上海租界时期,亦遭受到日本侵略、占领和统治上海的苦难,更看到抗战胜利后的国民党政府的接收上海和美国军队进驻上海和内战后的上海物价飞涨、民不聊生、社会混乱的情景,可为阅历丰富,对上海印象深刻。1949年4月,她随全家到以色列定居,在联合国、亚洲和欧洲的一些国际组织工作,但对上海的留恋与想念却越来越强烈。45年后,她受邀请来上海参加1994年4月21日的"犹太人在上海"的国际学术讨论会,她的感觉是怎样的呢?她说:很难用言语表达我当时的激动和喜悦。想到要重返故乡上海,我的心又充满了忧虑。我的父母已经过世,所有朋友都不在了,上海肯定已变成一个完全不同的城市了。飞机快要降落的时候,我激动浑身发抖;双脚踏上上海土地的那一刻,我知道,我到家了。①以后,她又多次回到上海,她说:我很高兴地看到那里生活持续改善,看到大街上健康的孩子和衣着讲究的行人,看到商店里的货物琳琅满目,体验到那里进步和乐观的气氛。我为中国人民的成就而欣喜万分,所以决定一次又一次地回到这座我青春时代的城市里来。她还专门撰写了一本《上海往事(1923—1949)》,记忆她在上海成长的历史过程,字里行间洋溢着对上海的眷恋。已于2015年出版了中译本。

另外一位是沙拉,她的父亲是犹太人,她的母亲是中国人,可以说是中犹人民相爱的结晶。她长期生活成长在上海,直到1949年,由于以色列已经建国,她愿到以色列为自己的国家献上一份力量,竟然得到了以色列总理拉宾的接见,她感到无上光荣,努力工作。可是10年后,她又回到了中国,在上海工作,并与一位大学教授结婚,现已退休居住在松江。她把自己对中国的爱恋之心,撰写了一首诗:

其实我可以选择太阳,
做太阳里的那只金鹿;
其实我可以选择月亮,
做月亮里的那只玉兔;
但我选择中国,
选择做中国土地上那棵努力成长的树;
我选择中国,
将整个身心与智慧为之付出。

---

① [美]瑞娜·克拉斯诺著,雷格译:《上海往事》,五洲传播出版社2015年版,第152页。

用这种实在的方式,
融入她的发展和进步。
我选择行走跋涉,
选择用脚步做语言,
把中国的山水倾情朗读。①
让我们共同祝愿中犹人民的友情永葆青春!

---

① 引自《上海犹太难民纪念馆》的展版。

附录　上海犹太人的遗址遗迹

上海自1842年开埠以后，犹太人随之而来，至今已有170年了。犹太人在上海最多时达3万余人，他们从事商业、工业、金融业、市政公用事业、教育卫生、文化艺术以及第三产业各行各业。他们的活动足迹遍及上海各处，遗址遗迹何至百千！一本书篇幅有限，仅从经过调查研究的资料中，选择54个。这些遗址遗迹中，有完全按照西方模式建造的各种风格的建筑物，也有完全依照中国民族文化和风格筑造的各式园庭和住宅；不仅有体现中西文化交融的遗址，而且有象征犹太文化和宗教特色的遗迹；既有反映百万富翁的财势和豪华的遗物，又有诉说万千难民的贫困和艰难的历史踪迹。现在就请曾在上海的犹太人与我们一起来回忆和纪念吧！

一、具有代表性的有价值的建筑（1—10）

1. 沙逊大厦

沙逊洋行是上海开埠后最早的一批洋行之一。这些洋行都沿着黄浦江岸建造房屋，沿江留出10余丈的空地，以便装卸船上的货物，并可让民船的拉纤通过。这就造成了今天的外滩的地形格局，即西边一侧都是建筑群，而东边沿江的则是黄浦江边花园，包括"外滩公园"。当时洋行筑造的房屋都是方形的，结构亦都差不多，楼下四间大房，供办公和会堂之用；楼上则为卧室，上下层都有阳台，洋人下班之后，在阳台上喝酒闲谈，观赏江景。老沙逊洋行就是这样一幢3层楼建筑。

1877年10月13日，新沙逊洋行以8万两银购进美商琼记洋行的"候德"产业，即11亩7分9厘2毫的土地，连同地上所有房屋、建筑物、滩地权以及其他权利。到了新沙逊洋行的第三代主持人维克多·沙逊，他认为这块土地是面临黄浦江和南京路、三面沿马路的好地段，乃决定拆除旧房造新楼。自1926年4月开工，历经4年，于1929年9月5日完工。这是由英商公和洋行设计，全为钢筋混凝土结构；外墙使用花岗石，是当时外滩最早建成的最高的大楼。它体现了19世纪末出现在美国芝加哥学派的建筑风格，建造费用竟达 5 602 813 两银。维克多·沙逊将 2 楼以下租给银行和商店,3 楼为新沙逊洋行及其各附属企业的办公用房,4~9 楼辟为华懋饭店,附设舞厅、旅馆,并精心把房间布置成中国、日本、英国、美国、法国、印度、德国、意大利、西班牙等 9 国不同风格的式样,极为富丽堂皇,每套房间的日租金高达 20 两至 70 两银,10 楼则为他自己所用。沙逊大厦的建成使沙逊集团的身价提高百倍,至 1941 年,沙逊大厦的地价和建筑物价值合计为 1 201 万元。

1949 年初,新沙逊洋行总部迁至巴哈马群岛的拿骚,沙逊财团在上海的大量资金已抽逃国外,大批产业已转手卖出;只剩下沙逊大厦等少量产业留着充当"门面"。1958 年 10 月,上海人民政府接管了沙逊大厦。现为和平饭店北楼,它保持了 9 国不同风格式样的套房,是一个接待海外来宾的大厦。

2. 华懋公寓

随着上海都市的繁荣,上海房地产行情日益看涨,沙逊财团决定集中力量经营房地产业。时值安利洋行曾将霞飞路与蒲石路之间(今淮海中路与长乐路之间)的一块土地向新沙逊洋行抵押借款 40 万元,但无法还本付息,沙逊财团乃将这块土地作价 90 万两银作为资本,于 1926 年 12 月成立了华懋地产公司,开始了房地产的经营。遵照获取最大利润的原则,华懋地产公司接连造了 6 幢 10 层以上的高楼大厦。最早建成的是 1928 年的华懋公寓计 13 层,故上海人俗称"十三层楼",位于安利洋行抵押的这块土地上,面朝迈尔西爱路(今茂名南路)。

1948 年,由中国女实业家董竹君以巨款买下,计划将原锦江川菜馆、锦江茶室与华懋公寓合并成立锦江饭店。1950 年初,董竹君将锦江川菜馆、锦江茶室两处价值 15 万美元的资产全部上缴人民政府。1951 年 6 月,锦江饭店正式营业,董竹君任董事长兼经理。锦江饭店现已成为综合性高级宾馆,客房楼有 4 幢近 1 000 套客房,先后接待数百位外国政府首脑人物。

华懋公寓是沙逊财团建造的第一幢高楼,亦是他们经营房地产的起点。华懋公寓现是锦江饭店的北楼。

3. 河滨大楼

宝顺洋行买办徐润由于资金周转不灵,向香港火烛有限公司押款 20 万两,后因无法偿还本息,不得不将其位于天潼路的 4 块土地,共计面积 28 亩 1 分 5 厘 1 毫以 9.5 万两的价格,于 1887 年 10 月卖给爱德华·沙逊和迈耶·沙逊。1930 年,维克多·沙逊把这几块土地上的旧房拆除,兴建了公寓式的河滨大楼,计 10 层楼,面积很大,有数百套房间。

1938年，由于希特勒法西斯的迫害，欧洲的大批犹太难民涌入上海，一时没有那么多住房可以安置。沙逊财团乃将河滨大楼让出，作为上海犹太难民接待站，解决了当时所面临的困难，使数百户犹太难民搬进了设备齐全的舒适的住房。这一善举是获得了社会舆论的赞赏，亦为当时住进大楼的犹太难民至今还在怀念。一年以后，住在河滨大楼的犹太难民搬迁至难民收容所。

今天，河滨大楼仍名为河滨大楼，近年来又加了3层楼面，显得更高大了。现大楼为上海居民住宅和部分单位用房。

4. 都城饭店和 5. 汉弥尔登大楼

华懋地产公司又将原在江西路福州路的里弄房子全部拆除，于1931年建成朝南的都城饭店和朝北的汉弥尔登大楼，都是14层楼，客房宽敞，装饰豪华，饭店兼营舞厅，成为当时福州路上著名的大饭店，过了10年，都城饭店的地价和建筑物价值共计319万元，汉弥尔登大楼的地价和建筑物价值合计744万元。

这两幢高楼，几经沧桑，终于归还上海人民。现在汉弥尔登大楼改名为福州大楼，基本上是单位办公用房。而都城饭店改名为新城饭店，做旅馆，附有商场、餐厅等。地址江西中路180号。

6. 格林文纳公寓

沙逊财团在建造了华懋公寓之后，又在其南面筑造了格林文纳公寓，又称高纳公寓，高18层，所以上海人一般称"十八层楼"，于1931年落成，造价高达358.8万元，为高级公寓。现成为锦江饭店的中楼。

华懋公寓、沙逊大厦、河滨大楼、都城饭店、汉弥尔登大厦、格林文纳公寓，是沙逊集团以华懋地产公司名义建造的6幢10层以上的高楼大厦。这是沙逊财团经营房地产业具有代表性的高层建筑群，以1941年行情，这6幢大楼的账面价值为3 604万元，占沙逊财团当年在上海的房地产总值8 689万元的41.48%。直至1949年9月，上海10层以上高楼共有28幢，而沙逊一家就占了6幢，所以，沙逊确实比号称"房地产大王"的哈同还要"大王"。这6幢高楼可以说是沙逊经营房地产的标志，6幢大楼且具有不同的建筑风格，和其他建筑一起构成了上海的近代建筑风貌。

7. 南京路

上海开埠后一个时期，比较热闹的地区是广东路、福州路和河南路一带，构成了当时的商业中心。而福州路以北的九江路，南京路地区甚为僻静，人口稀少。可是，哈同却预见到："南京路居虹口、南市之中，西接静安，东达黄浦，揽其形胜，实为全市枢纽，其繁盛必为沪滨之冠。"于是，他先出巨资购买南京路一带（包括汉口路）的地皮，随后，他又出重金购得铁藜木,雇用 120 个马路工,把铁藜木分割成整齐的小方块,共计 400 万块,精细地铺设南京路(从外滩到今西藏中路一段),实足铺了两个半月才完工。这样,当时的南京路成了上海地面平整光滑、车辆行驶方便的最现代化的马路。之后,周围商店渐增,居住人口日多,全市商业中心逐渐由福州路一带北移到南京路。为了促使南京路进一步繁荣,哈同在把南京路一带土地出租给别人建筑房屋时,严格要求必须建造高质量的高楼大厦,甚至规定层次和造价,永安公司、新新公司、大陆商场等,都是在这种条件下建造起来的。这样,就逐步形成了南京路上高楼大厦的建筑群,超过了上海任何一条马路,成为全市的商业、购物、娱乐中心。

8. 爱俪园(又称哈同花园)

1904 年,哈同在静安寺附近法租界的法大马路(今延安西路)和英租界的英大马路(今南京路)之间建造私人花园,历经 6 年才告全部落成。花园以爱其妻罗迦陵,又名俪穗(又作俪蕤)取名为"爱俪园"。但是,人们都知道这个花园的主人是哈同,故上海人一般称之谓"哈同花园",沿花园的一条马路亦称哈同路(今铜仁路)。哈同的花园和沙逊的完全西式的大厦相反,他请了中国人乌目山僧黄宗仰进行筹建,是按照中国庭园式建筑风格建造的。整个花园占地 171 亩,为上海私人花园之冠。园内"有楼八十,台十二,阁十六,亭四十八","十大院落,九条马路,七乘桥,四小榭,大小树木,八千有奇"。哈同花园的造价为 70 万两银。由于园内景致旖旎多姿,引人入胜,于是有人称之为"海上大观园"和"海上迷宫"。园内办有仓圣明智大学,建有藏书楼文海阁,聘请学者名人讲经说道,出版中国古代文化的丛书丛刊,俨然成为宣扬中国传统文化的学术园地。

太平洋战争爆发后,日本侵略军占领上海租界,宣布接管哈同花园,将园内文物财宝洗劫一空,花园日益残败荒芜。

1954 年,在哈同花园的废墟上兴建中苏友好大厦。1956 年落成,是一座体现俄罗斯古典宫殿式建筑风格的豪华型大厦。1984 年,改建为上海展览中心。

哈同花园的中国建筑风格的式样和宣传中国传统文化艺术的活动,反映了哈同在吸收中国文化过程中与中国文化的日益融合,亦表明了犹太文化和中国文化并不相悖逆而是可以相互渗透的。如今,哈同花园虽然已经不存在了,但这一历史遗迹的文化意义,还是值得纪念和思索的。

9. 安利大楼

19 世纪 60 年代至 20 世纪 20 年代,上海犹太商卡贝尔格和安诺德兄弟合资经营的瑞记洋行(第一次世界大战后,卡贝尔格与安诺德兄弟拆股后返回德国,小安诺德兄弟乃将瑞记洋行改为安利洋行)曾红极一时。安利洋行在四川中路(九江路口)建造了一幢安利大楼作为办公用房和社会活动场所。然而,小安诺德兄弟不善经营,连年亏损,不得不变卖产业。1928年,沙逊财团以212.9万元购买了安利大楼的产业。综观瑞记洋行——安利洋行在上海等地的活动的历史,它对中国现代工业的兴起和发展是,起了一些促进作用;这比有些洋行专门从事贩卖鸦片和房地产投机买卖等要好些。现在作为纪念,只剩下安利大楼这一历史遗迹了。

10. 大理石大厦

1919年的一天,嘉道理在上海的住宅突然失火,他决定重建上海的住宅,聘请建筑师格莱汉姆·布朗负责设计和建造。大理石大厦终于在1924年落成(1929年又加一层),这是一座"宫殿"式住宅。大理石大厦占地1.5万平方米,室内面积3 300平方米,有大客厅和小客厅,还有20多个房间。那个大厅竟有65英尺高,80英尺长,50英尺阔,游廊也长达225英尺。整个大厦装饰极其华贵,所用大理石全部是从意大利运来的。其造价竟达100万两银,在当时已超过哈同花园,成为上海滩之冠。

艾里·嘉道理本来热衷于社交活动,有了这么一座"宫殿",因而他不断地宴请海内外各方来客,并借给社会名流举行大型活动。这样,大理石大厦就在国内外出了名。1953年,大理石大厦作为上海市少年宫,由宋庆龄女士主办。它成为上海儿童增进知识、愉快活动的乐园。地址:延安西路64号。

二、上海犹太会堂、总会和社团的遗址(11—20)

11. 拉结会堂和阿哈龙会堂

上海最早的犹太会堂是埃尔会堂,于1887年8月2日通过捐款而开始兴建的;地址在圆明园路。

20世纪20年代,上海塞法迪姆犹太人有了相当的发展和经济实力,先后由沙逊和哈同捐款兴建两个会堂。一所是拉结会堂,地址在西摩路。现在陕西北路500号,建筑物保存如初。

另一所阿哈龙会堂,原址在湖州路42号,现已拆除,成为上海历史博物馆的一部分。

12. 北京路会堂和博物院路会堂

根据文字记载,北京路16号曾有一座犹太教会堂,俗称"北京路会堂",早已拆除。现为"上海友谊商店"的一部分,地址:北京东路40号。

在原博物路上有一所犹太教会堂,后来一部分为《文汇报》社址,一部分为居民住房。现已拆除,改建为文汇报大厦,地址:虎丘路50号。

13. 华德路会堂

1902年，上海俄罗斯犹太人已有25户，他们即组织了自己的教会，并在6年内建造了摩西会堂。随着上海俄罗斯犹太人日渐增多，1927年，摩西会堂迁到虹口华德路62号新址，仍称摩西会堂，但一般人又称"华德路会堂"。

华德路会堂的遗址，现由上海虹口区人民政府重新翻修，改成上海博物馆，现又改成上海犹太难民纪念馆供大家参观。原有建筑已有所改建，但大门和扶梯等仍保持原样。地址：长阳路58号。

14. 拉都路会堂

20世纪30年代，上海俄罗斯犹太人骤增至4000人左右，原有"华德路会堂"根本不够使用，因而需要建造一幢更大的会堂来容纳众多教徒的活动。经过多年的筹款和施工，终于在1941年一座能够容纳1000人的新会堂在拉都路的102号落成。可是，不久即被日本侵略军占领。抗日战争胜利后，俄罗斯犹太人逐渐外迁。拉都路新会堂现已改建为大厦。地址：淮海中路1045号。

15. 百老汇路会堂

百老汇路会堂因开拓路面，部分已经拆毁，部分改作居民住宅，尚有遗迹可寻。地址：大名路125号。

16. 爱文义路犹太总会

上海的犹太人虽然多数是加入英国、美国、俄国等国籍，但是作为犹太人他们还是组织自己的社团，还是需要有自己的活动场所。1932年在爱文义路建造的犹太总会是上海犹太人的活动中心。犹太总会于1947年4月迁往毕勋路（今汾阳路）新址。爱文义路犹太总会现为中华医学会上海市分会。地址：北京西路1623号。

17. 毕勋路犹太总会

1947年4月，新建的毕勋路犹太总会落成。院内除有总会一幢楼外，还有一幢2层楼房作为青年体育活动场所，四周树木花草茂盛，环境幽静雅致。于是，将爱文义路犹太总会迁到此地，现在为著名的上海音乐学院的一部分，地址：汾阳路20号。

需要说明的是，有一些塞法迪姆犹太人，出于某种考虑，不参加犹太总会，而是参加入会条件限制极严的上海英国总会。这个总会于1861年创办，1909年改建，1912年正式落成。上海英国总会规模很大，设备齐全，有会议室、阅览室、图书馆、酒吧、餐厅、舞厅、弹子房、旅馆等。太平洋战争爆发后关闭，抗日战争胜利后恢复，1950年代因英侨归国而停闭。上海英国总会遗址于1956年改为海员俱乐部，1971年曾一度改为东风饭店对外营业。地址：外滩中山东一路3号。

18. 犹太商会

上海的犹太商会设在一幢雅致、高级的2层大楼,地处繁华的南京路。现为上海联谊俱乐部。地址南京西路722号。

19. 上海犹太宗教公会

1902年,在上海的俄罗斯犹太人建立自己的社区,推举格林柏格为负责人。1930年代,上海俄罗斯犹太人骤增至4 000多人。他们于1932年11月2日建立了"上海犹太宗教公会"(SAJCA)。上海犹太宗教公会是上海最大的犹太人社团。会址设在犹太会堂内,原在华德路会堂,之后迁至拉都路会堂。

20. 上海犹太圣裔社

上海市犹太圣裔社系由亲美的犹太人组织的,其总社设在美国华盛顿,上海支社于1929年成立,该社的主要任务是开展救济和联谊活动。太平洋战争爆发后停止活动,抗日战争胜利后于1946年8月31日恢复工作,当时会员95人,多数是持英美护照的犹太商人。上海支社的理事长:但戈(伊拉克籍);常务理事丕雷(英国籍)。社址设在上海犹太学堂内,地址:陕西北路500号。

三、上海犹太难民各类机构的遗址 (21—33)

21. 中欧犹太协会

1939年11月,中欧犹太协会在上海虹口区成立,是一个会员最多的最大的犹太难民组织。大部分会员是德意志籍和奥地利籍的犹太人。协会首任主席为拉斯柯斯脱。中欧犹太协会成立之初的主要任务是负责难民的安置工作。1940年2月18日,中欧犹太协会获得日本占领军的无国籍难民处的同意,竟然成立了一个仲裁法庭,独立审理犹太难民申诉的案件。1940年,中欧犹太协会还创办了"妇女联盟",由格特鲁拉·沃尔夫领导,盟员一度曾达1 000余人,其活动经费则大部分由亚伯拉罕夫人负责解决。

太平洋战争爆发后,中欧犹太协会成为日本官方与难民发生联系的唯一代表机构,其他犹太难民组织的领导机构,均被日本占领者加以改组。因此,协会的权力和活动范围扩大了,它完全接管与收容所有有关的事宜。抗日战争胜利后,中欧犹太协会主要负责难民的遣送工作,帮助难民按照自己的志愿去新的国家定居。

中欧犹太协会的遗址现已为居民住宅。地址:唐山路416弄22号。

22. 德籍犹太难民协会

有一部分德国籍犹太难民不愿参加中欧犹太协会,而自己另行组织"德籍犹太难民协会",会员仅限制为德国籍犹太人,负责人齐契耳等。这是一个较小的难民组织。德籍犹太难民协会的遗址,现为居民住宅。地址:唐山路690弄5号。

23. 援助欧洲来沪犹太难民委员会

1938年10月19日,上海大犹商嘉道理在其洋行安排一次有意义的会议,邀请了当时在上海的所有犹太宗教团体和救济组织的代表,经过商量讨论,成立了"援助欧洲来沪犹太难民委员会"(简称O. F. A.)。从此,"援助欧洲来沪犹太难民委员会"成为上海最大的最有权威性的难民救济机构。地址几经迁移,尚未查实。

24. 国际救济欧洲难民委员会

这是由上海各种国籍、各种信仰的社会知名人士于1938年8月8日成立,主席是保罗·科莫尔(Paul Komor),是位原籍匈牙利的上海商人,他领导该会的工作,直到太平洋战争爆发。在1938年10月,"援助欧洲来沪犹太难民委员会"建立后,国际救济会即摆脱救济难民食宿等日常事务,而是集中精力组织那些原先应由专门机构来管理的种种活动。地址几经迁移,尚未查实。

25. 犹太移民拓殖援助会

"犹太移民拓殖援助会"是一个历史悠久的犹太移民组织,从1923年起成为主管犹太人迁移的中心组织。

"犹太移民拓殖援助会"于1922年在哈尔滨成立第一个远东分部——Daljewcib。1933年,当德国法西斯对犹太人进行大规模迫害之后,该会即通过德国犹太人的一些组织的经常联络,引导人们注意可以前往上海避难。该会在上海的代理机构,由一位老侨民巴尔巴什(B. S. Barbash)负责办理。1939年9月,哈尔滨分部迁到上海,由伯曼熟练地领导下建立了"Daljewcib-Hicem",集中力量于上海犹太难民的救济工作。地址几经迁移,尚未查实。

26. 美犹联合救济委员会

1914年,"美犹联合救济会"在美国纽约成立,开始是由3个分别代表德国犹太人、犹太教正统派、劳工团体的救济组织合并而组建的,主席为费利克斯·瓦尔堡。该会宗旨在于帮助欧洲的受害于战争的犹太人。1917年,美国参加第一次世界大战,美国国务院允许"美犹联合救济委员会"通过中立国荷兰发放救济金,不久,该会成为国际上实力雄厚、规模巨大的救济组织。

当1938—1939年犹太难民大批进入上海,"美犹联合救济委员会"即成为支援上海犹太难民的最重要的组织。上海最大的"援助欧洲来沪犹太难民委员会"每月支出的大量资金就是从"美犹联合救济委员会"那里获得的。太平洋战争爆发后,由于日本侵占上海的租界,致使上海各救济组织的外援迅速减少,几乎已经断绝,这时,"美犹联合救济委员会"经过想方设法,终于通过中立国瑞士源源不断地汇来了大量款项。因此,该会是对上海犹太难民产生最大影响、起过最大作用的救济组织。

"美犹联合救济委员会"在上海设有分支机构,其驻沪代表先后有乔敦、劳拉·马戈利斯、曼努埃尔·西格尔等,该分支机构现为居民住房,地址:霍山路119—121号。这是一幢两间门面三层的楼房。

27. 第一难民中心

由于犹太难民的蜂拥而至,小型的住宅已无法安置大量的人员,于是将原白俄营房,改建为难民第一中心,地处虹口华德路,故又名华德路收容所,于1939年1月正式启用。第一难民中心不仅能容纳数百人员,而且有一个很大的厨房,能每日供应早、中、晚三餐共6 000~7 000客饭,这确实解决了难民食宿的很大困难。后来,该中心还附设一所难民医院和一所产科医院。第一难民中心的遗址,现为虹口区华德路138号。

第一难民中心建立后,陆续又设立了6个难民中心或者说难民收容所。

28. 爱尔考克路难民中心

爱尔考克路收容所可容纳320名难民,是一幢3层的楼房。其遗址现为虹口区安国路66号。

29. 兆丰路难民中心

兆丰路680号难民收容所,能容纳360名难民,后来还附设一所隔离医院。其遗址现为高阳路680号。

30. 汇山路难民中心

汇山路收容所能容纳250人,是一幢五开间门面的3层楼房。其遗址现为霍山路150号。

31. 荆州路难民中心

荆州路难民收容所还附设一体育场,地址尚未查实。

32. 平凉路难民中心

平凉路难民收容所,它一间大厅就住了200名难民,都是双层床,一只紧挨着一只,只留出极小的走道,确令人有点喘不过气来。地址尚未查实。

33. 华盛路难民中心

华盛路难民中心附设一所移民医院。其遗址现在许昌路。

四、上海犹太难民的居住与生活遗迹（34—40）

34. 一位犹太医生的住房

这是在一条弄堂里面极为普通且已十分破旧的2层楼房，一位犹太医生住在这座房子的2楼的前楼，可以说是这座房子中最好的一个房间。遗址现为唐山路690弄27号2楼前楼。

35. 犹太人开设的面包房

就在上述同一条里弄内，一位犹太难民租赁了一座2层楼房，底层开设了面包房，楼上是他的卧室，这在当时已经算是条件不错的了。遗址现为唐山路690弄29—31号。

在虹口地区，有好几个难民开设了这样的类似面包房。

36. 白鹿咖啡馆

2016年已经修复，地址长阳路。

37. 大西洋咖啡馆

现在上海犹太难民纪念馆内。

38. 一条犹太难民聚居的弄堂

在一条狭小的里弄内，居住着数十名犹太难民，有的是医生，有的是商人，有的摆着修理钟表的摊子，有的开个面包铺，还有难民自己的组织机构，如"德籍犹太难民协会"，也可以说是个小小的聚居点。遗址现为唐山路690弄。

39. 虹口难民居住区

1938年起进入2万多名犹太难民，在太平洋战争爆发前，除5 500名居住于法租界和苏州河以南的公共租界外，其余的都住在苏州河以北的虹口地区，虽然这个地区在名称上亦算是公共租界的一部分，实际上已是由日本军队和浪人所统治的特殊地区。上海犹太难民是在得到日本军事当局的允许下才能进入虹口区居住。犹太难民由于有着传统的聚居的习性，因此他们大部分集居在提篮桥地区，形成了一个犹太居民区，其地理界限一般是东到杨树浦港；西达兆丰路（今高阳路）；北至周家嘴路；南抵百老汇路（今大名路）和平凉路。在两年半的时间内（1938—1941年），这个小区许多被战火烧毁的街道逐步恢复起来，而舟山路则成了虹口区的"小维也纳"的商业中心。

40. 日本侵略军建立的犹太人隔离区

1943年2月18日，日本侵略军宣布上海犹太隔离区建立，其地理界限为，兆丰路（今高阳路）、茂海路（今海门路）及邓脱路（今丹徒路）一线以东，杨树浦河以西，东熙华德路

(今东长治路)、汇山路(今霍山路)一线以北,公共租界周家嘴路以南。原住在法租界和公共租界的犹太难民不得不将指定地域之外的公寓房间交出,歇工歇业,被迫迁入隔离区。

五、上海犹太人的教育、卫生、文化、新闻单位(41—48)

41. 上海犹太学堂

上海犹太学堂是由英国籍犹太商人亚伯拉罕和沙乐门于 1902 年创办的。学堂原校址在武昌路,后曾数度迁移至长治路、黄浦路、长春路等地。自 1931 年定址于西摩路,由上海犹太侨民捐建一幢 2 层楼房和一座会堂。校舍包括 8 间教室以及图书室、实验室。学堂于 1951 年 6 月 30 日宣告清理。遗址现为陕西北路 500 号,作为机关办公用房。

42. 上海犹太青年学校

上海犹太青年学校是由犹太巨商嘉道理于 1937 年 2 月创办的。由霍瑞斯·嘉道理(乃老嘉道理的次子)和门德尔·布朗教士领导。由于学生增多,上海犹太青年学校乃由荆州路搬迁至新址东有恒路(今东余杭路)627 号。

1948 年,该校改以"上海犹太青年协会"的名义向上海市政府社会局进行登记,以促进教育、救济犹侨为其宗旨。学校董事会由霍瑞斯·嘉道理为主席,故该校又俗称为"嘉道理学校",学校的具体负责人为嘉金(俄籍)。这时,学校的经费大部分由美国联合救济总署资助。

遗址已拆毁,新建大楼为"上海市纺织管理局党校"。地址:东余杭路 627 号。

附:在上海犹太青年学校附近有座汇山路(今霍山路)小学也收犹太学生。1948 年,由于学生减少,汇山路小学和旁边的汇山路难民收容所一起被上海市教育局接收,改名为霍山路国民小学。原址已拆除,现建成高楼建筑。

43. 犹太日报(又名《以色列信使报》)

1904 年,由上海犹商沙乐门的门生尼西姆·埃兹拉画·卞雅悯(他以 N.E.B. 而闻名)开始创办《犹太日报》,又名《以色列传讯报》。这家报纸是"上海犹太复国会"和"犹太民族中国基金会"的喉舌。该报是英文版,是历史最长,影响最大的一家犹侨新闻报纸,通常反映上层犹太人士的观点。该报营业部的遗址,现为长阳路 24 弄 9 号,是一幢 2 层楼的红砖房。该报广告部遗址,现为昆明路 284 弄 85 号底层,是一座中国式的石库门房子。该报的编辑部遗址,现为福州大厦内 131 号,系某单位办公用房。

44.《我们的生活》

《我们的生活》是俄文周刊,由俄籍犹太人"自由民主团体"主席伯格曼任编辑,读者对象主要是俄籍犹太人。由《上海俄文日报》出版发行,销售量达 3 000 份,在上海俄犹中有一定影响。《上海俄文日报》社遗址，现为延安中路620号。

45. 犹太书店

犹太书店遗址现为常熟路(淮海西路口)"模范时装商店"。另一爿犹太书店遗址现为乌鲁木齐路90号。还有一个犹太书店遗址现为威海卫路904号。

这几家书店都是犹太人开办的，他们除销售犹太书籍外，也销售其他各国书籍，所以准确些说法是"犹太人开设的书店"。

46. 上海犹太医院

20世纪20年代后，上海塞法迪姆犹太人不仅有了一定数量，而且有的已成富商，他们捐款为穷苦犹太人在公济医院(今第一人民医院)和宏恩医院(今华东医院)设置病床。1934年，他们出资建造了犹太圣裔社医院。1942年发展成为上海犹太医院。解放前夕，医院中外籍医护人员均离开上海，仅留下几个中国护士和职工留守医院。1952年3月，上海犹太医院清理保管委员会主席白龙潭与上海第一医学院代表王霖生、刘海旺签订协议；以24万元的价格出售医院的房产、家具、医疗设备和药品等。上海犹太医院宣告结束。现为：上海复旦大学医学院附属五官科医院。地址：汾阳路83号。

47. 澄衷医院(肺科医院)

1932年，"一·二八"淞沪抗战之后，上海人民惶惶不安。其时，我国社会名流、医学界老前辈颜惠庆正在募捐筹建上海中山医院。上海巨贾叶澄衷之子叶子衡乃将叶家花园捐出做医院，颜惠庆为纪念其父亲，即称"澄衷医院"。虽然有了房产，但要建设成医院，仍需巨额资金。颜惠庆向嘉道理募捐，嘉道理慷慨解囊。于是，澄衷医院成了上海第一个专门肺科医院，为纪念嘉道理的资助，颜惠庆将医院内一幢2层楼红砖绿色琉璃瓦的大楼，取名为"嘉道理"。澄衷医院于1932年12月开始招收病人，亦是医院成立之日。院长由颜惠庆兼，副院长钱慕韩，肺科主任是德籍犹太人皮米(Bume)。医院刚成立时只有40~50床位，以后扩展到140只床位。1937年，抗日战争爆发，医院停办。1947年，医院恢复，改名为"澄衷疗养院"。1950年，改名为"澄衷结核病疗养院"，后又改为"上海市结核病医院"。现名：上海市第一结核病医院。地址：政民路507号。

48. 犹太养老院

1916年，上海俄罗斯犹太人成立上海救济会和收容所。当时收容所名为"希伯来救济会收容所"，后改名为："上海犹太养老院"。该院于1937年从虹口提篮桥迁至辣斐德路(今复兴中路)，它是由一位美籍犹太人从上海回美国后捐赠的。院长卡墨林(法国籍)，簿记泰勒达诺夫(俄籍)，有中国职工10名。该院常年居住着50名男女孤老，并每天向附近犹太贫民发放120客午餐。养老院的经费是由上海犹太人组成的"救济老人会"赞助，会员400人,每月缴纳会费,会长库琴斯基(俄籍)。养老院还需向上海犹太富商募捐部分经费。到解放前夕,由于经济上的困难,养老院处于停顿状态,不久即告结束。上海犹太养老院的遗址:复兴中路642号。

六、上海犹太人公墓及其他 (49—54)

49. 以色列公墓

上海犹太人最早的一个公墓是"以色列公墓",位于南京路马霍路西口,故一般又称"马霍路坟山"。该公墓建于1862年,面积2亩,墓地呈长方形,长边是沿南京路,有304个墓穴。以色列公墓的遗址,现为南京西路南侧、黄陂北路西口的路边花园。

50. 倍开尔路犹太公墓

1917年,上海俄罗斯犹太人社区建立一个新的圣葬社,地址在陪开尔路,面积20亩,有1692个墓穴。墓前区设会堂,以举行追悼仪式。该处成为俄罗斯犹太人的主要墓地。倍开尔路犹太公墓遗址,现为惠民路724号惠民儿童公园,另一部分为上海丝织二厂设备科(现已另作他用)。

51. 黎平路犹太公墓

1938年后来沪的德、奥籍欧洲犹太难民,开始时依靠倍开尔路公墓安葬死去的难民。1940年8月,他们在杨树浦终点路段建立第一座坟山,面积7亩,有834个墓穴。现为定海港路新华无线电厂厂址。

52. 哥伦比亚路圣葬社

由于难民死亡率的不断增加,欧洲犹太难民不得不在哥伦比亚路购置地皮,再建第二座坟山。于1941年11月16日建成,并举行落成仪式,入社者高达1800人。该墓地面积8亩,有873个墓穴。现为番禺路上海精密机床修理厂厂址。

53.

以色列公墓、倍开尔路犹太公墓、哥伦比亚路圣葬社和黎平路犹太公墓先后在1950年代末至1960年代中期,由上海市殡葬部门在上海市犹侨联合会协助下,搬迁至上海西郊卫家角吉安公墓内集中安葬。

54. 汇山公园

1947年4月22日,大约有8000名犹太人聚集在虹口区汇山公园举行追悼被英国处死的4名伊尔贡成员的大会。大会上巴勒斯坦的犹太复国主义组织领导人之一裘火维特斯基发表演说,会议通过呼吁犹太人团结反英的议案。这是在上海举行的、有如此众多犹太人参加的、规模空前的政治集会,也是值得犹太人纪念的遗址遗迹。

后 记

本书是"转型期社会生活与文化变迁研究丛书"中的一本,在绪论中阐明了书稿的前因后果,这是同仁们齐心协作的产物,需在后记中记载明白。唐培吉勾勒全局框架,组织作者撰写。王一沙撰写第一编第一章至第三章,顾俊杰撰写第四章;高平平撰写第二编第一章至第五章;唐培吉、龚方震、梅建华撰写第三编第一章第一节至第三节,顾伯荣撰写第一章第四节,严惠民、唐培吉撰写第一章第五节,唐培吉、郑依柳撰写第一章第六节,唐培吉撰写第二章、第三章,许步曾撰写第四章,唐培吉撰写第五章,徐新、崔志鹰、顾俊杰、唐培吉撰写第六章,唐培吉编写附录;全书最后由唐培吉统改和定稿。

本书在编写过程中,得到了上海大学历史系上海学研究所、上海市图书馆、开封市博物馆、哈尔滨档案馆的各种支持;还获得了一些专家学者的指点并汲取了他们最新研究成果;特别是承蒙忻平教授的悉心关怀和上海大学出版社领导的大力支持,上海大学吴静博士和丰箫博士的热忱帮助,以及上海大学出版社焦贵萍副总编的认真仔细的审阅。在此一并表示衷心的感谢!

本书由于有些档案和访问资料收集不够齐全(包括有些档案还未开放),外文译名和新旧路名亦不可能完全统一精确,特别是犹太学是一门新学科,研究尚待深入,因此谬误和不足之处,在所难免,恳请海内外专家学者提出宝贵意见和指正,俾使作者遵照修改,争取再版,以谢广大读者。

唐培吉
2016 年 6 月